북한의 여성

북한의 여성

초판 1쇄 발행   2024년 12월 31일

엮은이 | 이화여자대학교 통일교육선도대학사업단
지은이 | 송현진·박민주·현인애·강혜석·박희진
         조현정·최설·안종숙·윤현경·전정희·조영주
펴낸이 | 윤관백
펴낸곳 | 도서출판 선인

등 록 | 제5-77호(1998.11.4)
주 소 | 서울시 양천구 남부순환로 48길 1, 1층
전 화 | 02) 718-6252 / 6257
팩 스 | 02) 718-6253
E-mail | suninbook@naver.com

정가 30,000원
ISBN 979-11-6068-929-7   93300

북한의 여성

이화여자대학교 통일교육선도대학사업단 편

송현진·박민주·현인애·강혜석·박희진
조현정·최설·안종숙·윤현경·전정희·조영주 저

저자 서문

　얼어붙은 남북관계 속에서 한반도 분단 극복의 문제는 우리 민족이 해결해야 할 과제이면서 세계 평화를 실현할 중요한 과제이기도 하다. 80여 년 동안 분단된 사회에서 살면서 북한에 대해 모르는 국민은 별로 없을 것이다. 다만 주관적 이미지로 북한을 파악하여 북한에 대해 정확히 알지 못하거나 편견으로 오해하고 있기는 할 것이다. 그동안 우리 사회에 북한을 바로 알자는 인식이 대두되면서 몇몇 대학에 북한학과가 개설되어 북한의 정치·경제·사회 등에 대해 가르치고 있다. 이에 따라 북한의 정치, 경제, 사회, 문화 등 일반적 실상에 대한 강의와 연구는 상당히 축적되어왔다. 하지만 학생을 비롯한 국민이 접하는 북한 사회의 모습은 일면적인 데 그치고 있다. 불균형적인 정보와 지식으로 우리 사회는 북한 사회에 대해 부정적 시각이나 무관심, 혹은 지나친 환상을 가져왔다. 우리가 북한에 대해 균형 잡힌 이해를 하지 못한 것은 주로 3대 세습 문제, 어려운 경제와 식량 문제, 핵과 미사일 문제, 인권 문제 등의 관점으로만 북한 사회를 바라보고 해석해왔기 때문일 것이다.

　필자들은 대학에서 학생들에게 북한 정치·경제·사회·문화 등을 가르치면서 북한에 대한 균형 잡힌 이해에 대한 요구와 북한 여성에 관한 높은 관심을 확인하였다. 학생들은 스스로 북한에 대한 전반적 이해 부족과 왜곡된 시각을 문제로 인식하고 있었다. 이를 극복하기 위해 북한에 관한 입체적, 창의적 이해와 함께 자신만의 올바른 관점 정립의 필요성을 요구하였다. 또한 북한에 대한 현재의 인식 여부와 상관없이 분단체제를 사는 청년으로서 그동안의 남북관계와 앞으로의 통일 과정에서 자신의 역할을 찾고 싶어 했다. 필자들은 북한 여성의 시각에서 북한 사회에 대한 독창적인 논의를 보여줄 수 있는 적당한 강의 교재의 필요성에 공감하며 2024년 이른 봄부터 의기투합하였다.

이 책은 북한에 관심은 있으나 배경지식이 많지 않은 대학생을 비롯한 일반 독자들을 위해 기획되었다. 따라서 필자들은 북한 여성에 대한 다양한 분석을 통해 반쪽이 아닌 온전한 북한 사회를 보여주어 독자들에게 유익한 길잡이가 되려고 노력했다. 책을 기획하고 집필하기 위한 몇 차례의 회의에서 필자들이 가장 고민했던 것은 어떻게 하면 여성주의적 관점을 지니면서 다양한 북한 여성의 모습을 보여주느냐 하는 것이었다. 또한 필자들 대부분이 북한이탈주민과의 심층면접조사를 통해 북한 사회를 연구하고 있다는 특징을 지니고 있다. 따라서 여성주의적 관점에서 각각의 주제에 대해 다양하게 서술할 것과 북한이탈주민들이 들려준 구술 내용을 생생하게 담고자 노력했다.

이 책은 3부로 나누어 총 11장으로 구성하였다. 제1부는 북한 여성의 역사와 법, 엘리트를 다루고 있다. 1장은 여성의 관점에서 '분단'을 더 깊게 생각해 보자는 주제로 분단이 여성의 삶에 어떤 영향을 주고 있는지, 여성의 관점에서 북한 체제를 왜 다시 보아야 하는지를 논하고 있다. 2장은 지난 80여 년간의 북한 역사 속에서 여성의 삶과 역할은 무엇이었는지, 3장은 북한 사회 전반의 성격을 규정짓는 담론과 여성 관련 법, 현실 속 여성의 삶은 어떠한지, 4장은 북한의 여성 엘리트는 누구인지, 그들은 여성의 지도자인지를 서술하고 있다. 제2부는 북한 여성의 경제·사회·가정 생활과 사회화를 담고 있다. 5장은 경제활동을 통한 북한 여성의 진로선택과 직업세계가 어떻게 펼쳐지는지, 6장은 교육과 조직생활을 통해 북한 여성의 성역할이 어떻게 구성되는지, 7장은 '성'의 시각으로 북한 여성의 가정생활이 어떻게 시대별로 변천되는지, 8장은 생애 주기별로 북한 여성의 사회화와 재사회화가 어떻게 이루어지는지를 서술하였다. 제3부는 북한 여성의 문화와 건강, 한반도 평화와 여성의 관계를 다루고 있다. 9장은 북한 여성을 대상으로 하는 기념일은 무엇이며 여성의 유행은 어떻게 변화하는지, 10장은 북한 보건정책과 의료서비스가 여성에게 어떻게 적용되는지, 여성 건강 실태를 통해 앞으로 여성 건강권의 방향성을 논하고 있다. 마지막 11장은 한반도 평화 실현을 위해 그동안 남북여성교류가 어떻게 전개되었는지, 한반도 평화를 위한 과정에서 여성의 역할과 국제적 실천에 대한 과제를 제시하고 있다.

이 책은 '북한 여성'이라는 새로운 창을 통해 균형을 갖추면서 독창적으로 북한 사회를 이해하려는 의도로 출발했다. 이 책에 담긴 각각의 글들은 어제와 오늘, 그리고 내일의 북한을 이해하는 데 있어 창의적인 길라잡이 역할을 할 것으로 보인다. 따라서 이 책이 대학을 비롯한 여러 현장에서 '북한 여성'을 가르치는 선생님들과 북한을 공부하는 학생들에게 유용한 길잡이가 되기를 바란다. 또한 북한 여성에 대해 올바로 알고 그들을 이해함으로써 통일에 대비하여 남북한 여성 간의 동질화 방안을 연구하고 적절한 정책대안을 마련하는 데도 도움이 되기를 바란다. 아울러 이 책을 계기로 북한 여성 관련 연구가 보다 활성화되고, 더 나아가 중국, 베트남, 쿠바 등 사회주의 국가들의 여성 연구도 활발해지기를 기대해 본다.

2024년의 여름은 유난히 덥고 장맛비가 많이 내렸다. 열한 명의 저자들은 『북한의 여성』에 매달려 씨름하면서 구슬땀을 흘리기도 했지만, 결실인 이 책을 보람으로 여기고자 한다. 이 책의 집필 과정에는 많은 분들의 협조와 지원이 있었다. 먼저 이 책의 발간을 가능하게 해준 통일부 국립통일교육원 관계자와 이화통일교육선도사업단의 박원곤 사업단장과 박혜정 사업관리팀장에게 필자들을 대표하여 감사의 말씀을 드린다. 그리고 출판을 맡아주신 도서출판 선인의 윤관백 대표, 이경남 팀장을 비롯한 관계자 여러분들께도 감사의 마음을 전한다. 무엇보다 이 책의 집필 의도에 흔쾌히 동참하여 한마음으로 땀 흘려주신 박민주 박사, 현인애 박사, 강혜석 박사, 박희진 박사, 조현정 박사, 최설 박사, 안종숙 박사, 윤현경 박사, 전정희 박사, 조영주 박사께도 깊은 감사를 드린다.

2024년 12월
저자들을 대표하여 송현진

차례

1부 북한 여성의 역사·법·엘리트

1장 여성의 관점에서 더 깊이 생각해 보는 '분단' _____ 박민주
01 분단과 여성: 지식생산을 위한 기초적 이해　17
02 여성의 관점에서 다시 보는 북한 체제　26
03 분단과 여성의 삶　36

2장 북한 역사 속 여성의 삶과 역할 _____ 현인애
01 해방 후 인민민주주의 국가수립과 여성　53
02 6.25전쟁, 사회주의체제 수립과 여성　62
03 당의 유일사상체제 수립과 여성　69
04 고난의 행군·선군정치와 여성　76
05 김정은 정권과 여성　83

3장 법은 여성을 지키고 여성은 법을 지키는가 _____ 강혜석
01 법, 사회주의 북한 그리고 여성　97
02 정치담론과 여성　99
03 법과 여성　107
04 현실과 여성　123

4장 **북한의 여성 엘리트는 누구인가** _____ 송현진

01 엘리트 정책과 사회적 인식　　　　　　　　　　　　　138
02 여성 엘리트의 기관별 현황　　　　　　　　　　　　　142
03 여성의 엘리트 진출 경로에 나타난 특징　　　　　　　160
04 여성 엘리트는 여성의 지도자인가?　　　　　　　　　164

2부　북한 여성의 경제·사회·가정과 사회화

5장 **북한 여성의 경제활동을 위한 진로선택과 직업세계** _____ 박희진

01 경제활동과 여성　　　　　　　　　　　　　　　　　179
02 진로선택과 성별분업　　　　　　　　　　　　　　　187
03 시장경제활동과 (비)공식노동　　　　　　　　　　　199
04 주체적으로 노동하는 여성을 향하여　　　　　　　　217

6장 **북한 여성의 교육과 조직생활을 통한 성역할** _____ 조현정

01 성평등 무료교육의 성별 분화　　　　　　　　　　　227
02 성역할 고정화를 위한 학교교육　　　　　　　　　　233
03 고급중학교 여학생들의 진로 방향　　　　　　　　　244
04 조직생활을 통한 정치사회화　　　　　　　　　　　248
05 '조선사회주의녀성동맹'과 『조선녀성』　　　　　　　252

7장 **성의 시각으로 북한 여성의 가정생활 이해하기** _____ 최설

01 성이란 무엇인가　　　　　　　　　　　　　　　　　264
02 북한에서의 성 개념과 가족제도　　　　　　　　　　265

03 식량배급시대 가정생활: 수동적인 성 270
04 장마당시대 가정생활: 능동적인 성 279
05 김정은 시대 '가화만사성'의 의미 291

8장 북한 여성의 생애 주기별 사회화와 재사회화 안종숙
01 일차적 사회화: 성분사회화와 성별사회화 305
02 이차적 사회화: 정치사회화와 감정사회화 309
03 재사회화: 지속되고 약화되며 분화하는 사회화 313

3부 북한 여성의 문화·건강과 평화

9장 북한 여성의 기념일과 유행 윤현경
01 북한에는 여성을 대상으로 하는 기념일이 있다? 331
02 첫날옷과 밥가마 338
03 북한 여성들의 외모 가꾸기 345

10장 북한 여성의 건강 전정희
01 북한 보건정책의 특성과 변화 367
02 북한의 기본 의료서비스와 여성 건강 369
03 북한의 헌법과 사회보장제의 여성 건강 378
04 북한 여성의 건강 실태 385
05 북한당국의 여성 건강권 의무이행의 방향성 395

11장	한반도 평화와 여성 _____ 조영주

01 평화와 젠더　　　　　　　　　　　　　　　　　　　　405
02 한반도 평화와 남북여성교류　　　　　　　　　　　　　411
03 한반도 평화를 위한 여성의 국제적 실천　　　　　　　420
04 한반도 평화 과정에서 여성의 역할과 과제　　　　　　426

1부

북한 여성의 역사·법·엘리트

1장

여성의 관점에서 더 깊이 생각해 보는 '분단'

리벳공 로지 포스터
- 짤로 많이 보이는 이 그림, 벗과 상관 있다? 없다?

01 분단과 여성: 지식생산을 위한 기초적 이해

1) 분단 문제에서 여성의 입장이 왜 중요할까?

한반도 분단과 북한이 지금의 대한민국을 사는 나와 무슨 상관일까? 한국전쟁은 70년이 지났고 남북 이산가족은 이제 생존자가 얼마 남지 않았다. 분단 상태는 80년을 지속해왔기에 딱히 새로운 문제도 아니다. 우리의 압도적 경제력으로 남북의 체제경쟁이 의미를 상실한 지도 오래됐다. 북한은 너무 자주 도발을 운운하고, 우리에게는 북한도 통일도 모두 피로한 이야기로 들린다. 다문화 시대에 '한 민족'이라는 이유로, 그것도 경제력이 매우 낮은 북한과 막대한 비용을 들여 통일을 해야 한다는 말도 별로 설득력 있어 보이지 않는다. 생존 전쟁이 치열한 이 대한민국에서 20대 여성으로 살기도 바쁜데, 이 책, 이 강의는 왜 지금 나에게 분단과 통일에 관심을 가지라고 하는 걸까?

등잔 밑이 어둡고 중이 제 머리를 못 깎는다는 속담처럼, 우리는 분단과 함께 살고 있지만 특별한 사실을 발견하기 어렵다. 남에 대한 분석은 쉽게 해도, 나 자신의 문제를 객관화하는 것은 쉽지 않다. 그만큼 우리 모두의 삶은 공기처럼, 알게 모르게 분단, 북한 문제와 긴밀하게 연결되어 있다. 북한이탈주민, 군인, 정치인과 다르게, 내가 당장 분단과 북한에 직면하지 않았는데도 말이다. 내가 살고 있는 한국 사회는 북한과 많은 영향을 주고 받아왔다. 나의 사회화 과정 역시 분단 위에서 이루어져 왔다. 그러므로 분단과 북한 문제를 공부한다는 것은 바로 나의 삶·역사·고통·미래에 관해 보이지 않는 저변까지 깊게 생각하는 일이며, 지금 우리가 겪고 있는 사회적·개인적 문제의 본질을 이해하고 해법을 찾기 위한 작업이다.

여성의 입장에서 접근해보면, 분단과 북한 문제에 대해 기존의 논의를 확장하는 성찰과 새로운 지식 생산에 기여할 수 있다. 지식사회학자들은 지식이 사회적 산물이며 가변성을 갖는다는 점을 연구해왔다. 저명한 여성철학자 도나 해러웨이(Donna Haraway)는 지식이 완벽할 수 없으며, 상황에 따라 구성된다고 보았다(Haraway, 1988). 지식이 당대 그 사회의 관념체계, 특히 주류의 목소리에 의해 만들어지기 때문이다. 잘 알려진 대로, 미셸 푸코(Michel Foucault)는 여러 저작을 통해 지식이 권력에서 비롯된다고 설명한 바 있다. 공인된, 혹은 기존의 '지식'은 언제나 완벽할 수 없는 것이다. 그래서 늘 신박하고 도발적인 질문을 던지고, 새로운 방식으로 사유하고 지식을 생산하는 작업이 필요하다. 대학은 우리가 그런 '생산적' 지성인들로 자라나는 공간이다.

세계사를 살펴보아도 그렇다. 전 지구적 발전과 지식의 진보는 흔히 비주류로 분류되던 사람들에 의해 이뤄졌다. 천문학, 기상학, 생명과학 등 중요 과학체계를 발전시킨 것은 제도권 교육에서 정규 학문을 배운 (주로 남성)학자들 같아 보이지만, 현장 경험과 뛰어난 관찰력으로 '몸에 배인(체화된)' 지식을 만들어낸 농부들, 특히 여성들이 없었더라면 과학사의 발전도 불가했다.

우리 모두는 평등하지만 주어진 환경, 경험, 사회화된 방식이 다르다. 그러므로 각자의 관점에서 보이는 범위와 해석하는 깊이가 다를 수밖에 없다. 그래서 성숙한 민주주의 사회에서는 여러 사람이 자신의 의견을 충분히 논의하며 합의점을 찾아간다. 그것이 바로 '숙의 민주주의(Deliberative Democracy)'다. 특히, 지난 80여 년간 분단과 북한에 대한 기존 지식은 군사, 정치, 전쟁 등 엘리트 남성을 중심으로 만들어졌다. 그러나 앞서 언급한 것처럼 이제 북한도, 분단도 매우 오래된 문제가 되었다. 이런 상황에서 필요한 것은 새로운 시각으로 문제를 다시 살펴보는 것이다. 이 책은 세계시민, 여성의 관점에서 숙의 민주주의적인 시도를 해보고자 한다.

여성의 관점에서 분단을 생각해 보면, 우리 사회의 지독한 난제들—생존 경쟁, 만연한 각종 차별, 젠더 갈등과 혐오 등—이 어떤 뿌리에서 시작되었는지 새삼 깨닫게 된다. 한 사회의 지속가능성을 위해서는 그간 소외되었던 이들의 목소리를 듣는 일이 매우 중요하다. 특히, 성차별은 아주 오래된, 대표적 차별 항목이다. 그러므로 여성의 관점에서 문제에 접근하면 성별에 그치는 것이 아니라 또 다른 차별 문제들(연령, 정치경제적 지위, 경제적 지위, 학력, 장애여부 및 수준 등)로 논의를 확대할 수 있다. 통일 무용론과 피로도가 커져 답보상태에 이른 오늘날, 여성이 적극 참여하는 집단지성은 새로운 출구전략을 도출할 수 있는 좋은 방법이다.

2) 현재진행형 분단, 평화를 위한 적극적 노력

분단(分斷, Division)이란, 원래 하나였거나 연결되었던 것을 둘로 끊어서 서로 단절된 상태를 의미한다. 어감에서 드러나듯 분단은 과거에서부터 지금까지 계속되는 양태, 곧 현재진행형이다. 무력충돌이나 교전이 한참인 전쟁 기간이 아니라 평시에도 분단은 지속된다. 한국에서 학창시절을 보내온 벗이라면 초중고등학교에서 통일교육을 들었을 것이다. 선거철만 되면 북한 문제와 통일에 대한 각종 '해법' 공약이 등장하고 우리 정부에는 세계 유일의 '통일부'가 있으며 헌법은 통일을 지향한다. 국방비는 2024년 기준, 정부재정의 13.2%에 달할 정도로 크며 K-pop 스타의 병역 문제는 국내를 넘어 전 세계적 이슈가 되기도 한다.

분단은 좋든 싫든, 보이든 보이지 않든 '보통사람들'의 하루하루에 깊이 스며있다. 특히, 분단과 남북 대치는 오늘날 한국 사회의 많은 문제들을 촉발했다. 남북의 체제 경쟁은 이미 수십 년 전에, 한국의 압도적 경제력으로 승패 겨루기가 끝났다. 그럼에도 불구하고 경쟁의식에서 시작된 발전주의는 목표를 잃고 성찰을 결여한 채 여전히 사라지지 않고 우리를 괴롭힌다. 분단은 불안한 노동시장, 끝없는 경쟁, 혐오와 갈등, 청년 징병을 둘러싼 문제 등으로 번져나갔다. 전쟁을 겪지 않았지만, 청년세대들은 온몸으로 분단을 겪는다. 분단과 갈등에서 비롯된 불안과 차별의 문제들은 여성에게도, 남성에게도 폭력적이고 과중한 짐을 지운다. 그러나 우리는 이런 문제가 분단에서 기인했다고 인지조차 하기 어렵다. 일각에서는 "아프니까 청년"이라거나 '노오력' 탓만 할 뿐이다. 분단은 세대, 남녀, 좌우의 심각한 갈등을 상당 부분 초래해왔다.

여성의 관점에서 분단과 통일에 주목할 이유가 바로 여기에 있다. 더 많은 차별을 받아온 집단일수록 사각지대를 훨씬 기민하게 파악할 수 있다. 여름철 이상 고온의 심각성을 가장 빨리, 깊이 체감하는 집단이 온열질환에 노출되는 저소득층인 것처럼 말이다. 마찬가지로 분단의 본질, 북한이라는 대상에 대한 날카로운 분석은 그간 이 문제에서 '비주류'로 여겨졌던 여성의 입장에서 한층 더 풍성해질 수 있다. 유독 한국 사회에서 수많은 일상의 위기와 갈등이 여성의 일상에 범람할 수 있는 것은, 분단이 많은 비인간적 행위들을 일견 정당화해주는 기제로 사용되어왔기 때문이다. 물론 생물학적 여성이나 여성의 관점만 이 작업에 탁월한 것은 아니다. 다만, 오래된 분단의 현실은 더 강력해진 집단지성을 필요로 하며, 여기에는 더 많은 보통 사람, 특히 여성의 참여가 분수령이 될 수 있다는 점은 분명하다.

유념할 것은, 지식과 분단이 상시적으로 만들어지는 것처럼, '평화' 역시 한 번 도래했다고 해서 영원히 유지되는 것이 아니라는 점이다. 평화는 상황과 환경에 따라 가변적이다. '평화'란 좁은 의미에서는 '큰 분쟁이나 무력충돌이 없는 상태'이고, 넓은 의미에서는 '소통이 잘되는 친밀한 상태'를 뜻한다. 예를 들어, 물리적 이동이 제한되어 있고 외교적 논쟁이 종종 있더라도 물리적 충돌이 없고 총성이 울리지 않는다면 그 상황을 평화적이라고 볼 수 있다. 동시에, 자유롭게 오가며 서로 호의적인 상태를 평화라고 규정하는 사람도 있을 것이다. 문제는, 평화에 대한 남북의 개념이 다르기 때문에 남북관계가 시시각각 돌변한다는 점이다. 뒤에서 자세히 다루겠지만, 북한은 체제 이념상 폭력을 불사하는 사회주의 이데올로기에 기반을 두고 있다. 우리와는 이념, 화법, 체제가 너무도 다른 북한과 평화를 유지하기란 쉽지 않은 일이다. 그만큼 주도권을 잃지 않고 적극적이며 유연한 대응력이 우리에게 필요하다. 헌법적 원칙을 견지하되, 세부적 상황에 따라서는 유동적이고 기민하게 대응할 수 있어야 한다. 이를 위해서는 많은 사회구성원과 개인, 세대, 기업, 정부 등의 다양한 행위자가 충분한 숙의에 참여하고 자기 자리에서 협력해야만 한다. 통일과 평화는 일부 국회의원이나 소수의 의사결정권자에 의해서만 이루어지는 일이 아니며 쉬운 일도, 일희일비해서도 안 될 일이다. 모든 사회구성원이 분단과 통일에 대해 깊이 이해하고 적극 참여해야 할 이유가 바로 여기에 있다.

3) 분단의 기본적 속성과 통일에 대한 남북한의 동상이몽

1945년 8월 15일 한반도는 해방을 맞았지만, 정부가 없는 '해방공간(解放空間: 해방 이후의 빈 공간-무정부 상태라는 뜻)'이 시작되었다. 8월 말을 기점으로 일본군 무장해제를 위해 남쪽에는 미군, 북쪽에는 소련군이 진주하기 시작했고 해방된 한반도의 정부수립을 둘러싸고 민족 지도자, 미국, 소련 사이에 논의가 진행되었으나 합의에 이르지 못하였다. 미국은 자유주의 정부를, 소련은 사회주의 정부를, 민족 지도자들은 통합 정부를 세우고자 했기 때문이다. 결국 미국과 소련의 협상 아래 38선을 기준으로 군이 임시로 정부의 역할을 하는 '군정(軍政, Military Government)'이 각각 시작되었다. 이남지역에는 미군정, 이북지역에는 소련군정이 들어서 정치, 경제, 사회, 교육, 군사 등의 정책과 체계 수립에 깊이 관여하게 된다. 각기 다른 군정이 들어서고 미군과

트루먼이 이승만을 이남지역의 대통령으로, 소련군과 스탈린은 김일성을 이북지역 수반으로 인정하면서 1948년 남북은 각각의 정부를 수립하게 된다. 분단은 민족 간의 갈등이 아니라 국제정치 정세라는 외부적 요인에 의해 시작된 측면이 있다. 그 상태에서 서로 다른 군정이 들어서고 정부수립과 사회건설이 이뤄지면서, 분단체제 역시 한반도에 고착화되었다.

해방공간과 함께 시작된 분단은 완벽한 단절이라기보다는 다소 복잡한 양태였다. 1945년 가을부터는 남북의 주민 왕래가 점차 차단되었다. 초기에는 지금과 달리 철책으로 완전히 가로지른 상태는 아니어서 1945년까지만 해도 평양의 기독교인 중에는 주둔한 소련군과 북조선임시인민위원회의 핍박을 받고 몰래 월남했다는 기록이 있다. 또한 김일성의 지시로, 이북지역에 부족했던 과학기술인, 의사, 교사 등을 이남지역에서 납치해가기도 했다. 이런 납북은 강제적인 경우도 있었고 때로는 설득에 의한 납치 반 월북 반의 경우도 있었다. 해방공간에는 갈등과 함께 화합 도모도 공존했다. 1946년 3월에는 해방 이후 처음으로 서울과 평양의 친선축구경기인 '경평축구대항전'이 서울에서 재개되었다. 이 축구경기는 1929년부터 서울과 평양 간 친선축구경기로 시작되어 여러 차례 진행되다가 1930년대 일제의 민족문화 말살 및 조선인 집합 금지 조치에 의해 개최되지 못했다. 그러나, 1946년에 열린 경기를 끝으로, 서울과 평양의 친선축구경기는 남북이 관계개선에 나선 1990년 경기를 재개할 때까지, 45년간 다시 열릴 수 없었다.

분단은 각각의 정부수립과 휴전선에 의한 '물리적 단절' 만으로 끝나지 않았고 지속적 갈등을 촉발하였다. 특히 북한당국이 폭력을 불사하는 사회주의 이념에 기반해왔기 때문에, 대화나 평화적 관계보다는 선제공격적인 조치들을 취하는 경우가 잦았다. 북한당국의 끊임없는 무력도발, 납치, 테러, 사이버 공격 등은 심각한 갈등을 심화시켰다. 남북한은 서로를 적으로 삼고 적을 타파하기 위해 국가의 발전전략과 국방목표를 설정하였다. 가령 우리의 경우 '반공이 제일의 국가 정책'이었던 시절에는 공산주의 타파와 발전이 동시에 이뤄야 할 주요 의제였다. 북한은 적화통일을 목표해오다가, 2024년에 들어서는 적대적 타국으로 남한을 규정하고 있다.

이처럼 통일을 둘러싼 남북의 동상이몽은 그 격차가 점점 더 벌어지고 있다. 평화와 통일의 구체적 전략 마련을 위해서는 양자 간의 견해 차이와 맥락을 이해하는 것부터 시작해야 한다. 그런 다각적 이해에서 출발할 때, 평화와 통일을 위한 현실적 방안을 모색할 수 있다.

4) '북한'의 다중적 의미

'북한'은 우리에게 어떤 의미일까? 사실 이런 질문이 무색하리만치 남북관계는 매우 유동적이다. 경제협력, 정상회담, 합동공연을 하며 함께 통일을 이야기하다가도 어느새 거센 말이 오가고 폭파, 폭침과 같은 충돌이 벌어진다. 우리에게 북한은 '동포, 한 민족'이면서도 또 '적'으로 규정되기도 한다. 북한은 너무나 혼란스러운 존재다.

우리가 '북한'이라 부르는 대상에는 여러 요소가 혼재되어 있다. 정권(체제)으로서의 북한, 군으로서의 북한, 내부 주민 집합체로서의 북한이 뒤섞여 있다. 그런데 사실 이를 명백하게 구별하기는 매우 어렵다. 북한 주민과 북한당국/북한군은 서로 구별되는 다른 존재지만, 또 서로 영향을 주고받기 때문이다.

특히, 한국 사회는 지역, 정당, 가족사 등에 따라 각 개인이 '북한'에 대해 가진 인식과 태도가 매우 다르다. 앞서 제시한 질문에 대해서도 마찬가지다. 남북의 당국 간 관계와 상관없이 북한 주민을 도와야 한다고 보는 사람도 있고, 반대로 북한 주민은 불쌍하지만 쌀을 지원하면 우리의 재산과 생명을 위협하는 북한당국과 북한군에게 흘러갈 가능성이 높으니 주지 않는 게 낫다고 생각하는 사람도 있다. 의견이 이처럼 다양하다는 것은 그만큼 분단과 북한이 우리 삶에 깊숙이 존재하여 사람들의 생각과 경험이 다양하다는 뜻이기도 하다.

다만, 다양한 견해가 이전투구와 논쟁만으로 끝나지 않고 실천적인 해법을 도출하기 위해서는 집단 지성을 통해 깊은 논의가 이뤄질 필요가 있다. 문제는 복잡하지만, 최선의 답을 찾을 수 있는 방법이 있다. 앞에서도 언급한 바, 모두가 서로 다른 견해를 경청하고 또 자기 의견을 공유하면서 합의지점을 찾아가는 '숙의 민주주의(Deliberative Democracy)'가 바로 그것이다. 이 강의는 벗이, 이화가, 여성이 이 시대를 사는 역사의 한 주인공으로서 분단과 통일, 북한과 평화에 대해 숙의 민주주의의 주인공으로서 자기 목소리를 내도록 돕는 시간이다. 여성의 시선은 분단과 북한 문제에서 남성, 정치, 군사 중심적 관점이 포착하지 못했던 새로운 사실을 드러내고 실천적 해법을 제시할 수 있다. 또한 벗의 시선은 전쟁을 겪어보지 못한 청년 세대에게 분단이 발산하고 있는 고통의 문제들을 드러내고, '인간다운 삶'을 향한 전략을 도출하는 데 매우 중요하다.

02 여성의 관점에서 다시 보는 북한 체제

1) 현실 사회주의와 여성의 삶: 마르크스식 여성해방론과 현실

현실 사회주의 국가들은 여성 정책에 있어서 마르크스주의적(Marxism) 페미니즘에 이념적 기반을 두었다. 마르크스주의적 페미니즘은 성차별의 기원을 계급에서 찾고, 계급이 철폐되면 여성도 해방된다고 보는 시각을 갖고 있다. 때문에 동일한 정치경제적 지위를 가진 여성이 남성과 다르게 겪게 되는 사회적, 생물학적, 정치적 어려움이 이론적으로나 현실에서나 간과되는 한계가 있었다. 특히 자유 이혼, 여성의 재산권, 피임 및 임신중단에 관한 권리(재생산권), 동일노동 동일임금 등을 지향하면서 제도적으로는 이를 보장한다고 했지만 모든 사회주의 국가에서 전 사회주의 기간에 유효하지는 않았다. 젠더폭력, 노동의 질적 차원, 결혼과 출산에 대한 자율적 선택은 간과되었다. 특히 전체 노동인구에서 양적으로 여성이 차지하는 비중은 남성과 동등했으나, 고위직이나 의사결정이 가능한 상층 집단에서 여성의 소수였다. 여성은 '여성적' 직종에 있어야 한다는 관념과 실천에 따라 성별직종분리가 매우 뚜렷했고 모든 여성은 '어머니(모성)'와 동의어로 여겨졌다. '모성보호'라는 명분으로 여성은 저임금, 저숙련, 저직급에 배치한 것이다. 또한 자녀양육과 가족 생활에 있어서 '남편, 아빠'의 참여는 별로 중요하게 다뤄지지 않았다. 이는 결국 여성에게 공적 노동 참여와 사적 돌봄/노동이라는 과도한 부담을 주면서 동시에 낮은 처우를 받게 하는 결과를 낳았다.

마르크스주의적 페미니즘은 위에서 언급한 이론적 결함뿐만 아니라 다음의 몇 가지 부가적 원인도 지니고 있다. 첫째, 당 차원의 여성 정책 의사결정자들은 대다수가 남성이며, 이들은 여러 여성 공산주의자의 의견 혹은 다양한 여성의 견해를 청취한 것이 아니라 그들식의 '현모양처'를 원했다. 소련의 경우 친레닌적인 그룹에 속해있고 마르크스의 노동자 문제, 러시아의 전통적 어머니 모델에 친숙한 '노동자-어머니' 모델을 제시한 크룹스카야의 여성 정책에 천착했다. 마르크스주의적 페미니즘의 허점을 보완할 수 있도록 남성의 봉건적 성의식 철폐 등을 주장했던 콜론타이 등의 견해는 수용되지 못했다(차인순, 1992). 남성의 가사노동 분담에 대한 콜론타이의 주장에 대해 공산당 내 남성들은 크게 비판했고, 급기야는 '여성부(제노텔)'를 없애고 여성혁명가들을 대거 숙청해버렸다.

둘째, 이념과 현실은 상당히 괴리가 있었는데, 무엇보다 사회주의 체제가 독재와 직결되었다는 점에서 더욱 그렇다. 스탈린 시대의 소련이나 마오쩌둥 시대의 중국 역사를 살펴보면, 기본적인 마르크스주의적 페미니즘을 찾아보기 어려울 정도로 여성

〈그림 1〉 콜론타이 사진

들의 삶이 상당히 열악했음을 알 수 있다. 이념은 이념일 뿐, 개인 독재가 없었던 현실 사회주의는 지구상에 존재하지 않는다. 때문에 중층의 차별적 지배구조를 통해 독재를 유지하는 사회주의 체제에서는, 보편적으로 여성의 삶이 열악한 지위에 놓일 수밖에 없다.

셋째, 현실 사회주의 국가들이 표방했던 '사회주의'는 그 이념상 '공산주의'로 가는 중간단계로 이야기된다. 그런데 사회주의는 공산주의로의 '전진'을 위해서라면 폭력도 불사한다는 기조를 지니고 있다. 무력으로 혁명을 쟁취하겠다는 것이다. 바로 이러한 폭력 혹은 무력의 수단화는 기술과 기계, 무기의 수준이 재래식에 머물렀던 당시 인간의 물리적 힘에 대한 천착으로 귀결되었다. 이런 기조는 남성보다 여성을, 비장애인보다 장애인을, 성인보다 노약자를 차별하는 논리적 근거로 악용되었고 차별을 정당화하였다.

결론적으로, 마르크스주의가 주장한 여성해방은 사실상 실패했다고 평가된다. 북한은 정권 초기의 경우 소련군정하에 마르크스주의에 입각하여 여성해방을 이야기했지만, 전쟁을 거쳐 1950년대 후반부터 김일성 독재체제를 수립하면서 김일성에 의해 성차별이 사라졌다고 주장하기 시작했다. 김일성이 여성들을 차별에서 해방시켜주었다는 것이다. 이러한 논리 위에서 북한당국은 국가가 성차별 철폐를 위해 노력하는 것이 아니라 오히려 여성이 어떤 것이든 국가가 시키는 대로 충성하는 것이 당연하다고 이야기해왔다.

2) 북한 체제의 젠더-폭력적 기원과 선군 기조

  1945년 8월부터 시작된 해방공간, 38선 이북에는 소련군정과 함께 현재 북한당국의 전신인 '북조선 임시인민위원회'가 설치되었다. 앞서 언급한 바, 당시 소련군과 임시인민위는 1945년 8월 등장 초반부터 지주(부유층) 계층, 기독교인, 민족주의자 등이 월남을 감행할 만큼 대대적으로 탄압하였다. 이북 여성들에 대한 소련군의 성희롱과 성폭력 사건도 발생했다. 강제적 생활총화(일상에서 잘못한 일을 발표하고 공개적으로 반성하는 일)와 호상비판(다수가 모인 자리에서 타인의 언행에 대해 비판하고 또 자신의 언행에 대해 비판받고 교정을 공개적으로 다짐하는 일) 역시 강압적으로 이뤄졌다. 다만, 이런 사건들은 자신들을 일제강점에서의 '해방군'으로 셀프 정의한 소련군과 임시인민위원회(임시 행정부)에 의해 공론화되지 못했고 이미 북한 사회는 전체주의적 분위기가 압도하게 되었다. 무엇보다 여기에는 임시인민위원회의 초반 개혁적 조치들이 다수 주민의 마음을 사로잡았던 까닭도 있다.

  임시인민위원회는 토지개혁을 통해 지주와 자산가들의 땅을 몰수하고 가난한 사람들에게 가구 인원 수 대로 비례하여 땅을 나눠주었고, 남녀평등권에 관한 법령을 선포하며 축첩을 금지하고 이혼에서 여성의 재산권 등을 보장해주었다. 해방의 기쁨을 김일성을 필두로 하는 임시인민위와 소련군에 대한 찬양의 분위기로 전환시킨 것이다. 때문에 정권의 폭력성은 집단적 열광에 가려졌다.

이런 상황에서 김일성은 전쟁 이후 경쟁 파벌들을 제거하면서 서서히 독재권력 수립을 시작하였다. 특히 1950년대 중후반부터 연안파, 소련파 등의 정적들을 죽이거나 파면시키고, 해외 유학생들에게 억울한 죄목을 씌워 대거 살인하는 대대적 '숙청'을 자행했다. 이른바 1958년의 종파사건, 1967년의 갑산파 숙청 사건 등이 진행되면서 북한 사회는 김일성에게 반대의견을 낼 수 없는 사회로 변모해갔다. 사회 전체에 다중의 인적 감시 시스템이 구성되었고 모든 생산수단은 국유화되었다. 개인의 일생은 부모와 조부모 등 조상의 신분 등 생득적 지위에 따라 성분과 토대라는 신분제에 기반하여 학업, 취업, 일상에 이르기까지 모두 당이 지시에 따라 일방적으로 결정되기 시작했다. 개인의 자유권이나 평등, 반대의견을 개진하면 언제든 조용히 사라져 죽임을 당하는 사회가 된 것이다.

김일성의 초상화가 모든 건물 정중앙에 걸리기 시작했고, 1974년에는 '당의 유일 사상체계 확립의 10대 원칙'을 만들어 김일성 유일독재체제를 정당화하고 김일성을 숭배하도록 각종 절차와 규범을 만들었다. 이 '10대 원칙'은 헌법보다 상위에 있는 규범으로 김일성의 동상, 초상화를 '정중히 모시'라거나 예의바르게 절하기, 모든 글의 앞에는 김일성의 '말씀/교시' 인용하기, 모든 일에 김일성에게 충성하는 태도를 견지하기 등을 포함하고 있다. 이런 1인 독재지배체제는 법률화, 제도화되었을 뿐만 아니라 독재체제를 김정일이 후계자로 물려받게 되면서 부계혈통 중심의 독재체제가 탄생하였다. 아버지-아들의 부계가 중요해졌고 독재의 특성상 수많은 차별의 범주가 세밀하게 계층을 세분화하였다.

김일성-김정일 독재 세습체제는 '혁명적 수령관', '사회주의 대가정제'와 같은 지극히 가부장적이고 차별적인 이데올로기에 그 기반을 두고 각종 법제를 구축하였다. '혁명적 수령관'이란 모든 인민은 인체의 수족이자 부분인데 반드시 '뇌'와 같은 '수령'의 지도를 받아야만 존재론적 가치가 있다는 주장이다. '사회주의 대가정제'란 김일성/김정일이 사회주의 대가정에서 아버지로서 절대적 권위를 갖고, 당은 그를 받드는 '어머니', 모든 주민은 아버지에게 충효를 다하는 자녀로 형상화되었다. 이는 '수령(아버지, 남성)의 지배를 받는 당(어머니, 여성)'의 젠더 차별과 유교적 충효 이미지가 결합한 것으로서 남성, 연장자, 정치적 지위가 높은 사람에 대한 특혜를 정당화하였다.

스탈린이나 마오쩌둥 역시 독재와 대량 숙청, 우상화를 꾀했지만 북한처럼 세습되어 오랜 시간 유지되지는 못했다. 이들 역시 '국부(나라의 아버지)'로 한때나마 불렸지만 북한만큼 충효사상과 깊이 결합하고 다양성을 파괴하지는 않았다. 적어도 소련에서는 핍박받고 한때 정권에 굴복했을 지언정, 그리스 정교회가 살아남았고 중국에서는 핍박받고 있지만 NGO들이 목소리를 내왔다. 그러나 북한은 그런 대항/저항 혹은 협상을 위한 담론 자체가 생산되기 어렵다.

특히, 북한당국은 초기부터 군사를 우선시한다는 뜻의 '선군(Military First, 先軍)'을 추진해왔다. '선군' 개념이 사상으로 이름 붙여진 것은 2000년대 지만, 이전부터 이미 군사 우선이 법제와 이데올로기적으로 지배적인 개념이었던 것이다. 이는 앞서 설명한 바, 북한이 기원을 두고 있는 마르크스-레닌 이데올로기 자체가 공산주의 사회 건설을 위해서는 폭력도 불사할 것이며, 이를 위해 무력이 우선시되는 기조를 지니고 있다는 점과도 합치된다.

'선군' 통치란 전체 사회의 모든 영역에서 군사에 정책적 우선순위를 둔다는 것으로, 자원의 배분이 군사부문에 우선시 된다는 것으로 이해할 수 있다. 민생보다는 무기와 군수물자 생산에 우선순위를 두는 것이고, 다른 인력의 양성보다는 군사과학자, 고위급 장교 양성에 자원을 더 많이 우선 배분한다는 뜻이다. 북한은 실제로 제2경제라는 군수경제를 일반경제와 분리하여 별도 운영하며, 일부 군수 산업체에는 별도의 배급체제를 가동시켜왔다. 또한 각 공장에는 '일용직장'이 있어 언제든 군수생산으로 전환할 수 있도록 대비해둔다. 선군은 군수 발전을 최우선에 두고 민생 경제를 방임하는 통치를 정당화시키는 이념적 자원으로 활용된다.

이런 선군 기조는 많은 군사주의에서 그렇듯 여성을 후비대 혹은 2등 시민(군인)으로 폄하한다. 또한 모든 배급, 직장배치, 학교 진학 등의 기회에서 남성, 비장애인, 성인을 우선하고 여성, 장애인, 노약자 등을 후순위에 두도록 한다. 생물학적 물리력 격차를 차별의 근거로 활용하는 선군 통치는 경제적 낙후로 인해 과학기술 발전이 더뎌지면서 상당히 오래 지속되었고, 과학기술이 발달한 부문에서도 관성상 사라지지 않고 남성과 여성을 차별하는 근거로 활용되고 있다. 뿐만 아니라, 경제난으로 인한 배급제 중단 이후, 북한당국은 군사 우선의 논리를 유지하면서 주민 생계유지 책임을 각 가정의 여성에게 전가한 바 있다. 미국과 한국에 의해 포위된 북한(피포위 의식: 적에 의해 포위당했다는 극도의 위기 의식)은 국방이 우선이라는 논리다. 따라서 군사 우선의 원칙에 의해 모든 무고한 보통 사람의 희생이 정당화된다. 이 논리 위에서 여성은 차기 군인/병력을 낳아 길러 군대에 입대시켜야 하며, 이 군인들은 '수령'을 위한 '총폭탄'으로 키워져야 한다.

3) 김정은 집권 이후 최근 북한의 변화와 여성의 삶

김정은 집권 이후, 북한당국은 2000년대부터 시작된 시장을 대상으로 통제를 지속하고, 국가기관들이 시장의 자금을 중앙으로 흡수하기 위한 여러 가지 사업을 전개해 나가고 있다. 외부 문화 유입에 대한 주민 사상 변화를 경계하고 있으며, 체제수호라는 명분 아래 핵무기 개발을 지속하며 주민들에게 이를 정당화하기 위해 다양한 선전을 지속하고 있다. 과학기술중시 기조와 ICT 발전 등의 국가전략을 도모하고 있으며 도시를 중심으로 살림집 건설은 대폭 증가했지만 가장 실질적이고 기본적인 민생지원은 여전히 열악한 상태이다. 겉으로는 다양한 변화를 시도하고 있으나, 체제수호라는 점에서 근본적 기조는 변함이 없다. 이러한 상황 속에서 다수 북한 여성은 이전 시대보다 시장화된 시대에 살며 다양한 행위성을 발휘하지만 동시에 여전한 제한의 상황 속에 놓여있기도 하다.

2023년 12월 4일 열린 제5차 전국어머니대회에서 김정은은 여성들을 향해 "다른 나라 녀성들 같으면 며칠도 못 견딜 엄혹한 시련을 수십 년이나 견뎌"내었고 하면서도 상하수도, 전력, 교통

등의 인프라를 개선해 줄 테니 "자식을 많이 낳아 키우"라며 다산이 곧 "애국"이라고 주장했다. 북한은 1990년대 초중반 소위 "고난의 행군"으로 배급제가 붕괴한 이후 지난 30년간 여성들의 각종 장사 등의 생계유지 활동으로 유지되어 왔다. 여성들이 온몸으로 어려움에 직면한 덕분에 아주 고통스러운 시기는 지나갔지만 여전히 북한당국은 여성을 통제하고 남성들의 변화는 아직 미미한 수준이다. 그런 엄마의 삶을 목격하면서 동생 돌봄과 가사노동에 참여하며 장사를 도와왔던 딸들은 이제 20~30대가 되어 출산과 결혼을 거부하고 있다. 그 결과, 북한의 합계출산율은 1990년대 중반부터 인구 감소에 해당하는 2명 미만에 접어들었고 지속 감소하며 반등할 기미를 보이지 않고 있다(국가통계포털, 2024.09.06.).

특히 우리처럼 생산과 소비, 수입과 수출이 발달한 상황이 아니고 공식적으로 기업을 인정하지 않기 때문에 북한에서의 장사는 쉬운 일이 아니다. 시장에서 장사하는 여성들은 각종 장세와 상납금에 시달린다. 경제적으로 어려운 경우에는 직접 물건을 갖고 다니며 '메뚜기 장사'를 한다. 여전히 여성들은 각종 가사노동과 돌봄노동까지 수행한다. 이처럼 씻고 먹는 기초적 일상조차 유지하기 힘든 상황에서, 출산에 대한 의지가 감소하는 것은 당연한 일이다.

자기 삶을 주도적으로 살아내려는 여성들의 실천은 출산뿐만 아니라 결혼은 물론 남성 파트너와의 관계 변화로도 이어진다. 자의 반 타의 반으로 장사를 하러 잦은 이동을 하게 되면서 여성들은 직장에 출근하여 지정된 시공간에서 일상을 보내야 하는 남성과 달리 다양한 지역에서 여러 경험을 하고 정보를 습득하게 되었다. 이 과정에서 여성들은 군사주의 문화로부터 자기 삶을 분리하기도 한다. 장사 여정이 위험하기 때문에 부부가 아닌 여성과 남성이 동행하는 것을 '8.3부부'라고 부르는데, 이 과정에서 여성들은 폭력과 가부장성이 심한 남편 대신 마음이 잘 맞고 따뜻한 새 남편을 만나기도 한다.

이런 부모 세대를 보고 자란 20~30대의 청년 여성들은 만혼과 동거에 대해 열린 태도를 취한다. 북한에서는 여성들이 대체로 늦어도 20대 중반 결혼을 하는데, 최근에는 20대 후반이 되어도 결혼하지 않는 경우가 종종 있고 30대에도 미혼인 경우가 확인된다. 동거 커플 증가 역시 확연한 현상인데, 여성들은 '혼인등록'을 하는 순간 인민반과 여맹에 편입되어 각종 헌납과 행사 및 건설현장에 동원된다. 또한 가족과 지인들에게 결혼을 공표하는 '결혼식' 직후부터 며느리, 아내로서의 적지 않은 의무에 시달리기 시작한다.

시장화 이후 30여 년간 여성들은 끊임없이 이동하며 가족 생계유지에 전력을 다해왔고, 이 과정에서 여성들은 생존을 위한 감각과 언어적·비언어적 능력을 익히기도 했다. 그러나, 이런 변화가 여성의 지위 향상 혹은 안정화를 촉발한다고 단정하기 어렵다. '큰 돈'을 벌기 위해서는 운송수단과 자원 배분 능력에 접근할 수 있어야 하는데 이런 권력은 주로 당과 중앙기관의 고위급 남성 간부에게 주어진다. 여성들이 시장에 빠르게 적응할 수 있었고 또 그래야만 했던 까닭은 북한당국의 통치전략 상 '1등 공민'이 아니라 '1등 공민'인 남성의 크고 작은 재생산을 담당하는 '후비대'였기 때문이다. 성차별적 사회구조 속에서 불안정한 지위에 놓여 있었기 때문에 시장으로 유입될 수 있었고 또 시장으로 내몰릴 수밖에 없었던 것이다. 그리고 저출생과 만혼 현상이 보여주듯, 여전히 여성은 불안계층으로 남아 자기 지위의 불안함을 조금이나마 안정시켜보려 노력하고 있다(박민주, 2024).

03 분단과 여성의 삶

1) 분단과 젠더 문제의 상호교차성: 전쟁과 성차별의 상시적 동거

분단은 갈등을 전제한다. 특히 전쟁과 같은 무력충돌은 수많은 희생을 촉발하고 혐오와 전체주의를 극대화시킨다. 전쟁은 갈등이 극대화된 상태로, 승리를 위한 조직적 폭력이 용인되며, 적은 나와 분명히 구별되는 멸절(멸망시켜 아주 없애버림)과 혐오의 대상이다. 이때, 혐오의 대상인 '적'은 나를 공격하는 사람뿐만 아니라 아군의 집단에서 벗어났거나, 규율을 어겼거나, 순응하지 않고 문제를 제기하는 사람까지 포함한다. 이와 관련해서, 법철학자 마사 너스바움은 혐오가 하나의 감정이며, 대상으로부터 나를 구분하기 위한, '전염'되지 않기 위한 전략이라고 분석했다(너스바움, 2015). 너스바움에 따르면, 전시와 갈등의 상황에는 이러한 혐오가 만연해질 수밖에 없는데, 자신을 지키고자 하는 불안과 두려움 속에서 피아구분이 잦아질 뿐만 아니라 상대에 대한 격하, 부정, 혐오가 극대화된다.

나의 불안을 애써 가리기 위한 혐오와 폭력은 적군뿐만 아니라 모든 '약자'에 대한 행위로 확대된다. 예를 들어 점령 후 해당 지역의 민간인, 적군의 노약자 및 여성 가족에 대한 잔혹한 폭력과 살해, 군에 의한 집단적이고 조직적인 성폭력이 자행된다. 잘 알려진 바, 2차 세계대전 당시 일본군이 종군위안부를 강제 동원하여 위안소를 조직적으로 운영했는데, 당시 지급되었던 콘돔의 이름이 '돌격1호'였다. 특히 자폭현장 투입을 앞두고 불안에 떠는 '카미카제' 군인들에게 마약과 술을 강제 복용시키고 여성에게 집단적 성폭력을 가하도록 했다는 기록이 남아있다. 언제 죽을지 모르는 전쟁에서 남성 군인이 면한 원초적 불안을 성폭력으로 잠재웠다는 것 자체도 피해자와 군인 모두의 인권을 침해한 것이지만, 이를 군이 체계적으로 기획하고 관리했다는 것 역시 심각한 전쟁범죄다. 최근의 우크라이나-러시아 전쟁에서도 러시아 군인들의 민간인 살해, 성폭력 등이 만연한 것으로 알려져 있다. 전쟁은 약자 혐오를 증폭시킨다.

전쟁이 끝나면 새로운 국면의 젠더 문제가 발생한다. 전시 납치되거나 군사 작전에 참여했던 여성은 위로받거나 인정받지 못하고 사회적으로 고립된다. 고려의 경우 여성들을 강제 차출하여 공물로 보냈지만 살아서 고향에 돌아온 여성들에게 '환향녀(고향으로 돌아온 여자)'라며 낙인을 찍었다. 후에 이 단어는 여성의 섹슈얼리티를 '난잡함'으로 격하하는 매우 모욕적인 욕설로 남겨졌다. 군사주의와 통치체제로 인한 구조적 폭력의 희생자임에도 불구하고, 여성에게는 유독 이런 2차 피해가 더해진다. 여성이 '남성과 똑같이' 군대에 가서 전쟁에 참전해도 여성 군인에 대한 대우는 차별 그 자체이다. 『전쟁은 여자의 얼굴을 하지 않았다』의 노벨문학상 수상 작가 스베틀라나 알렉셰이비치(Alexievich Svetlana)는 제2차 세계대전 이후 다음과 같이 고향으로 돌아온 여성 참전자들의 고통을 이야기했다.

"우리는 열여덟, 스물 나이에 전선으로 떠났다가 스물, 스물넷이 돼서 돌아왔어. … 우리는 과거를 숨기며 살았어. 훈장도 내놓지 못했지. 남자들은 자랑스럽게 내놓고 다녔지만 우리는 그러지 못했어. 남자들은 전쟁에 다녀왔기 때문에 승리자요, 영웅이요, 누군가의 약혼자였지만, 우리는 다른 시선을 받아야 했지. 완전히 다른 시선. 당신한테만 말하는데, 우리는 승리를 빼앗겼어. 우리의 승리를 평범한 여자의 행복과 조금씩 맞바꾸며 살아야 했다고. 남자들은 승리를 우리와 나누지 않았어. 분하고 억울했지. 이해할 수가 없었어." (Alexievich, 2015)

한국에서도 여성의 참전 사실은 부끄럽고 숨겨야 할 것이었다. 칭찬도 인정도 받지 못했고 남성보다 더 열악한 환경에 노출되었다. 전쟁 이후에는 "여자가 험한" 자리에 다녀왔다는 편견 탓에, 여성들은 보훈의 대상이 아니라 자신의 역사와 사실을 숨겨야 했다. 특히 가족들의 편견이 더욱 심했다(김엘림, 2022).

전선이 아닌 '후방'에 있었던 여성들에게도 새로운 종류의 압력이 가해진다. 여성들은 전시에 남성들을 대신하여 각종 중공업 공장과 군수공장에 배치되어 후방물자를 생산하는 산업의 역군이자 가족 부양과 보호의 책임자로 호명된다. 여성의 강인함과 힘을 강조하는 다음 그림은 제2차 세계대전 당시 전쟁에 나간 남성들을 대신해 산업 현장에 동참할 것을 호소하는 선전화 '리벳공 로지(Rosie the Riveter)'다. 그러나 전쟁이 끝나고 남성들이 돌아오면, 여성들은 더 이상 씩씩하고 힘센 공장의 주인이자 가족의 보호자가 아니라, 집으로 돌아가(go home) 가정의 수호자로서 남편을 즐겁게 해주고 그의 보호를 받으며 단란한 가정(sweet home)을 꾸릴 현모양처로서 살아갈 것을 강요받는다. 특히, 전후에는 전쟁으로 줄어든 인구를 증가시키기 위해 국가 차원에서 여성에게 다산을 권장하고 건강하고 튼튼하게 자녀 양육하는 데 삶을 전력하라고 강권한다. 공장에서 씩씩하게 노동하는 여성은 더 이상 든든한 국민이 아니라 인구 재생산의 임무를 내팽개친, '여성스럽지 않은' 존재로 평가절하된다. 이처럼 갑자기 특정한 정체성과 출산을 강요하고 그에 따르지 않는다고 비난하는 것 역시 혐오다.

〈그림 2〉 리벳공 로지

혐오의 문제는 전쟁이 끝난다고 해서 사라지지 않는다. 특히 분단이라는 형태로 전쟁이 상시화되고 갈등이 지속되는 경우에는 더욱 그렇다. 한 사람의 기억과 몸에 남겨진 전쟁의 역사는 옅어질지언정 사라지지 않고 언어와 문화에 녹아 다음 세대로 계속 전이된다. 특히 전쟁 후 분단이 지속되면 그 상흔은 비언어적이고 무의식적인 방식으로 집단 내부에 스며든다. 그래서 분단의 시공간은 늘 전시상태이며 편가르기, 혐오, 우열의 구분이 명확하다. 이분법적 피아구분이 중요해지면서 다양성은 제거되고, 적이 아닌 내부에서의 작은 갈등이 확대되거나 차별로 악화되기 쉽다. 특히, 전쟁과 성차별은 불평등, 권위주의적 원칙,

폭력(강제적 힘)에서 기인하기 때문에 중첩되기 쉽고 또 중첩될 때 더 큰 위력을 갖게 된다. 베트남 사례를 연구했던 미국의 평화교육학자 배티 리어든은, 전쟁이 끝났다고 평화가 도래하는 것이 아니라고 지적한다. 전쟁에 대한 상시적 공포는 평시에도 군사주의를 사회의 첫 번째 규율로 상정한다. 폭력을 정당화하고 힘을 숭배하며 복종을 강요하는 것이다. 이런 환경에서는 기존의 불평등이 심화되고 약자에 대한 지배가 당연시되기 마련이다(리어든, 2021).

2) 한반도의 분단과 한국 여성의 삶

정전 70년을 지났지만, 남북은 여전히 대치상태이며 북한의 핵 위협과 도발은 더욱 강화되고 있다. 군사적 긴장은 군비 증강과 함께 사회적 긴장을 촉발한다. 평등, 삶의 질, 지속가능한 발전은 우선순위가 밀려나고, 북한의 물리적 위협으로부터 영토와 국민을 지키는 (좁은 의미에서의) 국가안보에 천착하게 되는 것이다. 이런 상황에서는 다양한 의견이나 소수자와 약자의 입장이 반영되기보다 기존의 패권을 중심으로 사회가 경직된다. 분단은 일상 곳곳에 영향을 미치고, 이런 상황에서 여성의 삶은 열악한 조건에 직면하기 쉽다.

분단은 한반도의 '상시 전시화'를 촉발했고, 앞서 살펴본 북한 여성의 삶처럼 남한 여성의 지위 역시 유사하고 또 다르게 열악한 환경에 놓이게 되었다. 특히 분단이 해결되지 않은 상황에서 시작된 민주화 과정은 군사주의적이고 성차별적인 문화를 해소하지 못하였다. 대표적으로, 우리 사회에서는 여전히 직장, 학교, 커뮤니티, 심지어 노동운동과 학생운동에 이르기까지 성차별과 군사주의적 질서가 만연하다. 교사-학생, 선배(상사)-후배 관계는 여전히 불평등하며, 이 위계에 젠더가 중첩되면서 성폭력 문제를 촉발하기도 한다.

분단은 남성에게도 폭력적이다. 회사에서 상사가 집안일로 회식에 불참하는 후배에게 '가정적인 남자'라고 하는 말은 칭찬이 아니라 은근한 비난일 가능성이 높다. 서열과 집단을 중요시하는 군사문화 속에서, 음주가무로 집단의 '단합'을 다지길 꺼리는 남성, 정시퇴근하고 가족을 우선하는 남성은 전장에서 물러서는 '비겁한, 남성답지 않은' 남성으로 비하된다. "계급장 떼고 붙자"는 표현 역시 군사주의가 전체 사회에 만연하다는 것을 보여준다. 이런 상황에서 감성적이며 공감을 잘한다거나 타인 앞에서 눈물을 보이는 남성은 '약한 남자'로 회자된다. 남성은 용맹하고 씩씩하며 이성적 존재로서 권위를 지녀야 한다고 요구받는다. 이처럼 분단과 성차별이 서로를 강화시키는 과정에서, 여성과 남성 모두 인간으로서의 본성과 자신만의 개성을 포기하고 이상적인 정체성을 살도록 강요받아왔다.

전후 복구와 남북 체제경쟁은 성찰 없는 발전주의를 동반했고, 한국 사회는 비판적 검토 없이 신자유주의를 적극 수용하게 되었다. 출산과 양육은 여성의 몫이라는 편견 위에서 여성은 2등 노동자로 규정되었고 노동시장 유연화라는 명분 아래 저임금, 저숙련, 비정규직의 질 낮은 일자리가 여성에게 배당되었다. 반면 남성은 그러한 여성과 달리 '회사를 위해 24시간 상시' 노동할 수 있는 '효율적' 존재로 그려졌다. 이미 체제경쟁에서 승리했음에도 불구하고, 경로의존성에 따라 무비판적으로 양적 성장을 지향하는 사고가 지속되었다. 무한경쟁이 도래하면서 인간다운 삶보다는 학력, 지연, 스펙, 재산에 대한 우위 점유가 중요해졌다. 오늘날 심각한 사회문제로 논의되는 청년층의 결혼/출산 포기의 기원이 분단 상황에 있음을 부정할 수 없다.

젠더 갈등 역시 분단과 발전주의의 산물이다. '선진국' 타이틀을 얻기 위해 국가가 진지한 고민 없이 시행한 많은 정책과 결정은 여성과 남성 그 누구에게도 만족스럽지 못한 결과를 냈다. 가령, 폐지된 군 가산점 제도를 둘러싸고 많은 논쟁이 있었다. 여성의 입장에서 군 가산점제는 구조적 차별이다. 여성에게 여러모로 배타적인 군대에 입대하기도 어렵고 이미 많은 영역에서 성차별을 받아 온 만큼 군 가산점을 수용하기 어려운 것이다. 반면 징병제에 응해야 하는 남성의 입장에서는 적절한 보상도 없는 병역 의무에 대해 군 가산점 제도까지 폐지되어 버리니 차별처럼 느껴질 수밖에 없다. 사실 이 문제의 책임은 여성이나 남성 어느 한편에 있는 것이 아니라 징병제를 성찰없이 기획, 설계, 운영한 국가에게 물어야 한다. 물론, 전쟁의 위험이 상존하는 한반도에서 국가안보를 위해 일정한 병력이 불가피하다. 다만 국가가 다양한 국민의 입장과 의견을 청취하고 섬세하게 이 제도를 설계했어야만 한다. 또한 사회변화에 따라 지속적으로 개선해 나가면서 기민하게 운영했어야 했다.

특히, 우리 사회는 병역에 참여하려는 여성 수요를 제도가 오히려 제한해버리는 측면도 있다. 사관학교의 여성 선발 비율은

10%를 넘지 않는다. 그래서 사관학교의 입학 성적에서 여성은 남성에 비해 커트라인이 최소 5점에서 26점까지 높다(연합뉴스, 2021.10.18.). 여성들이 장교를 지원하는 비율에 비해 매우 조금만 선발하는 것이다. 물리적 힘 차이가 중요한 재래식 전쟁 중심의 과거였다면 성별에 따른 힘 차이가 중요했을지 모르지만, 현대전은 최첨단 무기와 기술, 전략이 승패를 좌우한다. 그러나 지휘관(장교)을 역량과 전문성이 아닌 성별로 선발하는 것은 차별일 뿐만 아니라, 역량과 전문성이 더욱 중요해진 현대전에서 오히려 걸림돌이 될 위험도 크다.

분단국가로서 우리가 안보에 촉각을 곤두세우는 것은 당연하고 마땅히 그래야 할 일이다. 다만, 무조건 불안 혹은 위기 담론을 조성하면서 과거와 같은 방식으로 성별, 장애여부, 연령을 나누는 것은 불필요한 갈등을 촉발하고 훌륭한 인적 자원을 폐기해버리는 것과 같다. 인류 역사가 말해주듯, 국가 경쟁력과 기술 발전, 부의 축적은 경직된 사회가 아니라 각 개인이 자신의 역량과 창의성을 발휘할 수 있는 환경에서부터 시작되기 때문이다.

3) 우리가 휴전선 너머 북한 여성의 삶에 관심을 가져야 할 이유

한 사회가 작동하는 방식, 불평등과 주요 사회문제들에 대해 제대로 파악하기 위해서는 보통의 해당 사회구성원 여성과 남성들이 어떠한 일상과 생애를 사는지에 대해 알아야 한다. 그러나 신문, 방송, 온라인에서 우리가 북한에 대해 접할 수 있는 정보는 주로 북한당국, 김정은, 유명인 등에 관한 것이며 많은 경우

> 📖 **더 읽을 책**
> 내 조상이 겪었고, 내 이웃이 겪고 있으며, 오늘을 위해 내가 반드시 느껴야 할 여성들의 역사
> 김성경, 『살아남은 여자들은 세계를 만든다』, 창비, 2023.

군사, 정치적인 내용과 더불어 북한 여성에 대한 성적 가십 컨텐츠가 주를 이룬다. 특히 "남남북녀, 미녀 응원단" 이런 표현은 각종 매체에서 북한 여성을 지칭할 때 자주 쓰이는 단어들이다. 이는 주로 젊은 북한 여성들에 관해 인간으로서 그들 자체나 그들의 삶에 주목하는 것이 아니라 젊음, 외모, 남한 여성과 대비되는 '순수함' 등에만 천착하는 표현이다. 이런 표현은 얼핏 보면 북한 여성에 대한 긍정적 표현 같지만, 실제로는 얄팍한 성적 호기심으로만 접근함으로써 북한과 북한 여성의 현실에 대한 이해를 가로막을 뿐이다.

또 다른 사례로, 온라인에서 북한 여성의 인권을 이야기한다면서도, 성 착취의 가십적 내용만 구체적으로 표현하는 일도 잦다. 이런 컨텐츠들은 썸네일만 보더라도 이른바 '조회수, 클릭수'를 높이기 위한 자극적 이미지와 표현으로 점철되어 있다. 굳이 구체적으로 내용을 살펴보지 않더라도, 문제의 원인을 파악하고 개선을 요구하는 것이 아니라, 관음증적인 시선에서의 접근에 지나지 않는 것임을 충분히 알 수 있다.

북한과 북한 여성을 성적 시선으로만 바라보는 일은 북한에 대한 냉철한 이해를 가로막아 안보에도 득이 되지 않고, 북한 바깥의 여성들에게도 그러한 시선을 적용하기 쉽게 만든다. 북한 여성에 대한 시선의 고착화는 북한에 대한 것이며, 동시에 여성에 관한 것이다. 특히 전 세계가 온라인을 통해 실시간으로 연결되는 현대 사회에서는, 어제 지구 반대편에서 발생한 젠더 이슈가 남의 일이 아니라 오늘 내 인생에 일어나는 일이 되기도 한다. 세계시민성과 젠더는 분리될 수 없다. 성차별을 비롯한 모든 차별 문제에 대한 국제적 협력이 중요한 이유가 바로 여기에 있는데, 차별의 기반이 되는 혐오는 국경을 넘어 쉽게 전염된다. 가령, 극우화가 여성혐오와 맞물려 전 세계를 떠돌았던 사례로 2016년의 미국과 폴란드를 생각해 볼 수 있다. 임신중단과 관련하여 지난 50년간 미국 대법원의 굳건한 판례였던 'Roe VS. Wade'에 대해 주별 법 번복문제가 발생했다. 이는 폴란드 여성들의 재생산권 시위였던 '검은 월요일'과도 밀접한 관련이 있다. 다른 나라의 여성 문제는 언제든 나의 문제가 될 수 있기 때문에 적극적이든 소극적이든 서로 관심을 갖고 다른 여성의 삶에 연대하는 자세가 더욱 필요하다.

오랜 기간 전 지구적으로 지속되었던 차별은 한 단계 개선되기까지 많은 노력을 필요로 한다. 모든 사회에는 지금까지의 방향을 유지하려는 관성, 즉 '경로의존성'이 존재한다. 때문에 뛰어난 능력을 갖춘 여성이 등장하고 여성의 기여가 증가해도 성차별은 쉽게 개선되지 않는다. 장애, 개인적 지향, 경제적 지위, 학력 수준, 연령 등에 대한 편견과 차별도 마찬가지다. 약자의 권리를 지키고 기득권을 약화시키는 일일수록 후퇴하기는 쉬워도 전진하기는 어려운 법이다. 차별의 권력은 매우 교묘해서, 문제제기를 하면 최악의 사례를 들이밀며 "그에 비하면 너는 행복한 줄 알라"고 말한다. 분명한 방법은, 국적을 뛰어넘은 연대를 통해 지속적으로 문제를 제기하고 하한선(가장 상황이 나쁜 나라)의 상태를 개선시키는 것이다. 그 대표적 사례가 미국에서 시작된 '미투(Me too)' 운동으로, 우리나라를 포함하여 세계 곳곳으로 확산되었던 것을 기억할 필요가 있다.

특히 잘 알려진 것처럼 북한은 여성 인권이나 불평등 문제가 매우 심각하여 내부적인 해소가 불가하고 외부의 협력이 필요한 상황이다. 우리는 언어적으로나 문화적으로나 북한 여성의 상황을 가장 잘 이해하고 해석할 수 있는 조건을 갖추고 있다. 3만 명에 가까운 북한이탈여성을 통해 북한 여성의 삶에 대한 연구 성과가 누적되어 왔다. 나를 위해서, 그들을 위해서 우리는 북한 여성의 삶에 대해 관심을 가질 필요가 있다. 이런 관심들이 집단지성으로 나타날 때, 북한 여성에 대한 불쾌한 가십도 컨텐츠 시장에서 사라질 것이다. 우리가 북한 여성의 삶에 주목해야 하는 이유가 바로 여기에 있다. 그들은 우리와 연결되어 있다. 느슨하지만 단단하게.

🌱 에필로그

김주애가 권력을 이양받을까? 그러면 북한 여성의 삶은 좀 더 나아질까? 혹은 한반도는 지금보다 평화로워질까?

마르크스주의 여성해방론은 처음 등장했던 당시 매우 급진적이었다. 그러나 이론과 달리 현실정치에서는 '현모양처' 여성만이 선호되었고 그 외에는 '반혁명적'이라는 이유로 배제되거나 처형당하는 일이 많았다. 앞서 설명했듯, 남성 공산주의자들의 가부장성(현실정치), 이념으로서 마르크스주의 자체에 내재된 성차별과 성평등(이념의 모순)이 그 주요 원인이다.

그렇다면, 김주애는 권력을 이양받게 될까? 만약 김주애가 북한의 차기 지도자가 된다면 북한 여성의 삶이 지금보다 나아질까? 이 책이 말하는 '여성의 관점'에서 북한당국이 평화와 통일에 접근하게 될까?

정답은 없다. 다만, 역사에 비춰봤을 때 분명한 하나의 사실은 여왕이 있는 국가라고 해서 여성의 지위가 높다고 보기 어렵다는 점이다. 또한 여성이 참여하는 것과 '여성의 관점'으로 참여하는 것은 별개의 이야기다. 여성이라도 '무력적 승리를 위해 모든 것을 희생해도 된다'는 군사주의적 관점을 지닐 수 있고, 남성이라도 앞에서 언급한 '여성의 관점(예: 지금까지 분단은 남성과 여성 각각을 다르고 또 유사한 방식으로 압박해왔는데, 최근 이런 양상이 마치 남녀 간의 대립으로 비치지만 근본 원인은 갈등이 아닌 분단에 있다)'을 지닐 수 있기 때문이다.

중요한 것은, 독재체제가 존재하는 이상 평등은 허상에 불과하다는 점이다. 세계 역사에서 장애인, 여성, 노약자가 존중받는 독재사회가 존재했던가? 전혀 아니다. 독재는 무수히 많은 차별을 가동시키고 촘촘한 위계에 기반을 둔다. 그러므로 지금의 북한체제가 유지되는 이상, 독재지도자의 성별이 바뀐다고 해서 일반 주민의 인권이나 삶에서의 평등이 크게 개선되기 어렵다. 어쩌면 김주애가 지도자가 된다 해도, 명예남성(남성 되기를 선망하며 더 가부장적인 여성)처럼 행동할 수도 있는 일이다. 지금의 북한체제는 남성 엘리트 위주의 권력구조를 지니고 있기 때문에 그 남성 간부들을 다 관리, 통제하기 위해서는 적절한 채찍과 당근이 함께 주어질 것이기 때문이다.

> 💭 생각해 봅시다

1. 전쟁과 분단을 다룬 한국 영화들이 많다. 그러나 여성이 주인공으로 등장하는 경우는 찾아보기 어렵다. 전쟁도 분단도 남녀가 함께 겪었는데, 왜 문화적 기억은 남성을 주인공으로 그려낼까? 다른 영화도 그럴까? 유독 전쟁과 분단이라는 소재가 더욱 그런 걸까? 그렇다면, 우리는 세계시민으로서, 여성으로서 분단과 전쟁에 대한 여성의 이야기들을 어떻게 기억하고 기록할 수 있을까?

2. 우리가 삶을 유지하는 데 비용이 들고, 통일을 이루기 위해 비용이 들듯, 지금의 분단상태를 유지하는 데에도 일정한 비용이 발생한다. 분단의 유지비용은 국방비, 군입대와 같은 경제적, 군사적 비용뿐만 아니라 일상적, 사회문화적 측면도 포함한다. 가령, 우리는 남북관계가 나쁠 때 비행기의 항로를 우회하여야 하고 DMZ 근처 주민들은 북한의 대남방송에 시달리며 고통을 받는다. 나는 어떠한 분단비용을 지불하고 있을까? 분단이 해소되면 내가 치르지 않아도 되는 정치, 경제, 사회문화, 심리적 비용에는 어떤 항목들이 있을까?

참고문헌

1. 국내문헌

김엘림, 「6·25 전쟁기 여성의 참전과 그들의 전쟁 경험」, 『한국여성학』 제38권 2호, 2022.
마사 너스바움, 조계원 역, 『혐오와 수치심』, 민음사, 2015.
박민주, 「북한 주민의 모빌리티와 이동·통치·젠더」, 『현대북한연구』 제27권 1호, 2024.
베티 리어든, 황미요조 역, 『성차별주의는 전쟁을 불러온다』, 나무연필, 2020.
스베틀라나 알렉시예비치, 박은정 역, 『전쟁은 여자의 얼굴을 하지 않았다』, 문학동네, 2015.
차인순, 「소련여성의 경제적 지위와 문제」, 『여성연구』 제36호, 1992.

2. 국외문헌

Donna Haraway, "Situated Knowledges: The Science Question in Feminism and the Privilege of Partial Perspective," *Feminist studies*, Vol. 14, No. 3 (Autumn, 1988).

3. 기타

연합뉴스TV, 「[단독] 사관학교 여생도 정원제한…여성, 점수 높아도 탈락」, 2021.10.18.
https://m.yonhapnewstv.co.kr/news/MYH20211018014300641
국가통계포털, https://kosis.kr/statHtml/statHtml.do?orgId=101&tblId=DT_1ZGA283&conn_path=I3. https://m.yonhapnewstv.co.kr/news/MYH20211018014300641(검색일: 2024.09.06.).

2장

북한 역사 속 여성의 삶과 역할

1946년 여맹 노동절 시위(사진: 미디어한국학)

01 해방 후 인민민주주의 국가수립과 여성

1) 해방과 정치주체 형성, 국가수립

1945년 8월 9일 소련은 대일 선전포고를 하고 만주국과 한반도 해방전쟁에 참전하여 9월 말까지 38도선 이북 전 지역을 점령했다. 소련군은 북한지역에 소련에 우호적인 권력을 수립하도록 적극 지원했다.

북한에는 평안도지역에서 활동하던 김용범, 함경도 지역에서 활동하던 오기섭, 주영하 등 국내 사회주의세력과 김일성을 비롯한 동북항일연군 계열의 사회주의세력, 중국 화북 연안지역에서 활동했던 김두봉, 무정을 비롯한 화북 조선독립동맹 출신 세력, 소련군과 함께 들어온 허가이 등 소련국적의 한인들이 있었다.

사회주의세력은 10월 10일 70여 명의 공산주의자들이 모여 서북5도당 책임자 및 열성자 대회를 열고 13일 조선공산당 북부조선분국을 결성하였다. 조선공산당 북조선 분국은 부르주아 민주주의 정권을 수립하는 것을 국가건설노선으로 정했지만, 실질적으로는 노동자, 농민은 물론 자본가 등을 포괄하며 정치적으로 모든 반일 민주주의 정당들과 정치적 단체들의 연합에 기초한 통일전선 정권 수립을 지향했다. 소련주둔군의 적극적 지원하에 북조선분국은 1946년 4월 북조선공산당으로 명칭을 변경하면서 서울중앙으로부터 독립했고, 1946년 8월 28일 조선신민당과 합당하여 북조선노동당으로 발전하였다.

조선신민당의 전신은 중국공산당의 지원 아래 항일투쟁을 진행한 화북조선독립동맹이다. 화북조선독립동맹 간부들과 조선의용군 선발대 1,500명은 일제가 패망한 이후 안동에서 압록강을 건너 신의주에 도착하였다. 그러나 소련이 이를 허용하지 않아 김두봉을 비롯한 조선독립동맹 간부들은 부득이 1945년 12월 13일, 무장 해제된 채 귀국하였다.

조선독립동맹은 1946년 2월 16일, 당 명칭을 조선신민당으로 개칭하고 북조선공산당의 友黨으로서 활동하였다.

> **조만식**은 일제강점기에 교육활동과 물산장려운동, 국내 민간 자본으로 민립대학설립운동을 주도한 독립운동가이다. 광복 3개월 후인 1945년 11월 한국 최초의 우파 기독교 정당인 조선민주당을 창당하고 초대 총재를 지냈으며, 해방 이후 평남 건국준비위원회 위원장으로 활동하였다.

북한의 민족주의자들은 조만식을 중심으로 11월 3일에 조선민주당을 창립했다. 민주당은 초기에는 공산당보다 더 빠르게 확장되었으나 1945년 12월 모스크바 삼상 회의의 결정에 반발하여 소련군과 마찰을 빚게 되었고 결국 조만식은 연금되고 추종자들은 월남하였다. 민주당과 1946년 2월에 창립된 천교도청우당은 왜소화하고 군소 정당으로 전락하여 노동당의 위성정당으로 되었다(김성보, 2011).

북한에서는 각종 대중조직이 결성되었다. 해방 후 자연발생적으로 조직되어 활동하던 노동조합은 1946년 5월 25일 북한에서 노동자뿐 아니라 인텔리, 사무원들을 망라하는 북조선 직업동맹으로 변화했다. 1945년 11월 18일에는 북조선민주여성동맹이 결성되었다. 공산당은 조선공산주의청년동맹을 북조선민주청년동맹으로 개편하였고, 청년동맹은 1946년 1월 17일 활동을 시작했다. 1946년 1월 31일에는 전국농민조합 북조선연맹이 결성되었다. 북한은 당과 사회단체의 관계에서 사회단체들은 당의 방조와 지도를 통하여 자기의 목적을 성취할 수 있다고 하였으며, 사회단체의 독립과 중립을 운운하는 것은 기회주의이며 민주주의민족통일전선을 약화시키는 것으로 간주하였다. 북한에서는 1946년 7월 22일 각 정당 사회단체대표회의를 개최하고 북조선민주주의민족통일전선위원회(북민전)를 결성하였고, 여기에 북조선 각 정당 사회단체를 모두 포함시켰다. 북민전은 각 도·시·군에 지부 조직을 결성했다(서동만, 2005). 이로써 북한에서는 조선노동당을 중심으로 모든 사회단체를 결속하는 방식으로 전 주민의 조직화가 기본적으로 완성되었다.

북한에서는 1945년 11월 19일 북조선 행정 10국이, 1946년 2월 7일에는 북조선 임시인민위원회가 조직되었다. 북조선 임시인민위원회는 소련군과 권력을 공유하는 정권이었다(김성보, 2010). 북조선임시인민위원회는 토지개혁, 중요산업 국유화, 노동법령, 남녀평등권법령 등을 시행하며 반제국주의 반봉건 민주개혁을 통해 통일 전선과 혼합 경제를 기반으로 하는 인민민주주의 체제를 구축하였다.

혼합경제는 공공과 민간 부문이 함께 존재하며, 각기 다른 방식으로 경제 활동에 참여하는 경제 체제를 말한다. 당시 북한에는 국가기업과 개인기업이 공존했다.

1946년 11월 3일부터 1947년 3월 5일까지 인민위원회 선거가 실시되었다. 선거는 북민전이 추천한 1인의 후보자를 놓고 기표한 용지를 흑색과 백색으로 구분된 투표함에 넣어 찬반의사만 표시하는 방법으로 진행되었다. 이로써 1947년 2월 북조선인민위원회가 구성되었다. 북조선 인민위원회의 수립은 남과 구분되는 별도의 정권의 정식 탄생을 선언하는 사건이었다.

1947년 11월 유엔총회에서 유엔한국임시위원단의 감시하에 한반도에서 인구비례에 따른 총선거 실시가 결의되었으나 소련의 거부로 북한지역에 들어갈 수 없었다. 1948년 유엔 소총회의 결의에 따라 유엔위원단의 감시하에 남한에서 선거를 실시하게 되었다. 남한의 김구, 김규식은 유엔감시하의 총선거에 대응하기 위해 남북정치협상 및 남북지도자회의를 열자고 제의하였다. 북한은 이에 호응하였으며 4월에 남북 정당 사회단체 대표들이 참가하여 미소 양군 철수 후 전조선 정치회의 수집 및 통일적 민주정부 수립에 관한 성명서를 발표했다.

그러나 5월 10일 남한에서 단독선거가 진행되고 8월 15일 대한민국정부가 수립되었다. 북한은 9월 9일 조선민주주의인민공화국 헌법을 채택하고 정부를 수립했다. 이는 해방 이후 분단을 극복하고 통일 민족국가를 건설을 위한 노력이 좌절되었음을 의미한다. 미국과 소련 두 강대국의 군사 분할점령 정책 속에서 이념적 대립이 격화되었고 결국 남과 북에 두 개의 분단정부가 수립되었다.

2) 유일한 여성조직, 북조선민주여성동맹

해방 직후 한반도 북부에는 부녀동맹·여성동맹·해방부녀회 등의 여성단체가 존재했다(조선녀성, 1947.2.). 당시 소련이 주도하던 코민테른(국제공산당)은 1국 일당제 원칙을 견지하고 있었고, 그에 따라 당의 외곽단체인 직맹, 청년동맹, 여맹 등도 단일 조직으로 존재하였다.

소련의 주도 아래 북한에서도 사회주의 계열 여성들이 통합을 주도했다. 조선공산당 북조선분국 여성부는 38선 이북 지역 내 모든 여성단체들을 통합하고 모든 성인여성들을 조직화하기 위한 통일단체 설립에 착수했다(김재웅, 2015). 조선민주당계 여성 지도자 박현숙은 여성단체 대표자들이 공산주의자들이라는 이유로 협조를 거부하며, 상이한 성향을 지닌 여성단체들의 통합은 장래 분열을 초래할 것이라고 경고했다. 그러나 공산당계 여성 지도자 박정애의 설득으로 그들까지 참가한 "북조선 6도 여성단체 대표자회의"가 1945년 11월 17~18일 이틀에 걸쳐 개최되어 통일적인 북조선민주여성동맹(여맹)이 결성되었다.

여맹은 여성의 자유와 권리 보장보다는 국가건설에 동원하려

📖 **더 읽을 책**
김재웅, 「해방된 자아에서 동원의 대상으로 – 북한 여성정책의 굴절(1945~1950)」, 『韓國史研究』, 170, 2015.

는 목적이 더 강했다. 1947년 여맹은 첫째로 북반부의 민주기지를 공고 발전시키기 위해 2개년인민경제계획 초과달성할 것을 다짐했다. 둘째로 여맹의 조직을 확대하고 여성의 유일조직인 동맹산하에 굳게 집결할 것을, 셋째로 동맹교양사업을 실시하여 올바른 세계관을 수립하고 적에 대한 증오심과 경각성을 가지며, 조국통일을 위해 투지와 애국주의 사상 배양하며, 넷째로 인민위원회 선거사업에 적극 참가, 다섯째로 세계평화의 성곽인 소련과 친선 강화를 목표로 삼았다.

여맹 조직은 중앙위원회 → 도 → 시·군 → 면 → 리(동) → 반'으로, 모든 지역에 하부조직을 두었다. 1947년 11월 맹원 수는 1,369,837명으로, 이는 가입 대상 여성 전체의 69%에 해당했다(조선녀성, 1948.1.).

북한 노동당은 여맹에 대한 통제권을 장악하기 위해 1947년 초 여맹 내에 '당조(黨組)'를 설립했다. 당조란 여맹 지도기관 내에 조직한 당 조직으로, 여맹 위원장은 당조 위원장을 겸했다. 여맹회의 안건은 당조회의에서 결정되었고, 당의 지시를 관철하기 위한 내용을 안건으로 정했다.

여맹이 실시한 활동은 문맹퇴치사업, 농업·공업의 생산사업, 군대·학교·노동자 위안 사업, 국가시책 선전사업 등 다양했다. 여맹 지도부는 여성들이 다양한 사업에 적극 참여할 것을 독려하면서도, 가정과 사회, 두 영역에서 역할을 수행할 것을 요구했다. 남녀평등권법령 등 개혁을 통해 '해방'된 여성들이 집안일에 매여 생산직장이나 각종 산업에 진출하지 않으려 하는 것은 "노동을 천시하는 봉건적인 인습"에 여전히 얽매여 있는 것이었지만(조선녀성, 1947.6.), 그렇다고 해서 여성들이 육아와 가정일을 방기해서는 안 되었다. 여맹 지도부는 "여성의 직분 아니 주부의 책임, 어머니의 임무를 잊지 말고 충실히 이해하면서 기능에 따라 각종의 사업에 적극 참가"할 것을 주장했다(조선녀성, 창간호).

3) 남녀평등권법령

북조선임시인민위원회는 7월 30일 남녀평등권법령을 정식 발포하였고, 9월 14일에는 세칙을 공포했다. 북조선임시인민위원회의 명의로 발포된 남녀평등권법령은 다음과 같다.

> 제1조 경제 문화, 사회, 정치, 생활의 모든 영역에 있어서 여성들은 남자와 같은 평등권을 가진다.
> 제2조 지방 또는 국가 최고 기관에 있어서 여성들은 남자와 동등으로 선거 및 피선거권을 가진다.
> 제3조 여성들은 남자와 동등한 노동권리와 동일한 임금과 사회보험 및 교육의 권리를 가진다.
> 제4조 여성들은 남자들과 같이 자유결혼의 권리를 가진다, 결혼할 본인들의 동의 없는 비자유적이며 강제적인 결혼은 금지한다.
> 제5조 결혼생활에서 부부관계가 곤란하고 부부관계를 더 지속할 수 없는 조건이 생길 때에는 여성들도 남자와 동등의 자유이혼의 권리를 가진다 모성으로서 아동양육비를 전 남편에게 요구할 소송권을 인정하며 이혼과 아동양육비에 관한 소송은 인민재판소에서 처리하도록 규정한다.
> 제6조 결혼연령은 여성 만17세, 남성 만18세로 규정한다.
> 제7조 중세기적인 봉건관계의 유물인 1부 다처제와 여자들을 처나 첩

> 으로 매매하는 녀성인권유린의 폐해를 금후 금지한다. 공창, 사창 및 기생제도(기생권번, 기생학교)를 금지한다.
> 제2항에 위반하는 자는 법에 처한다.
> 제8조 여성들은 남자들과 동등의 재산 및 토지소유권을 가지며 이혼할 때에는 재산과 토지분할의 권리를 가진다.
> 제9조 본 법령의 발포와 동시에 조선여성의 권리에 관한 일본제국주의법령과 규칙은 무효로 된다. 본 법령은 공포하는 날부터 효력을 발생한다.(조선중앙통신사, 1950)

기생권번은 기생들이 자신들의 권익을 보호하고, 기예를 학습하기 위하여 조직한 기생조합이다.

이미 북한에서는 토지개혁 시 여성에게 남성과 동등한 토지가 분여되었고 노동법령을 통해 여성과 남성의 동일임금 및 모성보호 시책 등이 이루어졌으나, 남녀평등권법령은 정치, 경제, 문화, 사회의 모든 영역에서 여성에게 남성과 동등한 평등권을 명시했다는 점에서 의의가 컸다. 특히 주목되는 점은 여성들에게 자유로운 결혼과 이혼의 권리를 보장했다는 것이다. 또한 일부다처제와 처첩제를 금지하고 공사창제와 기생제도를 철폐했다.

북한에서 해방 직후 빠른 시일 내에 남녀평등권법령을 제정할 수 있는 것은 소련의 사회주의여성정책의 영향에 의한 것이다. 이 법령은 여성의 기본적인 권리가 보장되지 않았던 식민지기에 비해서는 더 말할 것도 없고, 여성문제와 관련한 실질적 시책이 시행되지 않고 있던 동시대 남한의 상황과 비교해서도 발전된 것이었다.

여맹 지도부는 시혜적인 시선에서 남녀평등권법령 실시를 바라보았다. 여맹 지도부는 남녀평등권법령을 "여성운동의 성과"이자 "조선을 봉건적 적재에서 이탈하여 민주주의조선을 만드는 위대한 역사적 전환"(조선녀성 창간호)으로 평가했으며, 법령 실시의 공을 소련군대와 김일성 장군에게 돌렸다.

4) 사라진 평양기생

1948년 4월경 남북협상 취재를 위해 북한을 방문한 조선중앙일보사 기자 온낙중은 온종일 거리를 돌아다녔지만, 유명한 평양기생을 한 명도 목격하지 못했다. 이는 남한 관찰자들에게 깊은 인상을 남겼다(김재웅, 2015).

평양은 예로부터 기생으로 유명한 도시였다. 조선시대부터 풍류의 도시로 알려진 평양에서 가장 유명한 볼거리는 기생이었으며, 기생학교 방문과 기생과의 유흥은 평양 관광의 필수적인 코스였다. 1938년에는 평양기생의 수가 420명, 1940년에는 600여 명(박찬승, 2015)에 달했다. 따라서 해방 직후에도 평양에는 적지 않은 기생이 있었을 것으로 추정된다.

이혼과 처첩제, 공사창제는 당대 여성들이 겪고 있던 현실적인 제약이었다. 북한에서 기생제도와 축첩제도를 반대하는 운동은 남녀평등권법령 발포 이전부터 활발히 진행되었다. 1945년 12월, 김일성은 신의주 보안서장이 부정행위를 통해 부를 축적하고 세 명의 부인을 두고 있다고 비판했다(북한관계사료집, 1). 결국 그는 보안서장직에서 파면되었다.

북한은 남녀평등권발표 이후 공창, 사창 및 기생제도(기생권번·기생학교)를 금지하기 위한 법 조항 시행을 강력히 추진했다.

1946년 북한을 방문했던 소련기자는 민주당 당수였던 강량욱을 통해 반탁운동에 동조해 연금된 조만식과 함께 매일 산책하던 "평양에서 가장 아름다운 기생"의 일화를 들었다. 남녀평등권 법령으로 기생제가 폐지되자, 그녀는 시집을 갔고 연로한 조만식은 홀로 남게 되었다고 한다. 이는 북한이 이 법령 집행에서 누구에게도 예외를 두지 않았다는 것을 보여준다(기토비차·볼소프, 최학성, 2006).

> 📖 **더 읽을 책**
> 기토비차·볼소프, 최학성 역, 『1946년 북조선의 가을 : 우리는 조선을 다녀왔다』, 글누림, 2006.

당시 기생 축첩제도 철폐에 대한 북한여성들의 반응은 각이했다. 한 기사에 의하면 가정부인 김경순은 기생제도가 인신매매와 다처제와 밀접히 연과 여성의 인격을 비하하고 남자를 타락시키는 제도였다며 그 철폐가 통쾌하다고 반응했다. 반면 기생 출신 김천명은 과거의 생활에서 깨끗이 벗어나겠다는 각오를 밝히면서도 "기생제도를 철폐한다니 어쩐 일인지 가슴이 서늘해지며 어떻게 생활을 유지할지 걱정된다."고 소감을 밝혔다. 기생 출신 여성에게 기생제도 철폐는 생계에 위협이 되는 문제였다. 지식인층 남성의 각성을 촉구한 의견도 있었다. 교원 명영숙은 법령의 완전한 실시를 통해 가정과 사회에서의 인식이 철저히 개정되어야 하며 이를 위해서는 지식인층 남자들의 각성이 절실하다고 주장했다(정로, 1947.8.7.).

당시 기생들 대부분은 공장 노동자나 여관 사무원 또는 국영 상업기관 종업원으로 전직했다(김재웅, 2015).

북한은 강력한 법적제재를 통해 축첩제도와 기생제도를 철폐했다. 9월 14일에 공포한 남녀평등권에 대한 법령시행 세칙에서는 일부일처제를 준수하지 않을 때는 2년 이하의 징역에 처하도록 했다. 공창·사창·기생제도(기생권번·기생학교)를 금지함과 함께, 창기영업을 강요한 자나 자발적으로 그에 종사한 여성에게 5년 이하의 징역형을 부과했다(북조선관계사료집, 5).

02 6.25전쟁, 사회주의체제 수립과 여성

1) 6.25전쟁, 전후 사회주의체제 수립

1950년 6월 25일 북한은 흡수통일을 목표로 남한 침공을 시작했다. 북한은 해방 이후 체계적인 준비를 거쳐 1948년 2월 8일 조선인민군을 창설하며 전쟁을 준비했다. 북한의 김일성은 전쟁 준비 과정에서 소련의 스탈린, 중국의 모택동과 긴밀히 협력하여 남침 승인을 받았고 군수장비와 인력지원을 받았다. 중국 국내 전쟁에서 공산당이 승리한 후 중국군 내의 조선족 군인 34,500여 명이 북한으로 넘어왔고, 소련은 군수물자를 지원했다. 북한에서 소련군이 철수한 후, 이어 남한에서도 미군이 철수하면서 38도선 지역에서 남북 간의 군사적 충돌이 격화된 것도 전쟁 발발의 주요한 요인으로 작용했다.

북한군의 공격이 시작되었지만 한국군은 북한군의 절반 정도의 병력밖에 없었고, 3일 만에 서울을 내주어야 했다. 이 문제는 유엔에 상정되었고, 미군을 중심으로 한 유엔군이 6.25전쟁에 참전하게 되었다. 그러나 북한의 공격을 막기에는 역부족이었고 8월 말에는 낙동강지역까지 밀리게 되었다. 낙동강을 사이에 두고 전선이 고착되면서 치열한 전투가 벌어지는 속에서 유엔군이 9월 15일 인천상륙작전에 성공했다. 정세는 역전되어 유엔군은 9월 30일까지 남한지역 대부분을 회복했다. 10월 1일부터 북진이 시작되어 10월 말경에는 청천강 이북의 산악지역과 함경북도 북단을 제외한 북한 전역을 유엔군이 장악했다. 그러나 10월 19일 중국 인민지원군이 6.25전쟁에 참전하면서 전세가 역전되어 유엔군과 국군은 후퇴하게 되었다. 1951년 2월부터 전선은 고착되어 휴전을 모색하게 되었고, 2년여의 협상 끝에 1953년 7월 27일 정전협정이 체결되었다.

전쟁기간 김일성은 전쟁실패의 책임을 가장 큰 정적이었던 박헌영, 이승엽 등 남노당 출신들에게 전가하고, 그들을 미국의 고용간첩으로 숙청함으로써 정치적 지배력을 더욱 강화했다.

전후 북한은 파괴된 경제를 복구하는 데 전력을 다했다. 전쟁으로 남북은 심각한 인적, 물적 손실을 입었다. 당시 남북한 인구 3천만 명의 1/6에 달하는 5백만 명이 사망하거나 부상을 입었다. 북한에서는 8,700여 개의 공장이 파괴되어 1953년의 공업생산은 1949년의 64% 수준으로 떨어졌다. 폭격으로 관개시설이 파괴되고 농지가 피해를 입어 농업생산은 1949년의 76% 수준으로 줄었다.

1953년 8월 조선노동당은 당중앙위원회 전원회의를 소집하여 전후 복구의 기본노선(중공업 우선과 경공업·농업의 동시 발전)을 채택했다. 북한의 전후복구건설은 빠른 속도로 진척되어 1956년에는 전쟁 이전의 경제수준을 회복할 수 있었다. 이는 주민들의 적극적 참여와 사회주의 국가들의 지원 덕분이었다. 소련은 무상원조로 13억 루블을 제공하였고, 중국도 비슷한 규모의 원조를 제공했다. 동독, 체코슬로바키아, 루마니아, 불가리아 나라들이 9억 3천만 루블을 무상으로 원조했다. 또한 1,700여 명 이상의 전문가들이 파견되어 복구와 전문가 양성을 도왔다.

북한에서는 전후에 공개적 반 김일성운동이었던 1956년 8월 전원회의 사건의 실패로 그동안 권력을 나누고 있던 소련계와 연안파는 퇴출되었으며, 이후 권력은 김일성을 중심으로 한 항일무장투쟁 세력에게 집중되었다. 연안파와 소련파 숙청을 통해 미약하게 존재하던 정치적 다양성이 사라지고 김일성을 중심으로 한 단일지도체계가 확립되었다. 소련계와 연안파의 숙청 과정은 북한이 소련과 중국의 정치적 영향력에서 벗어나 '주체'를 확립하는 과정으로 볼 수 있다.

북한에서는 전후 농업협동화와 개인상공업의 사회주의적 개조도 적극 추진되었다. 전쟁과정에 파괴된 농업은 협동화에 유리한 조건으로 변했다. 전후 농촌에서는 생활이 곤란한 빈농이 40%, 겨우 먹고 살 만한 농민이 50%, 다소 여유 있는 농민은 10%에 불과했다. 이런 상황에서 가족단위로 농사를 짓기 어려웠다. 북한에서는 국가의 강력한 지원 아래 협동화가 빠르게 추진되어 1958년 8월에 협동화가 완성되었다. 전후에 미약하게 존재하던 개인 소유의 상업이나 기업들도 협동경리로 전환하는 개인상공업의 사회주의적 개조가 같은 시기에 완성되었다. 결과적으로 북한에서는 개인기업이 사라지고 국가기업과 협동단체 기업만 존재하는 사회주의 경제체계가 완성되었다(김성보, 2011).

📖 **더 읽을 책**
김성보, 『북한의 역사 1』, 역사비평, 2011.

2) 북한여성의 전쟁참여

  북한에서는 전쟁개시 직후 전시산업체제로 전환했다. 전쟁동원령이 선포되어 18세부터 36세까지의 모든 주민에게 동원령이 내려졌다. 많은 노동자들이 전선에 동원되었고, 이로 인해 많은 희생이 발생했다. 흥남비료공장에서는 1950년 9월 말 전체 종업원의 60% 이상이 전선에 차출되었다(서동만, 2005).

  부족한 인력을 대신한 것은 여성들이었다. 전쟁 전부터 북한여성들은 당과 국가에 의해 조직화되어 있었기 때문에 전쟁 시기에도 여성동원이 가능했다. 당시 여성들의 동원상황을 신문 잡지를 통해 확인할 수 있다.

> 전선에 출동한 남편과 오빠를 대신하여 로력 전선에 진출한 11만여명의 녀성 로동자들은 적기의 폭탄과 탄환이 작렬하는 공장 기대 앞에서 불요불굴의 강인성과 애국적 창발성과 용감성을 발휘한 결과 수 많은 로력 혁신자들이 속출되었다. 실례로서 함남 ○○ 광산 모범 선광공이였던 황금녀 동무는 작년 9월부터 착암공으로 되였는바 화약량 400그람을 260그람으로 절약하였을 뿐만 아니라 이 광산에서 최고 채굴량 25톤을 최고 65톤으로 제고하는 기록적 채굴 실적을 올리고 있으며, 작년 9월부터 12월까지 2명의 착암공을 양성하였다. 또한 평북 ○○ 견직 공장 김정옥 동무는 수직기의 회전률을 높임으로써 기계로써 하루 평균 30메터를 짤수 있는 것을 수직기로써 1일 평균 52메 터까지 생산하고 있다(로동신문, 1952. 4. 7.).

  전쟁으로 인한 대량 파괴와 인적 물적 손실로 공업뿐 아니라 농업생산 기반도 위기에 처했다. 북한은 농작물 생산에 대한 국가계획을 수립하고 공동 노력 조직인 품앗이반과 소겨리반을 운영하도록 유도했다. 각 도와 시·군에 내각전권대표를 파견해 현물세의 부과와 징수를 보장했다(서동만, 2005).

농촌에서는 계속되는 폭격으로 논밭이 파괴되었고, 식량, 종자, 부림소가 절대적으로 부족했다. 역축의 피해는 북조선 전 지역에서 60%에 달하였다. 많은 농촌주민이 희생되었고, 청장년 남성들이 전선에 동원되면서 농촌 노동력의 대부분은 여성과 노약자들이 차지하게 되었다. 농촌에서는 '농산물 증산은 여성들의 힘으로!'라는 구호 아래 여성동원이 이루어졌다.

평안남도 순천군 은산면에서만 2,382명의 농촌 여성들이 166개의 전선노력반이 조직하는 등, 전국적으로 여성 노동동원체계가 수립되었다. 당시 농사일에서 가장 어려운 것은 논밭을 갈아 엎는 일(보잡이)이었고, 남자들의 영역으로 여겨졌던 보잡이를 여성들이 담당하는 여성보잡이운동이 전개되었다. 함경북도에서는 1951년에는 3,394명의 여성보잡이가 1952년에는 9,916명이 이 운동에 참여했다(박영자, 2019).

📖 **더 읽을 책**
박영자, 『북한 여자』, 도서출판 앨피, 2019.

1952년 1월 훈장과 메달을 수여받은 500여 명의 농민과 농촌 간부들 중 4분의 1 이상이 여성이었다. 같은 해 3월 8일 국제 부녀절에는 전선원호와 후방공고에 공훈을 세운 250여 명의 여성에게 훈장과 메달이 수여되었다. 전시 열악한 조건에서 영농사업이 거둔 성과를 나열할 때, 언제나 여성들의 역할이 강조되었다.

전쟁 시기 북한의 여성들은 간호병, 통신병으로 근무하고, 전쟁기금을 바치고, 인민군대를 원호했으며 군인가족과 전쟁고아를 돌보았다.

전쟁과정에 많은 여성들이 남편과 자식을 잃는 상실의 아픔을 겪었고, 폭격으로 집과 가장집물을 잃어 생계유지가 어려워졌다. 그러나 이러한 상황은 적에 대한 복수심을 불러일으키는 자료로만 사용되었을 뿐, 그들이 겪은 정신적, 물질적 피해에 대해서는 논의조차 되지 않았다.

3) 천리마운동과 여성

천리마운동은 1956년에 시작된 대규모 경제 발전 운동으로, 농업과 산업의 생산성을 높이기 위해 추진되었다. 1959년부터 천리마운동이 대중적 운동으로 확산하면서, 이 운동은 근로자들에 대한 공산주의 교양을 중시하고 생산에서의 집단적 혁신 운동과 근로자 개조 사업을 유기적으로 결합한 운동으로 전환되었다.

천리마운동: 하루에 천 리를 달리는 천리마와 같은 기세로 사회주의 건설에서 생산성을 높이자는 뜻에서 유래되었다.

천리마운동의 선구자들 중에는 평양제사공장에서 작업반장을 맡아 여러 번 작업반을 옮겨가며 천리마작업반으로 발전시킨 길확실, 평양시 사동구역 리현리 협동농장에서 작업반원들을 설득하여 열성 농장원으로 변화시킨 리신자, 평양 창덕중학교에서 모든 학생들을 우등생으로 키운 교원 김수복 등이 있다. 1960년 8월에 열린 1차 천리마작업반 운동 선구자대회에서는 이 운동에서 모범을 보인 25명이 토론에 참가했는데, 그중 여성이 13명(52%)이었다.

천리마운동 시기 적지 않은 여성들이 리더로 성장하여 주목받았지만 당시 북한 여성의 주요 역할은 '어머니' 역할에 국한되었다. 이들은 공장을 뛰쳐나간 사람을 끝까지 찾아 데려오고, 빨래와 다림질도 해주고, 옷도 입혀주며, 아플 때 옆에서 돌보았다. 또한, 살림집의 도배도 해주고 땔나무도 가져다주는 등 어머니와 같은 역할을 했다. 길확실이 작업반원들을 도와준 이야기가 대표적 예이다.

확실은 그와 잠자리를 같이하여 밤마다 좋은 이야기도 들려주었고 회상기도 읽어 주었다. 경자의 빨래가 밀리면 함께 거들어도 주고 그가 돌림감기라도 들면 머리맡에 지키고 앉아 정성껏 간호했다. 그러면서도 확실은 매일같이 경자에게 기울어지는 자기의 사랑에 빈틈이 없는가를 냉정히 검토해 보곤 하였다. 그러던 어느 날 밤 혼곤히 잠이든 확실은 잠결에 '어머니' 하는 소리를 들었다. 눈을 떴을 때 곁에서 자던 경자가 확실의 품에 와락 안기며 눈물을 흘리는 것이었다. 헤프다고 탓할 수 없는 뜨거운 눈물을…(조선로동당출판사, 1961).

천리마운동에 적극적으로 참가하는 과정에 여성의 의식과 실천은 사회로 확대되었다. 그러나 여성은 생산 공동체이며 동시에 생활공동체로서 직장에서 주로 사람들의 생활을 돌보는 역할을 맡았다. 공장과 농장에서 책임 있는 직무와 기술적 노동은 대부분 남성이 맡았고, 여성들은 대부분 말단에서 단순노동을 수행했다. 공장과 농촌의 새로운 생활공동체는 규모가 커졌지만, 가부장적 가족 구조는 여전히 존재했다. 여성의 천리마운동 참여는 가부장적 구조가 가정에서 국가로 확장되는 데 기여했다(현인애, 2022).

📖 더 읽을 책
현인애, 「젠더 관점에서 본 천리마 시대 여성과 재호명」, 『사회과학연구』 30권 1호, 2022.

03 당의 유일사상체제 수립과 여성

1) 당의 유일사상체계 수립과 세습

북한은 1960년대에 들어서면서 김일성의 유일 권력이 더욱 강화되었다. 소련파, 중국 연안파 숙청에 이어 1967년 5월 당중앙위원회 4기 15차 전원회의와 1969년 1월 조선인민군당위원회 20차 전원회의에서 김일성의 유일적 지배에 부정적 입장을 가진 갑산파와 만주파 출신 간부들을 수정주의분자 죄명을 씌워 숙청했다(이종석, 2011).

갑산파: 일제 강점기에 만주의 장백현과 함경북도 갑산군 인근 지역에서 지하 활동을 하던 일단의 조선인 공산주의자 집단.

만주파: 김일성과 함께 만주에서 동북항일연군 소속으로 빨치산 활동을 한 출신자들로 이루어진 세력.

그리고 전당에 유일사상체계를 수립하기 위한 사업을 추진했다. 북한은 "당의 유일사상체계를 세운다는 것은 자기 수령의 혁명사상 자기 당 정책으로 전당을 무장시키고 모든 당원들을 수령의 주위에 굳게 묶어세우며 수령의 유일적 영도 밑에 혁명사업을 해나간다는 것을 말한다. 다시 말하여 전당에 수령의 사상체계, 수령을 중심으로 하는 단결의 체계, 수령의 영도체계를 세운다는 것을 의미한다."고 정의하고 있다(조선노동당출판사, 2017).

📖 **더 읽을 책**
이종석, 『북한의 역사 2』, 역사비평사, 2011.

당의 유일사상체계 수립을 계기로 북한에서 축소되고 있던 집단지도체계마저 완전히 없어지고 김일성 1인 독재가 시작되었다. 이에 기초하여 김일성은 1974년 2월 당중앙위원회 제5기 8차 전원회의에서 김정일을 당중앙위원회 조직비서로 임명하고 자신의 후계자로 선포함으로써 사회주의국가에서 전례가 없는 정권 세습이 시작되었다.

후계자로 된 김정일은 당의 유일사상체계가 전당 전군 전 국가에서 작동하도록 하기 위한 정교한 관리체계를 구축했다. 1974년 4월 14일에는 당의 유일사상체계 확립의 10대원칙을 제정하여 법위의 법으로 선포함으로써 모든 당원들과 주민들이 최우선으로 지켜야 할 행동준칙으로 만들었다. 또한, 모든 간부들과 당원들의 일거일동을 자신에게 보고하도록 생활총화 제도와 당 생활지도체계, 1일 보고 체계를 만들었다. 주1회 강연회, 주 1회 토요학습 체계도 마련하여 간부들과 주민들의 사상을 세뇌하기 위한 방안을 마련했다.

북한은 1980년 제6차 당대회에서 김정일을 수령의 후계자로 공식적으로 선포했다. 권력은 서서히 김정일에게 넘어갔다. 김정일은 아래로부터 올라오는 모든 보고가 반드시 자신을 거쳐서 김일성에게 전달되도록 함으로써 김일성의 권력은 약화되고 김정일은 실질적인 통치자로 되었다.

북한은 후계세습을 완성하고 정치적 안정을 이룩했지만, 경제침체가 시작되었고 날이 갈수록 경제상황은 더욱 어려워졌다. 북한은 1974년 자신들이 세운 인민경제계획조차 미달할 상황에 이르렀다. 김정일은 후계자로서 자신의 능력을 보여주기 위해 전당적인 70일전투를 조직 진행하여 가까스로 연간 계획을 완수했으나 무리한 성과를 낸 결과 다음해 경제상황은 더 나빠졌다. 북한은 경제성장을 위해 서방으로부터 외자도입을 추진했으나 1973년 1차 오일쇼크가 터지면서 10억 달러 넘는 자금을 청산하지 못하고 채무불이행을 선포했다.

1980년대에 들어서면서 북한경제는 급격히 하락하기 시작했다. 북한은 제6차 당 대회에서 결정한 경제계획을 수행할 수 없었다. 북한은 합영법을 제정하고 외국과 합작을 추진하여 경제 상황을 개선하려고 시도했으나, 북한과 합영 합작에 참가한 것은 재일 교포사업가들뿐이었다. 그들은 조국에 기여하고자 북한에 자금을 투자했지만, 거의 모두 실패하고 자산을 잃었다(이종석, 2011).

1980년대 중국과 소련은 개혁개방정책을 실시하면서 북한도 이 흐름에 동참할 것을 권고했으나, 김정일은 개혁개방정책을 실시하면 나라가 망하게 될 것이라고 하면서 이를 받아들이지 않아 경제적 기회를 놓치게 되었다.

2) 1960년대 여성정책의 굴절

1961년 북한에서는 1차 전국어머니대회가 열렸다. 김일성은 대회에 직접 참가하여 "자녀교양에서 어머니들의 임무"라는 연설을 하였다. 연설에서 어머니들이 자신부터 집단주의사상으로 무장하고 사회주의건설에 적극 참가하며 아이들을 공산주의자로 잘 키울 것을 강조했다.

김일성은 가정교육은 어머니가 책임을 져야 한다고 했다. 그 이유는 아이를 낳아서 기르는 것이 어머니이기 때문이라며. 어머니는 아이들의 첫 번째 교양자라고 강조했다(김일성, 1961).

어머니대회에서 강조된 것은 여성으로서의 역할이었다. 대회에서 최고의 표창인 노력영웅 칭호를 받은 여성은 11명의 고아를 데려다 키운 리영숙, 앞을 보지 못하는 영예군인과 결혼하고 3명의 아이를 낳아 키운 금강산부부 강경림, 하반신마비의 영예

군인과 결혼한 어랑의 아내 문영순이었다. 즉 육아의 담당자이며 남편의 내조자로서 여성의 성 역할이 강조되었다. 회의에서 생산자로서 여성의 역할도 언급되었으나, 이 역할은 아이들에게 보여야 할 모범으로만 언급되었다.

당의 유일사상체계의 수립과 함께 여맹에서는 "강반석 여사를 따라 배우자"는 책을 출간하고 100번 읽기 운동을 전개하는 등 여성들이 강반석처럼 될 것을 요구했다. 강반석은 대가정의 장손며느리로서 시부모님을 잘 모시고 동서들과 이웃들과도 화목하게 지낸 조선여성의 전형이었으며, 남편의 혁명 활동을 극진히 보좌한 혁명가의 아내이자 김일성을 낳아 혁명가로 키운 혁명의 어머니로 추앙받았다. 따라 배워야 할 품성으로 강반석의 여성으로서 전통적 미덕과 반일 투쟁에서 남편과 아들을 보조한 역할이 강조되었다.

1960년대 후반부에는 전후 여성들이 보였던 역동적인 역할이 급속히 약화되었다. 1968년 5월에 열린 2차 천리마작업반운동 선구자대회에서는 토론자 17명 중 여성 2명(11.8%)으로, 1차 대회의 52%에 비해 급감했다. 1982년 11월에 열린 3차 대회는 '1980년대 속도' 창조에 떨쳐나선 천리마운동 선구자대회라는 명칭으로 개최되었는데, 토론자 24명 중 여성 3명(12.5%)이었다.

북한에서 1차 천리마운동선구자 대회가 열린 1960년은 공업화의 기초축성 시기였고 2차 천리마선구자대회가 열린 1968년은 공업화 완성 시기, 3차 천리마운동 선구자대회가 열린 1982년은 공업화의 성과를 더 발전시킬 목표를 내세웠던 시기이다. 북한에서 공업화의 추진은 여성의 노동을 더욱더 주변부로 밀어내었

> 북한에서 **공업화(산업화)**는 공업의 발전으로, 주로 농업국에서 공업국에로의 전화를 가리키는 의미로 쓰인다. 북한은 공업화의 기초 축성 시기는 국가경제에서 공업과 농업의 비중이 같아진 시기로, 공업화의 완성 시기는 국가경제에서 공업의 비중이 70% 이상에 도달한 시기라고 한다.

고 여성의 지위는 더욱 하락했다(현인애, 2022).

3) 밥 공장, 세탁기, 밥가마 공급정책의 실패

마르크스와 레닌은 여성을 해방하기 위해서는 생산수단에 대한 공동소유를 확립하고 계급적 불평등을 없애야 하며, 가정 일을 사회적 일로 전환시켜야 한다고 주장했다.

김일성은 1970년 조선노동당 제5차 대회에서 북한에서 여성들을 사회적으로 완전히 해방하고 사회에 진출할 수 있는 조건을 마련해주기 위해 노력하였으나, 여전히 가정일의 부담에서 해방되지 못해서 이중적인 노력 부담을 지고 있다고 지적했다. 그는 식료품들을 공업적 방법으로 가공하여 공급하고, 가정용 냉장고와 세탁기, 전기가마(밥솥)를 비롯한 여러 가지 부엌용품들을 많이 생산 공급하여 가정 일에 소요되는 시간을 줄이도록 하기 위한 기술혁명과업을 제시했다.

> 북한은 조선노동당 제5차 대회에서 3대 기술혁명을 중요 목표로 제시했다. 3대 **기술혁명과업**은 첫째, 중로동과 경노동의 차이를 없애고 둘째, 공업노동과 농업노동의 차이를 없애며, 셋째로 여성들을 가정일의 무거운 부담에서 해방하는 것이다.

당제 5차 대회 이후 각 지역에서 밥 공장을 만들어 운영하기 시작했고 국가는 가전제품 생산을 추진했다. 그러나 밥 공장에서 밥이나 반찬을 사 먹는 주민은 매우 적었다. 국가에서 공급하는 식량이 매우 적어 끼니를 겨우 보장할 정도로 빠듯했다. 밥 공장에서 구입하면 그만큼 식량공급이 줄어들어, 자체로 해 먹는 것보다 양이 적었다. 당시 가구의 수입은 가공식품을 구입할 정도로 높지 않았기 때문에 수요가 높지 않아 밥 공장의 가동률은 매우 저조했다. 또한, 당시 북한의 기술발전수준으로서는 사용 가능한 가전제품을 생산할 수 없었다. 통돌이 세탁기를 시범 생산하였으나 디자인이 뒤떨어지고 소음이 크며 고장이 잦아 사용하기 불편해 결국 사라졌다.

당시 일본에서는 북한의 당 대회 결정 소식을 듣고 기업들이 가전제품 수출에 대한 희망을 품고 기획까지 했다고 한다. 그러나 북한은 애초에 수입이 아닌 자체 생산 공급을 기획하였고, 이 계획은 북한의 공업화수준과 기술발전의 한계로 인해 실현할 수 없었다.

4) 정치적 권력투쟁이 여성정책에 미친 영향

1970년 전후 북한에서는 여맹의 권력이 급격히 부상했다. 북한의 최고 권력기관인 당에서도 여맹은 감히 건드릴 수 없는 조직이 되었다. 여맹이 부상하게 된 것은 김일성의 부인인 김성애가 여맹조직을 책임졌기 때문이다. 김성애는 1965년 11월 민주여성동맹 부위원장, 1970년 위원장직을 맡았다. 김일성은 1970년 3월 8일 국제부녀절 창립 60주년 기념보고회에 직접 참가했다. 김일성이 1965년부터 1973년까지 여맹관련 행사에 참가한 횟수는 여맹보다 상대적으로 더 중요한 사회단체인 직맹에 참가한 횟수보다 더 많았다. 김일성의 관심은 곧 당과 국가의 관심으로 이어졌다. 각 도와 시군당위원회의 좋은 방이 여맹 사무실로 사용되었고 김성애 위원장은 김일성 급의 대우를 받았다.

그러나 김정일이 권력을 잡으면서 상황이 급변했다. 김정일과 김성애 사이에 후계구도를 둘러싼 권력투쟁에서 김성애 측이 패했다. 김정일은 김성애와 이복동생들을 곁가지로 규정하고 권력에서 철저히 배제했다. 이로 인해 여맹 중앙위원회는 집중 검열을 받았고, 여맹에 관련된 사람들은 종파분자로 몰려 출당되고 직위해체 되었으며 지방으로 추방되었다.

김정일은 후계자로 공식 데뷔한 당 제6차 대회 이후 열린 여맹 5차 대회(1983년 6월)에서 여맹의 규약을 개정했다. 종전 18~55세의 모든 여성이 가입하던 여맹이 가두 여성과 편의봉사부문 여성만 포함하도록 변경되었고 300만 맹원이 120만으로 격감했다. 그러나 김일성이 생존해있었기 때문에 김성애를 공식적으로 숙청하지는 못했다. 김성애는 1970년대 후반기부터는 여맹사업에 크게 관여하지 않았고 특히 1980년 이후에는 전혀 관여하지 않았으나, 김일성 사망 전까지 명목상 여맹위원장직을 유지하여 여맹은 계속 외면당했다.

김일성은 개인적인 성장 과정에 마르크스-레닌주의와 소련의 영향을 많이 받았다. 그는 여성이 직장에 나오지 않고 집에만 있으면 낙후해진다는 생각 정도는 가지고 있었다. 김일성은 소련의 영향과 항일투쟁, 그리고 국가건설과정에 얻은 개인적 경험에 기초하여 여성문제에 일정한 관심을 돌렸다.

김정일은 일찍이 사망한 어머니를 무척 그리워했다고 알려져 있다. 그에게 있어서 여성은 어머니였고 가정에서의 여성을 중시했다. 이러한 개인적 환경에서 형성된 그의 여성관은 최은희에게 자기의 아내였던 성혜림을 소개하며 했다는 말 "우리 집사람은 아무것도 모릅니다. 여편네란 그저 집에서 애나 키우고 살림이나 잘하면 되지요"에 드러난다. 그는 생전에 아내를 공개하지 않았고 사회활동에 참가시키지 않았다. 김정일은 여성의 사

> 📖 **더 읽을 책**
> 현인애, 「노동신문 사논설을 통해서 본 북한 여성담론과 여성정책의 변화」, 『統一 政策 硏究』 Vol.24 No.1, 2015.

회적 역할을 거의 무시했고 순종하는 여성을 요구했다. 이러한 이유로 북한 여성운동은 상당기간 침체상태에 놓이게 되었다(현인애, 2015).

04 고난의 행군·선군정치와 여성

1) 고난의 행군과 선군정치

소련과 동유럽 사회주의 진영의 붕괴, 그리고 1980년대부터 누적된 경제 침체로 북한 경제는 파탄 지경에 이르렀다. 배급체계가 무너지면서 식량난으로 아사자가 속출했고, 전력 생산과 공급 중단으로 교통과 통신 체계가 마비되었다. 수돗물 소독에 필요한 약품 공급이 끊기면서 파라티푸스와 콜레라 같은 수인성 전염병이 급속히 확산되었지만, 의약품 부족과 예방의학체계 붕괴로 많은 이들이 제대로 된 치료를 받지 못한 채 사망했다. 주민 통제 체계가 무너지면서 사회는 혼란에 빠졌다.

체제 붕괴의 위기감에 휩싸인 북한 지도부는 공포정치로 대응했다. 1993년 소련 유학생 출신들을 모두 처형한 프룬제 아카데미 사건, 1995년 6군단 쿠데타 모의 사건(신동아, 2006.3.), 같은 해 6.25전쟁 시기 행적이 불분명하다는 이유로 수많은 간부들을 처형한 심화조 사건(월간조선, 2014.7.)(김정일, 2013) 등을 통해 간부들과 엘리트들을 공포에 떨게 만들었다. 또한 모든 지역에서 굶주림 때문에 국가재산에 손을 댄 사람들에 대한 공개처형을 일상화함으로써 간부들과 주민들의 반항을 사전에 차단했다.

1994년 김일성 사망 후 3년간의 공백기를 거쳐 1998년 김정일은 헌법을 개정하고 국방위원회 위원장으로 공식 취임했다. 북한은 국방위원장이 국가를 통치하는 군사체제로 국가기구를 재편성하고 이를 '선군정치'로 정식화했다. 북한은 선군정치를 '인민군대를 핵심으로 삼아 혁명의 주체를 튼튼히 꾸리고 인민군대를 혁명의 기둥으로 하여 전반적 사회주의 건설을 힘 있게 추진해 나가는 정치방식'이라고 정의했다(김정일, 2013). 하지만 이는 본질적으로 군사독재정치에 다름 아니었다. 김정일은 '혁명은 총대에 의해 개척되고 전진하며 완성된다'는 총대철학을 내세우며, 권력 유지를 위해 무력 사용도 불사하겠다는 의지를 공식적으로 천명했다.

당시 북한군은 공급이 끊겨 많은 군인들이 영양실조로 죽거나 병들어 가는 등 내부사정이 매우 힘들었지만, '군사 제일'과 '군대가 핵심'이라는 선군정치의 명분 아래 군인들을 회유하며 군에 대한 통치를 유지했다.

북한은 경제적 파산에서 벗어나기 위해 국제사회와 남한의 지원을 찾게 되었다. 김일성이 서방의 지원을 절대 허용하지 않았던 반면, 김정일은 저팔계식 외교를 주장하며 다른 나라의 지원을 적극적으로 요청했다. 북한은 2000년 남북정상회담을 수용하고 남한과의 경제적 교류를 허용했다. 북한은 국제사회와 남한에서 많은 경제적 지원을 받았음에도 불구하고 이전 사회주의 국가계획경제로 돌아갈 수는 없었다.

주민들은 생존을 위해 스스로 시장을 개척하기 시작했다. 북

> **규찰대**는 주민통제의 권한을 가진 비 상설 조직이다. 규찰대에는 주로 공장에서 선발된 핵심노동자들이 망라된다.

한의 모든 지역에서 자연스럽게 시장이 형성되었다. 북한당국은 안전원(경찰), 규찰대를 동원해 이를 막으려 했지만, 주민들은 필사적으로 시장에 매달릴 수밖에 없었다. 결국 북한당국은 마침내 시장을 공식적으로 허용했고, 이로 인해 모든 지역에서 시장이 폭발적으로 증가했다. 북한당국은 시장을 이용하여 국가의 경제적 통제력을 회복하려고 2002년 7월 식량과 상품의 국정 가격 및 월급을 시장가격에 맞춰 올리도록 조치했다. 국가는 평균 25배로 높인 노동자 월급을 지불하기 위해 추가로 돈을 발행해야 했고, 이는 인플레로 이어져 시장에서 물가가 폭등했다. 예를 들어, 2002년에는 쌀 1kg의 가격이 50원이었지만 2008년에는 2,700원으로, 무려 50배 이상 상승했다(좋은 벗들, 189호).

1990년대 말부터 북한에서 살 수 없게 된 주민들은 중국으로 탈출하기 시작했다. 중국이 이들을 불법 월경으로 붙들어 북송하기 시작하자, 탈북자들은 남한으로 가는 길을 선택하게 되었다. 2001년부터 2009년까지 남한에 입국한 탈북자는 17,000여 명에 달했으며, 2009년에는 한해에 2,929명이 입국했다. 그중 71%가 여성이었다.

김정일은 2008년 9월 뇌출혈로 쓰러졌으며 그 후유증으로 2011년 12월 사망했다.

2) 여성, 시장을 만들다

고난의 행군으로 널리 알려진 1990년대 기아와 병마 속에서 가족을 지킨 것은 주로 여성들이었다. 북한의 주민통제체계는 남성들에게 보수가 없는 직장출근을 법적으로 강제하고 있었다. 배급과 월급이 없는 상황에서도 남성들은 직장을 나가지 않으면 법적으로 처벌을 받았다. 이런 환경에서 가족 부양의 책임은 직장에 나가지 않아도 되는 결혼한 여성들에게 맡겨졌다. 여성들은 직장을 그만두거나 직장과 시장 활동을 병행하게 되었다. 가족을 먹여 살리기 위해 여성들은 낯선 돈벌이에 나섰다. 처음에는 집에서 돈이 될 만한 물건을 들고 나가 팔다가 점차 더 많은 돈이 되는 상품을 사고 파는 방법을 익혔다. 장사 자금이 부족한 여성들은 시장에서 물건을 받아 농촌이나 어촌으로 가서 쌀과 생선, 미역으로 바꾸어 시장상인에게 넘겼다. 이들은 남성도 감당하기 힘들어하는 50~70kg에 달하는 무거운 짐을 지고 몇십 리를 걸었다. 이들을 지역에 따라 "행방"이나 "달리기"로 불렸다. 돈을 모은 여성들은 시장에 자리를 잡고 앉게 되었다. 시장은 여성들의 돈으로 만들어졌다.

가정에서 상품을 만드는 가내수공업 종사자들도 생겨났다. 재봉기가 있는 여성들은 집에서 옷을 만들어 시장에 넘겼고, 돈을 모은 여성들은 원단을 사서 재단을 해서 재봉하는 여성들에게 맡겨 생산하는 방법도 활용했다. 신발 공장 주변에는 공장에서 배운 기술로 신발을 만드는 가내수공업이 성행했다. 집에서 화로를 만들어 빵을 굽고, 사탕과 껌, 학습장을 만드는 여성들도 있었다. 산을 개간해 곡물을 생산했고 돼지를 기르며 콩으로 두부를 만들고 강냉이로 술을 빚어 팔기도 했다.

이러한 과정에 자연스럽게 시장이 형성되었다. 자본을 축적한 여성들은 도매업에 나섰다. 국경을 통한 북중 무역의 활성화는 도매업 발전의 촉매제가 되었다.

여성들의 시장 활동은 북한당국의 강압적 통제와 단속 속에서도 계속 진행되었다. 북한은 시장을 공식적으로 허용한 이후에도 안전원과 규찰대를 두고 여성들을 단속했다. 불완전한 시장경제체제하에서 여성들의 시장 활동은 '귀에 걸면 귀걸이 코에 걸면 코걸이'라는 말처럼 무엇이든 단속대상이 될 수밖에 없었다. 단속을 피하기 위해서는 시장에서 안전원이나 규찰대가 요구할 경우 무조건 뇌물을 줘야 했다. 다른 지역으로 오고 가는 여성들은 기차에서는 승무안전원에게, 도로에서는 검열초소의 안전원과 군인에게 뇌물을 주어야 했고, 가지고 가던 물건을 모두 압수당하는 경우도 빈번했다. 가내수공업에 종사하는 여성들도 어려움이 많았다. 자주 진행되는 가택수색 때문에 불안한 속에서 일해야 했다.

북한당국은 시장경제를 허용하기는 했지만 내적으로는 인정하지 않았다. 북한의 신문 방송에서는 시장에서 활동하는 여성들을 한 번도 소개한 적이 없었다. 오히려 이를 자본주의를 되살리는 비사회주의적 요소로 규정하고, 2005년부터 시장 개장 시간을 축소하고 45세 이하 여성들의 시장 활동 금지 등의 정책을 연이어 발표했다.

2009년에는 시장을 철폐하고 모든 여성들이 직장으로 돌아갈 것을 요구하며 화폐개혁을 단행했다. 시장이 철폐되었지만, 국가가 약속한 식량배급은 한 달도 안 되어 중단되었다. 쌀값은 천정부지로 오르고 국경지역에서는 탈북자가 증가했다. 화폐개혁으로 힘들게 번 돈을 잃은 여성들의 원망은 극에 달했다.

그럼에도 불구하고 북한은 시장을 없애지 못했다. 가족을 부양하기 위해 스스로 시장 활동에 나선 여성들은 북한 시장경제의 주역이었다. 이들의 시장 활동은 여성들에게 개인의 자유와 행복에 대한 갈망을 불러일으켰다.

3) 여성은 체제유지의 수단일 뿐

북한에서 여성이 가족의 생계를 담당하게 되면서 경제력이 상승했다. 국가경제는 회복될 기미를 보이지 않고 시장경제만 빠르게 성장했다. 북한당국은 "솔직히 말하여 지금 국가에는 돈이 없지만 개인들에게는 국가의 2년분 예산액이 넘는 돈이 깔려 있다."(조선인민군출판사, 2002)고 인정했다. 돈을 가지고 있는 개인은 대부분 시장 활동을 하는 여성이었다.

북한지도부도 여성의 역할을 무시할 수 없었다. 김정일은 1995년 3월 8일 당중앙위원회에서 3·8절을 맞아 신문과 텔레비전에서 여성문제를 제대로 다루지 않은 간부들을 비난하며 여성들을 존중할 것을 요구했다(김정일, 2000). 또한, 1995년 7월 30일 남녀평등권법령 발포 기념일에 발표한 노동신문 사설에서는 고난의 행군시기 여성의 역할을 인정하기도 했다.

여성은 북한체제 유지에서 무시할 수 없는 존재가 되었다. 북한당국은 1차 어머니대회 이후 37년 만인 1998년 9월 제2차 어머니 대회를 개최하고, 이어서 2005년 11월 제3차 어머니대회를 열었다.

2차 어머니 대회에서 논의의 중심은 고아들을 돌보거나 자녀와 고아들을 군대에 보내는 여성들의 경험이었다. 세 자매가 101명의 자녀와 고아들을 키워 인민군대에 보낸 강정숙을 비롯한 12명의 여성들이 그 경험을 발표했다. 또한, 돼지를 기르고 원호물자를 마련하여 인민군대와 건설장에 보낸 여성들도 토론에 참여했다. 3차 어머니대회에서도 유사한 내용이 논의되었다.

북한당국이 요구하는 "어머니, 사회주의 건설자"라는 역할은 고아들을 돌보아 군대에 보내며 물질적으로 국가를 지원하는 것으로 바뀌었다. 김정일은 어머니대회에 참가하지 않고 기념사진 촬영장에도 나타나지 않았다. 3차 어머니 대회에 대한 보도는 노동신문에 간략하게 실렸다.

선군정치가 강화되면서 여성들이 아이를 많이 낳아 키워서 군대에 보내라는 요구가 더욱 커졌다. 노동신문 사설에서는 '여성들은 조국과 민족의 내일에 대한 숭고한 책임감을 가지고 아들딸들을 많이 낳아 영웅으로 키워야 한다.'고 강조했다(로동신문, 2003.3.8.).

여성들에게는 아이를 키워 국가에 바치고, 국가가 해결해야 할 사회복지 책임을 떠넘기며, 부족한 국가예산을 여성들이 번 돈으로 충당하도록 요구했다. 그러나 국가의 여성에 대한 존중과 배려는 거의 없었다. 오히려 어려운 사회경제적 난관을 극복하기 위해 여성들을 이용하고, 여맹조직을 활성화해 여성을 통제하고 동원하려 했다.

05 김정은 정권과 여성

1) 김정은 정권의 등장

2011년 12월 김정일의 사망은 김정은의 정권세습으로 이어졌다. 김정은은 2012년 4월 15일 김일성 생일 100돌 기념대회에서 처음으로 대중 앞에 나서 "우리 인민이 더는 배를 곯지 않게 하며 사회주의부귀영화를 안겨주겠다"고 약속했다.

김정은이 처음으로 발표한 정책은 교육혁명과 인재강국 정책이었다. 북한은 2012년 9월 12년제 의무교육을 선포하고 교육을 세계적 수준에 끌어올려 인재강국을 만들겠다는 목표를 내세웠다.

김정은 정권은 경직된 사회주의경제관리체계를 유연하게 바꾸기 위한 여러 가지 사업을 추진했다. 2014년에는 기업소법을 제정하고 사회주의기업관리책임제를 도입하여 모든 것을 국가가 결정하던 공장 운영을 기업이 자율적으로 할 수 있도록 했다. 또한 농장법을 제정하고 2014년 포전담당책임제를 도입하여 농장원들에게 포전(경작지)을 나누어 주고 생산결과에 따라 분배몫을 결정하도록 했다. 2009년의 화폐개혁 실패로 침체된 시장에 대해서는 방임했다. 이러한 정책 덕분에 북한에서는 다시 시장이 활성화되었고, 2013년부터 환율과 물가가 고정되며 국제사회의 대북제재 전까지 연 1~3%의 경제성장이 이루어졌다.

하지만 북한이 핵·미사일 개발을 본격적으로 추진하면서 국제사회의 강력한 제재로 경제가 하락하기 시작했다. 북한은 2013년

3차 핵실험에 이어 2016년 4차, 5차, 2017년 6차 핵실험을 연이어 단행하고 미사일개발을 지속했다. 유엔 안전보장이사회는 북한의 금융 거래 및 자산 동결, 석탄, 철강, 해산물 수출을 금지, 국제 금융 거래 금지, 석유 수입 제한, 노동자 해외 파견을 금지 등의 강력한 제재 조치를 취했다.

더구나 2021년 코로나 시기에 북한은 강력한 셀프봉쇄정책을 실시하면서 경제는 심각한 침체에 빠졌고, 물자부족으로 가격이 폭등해 주민들의 생계가 어려워졌으며 의약품 부족으로 치료를 받지 못하고 사망하는 경우도 발생했다.

김정은은 대북 경제 제재를 풀기 위해 북미회담을 시도했다. 북한은 2018년 북미회담을 위해 중재자 역할을 할 남한과 관계 개선에 나섰다. 평창 동계올림픽을 계기로 남북대표단이 오가고, 4월에는 판문점에서의 정상 회담, 9월에는 문재인 대통령의 평양방문 등을 통해 남한의 신뢰를 얻은 후 남한의 중재로 트럼프와 만났다. 김정은은 2018년 9월에 핵실험을 중단하겠다고 선언하고 트럼프 대통령과 두 차례 회담을 진행했으나 성과 없이 끝났다.

2021년 조선노동당 제8차 대회를 계기로 북한은 지난 시기 시장경제의 부분적 도입과 남한 미국과의 관계 개선과 같은 유연한 정책에서 벗어나 다시 강경 보수 정책으로 전환했다. 8차 당 대회에서는 7차 대회 이후 이룩한 성과는 "새로운 발전의 시대, 우리 국가제일주의시대를 열어놓은 것"이라고 평가하며 본격적인 김정은 시대에로의 전환을 선포했다. 북한은 8차 당 대회에서 사회주의체제 복귀를 중요한 과업으로 제시했다. 김정은의 유일영도체계를 철저히 확립하고 국가경제발전 5개년계획 통해 경제에 대한 국가의 통제체제를 복구하는 것을 중요 목표로 삼았다. 또한 주민들에 대한 교양 사업과 통제를 강화하여 부르주아 사상과 문화의 침투로 인한 주민들의 일탈을 막기 위한 과업도 제시했다. 국방력 부문에서는 핵 기술을 더욱 고도화하고, 핵무기의 소형경량화, 전술 무기화, 핵 선제 및 보복 타격 능력 고도화, 핵 잠수함과 수중 발사 핵 전략무기를 보유, 군사 정찰 위성을 운용을 통해 핵과 미사일 개발을 더욱 추진할 의지를 밝혔다.

당 대회 이후 북한은 「반동사상문화배격법」, 「청년교양보장법」, 「평양문화어보호법」 등을 제정하며 북한 내 외부 사상문화 유입에 대한 통제를 강화하고 있다. 핵무기 고도화를 위해 2023년에는 핵 잠수함 진수식을 진행했으며 SLBM(잠수함 발사 탄도 미사일) 시험도 계속하고 있다. 2024년 6월에는 제원을 정확히 밝히지는 않았지만 정찰위성을 띄우는 데 성공했다.

북한은 대북전단을 문제 삼아 2020년 6월, 남북 간의 공동연락선을 일방적으로 끊었고, 남북연락사무소를 폭파했다. 2023년 12월 30일 열린 조선로동당 중앙위원회 전원회의와 2024년 1월 15일 최고인민회의에서 발표한 시정연설에서는 남북 관계를 적대적인 두 국가 관계로 정의하며 남한과의 관계를 단절했다.

> 2020년 12월 4일 제정한 「**반동사상문화배격법**」은 외부정보를 포함하여 외부로부터 유입되거나 유포되는 방송, 영상, 도서 등과 정보통신 매체와 관련한 강력한 처벌이 포함되어 있다.
>
> 2021년 9월 29일 제정된 「**청년교양보장법**」은 사회주의 생활양식 확립을 위한 사업에서 청년들이 하지 말아야 할 사항들과 기관 기업소 단체 공민이 하지 말아야 할 사항, 이를 어기는 행위에 대한 법적 처벌 내용이 규정되어 있다.
>
> 2023년 1월 18일 제정된 「**평양문화어보호법**」은 남한식 언어생활에 대한 강력한 법적 통제와 다양한 처벌 조항들을 포함하고 있다.

2) '어머니의 날'과 '공산주의 어머니 영예상'

북한은 2012년 김일성이 1차 전국 어머니 대회에서 연설한 날인 11월 16일을 어머니의 날로 제정하고, 이날 제4차 전국어머니대회를 개최했다. 노동당은 어머니의 날과 3.8 국제부녀절을 맞아 자녀들이 어머니에게 꽃다발과 선물을 주는 사회적 분위기를 조성하도록 했다. 김정은은 어머니대회에 직접 참가하지는 않았지만, 회의 후 기념사진을 촬영하고 대회에 참가한 3천 명 어머니들에게 선물을 주었다.

2023년 12월에는 제5차 전국 어머니 대회가 열렸다. 이 대회는 조선노동당이 직접 관여해서 정성껏 준비했으며, 김정은이 대회 참가자들에게 줄 선물을 직접 선택했다고 한다. 개회사도 김정은이 직접 했다. 그는 개회사에서 "현재 사회적으로 어머니들의 힘이 필요한 일들이 많습니다. 우리 자녀들을 훌륭히 키워 혁명의 대를 이어나가는 문제도 그렇고 최근에 늘어나고 있는 비사회주의적인 문제들을 일소하고 가정의 화목과 사회의 단합을 도모하는 문제도, 건전한 문화도덕생활기풍을 확립하고 서로 돕고 이끄는 공산주의적미덕, 미풍이 지배적 풍조로 되게 하는 문제도 그리고 출생률감소를 막고 어린이보육교양을 잘하는 문제도 모두 어머니들과 힘을 합쳐 해결해야 할 우리들 모두의 집안의 일입니다"(로동신문, 2023.12.4.)라고 강조했다.

김정은의 폐회사에서도 기본 사상은 북한당국이 8차 당대회 이후 가장 중시하고 있는 외부 정보 유입으로 인한 비사회주의적 사상문화가 퍼지지 않도록 어머니들이 자녀 교육을 책임지라는 메시지를 담고 있다. 또한, 출생률 감소를 막기 위해 아이를 많이 낳고 잘 기르라고 요구도 있었다. 어머니대회에서는 "공산주의 어머니 영예상"을 제정해 아이들을 많이, 훌륭하게 키운 20명의 어머니에게 상장과 금반지를 수여했다.

김정은 시기 북한의 여성정책은 여성들의 영향력이 상승한 상황에서 이들을 정치적 지반을 다지기 위해 적극 동원 이용하는 방향으로 나아가고 있다. 김정은은 여성비행사도 내세우고 최선희, 현송월, 김여정 등이 최고위급에 진입하게 하는 등 여성에 대한 인식을 개방적으로 보이지만, 여전히 출산과 양육에서 여성의 역할을 강조하는 전통적인 성역할을 벗어나지 못하고 있다.

3) 꿈을 찾아가는 여성들

2019년 통일연구원에서 발행한 『북한 여성의 일상생활과 젠더정치』에는 2010년 후반에 탈북한 다양한 계층의 북한여성들과의 인터뷰가 담겨져 있다. 이 인터뷰는 북한여성들이 어떤 꿈을 가지고 살아가는지를 보여준다.

📖 **더 읽을 책**
- 조정아·이지순·이희영, 『북한 여성의 일상생활과 젠더정치』, 통일연구원, 2019.
- 설송아, 『태양을 훔친 여자』, 자음과 모음, 2023.

평양의 상업대학을 졸업한 여성은 평양의 유명 식당이나 호텔에서 관리자가 되는 것을 희망했다. 그녀는 간부의 필수 요건인 입당을 위해 아버지의 재력을 이용하여 군에 입대하고, 입당 후 직장에 취직해 관리자로 승진하려고 했다. 관리자가 되면 공식 월급은 적지만 추가 수입이 많아 안정된 부와 권력을 동시에 가질 수 있다고 생각했다.

또 다른 여성은 의대를 졸업한 후 정형외과 의사로서 해외로 파견되는 것이 목표였다. 북한에서는 의사가 되어도 돈을 벌기 어려운 대신, 해외에 파견되면 일생 동안 쓸 수 있는 돈을 벌 수 있다고 알려져 있다. 그녀는 큰돈을 벌어 북한에서 상류층으로 살아가는 것을 꿈꾸고 있었다.

장사를 잘해서 돈을 번 여성은 어릴 때부터 시장에서 돈을 벌어 재산을 모았고 앞으로도 잘 벌 수 있는 능력이 있다고 자신하고 있었다. 그래서 결혼상대를 선택할 때 우위를 점할 수 있었고, 결혼 후에도 당당하게 살았다. 그는 시가 어른들에게 자기의 요구를 거리낌 없이 표현하며 자신의 욕망대로 살았다.

일부 여성들은 경제적으로 잘 버는 무역계통의 남자와 결혼하는 데서 희망을 찾았다. 그들은 학력과 능력을 희생하고 가정주부로 살아갔지만, 평양의 좋은 아파트에서 물질적 풍요를 누리며 남편 부양과 자녀양육과 교육에 전념하면서 나름 행복하다고 생각했다.

반면, 권력을 가진 남자와 결혼하여 자기의 커리어를 유지하려는 여성도 있었다. 한 여성은 교사가 되기 위해 사범대학을 졸업하고 입당을 목표로 열심히 교사생활을 했지만, 입당이 불가능하게 되자 결혼을 하게 되었다. 그녀는 이상적인 남성으로 군인, 보위원, 안전원과 같은 권력을 가진 사람을 원했다. 그녀는 국경경비대 군관과 결혼해 군인사택에서 살며 중대 가족 비서와 고등중학교 교사로 일했고, 군부대의 배급과 교사배급, 국경지역 군 생활을 하면서 얻게 되는 불로소득 등으로 경제적 어려움을 모르고 자신의 사회적 지위에도 만족하며 살았다.

그러나 북한에서 대다수 하층 여성은 현재 진행 중인 시장화 속에서도 여전히 힘든 삶을 살고 있다. 가족의 생계를 책임져야 하는 여성들은 생존에 필요한 최소한의 돈을 벌기 위해 애쓰고 있다. 공장에 다니는 여성들은 월급으로 생활하기 어려워, 별도의 장사를 하거나 공장에서 물건을 빼돌려 파는 등의 불법적인 방법으로 생계를 유지하고 있다. 외화 벌이 회사에서 일하는 여성들은 상대적으로 높은 월급과 배급을 받지만, 고강도 노동과 연장 근무에 시달리며 육체적으로 힘든 상황에 놓여 있다. 그들의 요구는 단지 생존을 유지할 수 있을 정도의 돈을 버는 것이다.

여러 경로를 통해 바깥세상 소식을 접하고 있는 MZ 세대 여성들 중에는 북한의 암담한 미래에 환멸을 느끼고, 미래는 남쪽에 있다고 판단한 이들이 많아졌다. 그들은 목숨을 걸고 탈북을 선택한다(조정아 외, 2019).

북한여성들의 꿈은 국가가 요구하는 공산주의 어머니, 국가와 사회를 위해 헌신하는 여성이라는 틀에서 점점 멀어지고 있다. 시장과 외부정보의 유입이 북한 여성들을 변화시키고 있다.

에필로그

노래에 깃든 사연

1. 여성은 꽃이라네 생활의 꽃이라네 / 한 가정 알뜰살뜰 돌보는 꽃이라네
   정다운 안해여 누나여 그대들 없다면 / 생활의 한자리가 비여 있으리
   (후렴)여성은 꽃이라네 생활의 꽃이라네
2. 여성은 꽃이라네 행복의 꽃이라네 / 걸어온 위훈의 길에 수놓을 꽃이라네
   정다운 안해여 누나여 그대들 없다면 / 행복의 한자리가 비여 있으리
3. 여성은 꽃이라네 나라의 꽃이라네 / 아들딸 영웅으로 키우는 꽃이라네
   정다운 안해여 누나여 그대들 없다면 / 나라의 한자리가 비여 있으리

노래 "여성은 꽃이라네"는 북한 조선작가동맹 함경남도지부 시인 김송남이 자신의 개인적인 체험을 바탕으로 1991년에 창작한 것이다. 그는 오랫동안 앓던 아내를 잃고 열 살 안팎의 어린 자녀 두 명을 키워야 했다. 그가 살던 함흥지역에서는 그때부터 식량난이 시작되었다. 여성이 장사를 통해 가족을 부양하던 시기에, 가부장적인 전통이 강한 함흥에서 아내 없이 식량 구입, 육아, 집안일을 남자인 시인이 혼자 감당해야 하니, 고인이 된 아내에 대한 그리움이 더욱 깊어졌다. 그에게 여성이란 존재 자체가 특별한 의미로 다가왔다. 그는 이러한 감정을 북한의 보통 아내와 누나들에 대한 존경으로 승화시켰다.

북한에서 잘 알려진 보천보전자악단 작곡가 이종호가 이 가사의 음악을 만들었다. 이 노래는 군중의 폭발적인 반응을 일으켰다. 가정주부들은 물론, 남성들까지 눈물을 흘리며 들었다고 전해진다.

여성을 꽃에 비유한 가사는 성적 대상화를 내포하고 있지만, 이 노래는 가부장적인 북한 남성이 고난의 행군시기 가족과 사회를 위해 온갖 고생을 다 겪어 낸 여성을 칭송하기 위해 바친 노래이다.

생각해 봅시다

1. 북한의 여성조직과 남한의 여성조직의 공통점과 차이점에 대해 토론해보자.
2. 북한에서 해방직후 기생제도를 빠르게 없앨 수 있었던 조건은 무엇일지 생각해 보자.
3. 여성의 시장 활동 참여가 여성의 지위에 미친 영향은 긍정적일까 부정적일까 토론해보자.
4. 북한에서 김일성, 김정일, 김정은의 교체가 여성정책에 미친 영향에 대해 알아보자.

참고문헌

1. 국내문헌

강수연, 「해방 직후 북조선민주여성총동맹의 창설과 '여성해방' 인식」, 『역사문제연구』 49호, 2022.
기토비차·볼소프, 최학성 역, 『1946년 북조선의 가을 : 우리는 조선을 다녀왔다』, 글누림, 2006.
김성보, 『북한의 역사 1』, 역사비평사, 2011.
김재웅, 「해방된 자아에서 동원의 대상으로 - 북한 여성정책의 굴절(1945~1950)」, 『韓國史硏究』 170, 2015.
동아일보사, 「전 북한 핵심 관료 육필수기 3탄, '프룬제 아카데미아 사건과 6군단 사건 KGB 비밀문건 들고 주석궁 찾은 김정일, "이젠 내가 군을 쥘 때가 됐습니다"」, 『신동아』 2006년 3월호.
박영자, 『북한 여자』, 도서출판 앨피, 2019.
박찬승, 「식민지시기 다중적 표상으로서의 평양기생」, 『동아시아문화연구』 제62집, 2015.
서동만, 『북조선사회주의체제성립사』, 선인, 2005.
이종석, 『북한의 역사 2』, 역사비평사, 2011.
조선일보사, 「탈북자 김철진의 평양실록 ① 평양에 분 칼바람 심화조 사건의 숨겨진 내막」, 『월간조선』 2014년 7월호.
조정아·이지순·이희영, 『북한 여성의 일상생활과 젠더정치』, 통일연구원, 2019.
좋은 벗들, 「8월부터 식량가격 다시 오름세」, 『오늘의 북한소식』 189호, 2008.
　　　　　https://www.gf.or.kr/nknews/224
현인애, 「젠더 관점에서 본 천리마 시대 여성과 재호명」, 『사회과학연구』 30권 1호, 2022.
현인애, 「노동신문 사·논설을 통해서 본 북한 여성담론과 여성정책의 변화」, 『統一 政策 硏究』 Vol.24 No.1, 2015.

2. 북한문헌

김일성, 「北部朝鮮黨 工作의 錯 誤와 缺點에 대하야」, 『北韓關係史料集』 1, 국사편찬위원회, 1982.
김일성, 『자녀교양에서 어머니들의 임무』, 조선로동당출판사, 1969.
김정은, 「제5차 전국어머니대회 개회사」, 『로동신문』, 2023년 12월 4일.
김정일, 「여성들은 혁명과 건설을 떠밀고나가는 힘 있는 력량이다」, 『김정일선집』 14권, 조선로동당출판사, 2000.

김정일, 「우리 당의 선군정치는 위력한 사회주의정치방식이다」, 『김정일선집』 제21권, 조선로동당 출판사, 2013.
『로동신문』, 「선군시대 조선여성의 혁명적 기개를 힘 있게 떨치자」, 2003년 3월 8일.
『로동신문』, 「우리 여성들은 강성대국건설의 힘있는 역량이다」, 2004년 3월 8일.
북조선로동당 인제군 여성동맹 당조, 「북조선 로동당 인제군 여성 동맹 당조 제1차 회의록」, 『북한관계사료집』 4, 국사편찬위원회, 1986.
北朝鮮臨時人民委員會決定, 「北朝鮮의 男女平等權 에 對한 法令 施行細則」, 『北韓關係史料集』 5, 국사편찬위원회, 1986.
조선로동당출판사, 「어머니의 심정으로」, 『천리마시대사람들 1』, 1961.
조선여성사, 「북조선남녀平등권에대한 여성法슉해설」, 『조선여성』, 해방일주년기념 창간호, 1946.
조선여성사, 「1947년도 북조선민주여성총동맹 사업총결」, 『조선여성』, 1948년 1월호.
조선인민군출판사, 강연자료 「가격과 생활비를 전반적으로 다시 제정한 국가적조치에 대한 리해를 바로 가질데 대하여」, 2002.7.
조선중앙통신사, 『조선중앙연감』, 1950년판, 1950.
허금순, 「三八婦女節을맞으면서 과거조선女性과 당면과업」, 『조선여성』, 2월호, 1947.

3장

법은 여성을 지키고 여성은 법을 지키는가

조선로동당 창건 75주년 열병식(사진: 로동신문)

01 법, 사회주의 북한 그리고 여성

사회주의 국가건설(State Building) 과정에서 법은 당면한 혁명의 과업을 수행하기 위해 제한적이나마 불가피하게 활용할 수밖에 없는 필요악으로 치부되어 왔다. 마르크스 레닌주의 법 이론에서의 법은 피지배계급을 억압하는 자본주의 국가의 산물로 규정되었기 때문이다. 따라서 국가와 마찬가지로 법 역시 종국적으로 사라질 운명을 가진 것으로 간주되었다. 하지만 혁명의 과정에서 등장한 다양한 현실적 요구는 법의 역할을 점진적으로 강화시키는 변수로 작동해 왔다.

특히 헌법의 역할은 사회주의 '국가'의 강화와 함께 지속 유지되었다. 예컨대 계급해방과 평등에 대한 지향은 헌법을 통해 체제의 주요한 원칙으로 반영되었다. 소련, 동독, 중국 등 다양한 사회주의 국가의 헌법이 서구 민주주의 국가들과 마찬가지로 인권과 여성에 대한 존중을 포함한 이유였다. 다시 말해 적어도 헌법상으로는 '법 앞에서의 평등'을 비롯한 기본적인 민주주의의 법 원칙들이 사회주의 헌법에도 명기되어 왔다. 북한 역시 마찬가지다. 최초로 제정된 1948년 헌법을 비롯하여 이후의 북한법은 헌법에 여성의 권리와 평등을 보장하는 조항을 명시해 왔다.

그러나 헌법 제정 이후 70년이 넘는 시간이 흐른 현재의 시점에서 볼 때 "인민이 법을 보호하고 인민이 법을 보호하는"이라는 스스로의 레토릭처럼 북한에서 여성의 권리를 포함한 인권이 보장되는 법치가 실현되고 있다고 보기는 매우 어렵다. 물론 이상과 현실의 간극은 어느 사회에서나 존재하지만 특히 북한의 정

> 3장의 제목인 "법은 여성을 지키고 여성은 법을 지키는가"는 김정은 시대 북한의 법치 및 법건설 분야에서 널리 활용되는 레토릭인 "법은 인민을 지키고 인민은 법을 지키는"이라는 표현에서 착안된 것이다. 김정은 정권은 '법치국가'건설의 기치를 내걸고 대대적인 법제사업을 전개해왔으며, 인민대중제일주의 실현을 위한 주요 수단이라고 할 수 있다.

치·경제적 현실이 여성의 자유, 권리, 지위가 온전히 보장되는 이상적 현실과 너무나 거리가 멀다는 점은 많은 탈북 여성들의 증언에서도 지속적으로 확인되어 왔다. 그렇다면 과연 이러한 북한의 현실은 김정은 시대에 어떠한 변화를 보이고 있는가? 특히 김정은 정권이 전면에 내세운 사회주의법치의 지향은 여성의 지위와 권리에 어떠한 영향을 미쳐 왔는가?

본 연구는 이하의 세 가지 단계로 상기한 질문에 답하고자 한다. 우선 공식적 정치담론에서 묘사되는 여성에 대해 검토한다. 이를 통해 북한 정권이 추구하는 여성의 역할과 지위가 무엇이고 어떻게 변화되어 왔는지 파악하고자 한다. 다음으로는 북한 여성 관련 법의 내용을 살펴볼 것이다. 북한 여성의 지위와 권리가 적어도 규정상으로 어떻게 보장되고 있는지 들여다보기 위함이다. 특히 대대적인 법률 제정사업(법제사업)이 병행된 사회주의 법치의 구현을 전면에 내세운 김정은 정권에서 해당 이슈가 갖는 의미는 여타의 시기와 차별적이다. 또한 이와 같은 북한의 내부 상황에 더해 북한을 둘러싼 외부의 현실 역시 보다 포괄적인 차원에서의 인권의 가치를 그 어느 때보다 강조하고 있으며 법치는 인권 보장의 가장 기초적인 토대라는 점에서 해당 이슈는 중요하다. 마지막으로 다양한 인터뷰 자료를 활용해 여성에 관한 혹은 여성에 대한 정치담론과 법·제도가 과연 북한 여성의 삶에 실제 어떠한 영향을 주었는지 살펴본다. 이러한 과정에서 단순히 북한 여성의 삶을 있는 그대로 드러내는 차원을 넘어 향후 변화의 가능성과 희망을 발견하고자 한다.

02 정치담론과 여성

담론은 특정한 문제에 관한 입장과 시각 및 일련의 사고체계를 담고 있는 말과 글을 의미한다. 특히 담론은 단순히 언어적, 문화적 수준에만 국한되는 것이 아니라 정치적, 경제적, 사회적 차원들을 포괄하고 넘나드는 총체적인 개념이라는 점에서 중요하다. 또한 북한과 같은 수령 중심의 일원적이고 집단주의적 시스템하에서 생산되는 담론은 일종의 통치담론으로서 가치편향적이고 일방적인 성격을 갖는다는 점에서 분석에 주의를 요한다.

그렇다면 오늘날 북한 여성은 담론의 공간에서 어떻게 표현되고 있는가? 결론적으로 말해 북한 여성은 가정과 사회 나아가 국가의 한 구성원으로서 자아실현을 해나갈 수 있는 담론적 토대를 제공받지 못하고 있다. 헌법에 명시된 양성 평등적 원칙들에도 불구하고, 북한 여성은 정치담론이 담고있는 특정한 정치·사회적 가치편향과 그로 인한 정치·사회적 훈육을 피하기 어려운 구조적 환경에 놓여있는 것으로 파악된다.

김정은 시대 북한 여성에 관한 정치담론의 키워드는 '처녀어머니', '사회주의화원에 핀 꽃', '어머니당'이다. 그와 같은 여성 관련 정치담론의 논리적 토대는 바로 '사회주의대가정론'이다. 그리고 대가정의 호주(戶主)가 바로 수령임은 물론이다. 해당 담론의 구조와 논리는 김정일 시대 고안되어 북한 주체사상의 하부 기둥의 하나로 기능했던 사회정치적생명체론과도 무관하지 않다.

1) 처녀성과 모성의 모순된 결합: 처녀어머니

주지하다시피 사회주의대가정론은 북한의 가부장적 질서를 가장 잘 드러낸 표현 가운데 하나다. 부성(父性)의 존재가 강력한 정치적 위계로 상정된 체계에서 여성을 처녀와 어머니로 한정한 것은 여성을 말 그대로 '강자가 아닌 약자', '지배자가 아닌 피지배자', '주체적 자아가 아닌 종속적 자아'로 위치 짓는 담론화 작업이라 할 수 있다. 사회주의대가정에서 부성은 무소불위의 권력과 지고의 권위를 상징하는 최고지도자 수령 자신으로, 추상화된 모성은 조국의 부활을 위해 헌신과 희생을 감수하는 여성의 전형으로 표현된다.

이러한 경향은 김정은 시대 들어 다양한 방식으로 전개되어 온 정상국가화를 향한 시도들과 충돌한다. 가부장제야말로 남성 중심의 사회구조 그 자체이며 여성의 삶을 억압하는 전근대적 유산이기 때문이다(Beauvoir, 1949). '사회주의 전면적발전'을 주창하고 "국권과 국위가 그 어느 때보다 당당하게 떨쳐"졌음을 대내외에 선언하면서도 또 다른 한편으로 '사회주의대가정'을 수호하는 힘이 어머니들의 헌신과 희생 덕분이었음을 강조하는 북한 최고지도자의 모순된 담론에서 근대성에 기반한 정상국가로의 지향과 전근대적인 가부장제의 불편한 동거를 엿볼 수 있다는 것이다(김정은, 2024; 김정은, 2023).

이러한 논리 구조는 2016년 김정은 시대 최고의 영화예술 업적으로 꼽히는 <우리 집 이야기>에서도 잘 드러난다. 해당 영화는 사회주의대가정론을 고스란히 스크린에 옮겨 담았다. 18세의 어린 나이에 7명의 고아를 키워낸 '미풍선구자' 여성 장정화의 실화가 영화의 대략이다. 영화는 주인공이 개인적 연민의 시선으로 아이들을 바라보던 '과오'를 깨닫고 아이들에 대한 사랑을 사회주의 조국과 수령에 대한 사랑과 충성심의 차원으로 승화시키는 과정을 핵심으로 한다. 그 과정에서 국기가 상징하는 '조국' 즉 '우리 집'이 최고라는 정해진 귀결은, 실은 '처녀'이지만 '어머니'인 한 여성의 희생이 전제되었기에 가능한 '우리 국가제일주의'의 핵심종자이기도 했다(강혜석, 2019).

'처녀어머니'는 그 자체로 모순적이다. 처녀성은 여성의 성적 순결을 의미하고 어머니는 모성의 상징이나 더 이상 순결하지는 않은 존재일 수밖에 없기 때문이다. 순결한 '처녀'가 상징하는 여성의 몸은 규범화된 성(成)이라는 선택된 이미지가 박제된 결과이다. 그와 결합한 '어머니' 역시 규범화된 모성으로서 출산, 양육, 부양의 1차적 의미의 부담뿐만 아니라 국가 회생을 위한 정치, 경제, 사회적 의미의 2차적 희생을 감내하도록 강요되었다. 모순된 언어는 내용적으로도 아이러니하다.

물론 북한에서 여성을 위한 긍정적 상징이 없는 것은 아니다. 김정은 시대 북한에서 제정된 다양한 여성 관련 기념일인 국제부녀절(3월 8일), 남녀평등법 제정기념의 날(7월 30일), 어머니날(11월 16일) 등은 북한 당국이 여성을 우대하고 있음을 대내외에 과시하려는 의도가 엿보인다. 하지만 이러한 긍정성에도 불구하고 관련 레토릭의 '종자'는 인구재생산(생물학적)과 관련한 다산장려, 모성영웅의 강조 등 모성과 관련한 이념형에 한정되고 있다. 실제 상기한 여성 관련 기념일에 대부분의 북한 매체들은

'3·8국제부녀절'이 지닌 여성해방의 의미가 무색하게 로동신문 2023년 3월 8일자 1면 사설은 "가정의 주부로서, 며느리로서, 안해와 이미니로서의 책임을 항상 자각하면서 시부모들을 잘 모시고 남편과 자식들이 국가와 사회앞에 지닌 본분을 훌륭히 수행하도록 적극 떠밀어주어야 한다"고 강조했다.

여성의 해방과 권리보다 재생산 기능을 보다 강조하는 경향을 보여왔다.

2) 시공간의 제약과 몰(沒)주체적 아름다움: 사회주의 화원에 핀 꽃

"사회주의 화원에서 나라의 꽃, 생활의 꽃, 가정의 꽃으로 아름답게 피어나는 우리 녀성들"(김정은, 2016)

화원은 말 그대로 꽃을 심은 동산이다. '사회주의 화원에 핀 꽃'이라는 수사는 김일성은 물론 김정일의 말과 글에서도 거의 찾아보기 어렵다. 김정은 시대에 와서 생산, 유통, 소비가 활발하게 진행되고 있는 것이다. 김정은 정권 들어 여성을 포함한 복지 관련 법안제정과 정책이 상당한 수준으로 전개되고 있는 추세라고 하더라도 젠더 관점과 양성평등의 시각에서 볼 때 내용적인 측면에서는 일정 부분 퇴보한 것이 아니냐는 비판이 가능한 이유이다. 이하에서는 사회주의 화원에 핀 꽃이라는 표현이 시사하는 북한 당국의 여성관에 대해 살펴본다.

첫째, 화원이라는 공간에의 제약이다. 여성으로 비견되는 꽃이 살아 숨 쉬는 공간은 바로 사회주의 화원이다. 화원을 수식하는 사회주의, 그것은 일종의 공간적 제약이자 조건이다. 즉 꽃의 생장 조건을 사회주의라는 화원에 한정한 것이다. "사회주의대가정에 미덕과 미풍의 꽃을 피운 온 나라 녀성들과녀맹원"(김정은, 2021)과 같은 표현은 사회주의 화원과 사회주의대가정이 지닌 정치·사회적 의미의 유사성을 잘 보여준다. 그 요체는 바로 가부장성에 있다. 이러한 공간의 제약이 지닌 문제점은 여성을 종적으로나 횡적으로나 그 넘나듦을 어렵게 한다는 데 있다. 여성 개인의 삶의 변경 및 확장은 물론이거니와 미래를 개척할 수 있는 가능성마저도 제약하게 된다. 그것은 성문법의 존재와 무관하게 현실 세계에서 벌어지고 있는 성차별적 관행이나 불평등한 직업, 사회, 교육 기회와 직결된다.

둘째, 꽃이라는 대상의 제약이다. 꽃으로 묘사된 여성은 아름답고 연약한 존재로 이미지화되었다. 꽃이 생육되기 위해서는 누군가 물과 빛을 주어야 한다. 더욱이 꽃에는 동력이 결여되어 있다. 이들에 대한 사회적 기대는 즉 여성은 식물화된 존재로 어디까지나 사회주의 화원이라는 제한된 정치사회적 공간에서 남성 중심의 제도화된 시선을 통해서만 아름다울 수 있다. 결국 꽃이라는 미학적 단어에 존재론적 의미를 부여한 것은 당과 수령의 일방적 수행이다. 주디스 버틀러(Judith Butler 1990)는 젠더수행성(Gender Performativity)이라는 개념을 통해 사회적으로 특정 젠더 편향적 행위가 반복될 경우 정체성 형성에 직접적인 영향을 미친다고 설명했다. 즉 <사회주의 화원에 핀 꽃>은 결국 여성이 피동적인 존재로 고정된 성역할과 제한된 사회적 기대 내에서만 유의미하다는 주장을 은연중에 내포한 비유라 할 수 있다.

> **주디스 버틀러의 젠더수행성**은 젠더가 본질적으로 고정된 것이 아니라, 사회적으로 형성되고 반복적으로 '수행'되는 행동과 언어를 통해서 구성된다는 개념이다. 그에 따르면 젠더는 생물학적 성(sex)과는 구별되며 사회적으로 기대되어지는 특정 규범과 반복되는 행위들로 만들어진다.

3) 희석된 정책 실패의 책임과 위계의 내재화: 어머니당

북한은 정권 초기부터 당을 어머니에 비유한 바 있다. 일반적으로 사회주의에서는 혁명의 차원에서 성평등이라는 원칙을 중시하는 경향이 강했지만 북한에서는 수령제라는 특유의 가부장적 통치구조가 근대화의 지체된 부분과 결합하면서 '어머니'가 정치적으로 호명될 수 있는 틈이 생겨났다. 김일성이 "대중이 당을 어머니처럼 믿"는다는 표현이나 "당일군은 […] 사람들과의 관계에서는 어머니가 되어야" 한다는 표현은 그 예이다(김일성, 1947; 김일성, 1959; 김일성, 1963). 북한에서 어머니당은 말 그대로 당과 모성의 일체화를 상징한다. 그렇다면 정권별로 어머니당은 어떻게 묘사되어 왔나?

우선 김일성 정권에서 어머니당은 헌신적 '모성'에 방점을 두었다. "우리 동무들이 말로는 우리 당을 어머니당이라고 하지만 실제에 있어서는 사람들에 대한 우리당 일군들의 배려가 자식에 대한 어머니의 사랑과는 거리가 멉니다(김일성, 1965)"라며 인민에 대한 헌신을 강조한 김일성의 언급은 이를 잘 보여준다. 당이 지녀야 할 겸허한 태도를 강조하며 "당이 준 직책을 높고 낮은 벼슬"로 여기는 것을 책임비서들의 "그릇된 사상관점"으로 비판하고 "우리 당은 인민을 위하여 일하는 당이며 어머니당(김일성, 1966)"이라고 주장한 대목 역시 마찬가지이다. 또한 "자기의 마음 속에 있는 모든 것을 기탄없이 말할 수 있도록 되어야만 참말로 우리 당을 어머니당이라고 말할 수 있(김일성, 1967)"다거나 "우리가 늘 말하는 것이지만 우리 당은 어머니당 […] 관료주의 반대. 당일군들이 당세도를 쓴다거나 까다롭다는 말을 듣지 않도록 하여야(김일성, 1969)" 한다는 주장은 결국 어머니의 모성과 관료주의 및 세도주의를 대치시킨 결과였다.

요컨대 "로동계급의 당은 인민대중우에 군림하는 관료기관이 아니라 인민을 위하여 복무하며 인민들의 운명을 책임지고 보살피는 어머니 당(김일성, 1986)"이라는 표현에서 보듯 전반적으로 김일성의 어머니당론은 모성에 집중되어 있었다. 다시 말해 헌신, 배려, 아량, 너그러움 등 모성의 덕목을 당이 가져야 할 덕목으로 규정하고 당간부들의 교육과 규율강화에 활용하려 시도한 것이 그 특징이다.

다음으로 어머니당 담론과 관련한 김정일 시대의 특징은 김일성 시대가 당과 그 구성원이 갖춰야 할 덕성으로서의 모성에 초점을 맞췄던 데 비해 조직과의 '관계'로 그 의미를 더욱 확장했다는 데 있었다. 이는 김정일이 후계자로서 당의 응집력과 지속성을 조직과 사상의 측면에서 체계화하려 노력해온 과정과 연동되어 있었다. 각각 당과 국가의 차원에서의 후계자 공인 과정과 연동되어 있던 1974년 '당의 유일사상체계 확립의 10대원칙'이나 1986년 '사회정치적생명체론' 등은 그 확장의 주요한 계기라 할 수 있었다. 예를 들어 "당일군은 사업에서는 대중에 앞장서는 기수가 되어야 하며 사람들과의 관계에서는 어머니가 되어야 합니다. 당일군들은 어머니가 자기 아들딸들을 사랑하듯이 대해야 […] 그래야 우리 당이 참된 어머니당으로 될 수 있으며 군중과 혈연적으로 련결된 불패의 당으로 더욱 강화될 수 있습니다(김정일, 1976)"는 주장에서 보듯 당이 "인민의 운명을 책임"지고 그들에게 "행복을 가져다 주는 어머니당"이어야 한다는 논리(김정일, 1980)는 주로 당의 의무에 방점을 두고 있다. 김정은 시대에는 그러한 혈연적 맥락이 인민과 당의 관계 및 그 상호적 의무의 차원에서 보다 강조되고 있다는 점이 이전과의 차별점이다.

특히 이러한 상호적 '관계'의 강조가 갖는 함의는 '인민 역시 어머니를 배신해서는 안되며 도리를 다해야 한다'는 논리로 연결된다는 점이었다. 부모가 육체적 생명을 주었다면 당은 정치적 생명을 주었다는 논리(김정일, 1984)는 결국 부모에게 효를 다해야 하듯 인민은 당에 충성함으로써 정치적 의무와 도덕적 규범을 준수해야 한다는 논리로 확장되었다. 1990년대를 전후하여 기존의 체제 골간이었던 사회주의와의 충돌을 감수하면서까지 선군과 민족이라는 새로운 체제 정당성의 기반을 호명해야 했던 이례적인 안보 위기 하에서 이와 같은 어머니당 논리의 확장이 갖는 의미가 적지 않았음은 물론이다. 당과 대중이 혈연적 관계로 맺어졌다고 주장하는 사회정치적생명체론, 그리고 당을 어머니로 보는 어머니당 담론, 그리고 마지막으로 수령을 어버이라고 간주하는 어버이수령론에 이르는 사회주의대가정론이 상정하는 가부장적 담론들은 정권안보를 위한 수단으로서의 성격을 지니고 있었던 것이다.

유사한 맥락에서 김정은 정권 역시 2020년 당 창건 75주년과 2021년 제8차 당대회를 통해 조선노동당을 '어머니당'으로 재호명하고 이를 광범위하게 확대해 왔다(동태관, 2020; 로동신문, 2021; 김정은, 2022). 특히 "조국과 매 인간과의 관계는 어머니와 아들과 같"(방성화·김철, 2018)으며 "어머니는 자식을 위하여 많은 수고를 하면서도 오히려 그것을 기쁨과 보람으로 여긴다(로동신문, 2019)"는 주장에서 보듯 '어머니당' 담론을 통해 당과 유교적 가부장제의 이념을 결합하고 이를 다시 국가와 민족의 범주로 확장하고 있는 점이 주목된다(강혜석, 2021). 또한 "오직 슬하의 자식들을 위한 일이라면 천만고생도 지상의 락으로 여기시는 경애하는 총비서동지께서만이 정리하실 수 있는 새로운 어머니철학"(동태관, 2015)이라는 표현에서 보듯 어머니당과 관련한 일련의 정치적 수사와 논리를 김정은의 독창적 업적으로 강조하고 있는 점은 그것이 지닌 위상과 정치적 중요성을 짐작케 한다. 선군과 민족의 부상과정에서도 동일하게 나타난 것처럼 북한은 주요 통치 담론의 등장 과정에서 새로운 지도자의 독창적 기여를 강조하는 패턴을 반복적으로 보여왔기 때문이다. 김정은이 취임 이듬해인 2012년 첫 어머니대회를 열며 11월 16일을 어머니날로 정하고, 전국어머니대회를 지속적으로 개최해온 것은 그 연장선이라 할 수 있다.

정리하자면 김정은 시대 어머니당의 호명과 재강조는 제재, 수해, 코로나19 등 3중고에 직면한 북한이 현재 자신들이 처한 어려움과 그 심각성을 직시하고 있다는 방증이기도 하다. 진영의 위기에 처한 1990년대 초반부터 선군정치라는 이름으로 체제 정비를 일단락한 1998년을 전후한 시기까지 어머니당 언급이 유독 많았던 사실은, 위기일수록 어버이의 성취가 아닌 어머니의 희생과 헌신에 의지할 수밖에 없는 그들의 현실을 잘 보여준다.

03 법과 여성

1) 해방~1950년대: 평등 지향의 질서 수립과 여성 관련 법

잘 알려진 바와 같이 "노동자에게는 조국이 없다"는 마르크스의 언명은 마르크스-레닌주의의 기본적인 국가관을 잘 보여준다. 이러한 관점에서 법은 말 그대로 부르주아 국가의 산물이자 부르주아 계급의 이익을 위해 복무하는 수단으로 규정되었다. 그러나 사회주의의 역사적 경험에 비추어 볼 때 소멸되어야 할 국가는 오히려 당-국가체제라는 이름하에 '강한' 국가로 거듭났다. 이 과정에서 사회주의국가에서의 법 역시 결국 현실적인 정치 목표를 실현하기 위한 무기이자 수단으로 기능했다(강혜석, 2024).

해방공간에서 북한의 혁명 지도부는 토지개혁, 선거권 부여, 교육권 제공 등 근대적 민주개혁들을 실시하였고, 그것은 당연하게도 '여성'을 포함하고 있었다. 권위의 원시적 축적기(primitive accumulation of authority)에 당면한 북한이 인민 포섭을 위해 수행했던 정책의 일환이기도 했다(Meyer, 1967). 사회주의적 평등 이념을 실현하기 위해 주력하던 노력은 일정한 효과가 있었음에 분명했다(황의정·최대석, 2015). 특히 토지개혁은 김일성의 정치적 헤게모니를 장악해 나가는 데 있어 결정적인 역할을 했다(서동만, 2005).

정권수립(state building) 과정에서 수반되었던 일련의 개혁조치는 헌법제정으로 한층 더 탄력을 받았다. 부르주아 자본주의 질서의 모순에 대한 비판적 문제의식과 혁명을 통한 공산주의 건설 즉 완전한 의미의 평등사회를 실현하는 것이 체제 존립의 근거였던 북한에서 헌법에 그러한 인식과 지향이 반영된 것은 당연했다. 아래의 예시는 1972년 사회주의헌법 이전까지 북한에서 헌법의 역할을 담당했던 1948년 헌법의 일부이다.

> **<제2장 공민의 기본적 권리 및 의무>**
>
> 제11조 조선민주주의인민공화국의 일체 공민은 성별, 민족별, 신앙, 기술, 재산, 지식 정도의 여하를 불문하고 국가, 정치, 경제, 사회, 문화생활의 모든 부문에 있어서 동등한 권리를 가진다.
> 제12조 만 20세 이상의 일체 공민은 성별, 민족별, 성분, 신앙, 거주기간, 재산, 지식 정도의 여하를 불문하고 선거권이 있으며 어떤 주권기관이든지 피선될 수 있다. 조선인민군에 복무하는 공민도 다른 공민과 동등하게 선거권을 가지며 주권기관에 피선될 수 있다. 재판소의 판결에 의하여 선거권을 박탈당한 자, 정신병자 및 친일분자는 선거권 및 피선거권을 가지지 못한다.
> 제13조 공민은 언론, 출판, 결사, 집회, 군중대회 및 시위의 자유를 가진다. [이하 생략]
> 제14조 공민은 신앙 및 종교의식거행의 자유를 가진다.
> 제18조 공민은 교육을 받을 권리를 가진다. [이하 생략]
> 제19조 공민은 중소산업 또는 상업을 자유로 경영할 수 있다.
> 제20조 공민은 과학 예술활동의 자유를 가진다. [이하 생략]
> 제22조 여자는 국가, 정치, 경제, 사회, 문화생활의 모든 부분에 있어서 남자와 동등하다. 국가는 모성 및 유아를 특별히 보호한다.
> 제24조 공민은 인신의 불가침을 보장받는다. [이하 생략]

특히 공민은 성별, 민족, 종교, 기술, 재산, 지식 정도 여하에 관계없이 모든 부문에서 '동등한 권리'를 가진다는 점을 강조한 데서 나아가 특별히 제22조를 통해 '여자'와 '남자'의 동등성과 모성 및 유아에 대한 특별한 보호를 명시한 점이 두드러진다.

헌법 외에도 정권 수립을 전후해서 제정된 다양한 법들은 나름대로 여성의 권리와 복지를 보장하려는 아이디어들을 담고 있다. 아래의 <표 3-1>은 그 현황이다. 일련의 부분법들 가운데 가장 주목할 만한 법이 바로「남녀평등권」에 대한 법령이다. 해당 법은 남녀평등이념의 구현과 전근대적 가족질서와의 단절을 목표로 한 것이었다. 자유민주국가에서도 수십 년의 시간을 요했던 남녀평등권이 북한에서 단기간에 법제화될 수 있었던 것은 남녀평등을 실현함으로써 근로대중을 온갖 사회적 예속과 불평등에서 해방하기 위한 사업의 한 고리가 될 수 있다고 보았던 당시 북한 정권의 인식 덕분이었다(김선욱 외, 1992).「남녀평등법」은 말 그대로 남자와 같은 평등권으로서 선거에 있어서의 평등, 노동, 임금, 사회보험의 권리와 교육권의 평등과 같은 내용을 담고 있다. 무엇보다 이 법은 강제결혼, 일부다처제, 공창, 사창, 기생제도의 폐지, 결혼과 이혼의 자유 등 당시 봉건제도의 악습으로 남아있던 가정 내에서의 모순을 법을 통해 해소하려는 의지가 반영되어 있다.

〈표 3-1〉 정권 수립기(1945-50) 북한의 여성 관련 법 목록

- 북조선 토지개혁에 대한 법령(1946.3.5.)
- 북조선 로동자 및 사무원에 대한 로동법령(1946.6.24.)
- 북조선 남녀평등권에 대한 법령(1946.7.30.)
- 북조선 남녀평등권에 대한 법령시행세칙(1946.7.30.)
- 북조선의 봉건유습잔재를 퇴치하는 법령(1947.1.24.)
- 조선민주주의인민공화국 헌법(1948.9.8.)
- 녀성상담소에 관한 규정(1948.12.23.)
- 탁아소에 관한 규정(1949.2.1.)
- 산원에 관한 규정(1949.10.28.)

그렇다면 공산주의가 지향하는 극단적 평등주의의 도그마는 오늘날 북한의 여성의 지위와 삶에 어떠한 영향을 미치는가? 즉

제정헌법에서 북한 지도부가 제시했던 여성에 대한 기본적 권리와 정책은 김정은 시대의 북한 여성들에게 얼마나 변화된 법적 지위와 복지를 제공하는가? 다음 절에서는 북한의 역사에서 여성관련 법이 어떻게 전개되어 왔는지 살펴보겠다.

2) 1960~1970년대 초:
노동 동원을 위한 여성관련 법제화와 김일성의 '한쪽 수레바퀴'론

북한 당국이 정권 수립 초기에 내놓았던 여성을 위한 법들의 실효성은 한국전쟁과 전후 복구 건설 그리고 근대화의 명제 앞에서 서서히 약화되었다. 법제도적 차원에서 당국이 야심차게 내놓았던 여성을 위한 법과 시책들은 초기 단계와 달리 점차 가정에서 헌신과 희생을 강조하는 형태로 변화해 갔다. 국가권력을 정당화하는 혁명의 세포이자 사회의 기층생활단위로서의 가정의 기능이 강조되면서 여성은 점차 국가권력과 가부장적 질서의 이중적인 지배하에 놓여갔다(박경숙, 2013).

1960년대 북한 노동부문에서 여성의 참여가 절실해진 데에는 일정하게 1960년대의 대내외적 정치·경제 상황으로부터의 영향이 적지 않았다. 거듭된 중소분쟁과 전후 복구 과정에서 드러난 중국과 소련의 대국주의적 태도에 대한 실망, 1960년대 초 소련의 경제상호원조회의(COMECON)요구 및 소련의 경제원조 중지, 1962년 쿠바 사태에 대한 소련의 처신과 북한의 안보 불안, 베트남 전쟁을 둘러싼 중·소 간 갈등, 한국의 베트남 파병, 1965년 한일조약체결 및 한미일의 외교 정상화, 1966년 중국의 문화대

혁명 등 이 시기 북한을 둘러싼 진영 내 위기는 북한으로 하여금 독자적인 정당성을 추구하도록 압박했던 것이다(강혜석, 2017).

그에 대한 북한의 대응은 잘 알려진 바와 같이 자립적 민족경제노선의 추구와 경제·국방병진노선 및 4대 군사노선의 확립을 통한 '자립'과 '자위'의 토대 위에 정치에서의 '자주'와 사상에서의 '주체'를 세우는 '주체노선'의 확립이었다. 특히 자위와 자주, 주체 모두의 가장 기본적인 토대라 할 수 있는 경제적 자립은 내부 동원의 극대화에서 시작할 수밖에 없었고 바로 그러한 차원에서 남성 위주의 기존 노동력 이외에 거의 유일한 추가적 노동자원이었던 여성의 노동력이 주목받은 것은 일면 자연스러운 귀결이었다. 1970년 제1차 7개년 계획의 성공적 완수와 함께 공업화 완료가 선언되었음에도 불구하고 혁명하는 남편의 보조자, 혁명할 자식의 양육자, 가족 생계를 책임지는 혁명적 어머니로서의 역할에 보다 중점 두어졌던 기존 여성의 역할이 직접적인 사회적 노동의 담당자로 더욱 확대되어 간 이유였던 것이다.

물론 북한 정부는 이러한 필요를 배려로 포장하고자 했다. 아래와 같이 여성들의 노동 참여에 대한 요구가 당국의 필요에 따른 것이 아니라 국가가 손해를 보면서까지 여성들에게 제공하는 일종의 서비스라고 강조한 것은 이러한 의도를 잘 보여준다.

오른쪽 부록에 소개된 바와 같이 김일성은 연설에서 만일 당국의 필요에 의해서라면 "우리가 무엇 때문에 녀성들을 적극 사회에 진출시키려 하겠습니까?"라고 반문하며 탁아소 및 유치원 운영, 학교 수의 확대, 학업에 필요한 물품 제공, 근로여성들에 대한 산전산후 유급휴가 제공, 여성을 위한 편의봉사시설, 젖먹

> "우리가 **녀성들을 사회에 진출시키는 것은 결코 로(동)력이 모자라서 그러는 것이 아닙니다.** 털어놓고 말하여 아직은 녀성들이 사회에 나와서 일하여 국가에 리익을 주는 것보다 녀성들을 위하여 국가에서 부담하는 것이 더 많습니다(김일성, 1971)."

이 시간의 보장 등 "국가와 사회의 부담이 크고 여러 가지 보장해주어야 할 조건이 많"기에 오히려 여성들의 사회진출을 위한 국가자금의 대대적인 투입이 여성의 노동력 투입으로 얻는 산출물보다 더 크다는 점을 강조했다(김일성, 1971). 즉 여성 노동력 동원은 '여성들을 위한' 여성들의 노동계급화와 혁명화를 위한 노력의 일환으로 국가는 이와 같은 대의를 위해 관대하게 여성들의 노동환경을 원만하게 보장하려 배려할 것이라는 주장이었다. 아래 〈표 3-2〉에서 보듯 해당 시기 여성관련 법 목록이 이와 같은 '배려'의 구체화와 관련되어 있는 이유였다.

〈표 3-2〉 1960~1970년대 초 북한의 여성관련 법

- 공민의 신분등록에 관한 규정(1955.3.5.)
- 리혼절차를 일부변경할데 대하여(1956.3.8.)
- 리혼사건심리절차에 관한 규정(1956.3.16.)
- 인민경제 각 부문에 녀성들을 더욱 광범히 인입할데 대하여(1957.7)
- 탁아소, 유치원 사업을 개선강화할데 대하여(1964.7.1.)
- 모성로동자들의 로동시간에 관한 규정(1966.9.27.)
- 탁아소, 유치원을 전국가적, 전인민적 운동으로 잘 꾸리며 어린이들의 보육교양 사업을 개선강화할데 대하여(1968.10.31.)
- 탁아소, 유치원들의 물질적 토대를 튼튼히 꾸려줄데 대하여 (1971.7.3.)

또한 여성은 가정에서 남편과 아들, 딸에게 구시대적이고 불량한 영향을 줄 수 있는 존재로 간주되기도 했다. 이 때문에 여성의 혁명화는 가정의 혁명화와 직결되어 있다는 주장과 여성이 "사회에 진출하지 않고 집안에 파묻혀 있"게만 해서 사회와 동떨어지게 되면 점점 안일해져서 이기주의가 자라나 "나중에는 나라와 사회를 좀먹는 식충이로 굴러떨어"질 수 있다는 주장 역시

덧붙여졌다.

물론 이와 같은 포장에도 불구하고 그 핵심이 '노력동원'이었음은 당연하다. 결과적으로 여성은 1960년대 이후 급속한 산업화, 근대화, 발전의 명제가 전 국가적인 차원에서 전면적으로 강조되는 과정에서 '혁명의 한 쪽 수레바퀴'로 호명되며 노동시장에 강제적으로 유입되었다. 상기한 1971년 조선민주녀성동맹 제4차대회에서 한 김일성의 연설의 제목이 "녀성들을 혁명화, 로동계급화할데 대하여"라는 것은 이를 잘 보여주고 있었다. 1970년 조선노동당 제5차 대회를 마치고 온 사회의 혁명화와 노동계급화의 구호가 국가 전반에 확산되는 가운데 진행된 김일성의 해당 연설의 핵심이 앞서 살펴본 다양한 합리화의 논리보다 "녀성들은 우리나라 인구의 절반을 차지하고" 있는 바 "수레의 한쪽 바퀴만 돌아서는 수레가 제대로 굴러갈수 없듯이 사회에서 남자들만 역할하여서는 사회가 건전하게 발전할 수 없다"는 것일 수밖에 없는 까닭이었다.

이에 더해 이러한 여성 노동력의 동원이 1960년대 이후 중공업 우선주의를 위시한 산업 내 군사화 경향 속에 남성 중심의 생산문화가 더욱 전면화되는 과정과 병행되었다는 점이 중요했다(박영자, 2004). 다시 말해 혁명의 한 쪽 수레바퀴라는 명목상의 위상과 달리 여성은 농업과 경공업, 지방산업 공장 등에 농민, 사무직, 통계원, 노동보조, 가내작업반 등으로 선택적으로 배치됨으로써 위계화, 구획화된 동원의 대상에 머문 것이다(박영자, 2004).

북한의 정치적 변화 역시 이러한 가부장적인 문화를 더욱 지속, 강화하는 변수가 되었었음은 물론이다. 1960년대 중반 이후 정치적 계승의 메커니즘이 정치동학 전반을 압도하는 상황에서 1967년 갑산파 숙청부터 시작하여 1974년 김정일로의 후계체제 전면화되는 과정을 거치며 북한의 정치체제가 수령과 당을 정점으로 한 유일영도체계와 그의 아들인 후계자 김정일에 의한 유일지도체제가 가부장적 문화와 규범을 통해 하나로 결합된 이른바 '수령제'로 귀결되었기 때문이다.

3) 1970~1990년대: 여성 가정 복귀에 따른 법제화와 모성 보호 규정의 강화

1970년대 역사는 조선로동당 제5차 대회와 함께 개막했다. 3대(사상, 기술, 문화) 혁명의 전개와 전 사회의 주체사상화가 국가 과업으로 제시되었다. 이어 북한 당국은 기존의 헌법을 폐지하고 1972년 사회주의헌법을 제정했다. 新헌법은 사회주의 요소를 강화했음은 물론, 주체사상에 입각한 국가권력 구조로 국가의 성격을 재편했다(이종석, 2000). 사회주의 체제 확립이 헌법 제정으로 일단락되는 가운데 여성과 관련한 법제정 사업도 추가적으로 이루어졌다.

〈표 3-3〉 1970~1990년대 초 북한의 여성관련 법

- 조선민주주의 인민공화국 사회주의헌법(1972.12.27.)
- 조선민주주의인민공화국 어린이보육교양법(1976.4.29.)
- 조선민주주의인민공화국 사회주의로동법(1978.4.18.)
- 조선민주주의인민공화국 인민보건법(1980.4.3.)
- 조선민주주의인민공화국 민법(1990.9.5.)

- 조선민주주의인민공화국 가족법(1990.10.24.)
- 조선민주주의인민공화국 사회주의헌법(1992.4.9.)
- 조선민주주의인민공화국 사회주의헌법(1998.9.5.)

1972년 사회주의 헌법은 여성의 지위·권리·복지와 관련한 다양한 내용들을 담았다. 이후 <표 3-3>에서 보듯 어린이보육교양법, 사회주의노동법, 인민보건법 등이 연달아 제정되면서 직장 및 가사 노동 환경의 법적 개선이 이루어졌다. 특히 사회주의헌법은 제62조에서 여성이 남성과 동등한 사회적 지위와 권리를 지니고 있음을 명시하고 국가가 산전산후 휴가의 보장, 다자녀를 둔 여성의 노동시간 단축, 산원·탁아소 및 유치원방 확장 등 여성의 사회진출을 위한 조건을 보장한다고 밝히고 있다. 나아가 결혼과 가정의 국가적 관심(제63조)도 덧붙였다. 어린이보육교양법(1976)은 기존의 탁아 관련 법률을 정비하여 여성들의 사회경제활동을 위한 여건을 법제화하였다(황의정, 2015). 사회주의로동법(1978)은 노동자와 관련한 제반 환경을 개선하기 위한 법으로서 여성과 관련해서는 여성노동자의 근로시간, 탁아소·유치원, 노동보호위생시설 설치와 유해노동금지, 임신산부의 야간노동금지, 산전산후휴가와 같은 내용을 포괄한다.

한편 이러한 법적 조치들은 당시의 특수한 상황을 반영한 것이기도 했다. 즉 여성을 위한 노동조건 개선과 지위 향상이라는 표면적 취지 이면에는 당시 공장가동률의 저하와 생산성 약화로 인해 여성을 다시 가정으로 돌려보내야 하면서도 가내 수공업 등을 통한 소비품의 생산성은 증대시켜야 하는 이중적인 정책

목표가 복합적으로 작동했다는 것이다(박영자, 2005).

이후 1990년대 들어 여성의 지위 및 권리에 중요한 영향을 준 것으로 평가되는 법률은 바로 가족법(1990)이다. 이 법은 "사회주의대가정에 이바지"해야 한다는 전제가 있지만 어머니와 아이의 이익에 대한 보호(제6조), 1부1처(제8조), 결혼연령(제9조), 남편과 아내의 동등한 권리(제18조), 양육권과 양육비(제22, 23조) 등 다양한 결혼 및 가족 전반의 규율을 담고 있다.

한편 1990년대 사회주의 진영의 붕괴와 냉전의 해체, 잇단 자연재해 등으로 인해 유례없는 국가적 위기에 직면한 북한은 1992년 다시 한번 헌법 수정을 단행했다. 여성과 관련한 내용의 변화로는 1972년 사회주의헌법에서 "녀성들을 가정일의 무거운 부담에서 해방"한다는 문구가 삭제되고 "녀성들이 사회에 진출할 온갖 조건"에 관한 내용만 남은 것을 들 수 있다. 이는 국가적 위기 상황에서 여성의 경제활동이 장려될 수밖에 없는 상황을 반영한 것으로 판단된다. 이후 1998년 다시 한번 헌법개정이 있었지만 선군정치의 안보논리와 그로 인한 남성중심의 군사문화가 팽배한 분위기 속에서 여성과 관련한 특별한 헌법상의 변화는 발견되지 않았다.

4) 2000~현재: 국가 생존과 여성의 사회경제적 기여 그리고 사회주의법치국가의 추인

1990년대 탈북민의 증가로 북한 실태 증언이 늘자 북한 내부의 열악한 여성문제와 인권의 참상이 대내외에 더욱 자세히 알

> 실제로 1948~1998년까지 누적탈북민은 947명이었고 그 가운데 여성은 12.2%에 불과했다.
> 하지만 1994년 수령의 사망과 자연재해 및 경제난 이후 2002년에 와서는 여성탈북민이 남성을 초과하기 시작했다. 현재 여성 탈북민의 비중은 전체의 70%대를 유지하고 있다.

려지기 시작했다. 그리고 1990년대 초 고난의 행군과 제1차 북핵 위기를 지나오면서 북한은 자의든 타의든 탈냉전의 국제환경과 접촉면을 넓히기 시작했다. 또한 2000년대 들어 김정일 정권이 적어도 정치적으로는 안정을 찾아가면서 무너진 국가 질서와 체제의 정비를 본격화한 점 역시 중요하다. 이러한 배경에서 북한 당국은 2000년대 들어 일련의 법제사업과 법률부문의 연구 확대, 법일군의 양성 등을 통해 사회주의법치국가의 기반을 마련하기 시작했다. 그 결과 여성관련 법의 양과 질, 내용과 형식의 개선도 수반될 수 있었다.

10여 년간 남한과 국제사회에 전해진 탈북민의 증언은 마침내 2000년대 초반 유엔의 인권기구들이 북한의 인권상황에 대한 개선을 요구하는 단초가 되었다. 이에 북한은 2001년 여성차별철폐협약에 가입하고 2002~2015년 동안 협약의 이행 결과를 다룬 2, 3, 4차 통합보고서를 유엔여성차별철폐 위원회에 제출했다(원재천 외, 2020). 북한은 이 보고서를 통해 여성권리보호 및 증진을 위한 입법, 행정, 기타 조치와 관련한 내용을 공개했다. 예컨대 여성차별금지 및 차별철폐에 대한 의무는 남녀평등법과 사회주의헌법, 가족법 등을 통해, 민사상의 여성차별철폐는 민법을 통해, 형사소송법에 따라 임신 및 출산여성에 대한 형집행 등에 대한 내용은 형사소송법을 통해, 고용 및 직장 내 성문제와 관련해서는 헌법, 노동법, 여성권리보장법, 노동보호법, 사회보장법 등을 통해 보호되고 있음을 밝히고 있다. 이에 유엔여성차별철폐위원회는 다음과 같은 추가적 권고사항을 제시하였다.

〈표 3-4〉 유엔여성차별철폐위원회 권고사항

- 입법적 차별적 법률, 사법적 접근성 확대
- 여성의 개발과 발전 및 임시특별조치를 위한 국가주도 및 비정부단체의 노력
- 성폭력 및 인신매매, 성매매 근절
- 여성의 고용, 정치 및 공적영역에서의 참여
- 교육: 성역할 인식 재고, 전통적 고정관념 개선,
- 건강: 임신 및 수유여성, 여아의 영양실조 근절
- 취약계층여성: 농촌, 여성장애인, 여성 구금자 등
- 혼인 및 가족 관계, 국적: 이혼여성 지원, 사실혼 여성 법적 보호, 입양 시 아동 이익 우선

한편 2012년 출범한 김정은 정권은 주요한 통치담론으로 '우리 국가제일주의'를 호명하고, 그 효과적 수행을 위한 위력한 담보로 '법'을 내세웠다(강혜석, 2024). 사회주의법치국가의 전면화는 국가 정상화이자 새로운 통치전략의 일환이었던 것이다. 전례 없는 법제사업의 전개, 모범준법단위쟁취운동과 같은 대중운동, 법률 연구의 물적 토대 확장은 김정은 시기 법치국가 건설의 주요 정책들이다. 이하에서는 여성과 관련한 몇 가지 주요 법률과 그 내용을 소개한다.

〈표 3-5〉 2000년대 이후 여성 관련 법

- 상속법(2002)
- 장애자보호법(2003 제정, 2013 개정)
- 형법(성매매 처벌규정 신설, 2004)
- 행정처벌법(2004)
- 년로자보호법(2007 제정, 2회 수정, 2012 최종 수정)
- 사회보장법(2008 제정, 2021년 사회보험 및 사회보장법으로 통합 제정)
- 사회주의헌법(2009, 2010, 2012, 2016, 2019)
- 로동보호법(2010 제정, 3회 수정, 2021년 최종 수정)
- 아동권리보장법(2010 제정, 2014년 최종 수정)
- 녀성권리보장법(2010 제정, 2회 수정, 2015년 최종 수정)
- 육아법(2022년 제정)

첫째, 2010년 제정된 여성권리보장법이다. 이 법은 여성의 권리를 보장하여 그 지위와 역할을 높이는 것을 그 사명(제1조)으로 한다. 여성권리보장법의 기본(제1장)에서는 남녀평등의 원칙(제2조), 여성권리보장에 관한 지방인민위원회의 연차별 세부계획(제4조), 지방인민위원회, 기관, 기업소, 근로단체, 법기관 여성권리보장의무(제5, 6, 7, 8조)를 보장하고 있다. 특히 국제협약과 국내법에 해당하는 이 법의 효력이 같다고 명시하여, 국제사회의 규범수준에 부합하겠다는 의지를 반영하였다. 사회정치적 권리(제2장)에서는 선거권(제12조), 국적(제13조), 여성 간부등용(제15조), 사법분야의 보호(제16조), 신소청원 권리(제17조)를 담고 있다. 교육, 문화, 보건(제3장)의 권리에서는 이 부분에서의 전반적 남녀평등 원칙(제18조)에 더해 여성의 건강권과 관련한 치료받을 권리(제24조), 농촌여성들의 교육, 문화, 보건의 권리보장(제25조)의 내용을 명시했다. 노동의 권리(제4장)에서는 노동부문에서의 남녀평등에 더해 여성에 금지된 노동분야에 관한 내용을 수록하였다(제30조), 특히 제33조에 해당하는 산전산후휴가의 보장부문은 2011년 당시 산전 60일, 산후 90일이었던 것에서 2015년에 와서 산전 60일, 산후 180일로 대폭 확대 수정되었다. 인신 및 재산적권리(제5장)에서는 여성 인신의 불가침권(제37조), 건강, 생명의 불가침권(제38조), 유괴, 매매행위금지(제39조), 매음행위금지(제40조) 등을 담고 있는데 이는 바꿔 말하면 2015년 시기까지도 상기한 여성 대상 범죄가 북한 사회에서 횡행하고 있음을 시사하는 것이기도 하다. 결혼, 가정의 권리(제6장)는 가정폭행금지(제46조), 이혼 시 재산분할(제48조), 임산부에 대한 보호(제51조) 등을 담고 있다. 특히 제6장 제50조는 여성의 출산의 자유를 보장하고 있다. 그러나 출산의 자유를 보장한 법조항이 출산장려정책, 다자녀 출산 여성에게 주어지는 각종 혜택의 부연과 함께 서술되고 있다는 점에서 여성에게 도덕적, 경제적 부담을 가하는 한계를 가진 규정이라는 지적도 가능하다.

둘째, 2010년 제정된 노동보호법이다. 이후 김정은 시대 들어 3차례(2022년 국정원 기준) 개정이 있었고 최종적으로 2021년 10월에 수정되었다. 2010년과 2021년 여성근로자들의 노동보호 조건 보장(제24조)은 그대로 유지되고 있는데 임신여성의 산전산후 휴가, 노동부담의 경감, 수유시간 확보 등이 그 내용이다. 2021년 통합 제정된 사회보험 및 사회보장제도는 산전산후휴가를 받은 여성에게 생활비 100%에 해당하는 보조금을 지불할 것(제19조)을 명시하였다. 또한 노동보호법에서 여성근로자의 노동(제38조) 조항 역시 그대로 유지되고 있는데, 특히 "녀성근로자들이 일할 수 없는 직종을 정하는 사업은 내각의 승인을 받아 중앙로동행정지도기관"이 하도록 하여 여성에 대한 직업적 배제를 보다 어렵게 하는 등 여성의 노동권을 보다 강화하였다.

셋째, 2003년 제정된 장애자보호법이다. 이 법은 2022년까지 2013년에 한 차례 수정되었다. 개정의 내용은 장애자의 정의 및 장애자의 권리보장원칙(제2조)에서 장애의 종류를 보다 세분화하고, 장애인을 위한 투자원칙(제3조)에서 생활환경과 조건을 지속적으로 개선할 것을 명기했으며, 장애인에 대한 협조원칙(제6조)을 통해 "고상한 인간애를 지니고 장애자를 차별없이" 대할 것을 규정하고, 장애자회복치료 및 연구기관의 조직(제11조)에서 연구부분을 별도로 추가한 것과 더불어 장애인교육의 기본요구(제15조)에서는 일반교육수준을 높이도록 했다. 특히 장애자의 노동시간(제36조)에서는 장애인의 가능 노동시간을 8시간에서 9시간으로 늘렸으며, "2명 이상의 장애어린이를 가진 녀성근로자"의 근로시간 단축과 관련한 내용을 추가했다.

넷째, 2010년 제정된 아동권리보장법이다. 이 법은 총 6장 제62조를 통해 아동권리보장을 위한 각종 법적 보장내용을 담았다. 녀성권리보장법과 마찬가지로 아동권리보장관련 국제협약과 국내법인 이 법의 효력을 동일하게(제10조) 규정했다는 부분은 이 법에 대한 국제적 관심과 그에 대한 당국의 입장을 대변하는 것으로 볼 수 있다. 이 법은 2014년 한 차례 수정되었는데 전반적 11년제 무료의무교육에서 12년제 무료의무교육으로 확대한 것이 가장 큰 특징이다.

다섯째, 2022년 제정된 육아법이다. "어린이 영양식품의 생산과 공급, 어린이 양육조건 보장에서 제도와 질서를 엄격히 세워 국가의 육아정책을 철저하게 관철할 것"을 목표로 한다(제1조). 제2장 어린이 영양식품의 생산과 공급, 제3장 어린이 양육조건 보장, 제4장 육아사업에 대한 지도통제를 통해서 육아와 관련한 제반 여건을 개선할 수 있는 내용들을 상세하게 다루고 있다. 기존의 탁아 정책, 젖먹이 환경, 어린이 영양관련 정책, 탁아소, 유치원의 시설 및 설비 개선 문제, 난방지원, 산전산후 문제 등 여타 법률에 흩어져 있던 육아 관련 내용들을 총망라하고 있다는 점에서 주목할 만하다. 특히 이러한 육아법은 여성이 정치·경제·사회적 활동을 실제 할 수 있는 현실 환경개선과 직접적인 연관을 맺고 있기 때문에 여성관련 북한 법제에서 중요한 부분이라 할 수 있다.

04 현실과 여성

제도와 현실은 그 간극에도 불구하고 끊임없이 진동하고 공명한다. 그 과정이 정반합의 미래지향적 방향성을 가질 때 그 사회는 비로소 발전과 진보를 누릴 수 있을 것이다. 정치담론에서 유려하게 미화된 여성 관련 수사와 다양한 여성 법제사업의 전개는 여성의 삶을 얼마나 개선시켜왔는가? 탈북민 인터뷰를 통해 그 대강을 짚어보고 새로운 가능성을 전망한다.

1) 가정 내 여성의 권위와 변화

질문: 북한에서 여성과 남성이 어느 정도 평등하다고 생각하시나요?
응답: 북한에서도 그전에는 남녀 공정한 권리를 가져야 된다고 **남녀 평등권법이 나왔잖아요.** […] 북한에서는 여자들이 나가서 밥으로 먹이고 그 집안 안을 먹여 살리고 남자들은 나가 일만 해요. 국가 일만 하고 월급은 없고 그렇게 하면서 어쨌든 집 안에서도 여자들이 통치를 하니까 남자하고 여자하고 동등한 권리를 가지고 있는 거예요. 지금은, 그러니까 권리가 어쨌든 동동하다고 생각했으니까 […] 똑똑한 남자들은 여자의 그걸 들어주는 거예요. 그러니까 그래서 평등한 권리를 가지고 있다고 생각을. […] **교육이나 법으로 배운건하나**

도 없어요. (탈북민김○○, 여성)

1990년대 고난의 행군과 시장화 과정에서 여성 경제활동은 이중 노동의 부담에도 불구하고 북한 체제 유지의 핵심적 기반이 되었다. 배급제의 붕괴로 여성이 장마당 활동 등 가정 내 소득의 주된 원천으로 자리매김하고 자연스럽게 여성이 다양한 결정권을 갖게 되면서 가정 내 지위 향상에 긍정적으로 작용하였다. 인터뷰와 같이 여성들 스스로는 교육 및 법과의 연관성을 부인하는 경우가 여전히 관찰되나, 그 반대의 경우도 발견되고 있다. 결과적으로 가정 내 여성 지위의 현실적 변화는 정치·사회의 변화로 이어질 수밖에 없고, 여성이 혁명이든 경제활동이든 '한쪽 수레바퀴'를 담당하는 상황에서 사후 추인 형식에 불과하더라도 결국에는 여성의 권익이 향상될 수밖에 없다는 기대를 갖게 한다.

2) 유명 여성에 대한 여성들의 시각

"김여정은 우리가 몰랐고요. 김정일이 죽은 다음에 나왔거든요. 그런데 여기분들이자꾸 착각하는 게, [..] 김여정이 중앙당 부부장이라면 대단히 파워가 있는 것처럼 생각하는데 파워가 없어요. **그래서 우리는 멍멍이라고 하거든요. 짖으라 하면 짖고 물라면 물고. 그 외에는 또 못 해요.**" (탈북민김○○, 남성)

유명 여성의 등장은 여성들의 실질적 권익 향상에 어떤 영향을 주는가? 흔히 김여정, 현송월, 리설주 그리고 김정은의 딸 김주애 등의 유명 인물들은 여성의 정치·사회적 지위 상승을 의미한다고 평가되기도 한다. 그러나 현실은 다르다. 이들의 개인적 야심 혹은 능력과는 무관하게 이들의 정치사회적 지위는 어디까지나 가부장적 질서와 구조하에서 제한적으로 허용된 사례에 불과하기 때문이다. 김정은의 아내, 여동생, 딸, 부하 등 철저한 위계 속에서만 이들의 사회정치적 삶이 연명될 수 있다는 의미다. 위 인터뷰에서 보듯 많은 북한주민들은 여성들의 유명세는 권력이 아닐뿐더러 그 성취 역시 조건부라는 생각을 가진 듯 보인다.

3) 비사회주의·반사회주의와 여성

질문: 복장단속은 젊은 여성들이 주로 걸리나요?
응답: **남자들은 그런 게 없어요. 주로 여성들이 걸리지요.** 단속하니까. 진짜 옷도 못 입어요 자기 미모에 맞게 입고 싶어도 못 입어요. 염색은 빨간 머리 하는 것 갈색 머리는 못하게 해요. [..] 무주름 바지 그건 단속해요. [..] 바지가 주름이 없이 딱 몸에 붙는 바지를 무주름 바지라고 해요. 여자들이 그런 것을 입지요. 규찰대가 길에 나와서 단속해요. [..] 젊은 여자들이 멋을 부리고 다니니까. (탈북민 김OO, 여성)

질문: 머리나 옷차림 같은 단속을 당하거나 보신 경험 있으세요?
응답: **여성들이 대체로 많이 걸려요.** [..] 시대에 민감한 젊은 사람들인데 이렇게도 하고프고 저렇게도 하고프잖아요. (탈북민 김OO, 여성)

잘 알려진 것처럼 3대 악법은 북한의 사회통제 기조를 가장 잘 드러내는 법적 근거이자 생활준칙이다. 반동사상문화배격법, 청년교양보장법 그리고 평양문화어보호법 등이 그것이다. 이들

법은 공통적으로 비사회주의와 반사회주의에 대한 투쟁이라는 기치를 주된 사명으로 삼고 있다. 비사회주의 반사회주의는 사회주의 규범에 어긋나는 불량하거나 반동적 행위를 의미한다. 그 경중에 따라 위 세 가지 법의 위반 시 형법의 적용을 받는다. 주의할 점은 이러한 비사, 반사의 단속 내용 가운데 옷차림과 머리모양 등 외모와 관련된 내용들이 많은데 결과적으로 여성이 단속 대상 중 다수가 될 수밖에 없다는 점이다. 공식 자리에서 여성에게만 한복을 입도록 하거나, 김정일, 김정은 등이 직접적으로 여성의 의복에 대해 기준을 제시하거나 언급한 것도 젠더 관점에서 볼 때 상당한 차별과 압력으로 볼 수 있다.

4) 북한 여성의 정치적 권리와 변화

질문: 북한 여성들에게 정치적 권리가 (어느 정도) 있다고 생각하세요?

응답: **제가 생각할 때 북한에서 여성은 아무 권리가 없어요. 정치적 권리가 여성에게 있다고요? 개가 웃어요.** (탈북민 오OO, 여성)

질문: 북에 계실 때 여성의 정치적 권리 같은 것을 생각해 보신적 있나요?

응답: **아 여성의 권리는 북한에 있을 때는 여성의 권리가 상당히 많이 높은 게 가지고 있는가 이게 최선인가 했어요. 그게 대우인가 했지 근데 지금 와 보면 최하 바닥에요. 인권이라는 게 없어요. 전혀 여기서 인권 자기 네는 남녀 평등권 명절도 있고 뭐 다 있거든요. 근데 너무 무시하는 게 많아요. 어쨌**

든 여성들이 아 남자보다 더 많이 일한다는 건 다 불평불만 이었어요. 근데 여기 와 보니까 그게 인권이 보장 안 돼 있는 여성 권리가 너무 없는 게 북한이라는 걸 여기 와서 깨닫지 거기서 느낄 수가 없어요. (탈북민 김○○, 여성)

북한 여성 스스로 정치·사회적 권리를 내재적 가치로 수용하고 있는 경우는 많지 않은 것으로 보인다. 다양한 상징적 기념일과 그에 따른 각종 행사, 매체에서 보도되는 여성 우대 관련 내용들은 여성들이 당과 국가의 정책들에 대해 만족감을 갖기를 원하는 당국의 의도들 담고 있다. 하지만 그것의 한계는 명확하다.

실제 많은 탈북여성의 경우 비교 사회적 인식과 그에 따른 상황의 객관화가 이루어지면서 재북 당시 자신들의 삶에 대해 비판적 입장이 강해지는 경우가 많다. 물론 여성권리보장법(2015) 등을 통해 여성의 정치·사회·노동·사법·교육 등 많은 부문에서 양성평등의 기조를 강화하고 있고, 다양한 여성 관련 복지법들이 제정되고 있는 것이 사실이지만 법과 현실 사이의 간극은 분명해 보인다. 물론 그 사이에서 진동하는 여성 스스로의 자각은 비록 제한적이나마 다시 법이든 현실이든 변화를 추동하는 원천이 될 수 있을 것이다.

5) 여성관련 법·제도 경험과 새로운 가능성

질 문: 북한에 계셨을 때 여성의 권리나 법을 배운적 있나요?
응답1: 그런 거는 배운 적 없는 것 같아요. 그냥 남녀 평등권의 날

이 있잖아요. 7월 3일인가 31일인가 그때는 그냥 남녀 평등권의 날이다. 이렇게 해서 남자나 여자나 똑같이 모든 걸 할 수 있다. 이런 식으로 그냥 (탈북민 조○○, 여성)

응답2: 여성의 권리 뭐 그런건 전혀 없고, 배운 적도 없어요. (탈북민 최○○, 여성)

질 문: 북한에서 법이나 제도(남녀평등법)가 여성들의 사회진출에 도움이 된다고 생각하세요?

응 답: 저는 그거는 양성평등에 대해서 좋다고 생각을 해요. 가부장적이지 않고 예전처럼 남자만 간부고노동당 비서를 해야 되고 왕을 해야 되고 이거가 아니고 여자들도 이렇게 정치에 관여를 하고 여성 지도자가 되는 그거는 참 보기는 좋다고 생각을 해요. 북한도 그러니까 많이 개방을 해서 이제는 그 해외의 이미지에 많이 해외 그 나쁜 이미지를 많이 벗어나려고 노력은 하고 있구나 그런 생각은 들어요. (탈북민 석○○, 여성)

그렇다면 과연 북한의 법·제도는 여성의 정치·사회적 지위 변화와 완전히 유리되어 있는가? 결론적으로 말해 위 인터뷰에서와 같이 반드시 그런 것만은 아닌 듯하다. 여성들이 교육 과정이나 사상 교양 과정에서 양성평등에 관한 구체적 내용을 학습하지는 못하더라도 다양한 기념일과 상징들을 통해서 자연스럽게 인식의 변화가 생겨나는 효과도 존재한다는 것이다. 특히 당과 사회의 기층조직을 비롯하여 당-국가 권력의 동심원에 여성들이 조금씩 가까워지는 사례가 증가하고 있는 현실은 단순한 여성 지도자의 등장 자체를 넘어 여성 리더십의 가능성도 열려

있음을 방증하는 것이기 때문이다. 국내 정치적 선전도구가 아니라 국제사회의 규범과 기준에 부합하려는 다양한 당국의 노력은 그 시간이 더디 걸릴 뿐 직·간접적으로 여성의 권리와 지위 향상에 도움을 줄 수밖에 없다. 유리천장이 아무리 두껍다 한들 유리는 깨지기 마련이다.

에필로그

여성을 위한 혹은 여성에 의한 '정치담론, 법제도 그리고 현실'의 공명

"법은 개인의 인권을 보장하기 위해 존재한다"(Thomas Hobbes, 1651)는 토마스 홉스의 오랜 격언은 인간이 누려야 하는 기본권에 대한 법의 역할을 제시한다. 서문에서도 제기한 바와 같이 북한의 헌법도 여성을 포함한 인간의 기본권이 갖는 가치를 인정하고 있다. 헌법뿐만 아니라 남녀평등법, 여성권리보장법 등 김정은 시대 다양한 북한의 부문법들은 여성의 지위와 권리가 인간으로서 응당 누려야 할 천부적 권한임을 성문화하고 있다. 그러나 기본권에 대한 당국의 법제화 시도에도 불구하고 그것이 과연 얼마나 진정성이 있는지, 그리고 그러한 법전상의 권리는 얼마나 실질적인 효력이 있는지는 별개의 문제이다.

2000년대 이후 북한 여성의 정치사회적 지위 변화는 어쩌면 장기화된 경제난과 그 극복 과정에서 여성 스스로 시장화의 화신이 되면서 얻은 '상처입은 전리품'일 수 있기 때문이다. 수령과 국가의 진정성 있는 존중의 결과가 아니라, 비록 강요받았을지라도 희생과 헌신을 감내한 결과물로서 여성 스스로의 자기결정권과 자아효능감을 확보해나가는 과정에서 성취한 것이라는 의미다. 진영의 해체와 국가의 위기, 수령의 사망 등 가장 먼 곳으로부터 발생한 외부 세계의 붕괴는 생존을 위한 여성 개인의 처절한 몸부림으로써 극복의 첫발을 내딛게 했다. 하루 300명씩 꼬박 3년을 죽어 나가야 30만 명이라는 고난의 행군 아사자 숫자에 겨우 미친다. 그러한 상황에서 허울뿐인 국가, 당, 군에 매여있는 남성을 대신하여 여성들이 이어 나간 경제활동은 부지불식간에 자신들의 존재론적 가치를 깨닫게 했다. 가정에서, 사회로, 그리고 국가로의 공간적 확대는 물론 매번 만나는 사회주의 특유의 모순과 부패의 벽으로 인해 좌절을 반복하지만, 이미 자각한 그들의 생각은 이전과 같을 수 없다.

한편 이념형으로서의 여성을 묘사하는 당국의 태도와 그 결과물은 기존 권력이 여성을 어떻게 위치짓고 싶어하는지 잘 보여준다. 수령 중심의 유일지배체제의 가부장적 질서와 구조적 모순들은 항상적인 안보불안과 피포위의식과 결합하면서, 여성들의 정치사회적 역동성을 무시하기 일쑤다. 어머니당의 자애로움을 이야기하지만 그것은 동시에 여성의 헌신과 희생을 당연시하고, 어버이 수령과의 위계성 속에서 제한된 정치적 모성으로 국한된다. 또한 사회주의 화원에 핀 꽃과 같이 여성의 존재론적 아름다움을 찬양하는 것은 어디까지나 수령과 당이 제공하는 사회주의 화원에서만 가능하다. 처녀어머니가 순수한 처녀성과 고결한 어머니됨의 결합을 통해 비현실적인 사회적 부담을 감내하도록 강요받는 것은 '우리 국가제일주의'의 압도적 정당성으로 합리화된다.

 그렇다면 정치담론, 법 그리고 현실에서 공명하는 여성의 삶은 어떻게 전망할 수 있는가? 적어도 정치담론에서 여성에 대한 묘사가 다분히 가부장적 국가 정체성을 고스란히 반영하고 있다고 하더라도 그것은 역으로 그렇지 않은, 즉 여성의 정치사회적 역동성에 대한 당국의 반영일 수 있다는 생각을 조심스럽게 해본다. 미력한 돌팔매질은 어느 때인가 유리에 닿아 크고 작은 균열을 내고, 구조의 변화를 촉발할 수 있다. 고난의 행군을 이겨낸 여성 개인의 서사가 안팎에 전해져 종국에는 직·간접적으로 당국의 법제도적 정비에 영향을 준 것처럼 오늘날의 장마당 MZ세대의 여성이 어떤 북한 사회의 변화를 추동할 것인지 그 귀추가 주목되는 이유이다.

> 생각해 봅시다

1. "법 앞에 만인은 평등하다"는 명제는 북한주민에게도 적용이 될까? 만약 법이 북한주민 일반에 차별적이라면, 북한 여성에게 가해지는 '법' 부문의 차별은 어떤 것들이 있을까?

2. 김정은 시대 북한법은 "법은 인민을 지키고 인민은 법을 지키는" 것으로 홍보되고 있다. 당과 수령이 아닌 '법'이 오늘날 북한 정권에서 주요한 통치자원으로 활용되게 된 배경은 무엇일까?

3. 김주애, 김여정, 리설주, 현송월 등은 오늘날 북한뿐 아니라 우리나라에도 잘 알려진 인물이다. 일부 여성의 특별한 위상은 일반 북한 여성들의 삶에 영향을 줄 수 있는 법제도적 변화로 이어질 수 있을까?

4. 북한 여성을 위한 법제도 상의 변화는 나름의 성과를 내고 있는 것으로 평가된다. 여성 복지 관련 법률을 비롯하여 민형사상의 다양한 법이 김정은 시대 새로 제정되거나 수정되고 있는 것이다. 하지만 법과 현실의 괴리는 어느 사회나 존재한다. 법이 묘사하고 있는 수준으로 여성의 현실이 개선되기 위해서 법 이외에 필요한 조건은 무엇일까?

참고문헌

1. 국내문헌

강혜석, 「김정은 시대 통치담론 변화와 '국가'의 부상: <김정일애국주의>와 <우리 국가제일주의>를 중심으로」, 『국제정치논총』 제59권 3호, 2019.

강혜석, 「북한 민족주의와 젠더: 민족 재생산의 주체로서의 여성」, 『한국정치연구』 제30집 제1호, 2021.

강혜석, 「'사회주의법치국가'론과 김정은 시대 통치전략: 북한식 법치의 내용과 특징」, 『국제지역연구』 제26권 제1호, 2022.

강혜석, 「북한의 국가기구와 법」, 서울대학교 통일평화연구원 편, 『수정주의 국가, 북한』, 박영사, 2024.

박영자, 「북한의 남녀평등 정책의 형성과 굴절(1945~1970)」, 『아시아여성연구』 제43집 제2호. 2004.

박영자, 「북한 민족주의와 여성: 민족주의 담론과 여성정책 변화를 중심으로」, 『국제정치논총』 제45집 제1호, 2005.

서동만, 『북조선사회주의 체제성립사』, 선인, 2005.

이종석, 『현대북한의 이해』, 역사비평사, 2000.

황의정·최대석, 「북한의 여성관련 법제정을 통해 본 여성의 법적 지위의 변화 전망」, 『동북아법연구』 제9권 제2호, 2015.

2. 북한문헌

김일성, 「일부 당단체들의 사업에서 나타나고 있는 오유와 결함을 퇴치할데 대하여」, 『김일성 저작집 3』, 1947년 3월 15일.

김일성, 「조선로동당 중앙위원회 1959년 2월 전원회의에서 한 결론」, 『김일성 저작집 13』, 1959년 2월 25일.

김일성, 「당일군들의 사업방법과 사업작풍을 바로잡을데 대하여」, 『김일성 저작집 17』, 1963년 9월 5일.

김일성, 「당사업에서 형식주의와 관료주의를 없애며 일군들을 혁명화할데 대하여」, 『김일성 저작집 20』, 1966년 10월 18일.

김일성, 「당사업을 개선하며 당대표자회 결정을 관철할데 대하여」, 『김일성 저작집 21』, 1967년 3월 17~24일.

김일성, 「당사업과 경제사업에서 풀어야 할 몇가지 문제에 대하여」, 『김일성 저작집 23』, 1969년 2월 11일.
김일성, 「녀성들을 혁명화, 로동계급화할데 대하여」, 『김일성 저작집 26』, 1971년 10월 7일.
김일성, 「조선로동당 건설의 력사적경험」, 『김일성 저작집 40』, 1986년 5월 31일.
김정은, 「온 사회의 김일성-김정일주의화의 기치따라 녀성동맹사업을 더욱 강화하자」, 『조선중앙통신』, 2016년 11월 19일.
김정은, 「녀성동맹은 우리 식 사회주의의 전진발전을 추동하는 힘있는 부대가 되자」, 『조선중앙통신』, 2021년 6월 20일.
김정은, 「제5차 전국어머니대회 개회사」, 『로동신문』, 2023년 4월 12일.
김정은, 「공화국의 부흥발전과 인민들의 복리증진을 위한 당면과업에 대하여」, 『조선중앙통신』, 2024년 1월 15일.
김정일, 「당의 정치사상적통일과 순결성을 대를 이어 견결히 수호하자」, 『김정일선집7』, 2011.
김정일, 「강화하고 혁명과 건설에서 새로운 앙양을 이룩하자」, 『김정일선집9』, 2011.
김정일, 「혁명대오를 튼튼히 꾸리며 사회주의 건설을 더욱 힘있게 다그칠데 대하여」, 『김정일선집 10』, 2011.
동태관, 「위대한 당, 위대한 인민만세!」, 『로동신문』, 2020년 10월 5일.
방성화·김철, 「어머니조국을 위하여!」, 『로동신문』, 2018년 3월 17일.
본사정치보도반, 「조선로동당 제8차대회 3일회의 진행」, 『로동신문』, 2021년 1월 8일.

3. 국외문헌

Alfred Meyer, "Authority in Communist Political Systems", in Lewis J. Edinger, ed., *Poilitical Leadership in Industrialized Societies*, New York: John Wiley and Sons, Inc., 1967.

Judith Butler, *Gender Trouble,* New York: Routledge, 1990.

Simone de Beauvoir, *The Second Sex*, New York: Vintage Books, a division of Random House, 2011.

Thomas Hobbes, *Leviathan*, Dinslaken : anboco, 2016.

4장

북한의 여성 엘리트는 누구인가

박정애와 허정숙(사진: 미디어한국학)

북한당국은 유엔에 제출한 지속가능발전목표(SDGs)를 위한 '자발적 국가평가(VNR)' 보고서에서 "여성은 남성과 동등한 자유와 권리를 갖고 국가와 사회생활에 참여하고 있으며, 정치와 경제, 사회생활 등 모든 영역에서 여성의 권리를 더욱 강화하고 있다"라고 밝혔다(조선민주주의인민공화국, 2021). 이에 대한 근거로 제14기 최고인민회의 대의원 중 여성이 17.6%라고 주장했다. 이런 맥락 아래 북한은 2024년 '남녀평등권법령' 공포 78주년을 기념하면서 노동신문에 여러 분야에서 활약하는 여성들을 소개하며, 여성을 "혁명의 한쪽 수레바퀴를 떠밀고 나가는 힘 있는 역량"이라고 치켜세웠다. 2023년 말에 개최된 제5차 전국 어머니대회에서도 김정은은 직접 참여하여 여성과 어머니의 역할을 강조했다. 이러한 정치·경제·사회활동에서 여성의 노고에 대한 치하와 역할 강조는 김정은 집권 이후 여성의 고위직 진출로도 이어진다. 대표적으로는 평창동계올림픽과 북미정상회담 등을 통해 우리 사회에도 알려진 김여정, 최선희, 현송월과 김정순 등 여성 엘리트의 부상이다.

북한당국이 주장하는 여성 역할의 강조나 여성 엘리트의 고위직 진출과 달리 그동안 정치는 남성 엘리트를 중심으로 운영되어 왔다. 앞으로 북한 여성이 국가사회발전의 힘 있는 역량이 되려면, 여성들의 다양한 활약과 정치·경제·사회 속에서의 주체적인 역할을 보여줄 필요가 있다. 이런 맥락에서 북한의 여성 엘리트들이 누구인지, 그들의 활약상을 찾아내 여성주의 시각에서 조명하고자 한다.

01 엘리트 정책과 사회적 인식

북한 사회주의 체제는 당과 국가에 의해 양성된 엘리트들에 의해 유지되고 있다. 북한에서 엘리트는 주로 '간부'로 불린다. 이 중 '협의의 간부'는 당 및 국가기관, 외곽단체 등에서 활동하며 일정한 조직을 책임지는 고위층을 뜻한다. '광의의 간부'는 기관, 집단 등에서 일하는 일군으로 노동자와 농민 등 일반 주민을 제외한 일반 사무원과 지식인층을 말한다. 북한의 엘리트는 대체로 당 중앙위원이며 이들이 당, 내각, 최고인민회의, 군 등에서 최고 또는 중앙급 직위를 겸직하고 있다(차남희 외, 2010). 이 글에서 말하는 엘리트는 '협의의 간부'인 권력 엘리트를 의미한다.

북한의 권력기관은 크게 조선노동당(당), 최고인민회의, 국가기관으로 나눌 수 있다. 당국가체제(party-state system)인 북한에서 당은 최고의 위상과 권한을 지닌 정권기관으로 입법부·행정부·사법부에 우선하는 최고 권력기관이다. 북한의 당정관계에서는 당이 지배하고 국가기관은 당의 대행기관으로서 당의 결정을 수행한다. 따라서 당이 국가기관의 요직을 독점하여 임명하고, 당 간부가 국가기관의 핵심 직책을 겸직하여 당의 국가기관에 대한 지배를 제도화하였다(김갑식, 2019). 최고 권력기관인 당의 간부 선발과 배치는 당조직지도부 간부과에서 담당한다. 대학 졸업생 중에서 간부대상자를 선발하고, 현장 경험을 거쳐서 중앙당에 배치하는 것이다.

북한의 간부 선발 기준은 당과 수령에 대한 충실성과 높은 실

> **당국가체제**란 사회주의 국가의 일반적인 정치체제로 당의 역할이 여타 정치기구의 역할에 우선하는 체제이다.

무능력, 인민적 품성이며 가장 핵심은 충실성이다. 또한 당의 계승성을 보장하기 위해 노(老)간부와 젊은 간부를 적절히 배치하여 노·장·청의 간부 대열을 만들어야 한다는 원칙을 세워 새 세대 간부의 양성에 각별한 관심을 두고 사업하고 있다. 간부후보는 김일성 가계, 혁명유가족, 전사자·피살자 가족, 노동자·농민 등에 해당하는 계급적 토대와 출신성분을 가져야 당의 핵심 엘리트로 선발될 수 있는 자격이 주어진다. 북한에서 성분과 토대라는 관문을 통과할 수 있는 사람은 대략 27% 정도의 핵심계층이다. 또한 당간부 대상은 김일성종합대학을 나오거나 군 복무 경험을 가져야 하며, 만경대혁명학원 출신이면 금상첨화다. 일단 당간부로 선발되면, 충성심과 함께 능력을 인정받아야 당 핵심부서의 간부로 승진할 수 있다(이준희, 2023). 이에 따라 충실성과 실무능력을 중심으로 대학교육과 유학생파견, 유자녀혁명학원 및 간부양성기관의 특별교육을 통해서 간부양성이 이루어진다(김수연, 2020).

그렇다면 북한의 엘리트 선발과 양성은 여성에게도 기회가 평등하게 주어지고 있을까? 북한의 「녀성권리보장법」 제15조에서는 "녀성간부를 계획적으로 양성, 등용하여야 하며 본 과정에서 녀성을 차별하지 않도록" 규정하고 있다(박복순 외, 2014). 북한의 제3차 유엔 국가별 인권사항 정기검토(Universal Periodic Review; UPR) 보고서는 "유능한 여성을 주요 직책에 임명하고, 이로 인하여 2014년 제13기 최고인민회의 여성 대의원은 20.2%, 2015년 지방의 권력기관에 여성 대표가 차지한 비중은 27%로 2018년 현재 중앙과 지방의 인민위원회에서 활동하고 있는 여성 비율은 평균 23.3%"라고 밝히고 있다(국가인권위원회, 2019). 하지만 법과 여성 의석 할당제 등의 제도에도 불구하고 여성 엘리트의 실질적인 비율은 이에 미치지 못하고 있다. 이는 여성의 사회진출에 대한 정책과 여성 지도자에 대한 사회적 인식이 여전히 미흡함을 보여준다(임순희, 2021).

북한은 1972년 11년제 의무교육 실시 이후 여성의 정규 대학 비율을 높이기 위해 학교의 지역배치를 합리화하는 등 고등교육 기회를 확대하였다. 박사·준박사 등의 여성학자 양성, 기술교육을 통한 근로여성의 전문성 향상 등 '여성의 인텔리화'를 이루고자 힘써왔다. 여성교육장려정책은 여성의 노동 참여 및 여성노동력의 질 향상에 기여하였다. 하지만 1980년대 들어와 경제침체로 여성노동력 수요가 줄어들게 되면서 여성을 다시 가정으로 돌려보내는 정책으로 회귀하였다. 이로 인해 여성은 전통적 성역할 구분에 따라 노동자와 어머니로서 역할을 모두 감당하며, 가사노동을 겸해야 하는 등 이중 삼중의 역할고를 겪게 된다.

한편 평등을 추구한 의무교육과 달리 여성의 고등교육 입학 기회에 성별 불균형이 나타나면서 고등교육기관의 여학생 비율은 남학생에 비해 상당히 낮은 편이다. 각 대학의 여학생 입학 비율을 30% 이하로 한정하는 등 대학 진학이나 유학의 기회는 여성에게 평등하게 주어지지 않고 있다(김원홍, 2009). 고등교육의 기회가 주어져도 여성인력은 주로 경공업, 상업계열, 사범대에 집중시키고 있다. 여성은 권력 핵심층 양성에 목표를 둔 종합대학이나 중심대학, 특수대학에 진학할 기회가 남성에 비해 심각하게 제한되는 것이다.

성별로 인한 교육기회 불평등은 기회 차단뿐 아니라 여성에게 특정 역할을 담당하도록 하고 있다. 남녀가 동일하게 대학을 졸업해도 그들이 사회에서 담당할 역할은 '중심-주변' 인력으로 나뉘게 된다. 북한에서는 국가계획에 따라 직장배치가 이루어지는데 여성은 경공업, 교육, 편의봉사 등 '여성에게 적합한' 특정 직업에 편중되어 배치됨으로써 결과적으로 여성차별이 지속되고 있다. 배치된 직장 내에서도 남성이 주요 역할을, 여성은 직장과 가정을 병행하기 수월한 낮은 직급의 업무를 담당하는 경우가 많다. 북한은 유엔 여성차별철폐협약 국가이행보고서에서 여성의 공적생활 증가와 정치와 경제, 사회 등 전 분야에서 여성의 수준 및 지위 향상 등의 목표를 강조하였다. 하지만 유엔여성차별철폐위원회는 북한이 아직 여성을 남성의 부차적인 존재로 인식하고 있어 여성을 양육과 가정책임자라는 차별적 고정관념이 지속되고 있으며, 중등교육 정도의 여성 교육으로 여성의 경제적 기회가 제한받고 있다고 우려한 바 있다. 또한 북한은 여성의 취업 희망 분야와 취업 분야의 전문성, 능력 중심에 따라 고용한다고 주장하였다. 하지만 유엔 여성차별철폐위원회는 여성 근로자의 관리직 진출을 보장할 것을 권고하였다(이철수, 2020). 이는 여성 엘리트 양성 및 배치에 있어 북한당국의 주장과 현실 간에 차이가 있음을 드러낸다.

여성 엘리트 정책과 현실의 괴리와 함께 북한 사회의 여성 지도자에 대한 차별적 인식도 여성의 엘리트 진출을 방해하는 요인이다. 북한에서는 아직도 '암탉이 울면 집안이 망한다'는 여성 차별적 분위기가 만연해 있어 여성의 사회진출을 막는 걸림돌로 작용한다. 북한에서 여성의 정치의식화는 수령과 당에 대한 충실성 교양, '가정의 혁명화'와 '여성의 노동계급화'를 중심으로 이루어지고 있다. 가정과 사회에서는 여성을 자녀의 양육과 교육을 담당하는 어머니로 규정하여 교육하고 있다. 이런 상황에서 여성 스스로 정치적인 자각과 함께 역량을 키워 정치활동을 벌이거나 당·정·군 각 부문에서 엘리트가 되기는 쉽지 않아 보인다. 실제 북한 권력구조의 주요 지위는 남성이 차지하고 있으며, 여성은 대체로 특정 직위 및 배려에 따라 엘리트에 진출하고 있다. 여성은 당에 대한 충실성과 능력을 인정받아도 고위층 엘리트로 진입하기 어려운 구조라서 여성의 정치활동은 한계 내에서 이루어질 수밖에 없는 것이다.

02 여성 엘리트의 기관별 현황

여성의 정치적 위상은 당·정·군의 부문에서 여성이 최고 또는 중앙급 책임자를 어느 정도 차지하고 있는가를 통해서 판단할 수 있다. 그렇다면 북한의 여성 엘리트는 주로 어떤 분야에서 활동하고 있을까? 여성은 전체 엘리트 중 어느 정도의 비중이며, 여성 엘리트의 영향력은 어느 정도일까? 위 질문에 답하기 위해 통일부에서 발간한 『북한의 주요 인물』 자료와 북한 엘리트 관련 선행연구 등을 통해 북한 여성 엘리트의 기관별 현황을 다음과 같이 살펴보았다.

1) 노동당 중앙위원회 여성위원

북한에서 노동당은 입법부·행정부·사법부를 지배하는 최고 권력기관이다. 당대회는 당의 공식적 최고 의사결정 기구로 지금까지 8차례 개최되었다. 당대표자회의는 당중앙위원회가 소집하는 회의로 당대회와 당대회 사이에 당의 노선과 정책의 긴급한 문제를 토의·결정한다. 그리고 당중앙위원회는 당대회가 열리지 않는 기간에 모든 사업을 조직, 지도하는 당의 최고 지도기관이다. 당대회가 장기간 열리지 않는 기간에 당중앙위원회 이름으로 당의 모든 사업을 조직, 지도하는 권력기구는 당중앙위원회 정치국이다. 당중앙위원회 비서국은 당내 핵심부서로 당대회와 당대회 사이 모든 사업을 조직·지도하는 실질적인 집행기관이다(국립통일교육원, 2024).

북한에서는 지금까지 8차에 걸쳐 당대회를 열어 당대표자를 선출했으나 피선된 여성대표의 수와 비율은 정확히 알려지지 않았다. 다만 2차 당대회에서 피선된 여성대표가 142명으로 14.4%라는 보고 결과를 보면, 최고인민회의 여성 대의원 비율인 20% 내외와 비슷한 수준일 것으로 여겨진다. 1~8차 당대회에서 선출된 당중앙위원회 위원 중 여성 엘리트의 진출 현황은 <표 4-1>과 같다. 당중앙위원회에서 여성 위원은 4.3%, 후보위원은 8.1%로 지금까지 전체 위원과 후보위원 1,265명 중 여성 위원과 후보위원은 71명으로 5.6%에 불과하다. 이 같은 당에서 활동하는 여성 엘리트의 낮은 비율은 북한 권력의 핵심인 당이 여성 엘리트에게 매우 폐쇄적이라는 것을 짐작하게 한다.

허정숙 비석
(사진: 미디어한국학)

　김일성 체제에서 가장 두드러진 당 활동을 한 여성 엘리트는 박정애, 허정숙, 김성애, 김복신 등이다. 정권 수립기부터 1960년대까지는 박정애와 허정숙이 가장 활발하게 활동하였다. 박정애는 1946년부터 1960년대 말 숙청 당하기 전까지 당중앙위원으로 제3차 당대회에서는 중앙위원회 부위원장을 맡으며, 지금까지 유일하게 당중앙위원회 부위원장을 역임한 인물이다. 허정숙은 1946년 1차 당대회부터 당중앙위원으로 선출되어 3차 당대회까지 활약했다. 1961년 4차 당대회 때 중앙위원에서 제명되었으나, 제5기 최고인민회의 때 다시 등용되어 제6차 당대회에서 중앙위원으로 재선되었다. 이후 당중앙위원회 비서로 임명되면서 정치활동의 정점에 오르게 된다. 78세였던 허정숙은 1981년 북한 권력에서 가장 높은 직위인 당비서가 된 후 당중앙위원회 의장, 근로단체사업부장을 1989년까지 겸임하였다(신유리 외, 2021). 허정숙은 북한 정권 초기부터 1991년 사망할 때까지 45년간 북한의 핵심 엘리트로 살았다고 할 수 있다.

　경제가 어려워지면서 북한은 1980년 제6차 당대회 이후 2016년 제7차 당대회가 열리기까지 36년 동안 당대회를 개최하지 못했다. 대신 당대표자회의와 중앙위원회를 통해 당을 운영했다. 김정일 체제에서 여성 엘리트 중 당중앙위원은 김경희, 황순희, 김복신 등 3명이며, 당중앙위원회 후보위원은 김락희, 김정숙, 윤기정, 김금옥 등 4명으로 총 7명이다(차남희 외, 2010). 당중앙위원회의 대표적 여성 엘리트는 김경희와 황순희이다. 김정일의 동생인 김경희는 당 국제부, 당 경공업부 등 당중앙위원회에서 꾸준히 활동했다. 김일성의 항일빨치산 동료였던 황순희는 1965년 조선혁명박물관 당중앙위원회 위원장을 시작으로 박물관에서 활약하였다. 김복신은 공장 지배인으로 시작해 행정 및 내각, 당의 경공업 부문에서 꾸준히 성장하여 당중앙위원회 위원과 정치국 후보위원에 올랐다. 당중앙위원회 후보위원인 김락희는 농촌경리위원장을 거쳐 황해남도 당위원회 책임비서, 김금옥은 협동농장 관리위원장, 김정숙은 민주조선 책임주필, 윤기정은 김일성종합대학 명예교수를 역임했다.

김정은 체제에서 당중앙위원회 위원으로 활동 중인 여성 엘리트는 김여정, 김정숙, 김정순, 김정임, 박명순, 최선희, 홍선옥, 현송월 등 8명이다. 당중앙위원회 후보위원은 리혜정, 박명선, 오춘복, 장춘실, 황순희이다. 이들 중 김정은 체제에서 새롭게 두각을 나타낸 인물은 김여정, 최선희, 현송월, 김정순이다. 김여정은 2014년 선전선동부 부부장으로 당 사업을 시작해 2017년 정치국 후보위원, 2018년 선전전동부 제1부부장에 임명됐다. 김정은의 동생인 김여정의 정치적 위상은 빠르게 높아져 2019년 김일성 주석 사망 25주기 중앙추모대회에서는 주석단에서 서열 9번째 자리에 착석했다. 2020년 당정치국 후보위원에 올랐으며 2021년 당중앙위원회 위원과 당부부장, 당선전선동부 부부장에 임명되었다. 김여정은 김정은의 최측근으로 김정은과 가장 가까운 거리에서 국가의 주요 정책을 의논하고 조언하는 등 정권 차원의 주요 정책수행에서 핵심적 임무를 수행하는 것으로 판단된다(오경섭 외, 2019).

김여정
(사진: 뉴스1)

최선희는 2018년 외무성 부상에 임명되면서 2019년 당중앙위원회 위원과 최고인민회의 외교위원장, 국무위원회 위원에도 임명되었다. 2022년 외무상으로 승진하고 당중앙위원회 정치국 후보위원, 당중앙위원회 위원, 국무위원회 위원직을 겸직하고 있다. 최선희는 김정은 체제를 움직이는 약 30명 내외의 핵심 엘리트 그룹에 진입하여 핵심 집단에서 김정은이 가장 신임하는 인물 중 하나로 활약하고 있다. 현송월은 김정은이 직접 지도해서 결성한 모란봉악단의 단장 출신으로 삼지연관현악단 단장도 역임했다. 2017년 당중앙위원회 후보위원으로 정계에 진출해 2018년 평창올림픽 당시 북한 예술단 파견 관련 남북 실무접촉 대표로 우리 언론에 등장했다. 2019년 당부부장과 당중앙위원회 위원으로 임명되어 김정은을 수행하고 있다. 북한은 2024년 7월에 열린 제8기 10차 당전원회의에서 여맹위원장인 김정순을 당중앙위원회 위원과 근로단체부장으로 임명했다. 당근로단체부장에 여성이, 여맹 출신이 임명된 건 매우 파격적 인사라 할 수 있다.

김정순
(사진: 뉴스1)

근로단체부는 북한의 사회주의애국청년동맹, 직업총동맹, 농업근로자동맹, 조선사회주의여성동맹 등 북한의 거의 모든 주민이 소속된 세대 직능별 단체를 총괄하는 부서이다.

박명순은 2016년 당중앙검사위원회 부위원장에 임명된 후 당경공업부 부부장, 2020년 당중앙위원회 위원, 당경공업부장, 당정치국 후보위원을 겸직하였다. 2022년 당경공업부장과 당정치국 후보위원에서 해임되어 당중앙위원회 위원직만 유지 중이다. 김정숙은 김정일 정권에서 당중앙위원회 후보위원과 위원을 거쳐 2016년 제7차 당대회에서 당중앙위원 자리에 유임되었다. 김정임은 1985년 당역사연구소 부소장에 임명된 후 2009년 당역사연구소 소장, 2010년 당중앙위원회 위원에 임명되었고 2016년 당대회에서 유임되었다가 2017년 당역사연구소장 자리에서 해임되었다. 홍선옥은 여맹 중앙위원회 부위원장, 최고인민회의 11~13기 대의원을 거쳐 2016년 제7차 당대회에서 당중앙위원회 위원으로 임명되어 활동하고 있다.

〈표 4-1〉 노동당 중앙위원회 여성위원 현황

구분	주요 직위	위원	후보위원
제1차 당대회 (1946년)		박정애, 허정숙 (총 42명 중 2명, 4.8%)	
제2차 당대회 (1948년)		박정애, 허정숙 (총 69명 중 2명, 2.9%)	
제3차 당대회 (1956년)	박정애 (부위원장)	박정애, 허정숙 (총 71명 중 2명, 2.8%)	
제4차 당대회 (1961년)		박정애, 김옥순 (총 85명 중 2명, 2.4%)	리양숙, 박경숙, 한경숙, 황순희(총 50명 중 4명, 8.0%)
제5차 당대회 (1970년)		김성애, 오숙희, 유순희, 유정숙, 리선화, 전영희, 정경희, 황순희 (총 117명 중 8명, 6.8%)	김금옥, 박영신, 신진순, 왕옥환, 허영숙, 허창숙 (총 55명 중 6명, 10.9%)
제6차 당대회 (1980년)	허정숙 (당비서·의장·근로단체사업부장)	강순희, 김복신, 김성애, 유정숙, 허정숙, 황순희 (총 169명 중 6명, 3.6%)	김락희, 리양숙, 백은숙, 백설희, 신진순, 옥봉린, 윤기정, 왕옥환, 이선실, 정경희, 주현옥, 허민선, 허창숙 (총 122명 중 13명, 10.7%)
김정일 정권		김경희, 김복신, 황순희	김락희, 김정숙, 윤기정, 김금옥
제7차 당대회 (2016년)		김여정, 김정숙, 김정임, 박명순, 최선희, 홍선옥 (총 129명 중 6명, 4.6%)	김정순, 리혜정, 오춘복, 장춘실, 현송월, 황순희 (총 106명 중 6명, 5.7%)
제8차 당대회 (2021년)	김정순 (근로단체부장)	김여정, 박명순, 최선희, 현송월 (총 139명 중 4명, 2.9%)	김정순, 박명선, 장춘실 (총 111명 중 3명, 2.7%)
총계		총 821명 중 35명, 4.3%	총 444명 중 36명, 8.1%

자료: 저자 작성

2) 최고인민회의 여성대의원

최고인민회의는 북한의 당국가체제에서 최고 주권을 대표하고 입법권을 행사하는 기구로 우리의 국회에 해당한다. 최고인민회의 휴회 기간에는 최고인민회의 상임위원회가 그 기능을 수행하며, 상임위원회 위원장은 명목상 국가를 대표하는 역할을 겸한다. 최고인민회의는 선거에 의해 선출된 687명의 대의원으로 구성되고 임기는 5년이며, 사정으로 선거를 못 할 경우 선거할 때까지 임기는 연장된다. 최고인민회의 대의원은 대체로 당, 내각, 군, 사회단체 등에서 직책을 겸임하고 있으며, 이들은 대의원의 직책보다는 자신들의 원래 직책을 수행하는 것이 주 임무이다.

우리의 국회의원에 해당하는 최고인민회의 대의원은 전통적인 권력 엘리트 분배원칙인 노·장·청 배합, 직업·성비·권력기관 안배를 고려해 구성하는 특징을 지닌다. 제13기 대의원의 구성을 보면 김일성훈장과 김정일훈장 등을 받은 관료 30.2%, 공화국영웅과 노력영웅 칭호를 받은 관료 14.6%, 교수·박사를 포함한 학위 소유자들과 과학자·기술자·전문가들이 91.7%이다. 세대별로는 39세 이하 대의원이 3.9%, 40~59세는 66.9%, 60세 이상이 29.2%이며, 전체 대의원 중 94.2%가 대학 졸업 정도의 지식을 소유한 자들이다. 또한 김일성과 함께 항일투쟁에 참여한 원로와 전쟁수훈자들, 군인이 17.2%, 노동자 12.7%, 협동농장원 11.1%, 당과 국가기구의 주요 간부 등으로 구성되어 있다(박영자 외, 2014).

북한에서 여성이 진출하는 권력기관 중 단순하게 수치로만 본다면 그 비율이 가장 높은 곳이 최고인민회의이다. 현재까지 최고인민회의 대의원 선거에서 선출된 여성 대의원의 비율은 〈표 4-2〉와 같이 평균 20% 정도로 나타난다. 남한에서 국회의원은 치열한 경쟁을 통해 선출되지만, 북한에서는 당에 의해 안배된다. 당이 성별안배원칙에 따라 최고인민회의 후보자 중 10~20% 정도를 여성으로 선정하면 100% 그대로 당선되기 때문이다(손봉숙, 1993). 2023년 11월 26일 북한의 도(직할시), 시(구역), 군 인민회의 대의원을 선출하는 지방인민회의 대의원 선거가 치러졌다. 우리의 지방의회 격인 지방인민회의에는 여성의 진출이 더욱 많아서 여성 비율이 25% 이상을 차지해 중앙정부보다는 지역에서 여성의 영향력이 높음을 보여준다.

최고인민회의에서 주요 직위를 맡은 몇몇 여성 엘리트들은 다선의원으로 오랜 기간 활동해왔다. 조선혁명박물관 관장으로 활약한 황순희는 2020년 사망할 때까지 9선으로 최다선 대의원이다. 허정숙·김락희·김정숙·조혜숙이 6선 대의원, 김복신·김성애·김득란·류미영이 5선 대의원, 박정애·김경희·한광복이 4선 대의원이다. 다선 대의원 중 김득란, 허정숙, 여연구, 홍선옥, 리혜정, 박금희는 부의장이라는 주요 직위에 올라 활약하였다. 또한 여연구를 비롯해 박정애, 김옥순, 류미영, 박순희, 김정순, 장춘실도 상임위원회 위원으로 활약하였다.

황순희
(사진: 뉴스1)

여연구는 여운형의 딸이면서 모스크바 유학을 다녀온 인재로 1982년 제7기 최고인민회의 대의원으로 선출되면서 최고인민회의 부의장과 상설회의 부의장직을 맡게 되었으며, 제8~9기에도 같은 직책으로 활동했다. 또한 1979년 조국통일민주주의전선 서기국 부국장으로 대남사업을 시작해 이 조직의 서기국장·의장직을

〈표 4-2〉 최고인민회의 여성대의원 현황

구분 (선거 연도)	대의원 총수 (명)	여성 대의원 수(명)	여성 대의원 비율(%)	여성대의원 주요 직위
제1기 (1948)	572	68	12.1	박정애(상임위원)
제2기 (1957)	215	27	12.6	김득란(부의장), 박정애(상임위원)
제3기 (1962)	383	35	9.1	김득란(부의장), 박정애(상임위원), 김옥순(상임위원)
제4기 (1967)	457	73	16.0	김득란(부의장), 박정애(상임위 부위원장)
제5기 (1972)	541	113	21.0	김성애(상설회의 위원), 허정숙(부의장, 상설회의 부위원장)
제6기 (1977)	579	120	20.8	김성애(상설회의 위원), 허정숙(부의장)
제7기 (1982)	615	68	11.1	여연구(부의장, 상설회의 부위원장), 김성애(상설회의 위원), 허정숙(상설 회의 위원)
제8기 (1986)	635	134	21.1	여연구(부의장, 상설회의 부위원장), 김성애(상설회의 위원)
제9기 (1990)	687	138	20.1	여연구(부의장, 상설회의 부위원장), 김성애(상설회의 위원)
제10기 (1998)	687	138	20.1	류미영(상임위원), 조혜숙(예산위원)
제11기 (2003)	687	138	20.1	박순희(상임위원), 조혜숙(예산위원)
제12기 (2009)	687	107	15.6	조혜숙(예산위원), 홍선옥(부의장),
제13기 (2013)	687	139	20.2	리혜정(부의장), 류미영(상임위원), 홍선옥(서기장), 김정순(상임위원), 김정숙(외교위원)
제14기 (2019)	687	121	17.6	김정숙(외교위원), 김정순(상임위원, 박금희(부의장), 장춘실(상임위원), 최선희(외교위원)

자료: 저자 작성

겸임하며 통일분야에서도 책임있는 지위에서 맹활약하였다. 무엇보다 남북여성교류에서 북측 대표로의 활약에 주목할 필요가 있다. 여연구는 남과 북, 일본의 여성 대표로 구성된 '아시아의 평화와 여성의 역할에 관한 토론회'가 1991년 제1회(동경), 제2회(서울), 1992년 4월 제3회(평양), 1993년 7월 제4회(동경)로 개최되었을 때도 북한 여성대표 단장으로 참가하여 남한의 여성 국회의원과 여성 대표 등과의 비공식회담 등을 진행하였다.

3) 내각의 여성상(相, 장관)

북한에서 내각은 주권의 행정 집행기관이며 전반적 관리기관으로 1972년 정무원으로 변경되었다가 1998년 다시 내각으로 복원되었다. 2023년 2월 기준 김정은 체제의 내각 구성은 우리의 부처에 해당하는 교육성, 경공업성 등 29개의 성과 국가계획위원회를 비롯한 10개의 부문별 위원회가 있다. 이 외에 국가설계총국, 중앙통계국, 국가우주개발국, 국가과학원, 중앙은행 등도 조직되어 있어 내각의 장관급 자리는 총 44개이며 내각의 수장은 내각총리이다.

북한정권의 행정실무 전반을 담당하는 내각의 경우 여성 엘리트의 진출은 극히 저조한 편이다. 44개 내외의 장관급 자리가 있는 내각에서 정권 수립 후 1990년까지 260명, 현재까지는 400여명이 장관으로 재임했다. 하지만 상(相, 장관)의 자리에 오른 여성은 허정숙, 박정애, 박영신, 리효혁, 김복신, 한광복, 오춘복, 최선희 등 8명뿐이다. 또한 내각총리에 오른 여성은 아무도 없으며, 내각 부총리를 역임한 여성은 김복신, 김락희, 박명선, 한광복 등 4명이다. 지금까지 상과 부총리를 합쳐 여성은 겨우 11명에 불과하다.

북한 최초의 여성상(相, 장관)은 허정숙으로 북한 정권 초기부터 여성 엘리트의 대표주자로 자리했다. 1903년 함경북도 명천에서 태어난 허정숙은 서울에서 자랐으며 청년기에 일본, 중국, 미국에서 유학하고 여성해방운동과 사회주의 민족해방운동에 열정적으로 참여했다. 일본의 민족말살정책으로 국내 활동이 어려워지자 1936년 해외로 진출해 중국 등에서 10여 년간 무장독립투쟁을 이어나갔다. 무장독립투쟁 이력은 허정숙이 해방 후 북한에서 엘리트로 자리 잡는 데 긍정적 요소로 작용했다. 허정숙은 1946년 문화선전국장으로 출발해 1948년 1차 내각 수립 시 문화선전상의 자리에 올라 북한에서 최초로 첫 여성상(相, 장관)에 임명된 인물이자 세계 최초 여성 문화부장관이 되었다(신유리 외, 2021).

허정숙
(사진: 미디어한국학)

이 외에도 김일성 체제에서 장관에 임명된 여성은 농업상을 지낸 박정애, 문화상을 지낸 박영신, 식료일용품 공업상을 지낸 리효혁, 방직공업상 겸 부총리를 역임한 김복신, 재정부장으로 활동한 윤기정이 있다. 김복신은 평안북도 출신으로 전쟁미망인이며, 전시 피복공장 공장장으로 뛰어난 활약을 보여 전후 중앙당학교에 입학하며 정치적 활동을 시작하였다. 1958년 경공업성 부상부터 시작해 당경공업부 부부장, 1961년 방직공업상에 올랐다. 1957년 최고인민회의 제2기 대의원으로 선출된 후 제5~9기까지 대의원을 역임한 5선 대의원이다. 김복신은 김일성 체제에

김복신
(사진: 미디어한국학)

서 유일한 여성 부총리로 당경공업위원장, 당중앙위원, 당정치국 후보위원을 역임하며 당, 내각, 최고인민회의에서 눈부신 활약을 펼쳤다. 김복신은 내각 부총리로 내각에서 활동한 여성 엘리트 중 가장 고위직에 오른 여성이다.

윤기정은 전쟁 후 중앙은행 처장으로 임명되면서 재정전문가로 활약했으며 1971년에는 국가가격제정위원회 부위원장에 임명되었다. 1977년부터 1990년 중반까지 재정부장으로 활동했으며 재정 및 통계 분야에서 독보적인 존재로 통계 부문에서는 윤기정을 따를 사람이 없다고 알려졌다. 윤기정은 이론과 행정력을 모두 겸비한 뛰어난 경제관료로 평가받으며, 내각뿐 아니라 당중앙위원회 후보위원, 최고인민회의 3선 대의원이기도 하다. 또 1987년 조선여성대표단장으로 소련을 방문하는 등 여성 엘리트로서 각종 외교무대에서도 활약했다. 월북 인민배우 출신인 박영신은 국립연극극장 총장을 역임하는 등 전문성을 발휘하여 문화 분야에서 두각을 나타내었다.

윤기정
(사진: 미디어한국학)

김정일 체제에서 장관으로 활동한 인물은 부총리 김락희, 부총리 겸 인민봉사총국장 박명선, 부총리 겸 전자공업상 한광복이다. 김락희는 1953년 개천군 협동농장 관리위원장으로 출발하여 1971년 자강도 농촌경리위원장, 1977년 황해북도 농촌경리위원장, 1984년 개성시 농촌경리위원장, 1988년 평안남도 농촌경리위원장으로 현장에서 눈부신 활약을 펼쳤다. 그 결과 2010년 내각 부총리에 올랐으며, 최고인민회의 6선 대의원으로 선출됐다. 2010년에 당정치국 후보위원과 당중앙위원회 위원으로 임명된 후 2011년 국가수의방역위원회 위원장으로 임명되어 2013년 사망 시까지 맹

김락희
(사진: 뉴스1)

활약했다. 박명선은 1986년 평양시 대외봉사총국장을 시작으로 1998년 국가관광총국장, 1999년 내각 대외봉사국 국장, 2008년 조선요리협회 회장을 거쳐 2009년 내각 부총리에 임명되었다. 2011년에는 인민봉사총국 총국장에 올랐으며 최고인민회의 10기와 12기 대의원에도 선출되었다. 한광복은 김책공업대학을 졸업한 후 전자공학기사 자격을 취득한 인재로 1990년 기계공업부 부부장으로 출발해 1998년 금속기계공업성 부상, 2005년 기계공업성 부상을 거쳐 2009년 전자공업상, 2010년 내각 부총리에 오른 과학·기술 분야 전문가인 여성 엘리트이다. 최고인민회의 10~13기에 선출된 4선 대의원이기도 하며, 2010년 당중앙위원회 위원과 2012년 당과학교육부 부장에 임명되어 김정은 시대까지 활동하였다.

한광복
(사진: 뉴스1)

현재 김정은 체제에서는 오춘복이 보건상으로, 최선희가 외무상으로 활약하고 있다. 보건 분야 전문가인 오춘복은 2019년 보건상으로 임명된 후 평양종합병원 착공식 연설과 삼지연시인민병원 개원식에 참석하는 등 활발하게 활동하였다. 오춘복은 코로나 펜데믹 시기인 2020년 중앙비상방역지휘부 종합분과장으로 활동하며 조선중앙TV에 나와 코로나19 관련 인터뷰를 하는 등 활발히 활동했으나, 2021년 보건상에서 해임되었다. 외무성 연구원으로 출발한 최선희는 2010년 외무성 미국국 부국장, 2016년 외무성 미국국 국장과 미국연구소 소장을 역임하는 등 미국통으로 활약했다. 2018년 외무성 부상으로 승진한 후 2019년 최고인민회의 14기 대의원으로 선출되었으며, 당중앙위원회 위원으로도 임명되었다. 2021년에는 국무위원회 위원으로 임명되었고 2022년

최선희
(사진: 뉴스1)

외무상이 된 후 당정치국 후보위원, 당중앙위원회 위원으로 임명되어 2024년 현재까지 맹활약하고 있다.

이처럼 전 시대에 걸쳐 내각에서 활약한 여성 엘리트들은 해당 분야의 전문가이거나 정치적 능력이 뛰어났다. 북한의 내각에서 장관까지 진출하기 위해서는 자기 분야에서의 전문성과 실력이 중요함을 알 수 있다.

〈표 4-3〉 북한 내각의 여성상(相, 장관) 현황

구분	이름(직위)
제1기(1948년)	허정숙(문화선전상, 1948~1957)
제2기(1957년)	허정숙(사법상, 1957~1959), 박정애(농업상, 1961~1962)
제3기(1962년)	박영신(문화상, 1966~1972)
제4기(1967년)	박영신(문화상), 리효혁(식료일용품 공업상, 1967~1971), 김복신 (방직공업상, 1971)
제5기(1972년)	
제6기(1977년)	윤기정(재정부장), 김복신(부총리)
제7기(1982년)	윤기정(재정부장), 김복신(부총리, 무역위원회 위원장)
제8기(1986년)	윤기정(재정부장), 김복신(부총리, 대외경제위원회 위원장)
제9기(1990년)	윤기정(재정부장), 김복신(부총리, 경공업위원회 위원장)
제10기(1998년)	
제11기(2003년)	
제12기(2009년)	김락희(부총리, 2010~2012), 박명선(부총리, 2009~2010; 인민봉사총국장, 2011~), 한광복(부총리, 2010~2012; 전자공업상, 2009~2012)
제13기(2014년)	
제14기(2019년)	오춘복(보건상, 2019~2021), 최선희(외무상, 2022~2024 현재)

자료: 저자 작성

4) 조선사회주의여성동맹(여맹) 중앙위원회 위원장

1945년 11월 창립된 여맹은 초기에는 남녀평등의 법적·제도적 기반을 마련하는 등 여성문제 해결에 긍정적인 모습을 보였다. 그러나 북한이 김일성 중심의 유일지배체제로 변화하면서 여맹은 여성의 이익을 대변하기보다는 당 외곽단체로 당과 여성대중을 연결하는 역할을 수행하고 있다. 여맹의 구성원은 초기에는 18세 이상의 모든 여성이었지만, 1983년 여맹 제5차 대회 이후로는 비당원이자 직장생활을 하지 않는 30세 이상부터 55세까지의 전업주부로 축소됐다. 그리고 2024년 2월부터는 여맹 조직생활의 상한 연령이 55세에서 70세로 15년 연장되었다. 조직체계는 당 근로단체부의 지도를 받는 여맹 중앙위원회가 있고 산하에 도·시(구역), 군 위원회와 리(동) 위원회, 그리고 인민반별로 초급단체가 구성되어 있다. 1990년대 중반 이후 북한경제의 어려움이 지속되면서 여성의 경제적 역량 상승으로 여성의 지위가 상대적으로 높아졌다. 현재 경제력과 비례하여 지위도 높아지고 있는 북한 여성들로 조직된 여맹은 재정이 넉넉하고 파워가 있다고 한다(이가영, 2017).

지금까지 활약한 여맹 중앙위원회 위원장은 박정애, 김옥순, 김성애, 천연옥, 박순희, 로성실, 김정순, 장춘실, 김정순이다. 북한은 2024년 6월 28일부터 7월 1일까지 열린 당중앙위원회 회의에서 전향순을 새로운 여맹위원장으로 임명했다. 여맹위원장들의 경력을 보면 몇 가지 특징을 찾을 수 있다. 첫째, 본인이나 가족이 항일운동과 직·간접적으로 연계되어 있으며 박정애, 김옥순,

> **당 외곽단체**에는 근로단체와 사회단체, 우당 등이 있으며 가장 대표적인 것은 근로단체이다. 근로단체에는 조선사회주의여성동맹(여맹), 사회주의애국청년동맹, 조선직업총동맹, 조선농업근로자동맹이 있으며 이들은 연령별, 직업별, 성별로 조직된다. 여맹을 비롯한 근로단체와 사회단체, 우당들은 모두 자발적인 대중조직이 아닌 당의 외곽단체로 당 노선과 정책 실현을 목표로 대중들을 조직화·의식화하는 역할을 한다.

김성애가 여기에 포함된다. 둘째, 여맹위원장들은 위원장이 된 후 공통적으로 최고인민회의 대의원이 되거나 상임위원을 겸직하고 있다. 이들은 모두 국가장의위원으로 이름이 거명되었다. 북한 사회에서 국가장이란 국가에 공로가 있는 인물의 장례식으로 주로 권력 핵심부에 있는 인물이 장의위원으로 참석하고 있다. 셋째, 여맹위원장 중에는 여맹조직 내에서 꾸준히 성장하여 여맹위원장에 오르기도 한다. 대표적 인물은 로성실이다. 로성실은 2001년 여맹 평양시 부위원장과 2002년 위원장을 거쳐 2006년 여맹 중앙위원회 부위원장, 2008년 위원장에 임명되어 활동하다 2014년 해임되었다.

여맹위원장은 주로 여맹활동, 정권 관련 활동, 대남활동 등을 수행하고 있다. 우선 자신의 직책과 관련된 여맹활동을 주로 하고 있다. 내부적으로는 여맹 중앙위원회 회의에서 보고하거나 남녀평등권법령 기념보고회, 3.8국제부녀절 기념보고회, 국제아동절 기념모임, 김일성 노작 '자녀교양에서 어머니들의 임무' 발표 기념보고회, '전국 어머니대회' 보고 등 여성·아동 관련 대회에서 보고하거나 참석하고 있다. 대외적으로는 대표단장 자격으로 여러 국가를 친선 방문하거나 세계여성대회 기념행사에 참석하고, 외국 인사와의 면담 시 배석하기도 한다. 초대 위원장이었던 박정애는 전쟁 중에 일어난 여성폭력에 대해 전 세계 여성들에게 호소문을 보냈으며, 국제여맹이 조사단을 파견해 여성들이 전쟁 중 겪은 성폭행 등을 조사하도록 했다. 이런 공로로 박정애는 1951년 국제스탈린상을 수상하였다.

다음으로 여맹위원장은 정권 관련 사업도 병행하고 있다. 천

📖 **더 읽을 책**
김태우, 『냉전의 마녀들』, 창비, 2021.

연옥은 대외문화연락위원회 부위원장으로 활발한 대외활동을 벌였다. 북한·네팔 친선협회장으로 네팔을 방문하거나 북한 여성대표위원으로 일본을 방문하였고, 조·중친선협회 대표단장, 정부 문화대표단장 등으로 활약했다. 또한 여맹 위원장들은 국가기구에서 고위직을 맡는 등 다른 부문에서 두각을 나타내며 여맹조직에 진입하고 있다. 박정애, 김성애, 천연옥, 김정순은 최고인민회의 상임위원직을 겸임했으며, 김옥순은 최고인민회의 외교위원회 위원을 역임하였다. 박정애는 농업상과 당중앙위원, 박순희는 최고인민회의 상임위원, 로성실도 최고인민회의 상임위원과 당중앙위원회 후보위원, 장춘실은 최고인민회의 상임위원과 당중앙위원회 후보위원, 김정순은 당중앙위원과 당근로단체부장을 겸직하고 있다. 역대 당근로단체부장은 소속 단체 중 최대 조직인 청년동맹이나 직맹 출신이 도맡았다. 여맹 출신인 김정순이 당근로단체부장에 기용된 것을 보면 여성의 경제적 역할 증대와 더불어 현재 여맹의 위상과 역할도 커진 것으로 짐작된다.

마지막으로 주목되는 점은 여맹위원장의 대남 관련 활동이다. 대남 관련 활동은 여맹위원장이 남북관계에서 여성계를 대표하는 역할을 하고 있음을 보여준다. 사회주의 국가에서는 '퍼스트 레이디'의 역할을 당중앙위원이나 내각 고위직 여성 엘리트가 아니라 여맹위원장이 담당하였다. 북한에서도 여맹위원장들이 남북관계에서 퍼스트 레이디의 역할을 대신하고 있다. 홍선옥은 1998년 여맹부위원장을 거쳐 대외 친선 교류 분야에서 종사해 왔다. 2000년에는 종군위안부 및 태평양전쟁피해대책위원회 위원장, 2005년에는 일본의 과거 청산을 요구하는 국제연대협의회조선위원회

홍선옥
(사진: 미디어한국학)

위원장, 그리고 2004년에는 6.15공동선언실천 북측 준비위원이 되어 활동했다. 로성실은 2000년 남북 이산가족 상봉교환행사 시 북측 단장으로 서울을 방문한 것을 시작으로 2002년 개천절 기념 민족공동행사에 참석하였다. 2005년에는 6.15공동선언실천 북측 위원회 명예위원장과 2006년 명예공동위원장으로 활동했으며, 2006년 여맹부위원장에 임명된 후 2007년 남북정상회담 시 노무현 대통령 영부인 권양숙 여사와 북한 여성대표들 간 간담회에 참석하였다. 2008년 여맹위원장에 오른 후 2011년 조국평화통일위원회 결성 50돌 보고회 참석, 6.15공동선언 발표 11돌 기념보고회 참석, 2012년 10.4선언발표 5돌 보고회에 참석하였다. 이처럼 여맹위원장·부위원장은 외국과의 친선 교류, 종군위안부 활동, 대남 관련 활동에 활발히 참여하였다.

로성실
(사진: 뉴스1)

〈표 4-4〉 여맹 중앙위원회 위원장 현황

구분	여맹 주요 대회 및 여성정책	중앙위원회 위원장
북한정권 수립기	북조선민주여성동맹 창립(1945.11.)	박정애 (1945~1965, 20년)
	남녀평등권법령 공포(1946.7.) 기관지 『조선녀성』 창간(1946.9.) 국제민주여성연맹 가입(1946.10.)	
김일성 시대	북조선, 남조선 여맹 통합(1951.1.)	
	『인민경제 각 부분에 녀성들을 더욱 인입시킬 데 대하여』(1958)	
	제1차 어머니대회 개최(1961.11.) 「자녀교양에서 어머니들의 임무」(1961)	
	여맹 제3차 대회(1965.9.)	김옥순 (1965~1971, 6년)
	여맹 제4차 대회(1971.10.)	김성애 (1971~1998, 27년)
	여맹 제5차 대회(1983.6.)	

구분	여맹 주요 대회 및 여성정책	중앙위원회 위원장
김정일 시대	가족법 제정(1990.6.5.)	
	여맹 중앙위원회 위원장 선출(1998) 제2차 전국 어머니대회 개최(1998.9.)	천연옥 (1998~2000, 2년)
	여맹 중앙위원회 위원장 선출(2000)	박순희 (2000~2008, 8년)
	유엔 여성차별철폐협약 가입(2001.2.)	
	형법 개정: 성매매 처벌규정 신설(2004.4.29.)	
	제3차 전국 어머니대회 개최(2005.11.)	
	여맹 중앙위원회 위원장 선출(2008)	로성실 (2008~2014, 6년)
	여성권리보장법 제정(2010.12.22.)	
김정은 시대	제4차 전국 어머니대회 개최(2012.11.) '어머니날' 제정(11월 16일)	
	여맹 중앙위원회 위원장 선출(2014)	김정순 (2014~2017, 3년)
	여맹 중앙위원회 위원장 선출(2017)	장춘실 (2017~2021, 4년)
	여맹 제6차 대회(2016.11.)	
	여맹 제7차 대회(2021.6.) 제5차 전국 어머니대회(2023.12.)	김정순 (2021~2024, 3년)
		전향순(2024~)

자료: 저자 작성

03 여성의 엘리트 진출 경로에 나타난 특징

북한 여성 엘리트의 기관별 현황을 통해 파악된 진출 경로를 보면 몇 가지 특징을 발견할 수 있다. 첫째, 북한의 여성 엘리트들은 대부분 강력한 권력을 지닌 남성의 가족이라는 특징이 있다. 북한의 권력 엘리트들은 김일성 가계, 항일빨치산 가계, 고위층 가족이 주축을 이루고 권력을 대물림하고 있다. 당내에서 정치적 영향력을 행사하는 핵심 직책을 맡은 인물은 김일성 가계로 김경희와 김여정, 김정숙이다. 김경희는 김일성의 딸이자 김정일의 동생으로 2011~2012년 당비서를 맡았으며, 김여정은 김정은의 동생으로 현재 선전선동부 부부장을 맡고 있다. 당중앙위원회 위원인 김정숙은 김일성의 사촌동생이다. 김일성 가계 외에 항일빨치산 가계와 고위층 자녀들도 권력기관에서 핵심 직책을 맡고 있다. 최선희는 전형적인 항일빨치산 가계 출신인 최영림 전 내각총리의 딸로서 외무상에 임명되었다.

둘째, 북한 여성들은 여맹에서 핵심 역할을 할 때 고위직에 진출하는 것이 가능하다. 여맹위원장들의 경력을 보면, 이들은 여맹위원장이 된 후 국가기구에 진입하거나 권력의 핵심부에 자리한 것으로 보인다. 김정일 체제에서 천연옥, 박순희, 로성실은 모두 여맹위원장에 임명된 후 최고인민회의 대의원에 선출되었다. 김정은 체제에서 김정순은 2014년 여맹위원장에 임명된 후 바로 최고인민회의 대의원과 2016년 당중앙위원회 후보위원을 거쳐 2024년 현재 당 근로단체부장에까지 올랐다. 장춘실도 2017년 여맹위원장에 오른 직후 최고인민회의 상임위원회 위원과 당중앙위원회 후보위원에 이름을 올렸다.

셋째, 여성이 엘리트가 되는 가장 확실한 경로는 노력영웅 칭호를 받아 최고인민회의 대의원으로 진출하는 것이다. 자신이 속한 직장에서 모범적 성과를 내는 등 북한당국의 정책을 앞장서 실현한 공로로 영웅 칭호를 받은 경우이다. 노력영웅이 되어 정치에 진출한 여성 엘리트들은 전체 여성들의 이상적 여성상이

영웅 칭호는 북한에서 가장 우수한 투사, 일군에 대하여 국가가 표창하는 북한의 최고 영예 칭호이다. 여기에는 국가 앞에 영웅적 위훈을 세운 개인, 집단에게 수여되는 공화국영웅과 경제·문화·건설부문에 종사하는 일군들에게 수여하는 노력영웅이 있다. 북한에서 영웅칭호를 받으면 정치적으로 최고인민회의 대의원에 선출되는 등 신분상승의 기회가 주어지고, 경제적으로 우대를 받으며, 사회적으로도 모범적 인물로 추앙받는 등 다양한 보상이 주어진다(송현진, 2019).

되어 국가정책에 여성을 동원하는 데 활용되기도 한다. 대표적인 인물은 김락희와 정춘실이다. 김락희는 1951년 전쟁으로 대부분의 남성들이 전방에 나가있던 중 직접 소를 몰고 식량증산 운동에 앞장서서 '처녀보잡이'로 유명해졌다. 김락희는 김일성의 총애를 바탕으로 1958년 노력영웅 칭호를 받았으며, 1957년 24세의 나이에 2기 최고인민회의 대의원에 선출된 후 6선 대의원으로 내각 부총리까지 오른 인물이다. 정춘실은 지방의 평범한 사무원이었다가 상업 분야에서 헌신적인 복무로 모범을 보여 2중 노력영웅 칭호를 받았다. 1990년대에는 '정춘실 따라 하기 운동'까지 펼쳐졌을 정도로 정춘실은 북한 내 자신의 분야에서 탁월한 성과를 낸 인물이다. 북한에서 살다 온 북한이탈주민들이 가장 많이 기억하는 영웅이기도 하다. 영웅이 된 후 정춘실은 6기 최고인민회의 대의원에 선출된 후 13기까지 대의원에 재선되었다가 2015년 사망했다.

정춘실
(사진: 뉴스1)

넷째, 자신의 분야에서 전문성을 발휘해 탁월한 능력을 인정받는 등 경력과 지명도를 쌓아 진출하는 것이다. 특히 여성의 내각 진입은 해당 부처에서 꾸준히 경력을 쌓아 전문성을 인정받아 상(相, 장관)으로 발탁되는 경우가 대부분이다. 경제실리주의에 따라 자기 분야에서 두각을 나타내는 경우 최고 책임자로 승진이 가능하다. 즉 자수성가형 신진관료로의 성장이 가능한 것이다. 경제현장에서 열성노동자와 전문가로 핵심역할을 할 때 엘리트로 진출하기 용이한 구조라 할 수 있다. 이런 북한의 간부정책 때문에 김일성 가계와 항일빨치산계, 고위층 자녀가 아니더라도 자수성가형 엘리트로 부상할 수 있는 길이 열려있는 것이다(김갑식 외, 2015).

　자신의 전문적 능력을 바탕으로 경력을 쌓아 여성 엘리트가 된 경우는 다양하다. 우선 김일성 체제에서 여성 엘리트는 일제 치하에서 항일무장투쟁이나 사회주의 투쟁에 참여했던 투사들이 많았다. 박정애와 허정숙 또한 일제 치하에서 사회주의 운동과 독립운동에 매진해 여맹 위원장·부위원장뿐 아니라 당중앙위원회와 내각, 최고인민회의에서도 최고 지위까지 올랐다. 박정애는 북한의 최고지도자를 결정하는 과정에서 소련당국이 추천한 북한 지도자 후보자 중 유일한 여성이었으며(표도르 째르치즈스키(이휘성), 2023), 여맹조직을 만든 초대 위원장이었으며, 지금까지 북한 권력 서열에서 가장 높은 지위에 올랐던 여성이다. 허정숙은 북한 정치의 급격한 변동에도 불구하고 사망할 때까지 당과 정권의 핵심 인물이며 고위직 정치지도자로 왕성하게 활동했다. 이처럼 정권 초기 박정애와 허정숙은 사회주의 독립운동 경력과 자신의 노력으로 북한 정치계에서 활약했다고 할 수 있다. 또 황순희는 항일혁명투쟁을 한 경력으로 사망 직전까지 고위직으로 활약할 수 있었다. 다음으로 자신의 분야에서 경력을 쌓아 엘리트 대열에 진입한 여성들이다. 김일성 시대에 박영신은 문화계 전문가, 리효혁과 윤기정, 그리고 김복신은 경제 전문가로 내각 부총리와 장관 자리에 올라 전문성을 발휘할 수 있었다.

　김정일과 김정은 체제에서 여성은 김일성 체제에 비해 노력 여하에 따라 경제, 사회 분야에서 전문가가 될 가능성이 컸으며, 정치 부문에서도 여성 엘리트의 역량이 강화될 가능성이 커졌다. 김정일 체제에서 부총리와 상을 지낸 김락희는 농업 부문, 박명

박정애
(사진: 미디어한국학)

선은 봉사 부문, 한광복은 기계·전자공업 전문가형 엘리트이다. 김정은 체제에서도 오춘복은 보건 분야, 최선희 외교 분야 전문가로 상(相, 장관)의 지위에 올라 활동 중이다. 별다른 출신성분이 알려지지 않은 현송월은 보천보전자악단 성악가수 출신으로 모란봉악단의 단장 등을 역임한 문화예술계 전문가로 정치계까지 진출해 김정은을 수행하는 중요한 역할을 맡고 있다.

현송월
(사진: 뉴스1)

이렇게 여성이 권력 엘리트가 되는 진출 경로는 다양하며, 남성 엘리트와 마찬가지로 당을 중심으로 내각, 최고인민회의, 여맹 등에서 겸직을 하고 있다. 이것은 북한이 당국가체제라 가능하다. 당이 북한 전체를 지배하기 때문에 각 분야의 전문가, 가장 대표적인 노력영웅, 당의 조직전문가, 열성당원, 여맹 간부 등 전체적인 통제를 위해 당이 필요로 하는 모든 경로를 통해 엘리트로 진출하는 것이다(윤미량, 1991).

04 여성 엘리트는 여성의 지도자인가?

북한당국은 제14기 최고인민회의 대의원 중 여성이 17.6%라는 주장을 근거로 내세우며 여성이 남성과 동등하게 정치와 경제, 사회생활 등 모든 영역에서 활동하고 있다고 주장한다. 하지만 성별, 직업, 지역에 따른 분배로 선출되는 최고인민회의 대의원들은 1년에 1~2회 정도 모여 활동하므로 북한정치에서 영향력은 실제로는 매우 낮다. 세계 각국의 여성의원 비율과 비교해도 북한은 134위로 매우 낮은 순위이다. 북한의 여성 엘리트 실태는 사회주의 국가인 쿠바의 여성의원(55.7%), 베트남의 여성의원(30.6%) 현황과 비교해도 매우 낮음을 알 수 있다. 또한 가장 핵심 권력인 당중앙위원회에서 활동한 여성 엘리트는 지금까지 전체 위원과 후보위원 1,265명 중 71명으로 5.6%이며, 주요 직위에 오른 여성은 박정애, 허정숙, 김정순 등 3명에 불과하다. 내각의 경우 지금까지 상(相, 장관)의 자리 오른 여성은 허정숙, 박정애, 박영신, 리효혁, 김복신, 한광복, 오춘복, 최선희 등 8명이고 부총리를 역임한 여성도 김복신, 김락희, 박명선, 한광복 등 4명에 불과해 여성의 고위직 진출은 극히 저조하다.

이러한 북한의 낮은 여성 엘리트 분포만 봐도 북한정치에서 구조적 성차별과 성별분업이 작동하고 있으며, 북한 권력을 쥐고 움직이는 집단이 남성이라는 것을 짐작하게 한다. 이는 북한 여성이 직면한 유리천장이 정치를 비롯한 사회 전 영역에서 여전히 두터움을 의미한다.

사회주의 국가인 **베트남은** 여성의 정치참여율이 세계 최고 수준에 이를 정도로 성평등이 대체로 높게 실현되는 것으로 평가된다. 노동보훈사회부가 국회에 제출한 '2022년 성평등 목표 이행 결과'보고서에 따르면, 2022년 기준 30개 중앙부처 중 여성이 장·차관인 기관은 15개로 절반을 차지했다. 2023년 기준 13기 당중앙위원회에서 여성위원은 19명(9.5%)이며, 15대 국회에서 여성의원은 151명(30.6%)이다(INSIDE VINA, 2023. 4.3.).

〈표 4-5〉 국제의원연맹(IPU) 여성국회의원 비율 및 각국의 순위(2024년 1월 기준)

국가명	순위	총의원 수	여성의원 수	여성의원 비율(%)
르완다	1	80	49	61.3
쿠바	2	470	262	55.7
니카라과	3	91	49	53.9
스웨덴	9	349	163	46.7
독일	47	736	260	36.3
영국	48	649	225	34.7
베트남	63	493	151	30.6
미국	72	433	126	29.1

국가명	순위	총의원 수	여성의원 수	여성의원 비율(%)
중국	89	2977	790	26.5
대한민국	126	297	57	19.2
북한	134	687	121	17.6
일본	165	464	48	10.3
오만	185	90	0	0
예멘	185	245	0	0

자료: 국제의원연맹 홈페이지(https://www.ipu.org/IPU archive of statisical data)

한편 김정은 체제 들어와 고위직에 오른 김여정, 최선희, 현송월, 김정순 등의 부상은 긍정적 변화로 볼 수 있다. 지속된 북한 경제 침체가 여성 스스로의 경제적 역량을 키우도록 했고, 시장을 중심으로 한 여성의 적극적인 경제활동은 여성이 소속된 여맹의 지위 상승으로 이어져 왔다. 북한 내에서 성공한 여성의 본보기로 여맹위원장 출신의 김정순이 당 근로단체부장에 임명된 것은 여성의 힘을 부분적으로 설명하는 것으로 볼 수 있다. 물론 몇몇 여성 엘리트의 사회적 진출과 성공이 북한 사회에서 '여성'의 지위가 평등해졌음을 의미하지는 않는다.

그렇다면 여성 엘리트는 북한 여성들의 지도자로 여성들의 요구를 대변해 그들의 삶의 변화 및 해방에 도움을 주고 있을까? 북한 여성 지도자 중 누가 가장 유명하고, 누구를 가장 존경하는지 북한이탈주민들에게 인터뷰 한 결과, 북한 여성들은 김정숙을 비롯한 최고지도자의 부인들을 여성 지도자로 인식하고 있었다. 그들이 김정숙을 가장 존경하는 이유는 그녀가 김일성과 함께 항일무장투쟁을 했으며, 북한 정권 수립 과정에서 여맹을 조

김정숙
(사진: 미디어한국학)

직하는 등 업적을 남겼다는 점이다. 또 다른 이유는 그녀가 김일성의 부인이면서 김정일의 어머니이기 때문이고, 이는 김일성 가계인 백두혈통에 대한 정치사상교육의 영향이다. 북한 여성들은 김정숙 외에도 김성애, 리설주 등 최고지도자의 부인을 북한의 여성 지도자로 인식하고 있다. 북한 여성들이 일반 여성 엘리트를 여성 지도자로 생각하지 않고 김정숙 등 최고지도자의 부인만을 지도자로 인식하는 이유는 북한이 수령 중심 가부장제 사회라서 백두혈통 이외의 다른 인물을 감히 지도자로 인식하지 못하기 때문이다. 또한 여성 엘리트의 삶과 활동이 대중들에게 널리 알려지지 않았고, 여성 엘리트가 여성의 삶에 긍정적 영향을 주지 못한 점도 그들을 지도자로 여기지 않는 이유라 할 수 있다.

"그저 제일 여성 지도자는 김일성 부인 김정숙, 김정숙이는 김일성과 같이 나라를 찾고 항일빨치산 때 김일성이 옷도 빨아서는 다 배 안에 넣어서는 겨울에 다 말리고 그런 데로부터 시작해서 첫째로는 혁명 업적이고, 그 다음이 나라를 찾아가지고는 김정숙이가 여맹도 만들고 나라에 김일성을 도와서 이렇게 하게끔 그냥 업적이에요. 그 사람을 제일 여성 지도자라고 했는데 그러다가 사망됐지. 그러다가 김성애 동지, 김성애도 김일성 부인 또 김성애 계속 나오다가 싹 없어졌단 말이야, 김정일이가 못 나오게 했단 말입니다. 그러다 이름도 차차 없어졌단 말입니다. 그러다가 여성 지도자라는게 무슨 없었습니다. 그 다음 리설주에 대해서 나오고, 그저 우리 여성 지도자라는 그런 특출한 사람은 없고 김정숙이 제일 먼저 항일 투사니까 그때는 완전히 그랬단 말입니다. 그런데 지금은 그렇게 떠들지 않습니다." (구술자A, 여성, 60대, 2022년 인터뷰).

북한이탈주민들의 증언에 따르면, 북한 여성들은 북한당국이 이상적 여성상으로 내세워 여성들이 따라 배우도록 권장하는 모범여성에 대해서는 대체로 관심이 높지 않았다. 하지만 여성 예술인과 체육인 등을 모범여성으로 인식하고 있었다. 노래 실력을 갖추고 국위 선양에 기여한 현송월과 모란봉악단 단원들, 개인의 노력으로 금메달을 따고 노력영웅 칭호를 받은 체육선수들을 따라 배울 모범여성이라고 증언했다. 한편으로는 자신을 희생하며 국가에 헌신한 정춘실, 백설희 등 국가가 만든 여성영웅이 과거에는 인정받았지만, 지금은 자신을 희생하는 사람을 부정적으로 생각한다고 증언하였다.

"모란봉 악단 보면서 김정은 시대 들어서니까 뭐가 틀려도 틀린다 달라지겠다. 이제 여성들 위주로 여자들도 능력가로 외국에 진출할 수도 있는 그런 할 일이 있고 조금 뭔가 변화가 되고 여성들도 할 수 있는 위치가 좀 생기는구나 이런 걸 느끼고…" (구술자B, 여성, 30대, 2022년 인터뷰)

"여성 지도자 중 따라 배우고 싶은 사람은 저는 길선희 축구선수예요. 정신력이 좋아요. 북한은 항일빨치산 토대를 많이 보거든요. 근데 그 사람은 토대랑 밑바탕이 없이 순 자기 노력으로 선 사람들이에요. 전 북한에 있을 때도 엄청 체육인들을 존경한 것 같아요. 노력영웅 칭호도 받았어요." (구술자C, 여성, 30대, 2022년 인터뷰)

"80년대까지는 사람마다 나도 정춘실처럼 백설희처럼 내 몸을 희생하면서라도 누구를 위한다는 게 있었어요. 그런데 최근에는 누구를 그려볼만한 일이 없어요. 이제는 조금조금 사람들 눈이 텄다고 봐야

죠. 나를 희생시키며 뭘 위해서 내가 그런걸 해, 그게 바보지 지금 오히려 그게 바보지 이렇게 생각해요." (구술자D, 여성, 50대, 2022년 인터뷰)

김정은 집권 이후 '어머니날'을 제정하는 등 여성의 노고를 인정하는 사회적 분위기를 조성하고, 전문직 여성의 사회적 진출을 강조하면서 이전에 비해 "여성을 많이 내세워준다"고 인식하는 여성들이 늘고 있다. 여성의 경제적 활동이 활발해지면서 여성의 사회적 진출도 향상되고 있다는 주장이다. 북한이탈주민들은 이전 시대의 여성은 여맹과 인민반에서 주로 간부의 역할을 할 수 있었지만, 지금은 동사무소를 비롯한 국가기관의 기관장, 기업소와 공장의 지배인, 협동농장의 작업반장이나 관리위원장, 당비서 등 간부직에 대거 발탁되고 있다고 증언한다.

"일단 기업소를 들어가면 예전보다 남자들이 여자를 위해주는 문화가 많이 세워졌어요. 기업소 지배인들도 여자가 하는 거 많아요. 농촌에 가도 작업반장, 관리위원장들도 여자 하는 거 많아요. 지금은 동 사무장하고 동 당비서도 다 여자예요. 다 여자예요." (구술자E, 여성, 50대, 2022년 인터뷰)

지금까지 북한이탈주민들의 증언을 보면, 여성 엘리트들이 여성의 이익을 대표하고 여성의 삶을 변화시키는 데 기여한 여성 지도자라고 보기에는 어려움이 많다. 여성 엘리트에게는 당의 정책을 집행하는 과정에서 인구의 절반을 차지하는 여성을 효과적으로 동원시키는 임무가 주어졌기 때문이다(손봉숙, 1991). 앞으로 북한 사회에서 여성이 엘리트로 성장하고 더 많은 영향력을 발휘하기 위해서는 먼저 여성 스스로의 자각과 노력이 절실하다. 심각한 경제난 속에서 여성 스스로 생각을 바꾸고 경제주체로 나섰던 경험을 바탕으로 더 전진할 필요가 있다. 북한 체제의 특성상 쉽지는 않겠지만 여성 엘리트들이 북한 여성들에게 진정한 지도자로 거듭나기 위해서는 여성의 권익을 신장시켜주기 위한 노력도 기울여야 할 것이다.

에필로그

여성 지도자에 대한 남북한 여성들의 '희망'

북한이탈주민들의 증언을 보면 북한의 여성 엘리트에 대해 북한 여성들이 어떻게 인식하는지 짐작할 수 있다. 북한 여성들은 북한 사회에서 여성의 영향력과 엘리트 진출에 대해 매우 비판적으로 이야기한다. 북한 여성들은 "기관직에는 몽땅 다 남자"이며 "여자는 큰 간부는 못 하고" "여자들은 영향력이 없고" "평등을 주장한다는 걸 보여주느라고 앉혀 놓은" 것에 불과하며 결국은 "남자들이 결론을 내릴 게 뻔하다"며 북한 사회에 만연한 '유리천장'을 지적하고 차별적 현실을 비판하고 있다(조정아 외, 2019). 물론 사회 곳곳에 만연한 유리천장은 남한의 여성들도 매일매일 직면하고 있다.

한편 비판적 시각에도 불구하고 남북한의 정치, 경제, 사회 곳곳에서 역량을 키워가며 자신의 분야에서 두각을 나타내는 여성들이 증가하고 있다. 무엇보다 남북한 역사 속에서 활약해온 여성 지도자의 삶과 업적은 실제로 존재한다. 해방 이전 한반도의 여성들은 고등교육을 통해 사회주의 민족해방운동에 투신하는 과정에서 여성 지도자로 부상하였다. 그 대표적 인물이 박정애와 허정숙이며, 그들은 해방 이후 북한 정권 수립부터 사회주의 건설 과정, 북한의 여성해방 정책의 수립과 실현 과정에서 뛰어난 지도력을 보여주었다. 또 사회주의경제건설 과정에서 남다른 헌신으로 노력영웅이 되어 스스로 엘리트가 된 김락희와 정춘실도 기억해야 한다. 그리고 뛰어난 전문성을 바탕으로 경제관료로 성공한 윤기정, 김복신, 한광복도 눈여겨보아야 한다. 여성조직인 여맹위원장으로 남북한 여성교류에 참여한 홍선옥과 로성실, 그리고 여연구 등의 노력도 잊지 말아야 한다.

앞으로 남북한의 전 영역에서 활동해온 여성 엘리트에 대해 관심을 가지고, 그들의 삶과 업적, 리더십을 발굴해 여성주의적 관점으로 기록하는 작업이 필요하다. 또한 여성 지도자의 활약을 발굴하여 무엇을 배울지 고민해야 한다. 남북한 역사 속 여성 엘리트들의 활약과 리더십은 오늘날 한반도에서 통일을 준비하는 여성들에게 여성 지도자의 모델이 될 수 있다. 또한 다양한 분야에서 능력을 발휘하여 사회적 지위에 오른 여성 엘리트들의 이야기는 오늘을 사는 여성들에게 희망이 되어줄 수 있다.

생각해 봅시다

1. 북한 여성이 엘리트로 성장하기 위해 여성 자신의 자각과 인식 개선이 왜 필요한지 생각해 봅시다. 나 또한 남한의 여성 엘리트로 성장하기 위해 무엇부터 실천해야 하는지 생각해 봅시다.

2. 북한의 여성 엘리트 중 어떤 인물에 대해, 왜 공감하는지 생각해 봅시다. 또한 남한의 여성 지도자 중 내가 존경하고 배우고 싶은 인물은 누구인지, 왜 그런지 생각해 봅시다.

3. 북한의 여성 엘리트가 여성들의 지도자로 거듭나려면 무엇이 선행되어야 하는지 생각해 봅시다.

4. 북한처럼 정권에 의해 주어진 '여성해방'이 여성들에게 무엇이 문제인지 생각해 봅시다. 그렇다면 그것을 극복하기 위해 여성 스스로의 노력으로 '여성해방'을 이룩하려면 여성들은 무엇을 해야 하는지 생각해 봅시다.

참고문헌

1. 국내문헌

국가인권위원회, 『2019년 북한에 대한 제3차 유엔 국가별 인권상황 정기검토(UPR) 자료집』, 2019.
국립통일교육원, 『2024 북한 이해』, 2024.
국제의원연맹 홈페이지: https://www.ipu.org
김갑식, 「권력구조와 엘리트」, 장달중 편, 『현대북한학강의』, 사회평론, 2019.
김갑식·오경섭·이기동·김동엽, 『김정은 정권의 정치체제: 수령제, 당·정·군 관계, 권력엘리트의 지속과 변화』, 통일연구원, 2015.
김수연, 「북한 간부양성체계의 변천 및 특징」, 『국가안보와 전략』 제20권 3호, 2020.
김원홍, 『북한 여성실태 및 향후 대북정책 추진방향』, 한국여성정책연구원, 2009.
박복순·박선영·횡의정·김명아, 『통일대비 남북한 여성·가족 관련 법제 비교 연구』, 한국여성정책연구원, 2014.
박영자·박형중·임강배, 『최고인민회의 제13기 제1차 회의결과 분석과 전망』, 통일연구원, 2014.
손봉숙, 『북한의 여성 그 삶의 현장』, 공보처, 1993.
송현진, 「북한의 영웅정치 연구」, 이화여자대학교 북한학과 박사학위논문, 2019.
신유리·권경미, 「허정숙 다시 보기: 북한에서의 삶을 중심으로」, 『인문과학』 제22집, 2021.
오경섭·박형중·김진하·김에스라, 『김정은 정권 핵심집단 구성과 권력 동학』, 통일연구원, 2019.
윤미량, 『북한의 여성정책』, 한울, 1991.
이가영, 「북한 여성동맹조직 역할 변천에 대한 연구」, 『아세아연구』 제60권 3호, 2017.
임순희, 「북한의 여성권리 보장법제 연구- 유엔 여성차별철폐협약(CEDAW) 보고서를 중심으로」, 국민대학교 일반대학원 법학과 통일·법전공 박사학위논문, 2021.
이준희, 「북한의 권력 엘리트 조용원의 부상과 역할 변화 연구」, 『통일정책연구』 제32권 2호, 2023.
이철수, 「북한의 '여성차별철폐협약 국가이행보고서' 분석」, 『한국과 국제사회』 제4권 2호, 2020.
조정아·이지순·이희영, 『북한 여성의 일상생활과 젠더정치』, 통일연구원, 2019.
차남희·정성임, 「국방위원회의 강화와 여성 엘리트의 역할」, 이화여자대학교 통일학연구원 편, 『선군시대 북한 여성의 삶』, 이화여자대학교출판부, 2010.
통일부, 『북한 주요 인물정보』, 2013·2014·2015·2017·2018·2019·2021·2023.
표도르 째르치즈스키(이휘성), 『북한과 소련: 잊혀진 인물과 에피소드』, 한울, 2023.

INSIDE VINA. https://www.insidevina.com/news/articleView.html?idxno=23390 (검색일: 2024.8.29.).

2. 북한문헌

조선민주주의인민공화국, 『조선민주주의인민공화국 지속가능한 발전을 위한 2030의제 이행에 관한 자발적 국가 검토 보고서』, 조선민주주의인민공화국 정부, 2021.

2부
북한 여성의 경제·사회·가정과 사회화

ed
5장

북한 여성의 경제활동을 위한 진로선택과 직업세계

라선시 선봉의류공장 여성노동자들(사진: 연합뉴스)

01 경제활동과 여성

이 글은 북한 여성의 사회진출 진로와 직업의 세계를 중심으로 이들의 경제활동 실태를 살펴보고, 북한 여성이 담당하고 있는 경제적 역할의 변화가 내포하고 있는 사회적 역동성과 한계를 살펴본다.

일반적으로 남성 중심의 경제활동 시대를 벗어나 산업화 이후 여성의 적극적인 경제활동 참여는 일국 국민경제에 매우 큰 영향을 미쳐왔다. 인구의 절반을 차지하는 여성의 경제활동 증가는 생산성을 높이고, 국가의 경제 성장을 추동하기 때문이다. UN 여성위원회는 보수를 받는 직장의 여성 취업률이 남성의 고용 수준으로 높아지면 세계 경제는 지금보다 더욱 성장할 수 있을 것이라 보았다. 적어도 미국은 9%, 유럽 지역은 13%, 일본은 16%에 달하는 국내총생산이 증가할 것으로 추정하였다(UN Women, 2024).

1990년대 경제난 이후 북한 여성들은 소위 '장사 활동'에 전면적으로 나서고 있다. 북한 여성들에 의해 가정과 국가가 운영되고 있다고 해도 과언이 아닐 정도로 북한 여성들의 경제활동은 활발한 것으로 전해진다(박정현, 2006; 박희진, 2010; 정은찬, 2017). 나아가 북한 여성들은 시장 경제활동을 진행하며 시장경제의 원리와 운영 노하우 등을 터득하고, 남성 위주의 가부장적 사회주의 체제에 대한 비판적 인식을 각성시키고 있다(박병애, 2023).

UN 여성위원회의 견해에 의하면 북한 여성의 광범위한 장사

활동은 북한 경제 발전에 긍정적 영향을 미쳤을 것이다. 또 북한 여성의 장사 활동 경험은 여성 스스로가 독립적 경제활동의 주체가 되어 가정과 사회, 국가에서 자신들의 경제적 지위와 역할을 높일 수 있는 계기로 작용했을 것이다. 이렇듯 우리가 북한 여성의 경제활동을 온전히 이해하는 일은 북한 여성문제만이 아니라 북한 체제의 위기와 모순을 파악하는 데 중요한 실마리를 제공한다.

1) 노동의 개념

북한은 사회주의 국가이다. 사회주의에서의 노동은 '모든 물질적, 문화적 재부의 원천이고, 자연과 사회와 인간을 개조하는 힘 있는 수단'으로 정의된다(사회과학출판사, 1985). 착취도 압박도 없는 살기 좋은 행복의 낙원으로, 공산주의 사회로 전변하는 것은 오직 노동을 통해서만 가능하다. 또한 사회주의에서의 노동은 공동의 목적과 이익을 위한 집단적 노동이며, 근로대중의 자각적 열성과 창발성이 발휘되는 자각적 노동이라는 점이 특징이다. 따라서 북한은 '주체의 노동관'이라는 개념 규정을 통해 노동자 자신이 노동의 주인이며, 자신을 위한 노동이자 사회와 집단을 위한 공동노동에 성실히 참여할 것을 강조하고 있다(백진규, 1991).

반면 북한은 1956년 생산수단의 소유관계(국가적 소유와 협동적 소유)를 확립하고, 생산 관계의 사회주의적 전환(노동자, 농민계급)을 통해 국가가 소유자이자 생산자이고, 고용자이며 규제자인 경제정책 수립자의 위치를 갖게 되었다. 국가와 노동이 명령과 복종이라는 위계적 틀로 구성된 비대칭 관계를 수립하고, 국가에 대한 노동의 복무를 구조화하였다. 이로부터 북한에서 노동은 국가로부터 제기된 과제와 방침에 따라 자신을 안팎에서 강제하고 규율하여 달성해야 할 신성한 의무이자 영예로운 목표로 삼고 있다(양문수 외, 2007). 국가는 생산과 분배에 대한 계획과 권한을 가지고 노동영역을 장악하며 통제 관리하는 역할을 한다. 국가는 계획에 따라 노동계급이 생산해야 할 생산물의 종류와 양을 설정해주고, 계획의 원활한 수행과 완수를 위해 노동자들을 독려한다. 제도상으로 사회주의 노동계급은 노동의 주인이지만, 실재하는 현실에서 북한이라는 국가의 노동계급은 거대한 기계 속에 존재하는 하나의 부속품에 불과한 형국인 셈이다.

북한 노동자들은 또한 공산주의 이념을 실현하기 위해 투쟁하는 혁명의 담당자들로 이들에게 노동이란 자기 사업이자 계획과제를 수행하기 위한 사회적 노동이기 때문에 한국과 같이 고용된 근로자들과는 근본적 위상이 다르다. 한국의 근로자들은 고용된 근로자들로 사용자의 지휘 감독을 받으며 사용자에 종속된 근로를 제공하게 된다. 고용되어 있거나, 일시적 실업 상태에 놓여 있는 근로자들은 스스로 자발적인 노동조합을 결성하고 근로의 권리를 주장할 위치에 있다. 그러나 북한 노동자들은 자신과 사회의 노동을 수행하는 혁명가로서 권리주장을 위한 조직 결성 및 단체 교섭의 필요성이 구조적으로 존재하지 않는다(송강직, 2015).

북한은 1978년 「사회주의로동법」을 제정하고 이와 같은 개념들을 법적으로 규정하였다. 노동자들은 공산주의 이상을 실현하기 위해 투쟁하는 혁명의 담당자들이고 이들이 제공하는 노동은 근로자의 희망과 재능에 따라 직업을 선택할 수 있지만(제5조), 그 또한 실질적으로 국가로부터 일자리를 제공받는 성격의 것(제10조)이라고 정의한다. 나아가 일단 노동을 제공하는 조직에 편입이 되면 절차를 밟지 않고는 직장을 자유롭게 이탈할 수 없다는 것(제18조)과 노동은 계획되며 그 계획과제를 수행하는 것(제20조)으로 명시하고 있으며, 노동의 형태는 사회적인 것으로서 집단적 성격을 갖는다(제3조)고 정의한다. 즉, 노동은 누구에게나 평등한 의무이지만, 노동과 관련한 모든 규율은 국가로부터 강제되고 있는 현실이다.

2) 노동력의 양성과 배치

북한은 노동을 통한 사회주의 건설과 사회주의 발전을 통해 전체 국민의 물질적 수요를 충족시켜주는 것을 체제의 궁극적 목표로 삼고 있다. 따라서 〈전 국민의 혁명화, 노동계급화, 인테리화〉는 북한 사회주의 건설을 위한 총적 임무이다. 이 중 인구의 절반을 차지하는 여성노동력은 해방 이후부터 적극적으로 양성되어 왔다. 특히 북한은 여성노동력 양성을 위한 법적·제도적 조치를 마련하고, 여성노동력의 전사회적 활용을 위한 노력을 일찍부터 전개해 왔다.

1946년 7월 30일 제정 발표한 「남녀평등권법령」은 법적으로 여성이 남성과 동등하게 사회적 노동을 수행할 수 있도록 한 법

📌 **알아두면 좋은 북한 정보사이트**
- 북한정보포털 (nkinfo.unikorea.go.kr)
- 통일법제데이터베이스 (unilaw.go.kr)
- 북한통계포털 (kosis.kr/bukhan)

[녀성로동] 우리나라에서는 녀성들에게 남성들과 꼭 같은 로동의 권리를 보장해주고 있을 뿐 아니라 그것을 실질적으로 행사할 수 있도록 모든 편의와 로동조건과 생활조건을 지어주고 있다. 우리 녀성들은 가정사정을 비롯한 특별한 사정이 있는 사람을 내놓고 거의 다 직장에 진출하여 사회주의건설에서 자기의 온갖 지혜와 창의창발성을 다내여 마음껏 일하고 있다. 『경제사전1』, 평양: 사회과학출판사, 1985, 359쪽.

령이다. 여성의 선거권과 피선거권 보장, 강제결혼반대, 이혼의 자유, 양육비 소송권의 인정, 일부다처제 반대, 공창과 사창(성매매) 반대 등의 내용을 담고 있다. 또 가사부담이 큰 여성들의 권익을 보호하기 위해 남녀평등권 법령을 뒷받침할 수 있는 「어린이 보육교양법」과 시행세칙이 1976년 4월 제정되었다. 북한 여성들이 자녀에 대한 걱정이 없이 직장을 다닐 수 있도록 전국의 모든 동(洞), 중대형 공장·기업소, 협동농장 작업반별로 탁아소를 설립하고 어린 자녀들을 모두 수용하도록 의무화한 조치이다. 2010년 12월 「녀성권리보장법」은 기존 법령에서 여성 권리 및 보호 규정을 보다 구체화하였다. 재산상속에서의 남녀평등, 가정폭력 금지, 출산의 자유 보장, 임신 여성 야간노동 금지, 임금에서의 남녀차별금지, 결혼, 임신, 출산 휴가 등의 이유로 해고금지 등의 조항을 추가하였다(한국여성개발원, 2014).

북한의 여성노동력 양성정책은 학교 교육체계와도 밀접히 결합하고 있다. 해방 후 북한 주민들의 교육 수준은 매우 낮았고, 국가건설에 필요한 전문지식과 기술력을 갖추고 있지 못하였다. 또 한국전쟁 이후에는 급속한 사회주의적 산업화를 실현해야만 했다. 이에 북한은 노동인력의 학교교육을 의무화하고, 산업기술을 빠르게 획득할 수 있도록 '일하며 배우는 학교 교육체계'를 수립하였다(조정아, 2005). 지식 습득만을 위한 교육이 아니라 생산을 위한 교육을 전개하였고, 기술학교와 통신학교, 야간대학 제도 등을 활용하여 시급히 요구되는 기술 노동력 양성체계를 학교 교육체계와 병행하였다.

남성과 동등하게 11년제 의무교육을 마친 북한 여성은 고등중학교 졸업 후 직장에 배치된다. 북한은 1954년부터 국가계획위원회의 계획에 따라 노동력을 조직 배치하기 시작하였으며, 노동계획에 따라 경제의 분야별로 산업별, 지역별, 직종별 필요노동을 산출하고 노동자의 수를 결정하면 노동부가 배당하는 방식을 취하였다. 노동자는 지역의 인민위원회 노동부로부터, 사무원은 인민위원회 사무부로부터 직장을 배정받아야만 취업할 수 있도록 하였다. 때때로 노동부는 국가계획 사업에 노동자를 대량 전출 또는 재배치하기도 한다. 그리고 국가계획위원회의 계획에 따라 노동행정기관이 노동력을 배치하는 방식은 현재까지 계속되고 있다(김창호, 1990).

3) 경제활동 참여율

북한 여성은 대부분 직장생활을 한다. 「사회주의로동법」에 의하여 1일 8시간 노동을 하며, 주부들은 남성들보다 출근 시간이 30분 늦고 퇴근 시간은 1시간 30분 빠른 6시간 노동을 한다. 3명 이상의 자녀를 가진 여성도 하루 6시간 노동을 한다. 통상 근무시간은 오전 8시부터 오후 5시까지이며, 낮 12시부터 1시까지 점심시간이다. 또 작업을 마치면 30분씩 작업반별로 작업 총화를 진행한다(한국노동사회연구소, 2013). 산전 산후 5개월의 유급 휴가제도를 실시하고 있으며, 일정 기간 근속 후 55세에 연금을 받도록 하고 있다. 대부분의 북한 여성은 경제활동에 광범위하게 참여하고 있으며, 미혼여성의 경우는 모두 경제활동에 참여하고 있다. 또 공장·기업소가 많은 대도시와 농촌지역에서 여성의 경제활동 참여율이 높은 편이다.

단, 결혼 이후 약 60~70%의 여성은 직장을 그만둔다(정성용, 2001). 북한에서 공장·기업소는 단순한 일터 이상의 의미를 지닌다. 북한 노동자들에게 기업(단위) 배치는 사회 귀속 신분을 부여하는 의미를 지닌다. 노동자의 소비, 후생의 핵심 부분인 고용노동자에 대한 병원, 탁아소, 학교, 주택, 휴양소, 식량 및 소비품 공급에서 핵심적 역할을 하기 때문이다. 따라서 성인 미혼 여성의 경우 직장생활이 필수적이나, 기혼 여성의 경우에는 남편의 부양가족으로 등록되고 남편의 직장에 귀속되어 배급을 받을 수 있어 결혼 후 직장을 그만두는 비율이 일시적으로 상승하게 된다.

북한은 공식 통계를 정기적으로 생산하고 있지 않기 때문에 북한 여성의 경제활동 참여율을 안정적으로 집계할 수 없다. 관련 연구 결과들을 종합하여 북한 여성의 경제활동 참여율을 추이적으로 고찰하면 다음과 같다. 먼저 북한이 해방 후 한국전쟁을 거치고 사회주의 체제의 형성·발전을 도모했던 1946년부터

〈표 5-1〉 1946~1960년 북한의 노동자(종업원 수) 및 여성 비율 (단위: 천명)

	1946년	1949년	1953년	1956년	1959년	1960년
평균 재적 종업원 수	260	565	575	808	1381	1458
년말 현재 재적 종업원 수	-	-	628	850	1459	1506
그 중 여성	-	-	165	169	510	493
여성 종업원 수의 비율	-	-	26.2%	19.9%	34.9%	32.7%

자료: 조선민주주의인민공화국 국가계획위원회 중앙통계국, 『1946-60 조선민주주의인민공화국 인민경제발전 통계집』, 평양: 국립출판사.

1960년까지 여성의 경제활동 참여율은 0%에서 32.7%로 증가하였다. 한국전쟁 후 여성노동력이 급증했음을 보여준다.

1960년 이후 인구 관련 통계를 발표하고 있지 않다가 북한은 유엔인구기금(UNFPA)의 지원을 받아 1994년 1차 인구센서스를 실시하고, 2008년 2차 인구센서스를 실시하였다. 당시 자료에 의하면, 남성의 경제활동 참여율은 79.48%이고 여성은 62.20%로 나타났다(김두섭 외, 2011). 그리고 2018년 세계은행(World Bank) 자료에 의하면, 북한 전체 경제활동참가율은 80.5%이고, 여성은 74.3%, 남성은 86.9%로 북한 여성의 경제활동 참가율이 큰 폭으로 상승한 것으로 나타났다(World bank, 2018). 유사 시간 동안 한국은행이 집계한 OECD 회원국 대상의 세계 주요국 여성의 경제활동 참여율은 1991년 57.0%에서 2018년 63.6%로 상승한 것으로 나타났다(조사국 국제경제부 미국유럽경제팀, 2018). 세계 주요국 여성과 비교하여 보아도 북한 여성의 경제활동 참여율은 높은 것으로 분석되었다. 특히 20~40대 여성 연령 중 80% 이상이 경제활동에 참여하는 것으로 나타나고 있어 매우 높은 북한 여성의 경제활동 참여 실태를 보여준다.

〈표 5-2〉 2008년과 2018년 북한 여성의 경제활동 참여율

조사년(대상국가)	남성	여성	전체
2008년 유엔인구기금(북한)	79.48%	62.20%	-
2018년 세계은행(북한)	86.90%	**74.30%**	80.5%
1991~2016년 한국은행 (OECD 회원국)		57.0% → 63.6%	

자료: 기존 연구 종합

일반적으로 여성의 경제활동 참여율이 증가하는 이유는 첫째, 경제 및 노동시장의 구조 변화에서 기인한다. 서비스 산업이 발전하고 시간제 일자리가 증가할수록 여성에게 적합한 일자리 증대로 인해 여성의 경제활동 참여도 상승한다. 둘째, 당국이 일과 가정의 양립정책을 추진한 데 기인한다. 보육 지원 및 높은 수준의 휴직 혜택 등이 육아 활동에 대한 기회비용을 높여 여성의 노동시장 참여를 증대시킨다. 셋째, 양성평등이 강화되는데 기인한다. 여성에 대한 공정한 기회 제공은 여성의 경제활동 참여를 높이는데 주요한 사회적 환경이 된다.

그렇다면 북한 여성의 높은 경제활동 참여는 어디에서 기인하고 있는 것일까. 또한 북한 여성의 높은 경제활동 참여 실태는 북한 여성문제 해결의 긍정적 산물로 해석할 수 있는 것일까.

02 진로선택과 성별분업

1) 진로 선택 요인

북한은 노동자, 농민, 지식인으로 구성된 사회주의 사회를 지향하고 있지만, 출신 성분과 당성을 기준으로 사회계층을 구분하는 신분제 사회이다. 북한은 체제형성 시기 전체 주민을 출신 성분별로 조사하는 작업을 진행하였고, 가족의 계급 배경과 사회활동 배경을 조사하여 핵심계층, 기본계층, 복잡계층으로 구분하는 '북한식' 계급정책을 구조화하였다(통일부, 2023). 따라서 보통 자본주의 사회의 계층은 소득, 직업, 교육 수준 등 객관화된 요소로 측정되지만, 북한의 사회계층은 출신 성분과 당성에 의해 간부와 평민으로 크게 구분된다.

"출신성분이라고 할 때 뭐를 구분하는가 하면, 지난 기간에 잘사는 사람. 잘산 사람. 그리고 1950년대 전쟁 시기에 어떤 견해와 관점을 가지고 어떻게 행동했는가. 그 다음에 전후부터 현재까지 당의 유일 사상체계와 유일적 지도체제 확립을 위해서 어떻게 노력했는가 이거 봅니다. 출신성분이 좋은 사람은 간부로 등용하지만, 일반 로동자들을 다 같아요. 행정일군은 상관없습니다. 어느 것만 딱 구분하는가 하면 당일군만." (고유환·박희진, 2014).

북한은 또한 귀속 지위(ascribed)에 근거한 폐쇄적 체제이기 때문에 개인의 노력으로 사회 이동을 할 수 있는 기회가 상당히 제한되어 있다. 간부 계층일수록 고등 교육과 특수 교육의 기회가 많이 부여되고, 간부 계층일수록 지위가 높고 권한이 큰 직업을 배정받으며, 간부 계층일수록 각종 분배에서도 특혜를 받게 된다. 또한 간부 계층 중에서도 (혁명적)핵심 계층은 핵심적 지위를 유지하면서 특권을 누리고 후손에게까지 그 지위가 이어진다. 반면에 출신 성분이 나쁘면 개인의 능력과 관계없이 당성이라는 정치적 기준에 따라 진로가 좌우된다.

"북한에는 직업의 귀천이 따로 있지 않다. 오히려 신분의 귀천이 존재한다. 북한에서는 아무리 재능이 있어도 출신 성분이 좋지 않으며 좋은 직장, 좋은 대학, 좋은 학벌을 가진다는 것을 꿈도 꿀 수 없다. 그러한 사람과 결혼도 할 수 없다. 서민들은 나라에서 지정해 주

는 인생을 살아간다고 보면 된다." (조정아, 2005)

북한에서 출신 성분은 본인이 노력하여 변경할 수 있는 것이 아니다. 따라서 출신 성분에 따라 진로 선택의 1차 관문이 정해지게 된다. 출신 성분의 장벽을 넘게 되면 다음 진로 선택에 영향을 미치는 요인은 입당 가능성이다. 당원이 되어야 간부의 길로 나아갈 수 있고, 현장 노동에서 벗어날 수 있다. 당원이 되는 가장 보편적인 경로는 군의 입대이다. 이것은 여성도 마찬가지이다. 사회로 나아갈 때 학교 성적은 중요하지 않다. 모두 다 동등한 교육을 받고 있기에 공부를 잘하고 못하는 것은 사회진출의 장벽이 되지 않는다. 부모들은 교육의 1차 책임은 학교라고 생각한다. 또 학교를 몇 등으로 졸업하던 취업은 걱정할 필요가 없고, 직장은 당국에 의해 어디든지 배치를 받게 되기 때문에 실업을 걱정할 필요가 없다. 다만, 노동자가 되더라도 군의 입대를 하여 당원증을 따고 노동자가 된다면 안정적인 출세가 보장된다.

"북한에서 적성은 전혀 고려하지를 않아요. 대체로 졸업을 하게 되면 집단 배치가 많이 돼요. 그때 배치를 받는 아이들의 소원은 무엇인가. 자기가 군대를 가도록 그냥 내버려 두는 것이 소원이에요. 북한에서 일할 때는 솔직히 말해서 마지못해 일했거든요. 사람이 일하는 것은 자기가 생각하는 직업이 있거든요. 근데 북한에서 한번 그 공장에 들어가게 되면 죽을 때까지 그 직업을 싫던 좋던 해야 되거든요. 나는 다른 걸 하고 싶었거든요. 북한에서의 직업은 내 생각하는 직업이 아니었거든요." (조정아, 2005)

2) 경제활동 경로와 유형

북한 여성들이 고등중학교를 졸업한 이후 사회로 나가는 진로 선택의 경로는 크게 3가지이다. 군대와 대학 그리고 직장이다. 그러나 북한 여성들은 상대적으로 남성보다 입당을 중요하게 여기지 않는 편이다. 여성의 경우 직장이든 입당이든 결혼을 위한 과정으로 보기 때문이다. 따라서 <표 5-3>과 같이 북한 여성들은 남성과 달리 두 번의 진로 분화를 겪는다. 첫 진로 분화기는 남성과 마찬가지로 고등중학교 졸업한 직후이다. 대학, 직장진출, 군대라는 세 가지 진로로 분화된다. 그리고 두 번째 진로 분화기는 결혼이다. 결혼을 기점으로 전업주부로서 부양가족의 일원으로 사는 경우와 다시 직장으로 재진출하는 경우로 나뉜다(김화순 외, 2020).

첫 번째 분화기인 고등중학교 졸업 시기에는 자신의 출신 성분과 향후 입당 가능성에 따라 진로 선택의 경로가 달라진다. 출신 성분이 복잡(동요)계층에 속한다면 군의 입대와 대학 진학이 불가능하다. 반면 출신 성분이 기본계층 이상이라면 군의 입대를 통해 간부형 성장 코스를 지향하게 된다. 두 번째 분화기인 여성의 결혼은 어떤 배우자를 만나 결혼하는가에 따라 결혼 이후의 삶이 달라진다. 북한 여성에게 결혼은 여성의 경제활동이 권력형, 자립형, 전문가형으로 구분되는데 주요 요인이 된다.

<표 5-3> 북한 여성의 진로선택과 경제활동 경로

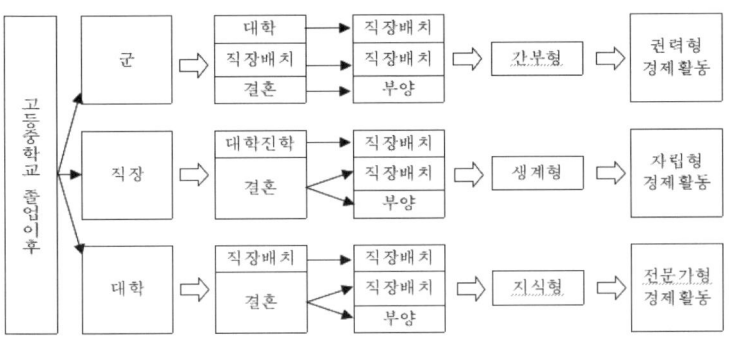

자료: 저자 작성

 먼저 북한 여성 중 군의 입대를 통해 당증을 따고 당원이 되어 직장에 배치되거나, 제대 후 대학에 진학하고 직장에 배치되는 경우는 간부형 여성으로서, 이 부류의 여성이 경제활동을 한다면 중앙기관 및 무역기관 등 권력네트워크를 활용한 경제활동을 전개하게 된다. 군대, 당원, 대학의 기본 권력을 자신의 이력으로 쌓은 북한 여성은 스스로 간부의 자질을 입증했을 뿐만 아니라 간부 집안과 결혼의 연을 맺음으로써 가계의 권력을 공고히 한다. 2008년 인구센서스 자료를 바탕으로 산출한 북한의 16세 이상의 남녀 직업군별 인구 비중에서 가장 고위 직군인 책임일꾼의 여성 비중은 0.5%이다. 권력형 여성은 현재 북한 인구구성에서 차지하는 비중이 매우 낮은 편이다(조정아, 2020).
 두 번째로 북한 여성 중 고등중학교 졸업 후 대학에 바로 진학하는 '직통생'의 경우가 있다. 이들은 주로 과학 분야, 외국어 분야, 예체능 분야에서 두각을 나타낸 인재들로서 대학 졸업 후 전문기관에 연구원 혹은 지도원으로 배치되는 지식형 여성이다. 이 부류의 여성들은 생물, 화학 부문의 제조업, 대외무역 기관의 상업시설, 봉사 부문에서 전문지식을 바탕으로 한 전문가형 경제활동을 전개한다. 마찬가지로 2008년 인구센서스 자료를 바탕으로 산출한 북한의 16세 이상의 남녀 직업군별 인구 비중에서 북한 여성의 전문가 비중은 4.9%로 나타났다. 2018년 기준 북한의 대학 진학률도 남성은 35.43%인데 반해 여성은 18.17%로 나타나 여성 전문가의 배출 경로는 좁고 그 비중 역시 낮다(조정아, 2020).

일반적으로 북한 여성들은 졸업 후 직장에 배치되는 생계형 경제활동 유형에 속한다. 이들에게 직장은 배급 및 각종 사회적 공급을 받기 위한 생계유지의 터이며, 노동은 매일 반복되는 그럭저럭 견뎌야 할 지루한 일상이다. 북한 여성의 직장배치는 원론적으로 학교장 추천, 당의 추천, 지방행정 및 경제지도위원회의 경제계획, 본인의 희망 등이 종합적으로 검토되어 배치된다. 다만, 대학을 졸업한 사람은 당성이나 성분이 좋은 엘리트로서 중앙당 간부의 조정을 받아 대학의 당 위원회에서 결정하고, 전문학교를 졸업한 사람은 도 인민위원회 노동부에서 결정한다. 그러나 일반적으로 고등중학교를 졸업한 후에 취업하는 사람은 해당 시, 군, 인민위원회 노동부에서 배치한다. 따라서 대부분의 북한 여성들은 거주지 인근의 나고 자란 고향에서 첫 직장을 배치받게 된다.

"나는 멜방 바지를 셔츠 위에 있고 나는 나는 될 터이다. 로동자가 될 터이다 하였고, 아이들을 옳다 옳다 네가 네가 로동자가 될 터이다. 하고 맞장구치며 재롱을 부리면서 노래를 불렀다. 결국 학교를 졸업하고 나는 로동자 되었다." (조정아, 2005)

북한 여성들에게 직장이란 어떤 일을 하여도 월급의 차이가 없기에 큰 공장, 작은 공장 등 직장의 규모나 크기, 업종의 의미를 두지 않는다. 군수공장 노동자 출신 부모님 슬하의 여성은 대대로 군수공장 노동자로 직업을 승계하고, 연합기업소에 근무하는 부모님 슬하의 여성은 연합기업소에 적을 두는 방식으로 배치된다. 또 농민계급은 농민계급의 자식으로 농장원에 배치되고 노동자계급은 노동자계급의 자식으로 공장기업소에 배치되는 등 계급적 대물림과 경계도 명확한 편이다.

"북한에서 노동자들이 일하는 것은 돈을 벌기 위해서도 아니고, 가정을 먹여 살리기 위해서도 아니고, 자동적으로 7시 반에 나가고 5시 반이면 퇴근해서 집에 들어가면 되구요. 작업반장이 시키면 하면 됩니다…계획이 있는데 못해도 되고, 불량품이 나와도 되고, 크게 일을 못했다고 반장이 직장장한테 혼나는 것은 봤는데 일을 못하면 쫓겨난다는 생각도 없고…여기처럼 밥줄이 끊는다든가 그런 물질적인 제재가 없어서 정신적인 부담이 없었어요." (조정아, 2005)

북한 여성들에게 진로를 선택한다는 것은 국가가 요구하는 사회적 역할을 어느 부분에서 수행하는가의 문제일 뿐이다. 진로선택의 결과가 북한 여성의 경제적 지위와 역할의 크기를 좌우하지 않는다. 일 예로 북한에서 발행하는 『조선녀성』 잡지는 북한 여성의 표본을 선전하는 대표적 간행물이다. 잡지에는 다양한 직업군의 여성이 등장하며 이들이 이웃과 사회, 국가에 헌신한 사례와 미담을 소개·교양하고 있다. <표 5-4>를 보면 2000년대 북한 여성들이 주로 근무하는 직종의 직업과 직책을 알 수 있다. 국가가 이들에게 강조하는 것은 단 한 가지이다. 자신보다 사회와 집단의 이익을 더 귀중히 여기고 서로 돕고 위하는 아름다운 집단주의 미풍을 발휘하는 일이다.

〈표 5-4〉 김정일 시기 『조선녀성』에 나타난 북한 여성의 직업과 직책

직업과 직책	학력	이름	수록처
읍지구 협동농장 관리위원장	농업전문학교 졸업	박옥희 동무	(2001.01), 21쪽
농업과학원 농업생물연구소 연구사	김일성종합대학 졸업	김선영 동무	(2001.02), 31쪽
평양철길대 건늠길 감시원	고등중학교 졸업	윤영숙 동무	(2001.06), 25쪽
과학기술총련맹 도시경영협회 책임	과학원 졸업	리강희 동무	(2001.06), 25쪽
경공업성 체육선수	고등중학교 졸업	리성희 동무	(2003.04), 43쪽
강계백화점 지배인	고등중학교 졸업	리창옥 동무	(2003.10), 50쪽
신의주시 광복유치원 원장	고등중학교 졸업	김옥선 동무	(2004.02), 49쪽
양강도 고려병원 간호원	고등중학교 졸업	장순녀 동무	(2006.02), 34쪽
안주시 가내축산관리위원회 위원장	고등중학교 졸업	리옥순 동무	(2006.06), 45쪽
청진기초식품공장 작업반장	고등중학교 졸업	민옥남 동무	(2006.08), 38쪽
평양시 만경대구역 당상1탁아소 소장	고등중학교 졸업	김복남 동무	(2007.06), 48쪽
원산시 개선동 제13인민반 반장	고등중학교 졸업	리수덕 녀성	(2007.11), 41쪽

자료: 『조선녀성』, 각 년호 종합

북한 여성들은 본인 스스로 노력 여하에 따라 변화하고 역동하는 삶을 살 수 있는 정치·사회적 환경에 처해 있지 않다. 만들어 가는 삶보다는 주어진 삶에 익숙해져야 하고, 자신의 개성과 능력보다는 이웃과 사회, 국가를 위해 무한한 헌신과 봉사의 삶을 요구받고 있다.

3) 성별분업과 직업의 세계

북한은 양성평등 정책을 통해 노동하는 여성을 강조하고, 남녀평등권법령을 통해 여성도 가정에서 해방되어 사회적 생산에 참여하고 경제적 독립을 얻음으로써 인격적으로 자유로워질 수 있다고 강조한다. 동시에 여성만이 지니는 임신, 출산, 육아 등 모성을 지닌 어머니로서 역할도 매우 강조한다. 북한은 여성노동력을 배치할 때 주로 임금이 낮은 직종, 여성의 특성이 요구되는 경공업, 교육, 문화, 편의봉사 부문에 여성을 편중하여 배치하여 왔다(대한변호사협의회, 2014). 이른바 남성과 여성의 성역할 차이에 의한 성별분업이다. 북한 여성들 또한 결혼을 당연하게 여기고, 결혼 이후 남편을 뒷바라지하고 육아와 가사 일을 전담하는 가정주부 역할을 기꺼이 수행하고 있다.

2014년 16세 이상 북한 여성이 경제활동에 참가하지 않은 이유를 묻는 조사에 따르면(박윤정 외, 2019). 퇴직(62.1%)이 1순위, 가사 일(24.6%)이 2순위로 나타났다. 북한 여성들이 결혼 후 직장으로 재취업하지 않은 상태이거나 가사 일로 인해 경제활동을 하고 있지 않다는 응답이다. 또한 산업부문에서 여성의 고용

률을 살펴보면, 농업(59.9%), 서비스업(23.1%), 공업(17.0%) 순으로 북한 여성은 협동농장의 농장원 직업이 다수를 차지하고 있으며, 도시에서는 편의봉사, 상업, 환경미화 등에 종사하는 비중이 공장 노동자보다 높게 나타났다.

〈표 5-5〉 북한 산업분야별 여성의 종사 비율 (단위: 명, %)

구분	여성	남성	전체
전체 인원	5,824,782	6,359,938	12,184,720
농수산 및 림업	**39.6**	32.7	36.0
공업생산	23.6	23.7	23.7
도매·소매	**6.6**	2.7	4.6
교육	**4.9**	4.1	4.5
국가관리	4.9	6.9	5.9
채취	4.4	7.2	5.9
보건·교양	**3.4**	2.1	2.7
공공봉사 및 국토	2.8	4.5	3.7
려관 및 급양	**2.0**	0.4	1.2
운수 및 보관	1.6	4.1	2.9
건설	1.4	4.5	3.0
편의봉사	**1.1**	0.6	0.8
문화 및 체육	1.0	1.1	1.1
체신 및 정보	0.9	1.2	1.0
과학연구	0.6	1.3	1.0
전력	0.6	1.9	1.2
도시경영	0.4	0.8	0.6
재정 및 은행	0.2	0.2	0.2
계	100.0	100.0	100.0

자료: UNFPA(2008), 통계청 북한통계(2011); 한국여성정책연구원(2019).

그리고 산업별 비중 중 남성보다 여성이 높은 비중을 차지하는 분야는 농수산 및 림업, 도매·소매, 교육, 보건·교양, 려관 및 급양, 편의봉사 영역으로 나타났다. 이 중 남성과 여성의 편차가 가장 큰 분야는 도매·소매와 여관 및 급양이다.

성별분업은 소득의 차이를 발생한다. 2003년 북한 산업별 평균임금 데이터를 보면(한국무역협회 회원사업부 남북교역팀, 2003), 중화학공업이 2,329원으로 가장 많고, 농림수산업 2,161원, 서비스업 1,676원, 경공업 1,623원 순이다. 또 남성이 많이 종사하는 중화학공업 분야의 업종에서 석탄공업 3,026원, 광업 2,870원, 금속공업 2,517원으로 상위 3위를 차지한다. 반면 북한 여성이 대부분 종사하고 있는 경공업 분야는 옷감생산 2,055원, 가죽제품 1,400원, 신발 1,583원, 음료 생산 1,373원, 기초식품 1,548원으로 북한 남성의 종사분야에 비해 낮은 임금을 받고 있다. 또 북한 여성이 다수 근무하는 급양 1,300원, 양정 1,308원, 상업 1,321원 분야도 평균보다 낮은 임금을 받는다.

북한 여성은 노동을 통한 직업적 성취를 도모하는데 정치·사회적 한계가 존재하기 때문에, 노동환경이 '깨끗한' 직업, 사회적 평판이 좋은 직장의 직업을 선호한다. 의사, 교사, 간호사, 회계원 등의 직업이 이에 해당한다. 북한 여성들에게 노동이 적극적인 의미를 갖는 경우는 입당을 통한 정치적 출세의 가능성이 있는 경우에 한해서이다.

"그녀가 다녔던 신발공장은 500명 규모의 공장으로 시에서 가동률이 제일 높은 공장이었다. 일년 내내 '100일 전투', '200일 전투' 같은 속도전과 노력동원이 끊이지 않아 밤에도 자지 않고 일해야 하는 곳이었다. 그녀는 아침에 일어나면 기숙사 청소부터 시작해서 공장 마당과 작업장을 청소하며 하루의 노동을 시작하였다. 작업은 교대제로 이루어지지만, 속도전이 진행되는 날이 많았기 때문에 기숙사에 사는 여성노동자들에게는 출퇴근 시간이라는 것이 따로 없었다. 신발공장은 노동 강도가 아주 높았기 때문에 공장에서 일을 잘하면 입당을 시켜주기도 했다. 입당이라는 정치적 인센티브가 제공되었던 것이다."
(조정아, 2020)

북한 여성의 사회진출에는 출신 성분이라는 북한 사회의 특수한 한계와 여성이라는 성별 차이로 인해 2중, 3중의 장애가 존재한다. 북한 여성은 당국이 강조하는 경제활동에 적극적으로 참여하고 있으면서도 그 노동의 대가는 작고 경제적 지위는 낮은 편이다. 이와 같은 이유로 북한 여성은 자신의 지위와 역할을 제고하기보다 남편을 뒷바라지해서 남편을 '올려세우겠다'는 생각이 삶의 목적이 되곤 한다. 연구 과정에 만난 북한이탈주민 여성은 결혼 후 직장을 그만두고 군관 남편을 따라 지방을 돌며 시댁과 그의 가족을 돌보고, 남편의 뒤늦은 대학 공부를 뒷바라지하거나, 남편이 좋은 직장에 들어갈 수 있도록 경제적으로 뒷받침해왔던 여성들의 다수였다.

03 시장경제활동과 (비)공식노동

1) 시장경제활동 실태

1990년대 이전 북한 여성의 경제활동은 공식경제 범주 안에서 이루어졌다. 농업노동자는 협동농장에서 일하고, 도시 노동자는 공장·기업소 및 각 단위에 소속되어 공식경제 활동을 전개해 왔다. 그러나 경제난 이후 북한의 공식경제 시스템이 붕괴하면서 공식경제 밖의 사경제 활동이 나타나기 시작하였다. 북한 주민들은 도시와 농촌을 횡단하고 국경을 넘나들며 장마당 경제를 형성하였다. 역 앞, 다리 밑, 공설부지 등 북한 주민들이 형성한 장마당은 <표 5-6>의 1998~2006년 시기에서 보듯 위기에 처한 북한 경제를 활성화시켰고, 2003년 북한 당국은 장마당을 합법

<표 5-6> 북한의 경제성장률 추이

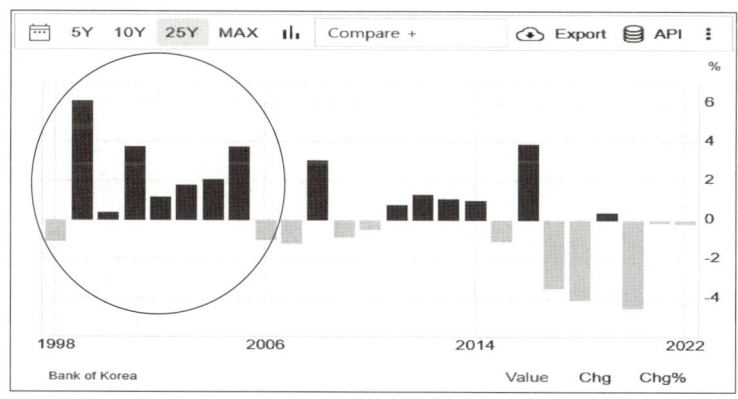

출처: "North Korea GDP Annual Growth Rate," Bank of Korea. 각 년도.
(https://tradingeconomics.com/north-korea/gdp-annual-growth-rate, 검색일: 2024.8.24.)

적 종합시장으로 승인하였다. 김정일 시기 북한의 시장은 공식 경제를 대체하며 빠르게 전국적인 도-소매 시장을 형성하고, 기존에 존재하지 않았던 '상품-가격-화폐'로 운영되는 자본주의 시장경제를 활성화하였다.

북한에서 2000년 이전 공식경제 종사자(42.8%)는 사경제 종사자(17.8%)보다 비중이 높았다(통일부, 2020). 그러나 2011~2015년 사경제 종사자(31.3%)가 공식경제 종사자(8.6%)를 초과한 이후, 2016~2020년 사경제 종사자만 37.6%에 이른 것으로 조사되었다. 또한 공식경제와 사경제를 겸업하는 종사자가 8.6%로, 이를 합하면 북한 주민의 사경제 종사자는 총 46.2%로, 북한 주민 2명 중 1명은 사경제 활동을 통해 소득을 창출하고 있는 중이다.

또한 2016년 시점 북한의 공식시장 수는 총 404개이고, 시장 안 장사 매대의 수는 총 1,092,992만 개로 추정되었다(홍민 외, 2016). 공식시장에 종사하는 총인원은 시장관리소 인력과 상인을 포함하여 총 1,099,052만 명 정도로 집계하였는데 이는 북한 전체 인구의 약 4.4~4.6%에 해당한다. 이때 북한에서 매대를 가지고 시장 활동을 하는 사람은 대부분 여성이다. 즉, 시장에서 경제활동을 하는 북한 여성의 수는 매대 수와 같은 1,092,992만 명이 된다. 이 숫자는 북한 전체 주민 중 장사 활동이 가능한 20~60세 인구수와 비교할 때 약 15% 정도이다.

한편 2015년 국내 입국한 북한이탈주민 중 약 76.7%가 장사 경험을 갖고 있다(장용석 외, 2016). 2020년 조사에서는 가구원 중 1명이라도 부업이나 '더벌이'를 했다고 응답한 사경제 활동 참여율은 무려 91.7%로 나타났다(김학재 외, 2021). 2012년부터

2020년까지 북한 주민의 사경제 활동 참여율은 꾸준히 증가하여 근래 들어 가구 단위로 사경제 활동을 하는 비중은 90% 이상이다. 이때 가구 구성원 중 사경제 활동을 주요하게 담당하는 사람은 여성이다.

현재 북한의 경제는 국영 경제와 시장경제로 구분된다. 국영 경제는 기존과 같이 국가가 소유주이며 국가계획위원회의 계획적 생산량을 하달하고 이를 완수한 이후 현물(배급, 공급) 혹은 현금(조선 돈)으로 노동자 임금을 지급하는 시스템이다. 시장경제는 당국이 관리하는 시장 매대를 임대하여 해당 시장관리원에게 시장관리세와 장세를 납부하고 자체의 물건을 파는 시장 상인들에 의해 운영되는 경제체제이다. 시장을 통해 얻어지는 각종 세금은 국가 재정으로 편입된다.

반면 국가의 관리 영역 밖에서 이루어지고 있는 비공식 국영 경제와 비공식 시장경제도 존재한다. '비공식'은 국가의 관리·운영 범위에서 벗어났다는 점과 철저하게 당사자들의 이윤추구만을 목적으로 움직이는 경제체제를 뜻한다(송현욱, 2022). 예를 들어 비공식 국영 경제활동은 국영기업과 수익을 나누는 조건으로 국영기업의 명의와 시설, 인력을 제공받아 활용하는 민간 경제활동이다. 대표적인 것은 국영 버스사업소이다. 외형은 국영 사업체이나, 개인은 개인 버스를 등록하여 개인적으로 버스를 운영하고 수익을 낸다. 이때 국영 버스사업소는 개인 수익의 일정액을 납부받아 국영사업소의 운영을 지속하며, 개인 또한 사적 수익을 창출한다. 비공식 국영 경제는 국영기업소의 명의를 빌려야 하기에 개인업자는 이것이 가능한 권력 네트워크가 있어야 하며, 임대 대가를 지불할 자본을 보유하고 있어야 한다. 비공식 시장경제 활동은 시장 밖의 골목에서 좌판식 혹은 보따리식 노점장사라고 하는 일명 메뚜기장 형태의 장사행위이다. 집 안팎에서 상품생산과 유통·판매를 진행하는 밀주, 떡, 약, 수리 등의 가내수공업도 여기에 속한다. 국가기관에 등록하지 않고, 장세를 납부하지 않기 때문에 관리원들의 단속에 걸릴 위험이 있으며 때론 몰수당하기도 한다. 대체로 불법 장사활동으로 분류된다.

김정일 집권 이후 북한의 경제체제는 사회주의 계획경제와 시장경제를 병행적으로 운영하는 이중경제 체제로 운영되고 있다. 북한 여성들의 경제활동은 시장을 중심으로 국영 경제활동과 시장경제 활동, 공식 경제활동과 비공식 경제활동의 영역에서 광범위하게 이뤄지고 있다. 이 과정에서 북한 여성들은 각종의 경제활동 방식을 터득하며 자신의 경제활동 역량을 강화하고, 가계를 책임지는 주체이자 여성 경제활동가로 거듭나게 된다.

2) (비)공식의 경제적 역할 강화

북한 여성들은 공식과 비공식에 구애됨이 없이 다양한 경제활동을 진행하며 가정의 생계를 담당하고, 아이들을 교육하고, 남편을 뒷바라지한다. 여성이 담당하고 있는 경제적 역할을 다양한 측면에서 살펴보면 다음과 같다.

메뚜기장은 당국의 공식적인 허가를 받지 않은 불법적인 골목시장을 의미한다. 장세를 낼 형편이 못 되는 장사꾼들, 장마당에 자리를 얻지 못한 장사꾼들이 길거리에 불법 시장을 형성하면서 당국의 단속이 시작되면 갑자기 메뚜기처럼 껑충 뛰어 달아난다고 해서 메뚜기장이라고 이름 지었다.

📖 **더 읽을 책**
전주람, 곽상인, 『북쪽 언니들의 강점 내러티브』, 한국학술정보, 2024.

(1) 생계를 전담하는 부양자로서의 여성노동

북한 여성들은 농장원, 경공업 부문의 노동자, 교원, 봉사원, 관리원 등의 직종 부문에서 근무를 해왔다. 이 중 가장 큰 비중을 차지하고 있는 부양자로서 경제적 역할을 담당하고 있는 부류는 여성 농장원이다. 기존 여성 농장원들은 소속된 협동농장의 농사를 지어 국가에 수매하고, 1년마다 알곡을 분배(현물+현금)받아 가정의 살림을 꾸려 나갔다. 그러나 경제난 이후 국가로부터 영농에 필요한 비닐 박막, 농기계, 비료 등의 공급을 받지 못하게 되었고, 낮은 가격의 국가 수매만으로는 가족의 생계를 유지하기 어려웠다.

여성 농장원들은 농산물의 판로를 개척하고, 농촌의 농산물과 도시의 소비품을 교환하며 가족의 삶을 꾸려 나가기 시작했다. 협동농장의 농산물이 국가 수매가격보다 시장에서 비싸게 팔렸기 때문에 시장에 나가 알곡을 판매하기 시작하였으며, 점차 도시에서 요구하는 농·토산물을 직접 재배하여 도시 시장에서 판매하는 등 시장 활동을 스스로 조직하기 시작하였다. 식량은 물론이고 산나물을 채취하고, 약초를 캐었으며, 집 근처의 소토지를 일구어 감자, 무, 야채(남새), 식용작물 등을 재배하기 시작하였다. 고기를 얻기 위해 닭, 토끼, 돼지를 기르는 축산도 병행하였다. 협동농장의 농가들은 시장 활동에 크게 의존하며 부업 활동을 활발히 하였고, 가구별 시장 활동을 얼마나 적극적으로 하는가에 따라 농장원 간의 소득 차이가 발생하였다(김소영, 2017).

> "구술자 B씨는 북한에서 농장원은 제일 '하바닥(낮은 계층)'이라면서 불쌍한 사람들이라고 표현했다. 그 이유를 열악한 농촌생활 환경과 고강도의 육체노동 때문이라고 했다… 농업 노동력의 재생산 과정 자체가 여성 노동력이 잔류하는 형태이며, 남성 노동력은 끊임없이 농장 밖으로 재출되는 구조이기 때문에 시쳇말로 협동농장에는 노인과 여성, 학생뿐이라고 전했다." (박희진, 2023)

도시의 여성 노동자들도 마찬가지이다. 공장에서 배급이 중단되고 노임조차 받을 수 없게 되자 여성 노동자들은 다양한 형태의 장사 활동에 매진하게 된다. 앞선 <표 5-3>의 생계형 경제활동을 하는 여성들은 종합시장의 매대를 임대하여 장사 활동을 본격적으로 진행한다. 장사수완과 경험이 쌓이면 시장의 매대가 나가 앉아 물건을 파는 방식이 아니라 핸드폰을 쥐고 중국의 공급상과 직접 연결하여 물건을 수입하고, 시장 매대에 물건을 공급하며, 창고를 운영하여 재고를 관리하는 방식으로 장사 활동을 진행한다. 직접 장사행위를 하지 않고도 수완이 좋게 도-소매의 네트워크를 형성하여 수익을 올린다. 가내수공업을 형성하고 이를 운영하는 여성 상인도 있다. 집안 가족들과 함께 주사약을 만들거나, 빵을 만들어 전국 시장에 납품하는 과감한 창업가 유형도 나타났다. 또한 국경지역에서는 금, 은, 동, 구리 등의 옛 폐광을 부분 임대하여 사금을 채취하고, 파철 및 금속광물을 모아 중국에 넘기는 불법적인 상행위도 마다하지 않는다. 생계를 부양하는 책임자로서의 여성은 농촌과 도시에서 합법과 불법의 장사 활동을 넘나 들었다.

(2) 자녀양육을 담당하는 어머니로서의 여성노동

북한의 사회정책은 어린이 보육 교양과 학교 교육을 무상·의무화하고 있다. 그러나 경제난 이후 국가의 사회정책은 중단되었다. 이것은 고스란히 가정 내 여성의 역할 강화로 이어졌으며, 어머니 여성은 자녀교육의 책임을 전적으로 담당하게 된다. 보육과 교육의 국가책임이 어머니 여성에게 전가된 것이다.

화폐가 등장하고, 돈으로 소비품을 구매하며, 수요공급에 따라 가격이 변동하는 시장경제 체제는 사람들의 인식과 가치관을 변화시킨다. 물질주의, 개인주의, 배금주의 등 돈을 벌기 위해서라면 무엇이든 할 수 있다는 극단의 가치관이 등장한다. 북한의 어머니로서 여성은 자녀교육에서도 변화된 가치관을 보이며 적극적인 어머니 역할을 수행하게 된다. 자식이 일하기 수월하고, 좋은 환경에서 일하며, 더 많은 돈을 벌면서도 사회적 평판이 나쁘지 않은 직업을 갖길 희망한다. 여성 자녀라면 예술 계통의 문화예술인, 호텔 및 상업시설의 봉사원, 대외무역 기관에 속하는 해외식당 및 노무파견 등의 직업을 갖길 선호한다.

연구자가 만난 북한 어머니로서의 여성은 다양한 모습이었다. 평양시의 어머니 여성은 딸의 해외식당 노무 파견을 위해 거액을 들여 여권을 만들고(미화 400불), 브로커를 대어 해외 노무 파견 명단에 이름을 올려주었다. 지방 식당의 어머니 여성은 딸의 예술학교 진학을 위해 사교육을 시키고 값비싼 옷치장에 많은 돈을 할애하였다. 또 라선시와 같은 특구에 거주하는 어머니 여성은 자녀를 호텔 봉사원으로 취직시키기 위해 자신이 직접 호텔지배인 가정의 식모생활을 하며 일자리를 쟁취해 내기도 하였다.

"학교에 다닐 땐 저희 부모님도 그렇게 고생해서 어머니도 솔직히 막 장사 잘하셨고 돈도 많이 버셨고 했기 때문에 저를 대학 공부시키긴 했었거든요. 그리고 또 애들이 얼마나 힘들어요. 부모가 돈이 없고 경제적으로 약하면. 근데 저는 부모님이 되게 잘해주셨기 때문에. 없는 친구는 되게 막 불쌍해 보이더라고요."(95년생 청진) (조일라, 2022)

반면 농촌의 어머니 여성은 아들의 출세를 위해 반드시 필요하다고 생각했던 핸드폰을 마련하기 위해 국경을 넘었다. 변방의 어머니 여성은 자녀를 도시 중학교에 진학시키기 위해 이웃의 교과서를 돈을 주고 빌려와 밤새 필사를 해주었다. 이렇듯 북한 여성들은 장사 활동을 통해 돈을 벌면 가장 먼저 먹는 문제를 해결하지만, 소득이 쌓이면 자녀교육을 우선 하였다. 북한 사회가 시장화를 거치면서 자본을 취득한 사람으로부터 계층이동이 가능해졌고, 교육은 계층이동의 사다리 역할을 하였다.

(3) 남편을 뒷바라지 하는 아내로서의 여성노동

시장화 이후 북한에서는 시장 활동을 통해 돈을 번 여성과 출신 성분이 좋은 남편이 만나 가정을 꾸리는 새로운 결혼 풍속이 생성되고 있다. 이미 2010년 시점에 북한 여성의 생활비 마련에 대한 기여도가 60% 이상 된다는 응답이 78.9%의 높은 비중을 나타낸 바 있다(박희진, 2010). 북한 여성의 경제적 역할은 생계를 책임자는 부양자이자 자녀교육을 담당하는 어머니로서 역할도 있지만, 다른 한편 군관이거나 대학에 재학 중인 남편을 뒷바라지하는 아내로서 역할도 있다. 특히 아내로서 여성의 경제적 활동은 남편의 출세와 지위 상승을 위한 것으로 남편을 통한 자신의 신분 상승 욕구도 포함하고 있다.

 기존 북한 사회는 신분이 유사한 집안끼리 중매 결혼을 선호해 왔다. 대학을 나온 여성이 농촌 총각과 결혼하여 농촌으로 시집간다면 이것은 사회적 이슈가 된다. 또 도시의 여성 노동자가 탄광의 제대군인과 결혼하거나, 영예 군인과 결혼하는 일은 사회적 미담이 된다. 그만큼 사회 내 계층이동이 어렵고, 결혼문화 역시 경직되었다. 그러나 최근에는 시장경제 활동을 통해 돈은 벌었지만 출신 성분은 내세울 것 없는 여성이 출신 성분은 좋지만 돈이 없어서 출세하지 못하는 남성과 결혼하는 '자본과 권력'이 결합하는 결혼문화가 생겨났다. 북한 남성들은 대부분 10년 이상 군 복무를 하고 사회에 나와서도 출세를 위해서는 대학 공부를 마쳐야 한다. 이 기간 동안 남성과 남성의 가족(시부모, 형제)을 경제적으로 뒷바라지할 여성이 필요하다.

 청진 출신 아내로서의 여성은 부모님을 일찍 여의고 언니와 근근이 살았다. 중국에서 옷을 들여와 청진 시장에서 판매하는 장사 활동을 하였는데, 매대 위치도 좋고, 판매 품목도 나쁘지 않았으며, 무엇보다 수완이 좋아서 세련미 있고 유행에 민감한 여성 옷들을 판매하여 돈을 많이 벌었다. 청진 시내 중심가에 고층 아파트를 구매할 수 있을 정도로 돈을 번 후 군관 남자와 결혼하였다. 결혼 상대자에게 아낌없는 물질적 지원은 당연하다고 여겼다. 이 여성뿐 아니라 일반적 북한 여성들은 군관 남성을 결혼 상대로 선호했다. 그리고 자신이 경제적으로 뒷바라지하는 것을 당연시 여겼다.

다른 한편 아내로서의 여성은 남편의 정치적 지위가 여성의 시장 활동에 영향을 미치기 때문에 남편의 출세와 지위 상승을 중요하게 여긴다. 북한은 정치적 특권이 남성 중심으로 배분되고 여성은 남성 권력에 의존할 수밖에 없는 사회적 현실에 놓여 있다. 따라서 가족 내 남성의 정치적 지위를 활용하여 여성의 경제활동을 더 크게 벌이기 위해서는 남편을 먼저 추켜세우는 일이 우선된다.

"그 대방이 또 저 공업단지하고 손잡은 거거든요. 개성공단하고. 그래 가지고 물품을 가져왔는데 ..(그 대방 하시던 분은 뭐하시던 분이에요? 원래) 원래 그냥 이렇게 중국 공업품 중고 이런거랑 크게 하는 장사꾼이었거든요. (남자?) 아뇨 여자 (남편분이 뭐하는 분이시고?) 남편은 도보안국 다녀요. 그런 거 뭐 다 아무 사람들이나 못해요. 보면 그런 나쁜 일이랑 하는 사람들 보면 다 간부집 사모님들이에요." (박윤정 외, 2019)

(4) 공식조직을 활용하여 시장자본을 축적하는 권력가로서의 여성노동

북한 여성의 경제활동에는 헌신적이며 희생적인 가부장제에 둘러싸인 여성의 모습만 있는 것이 아니다. 오히려 시장 활동을 자본축적의 계기로 삼고, 경제활동을 통해 더 큰 권력을 행사하는 권력가 여성으로 변모하는 모습도 있다. 이런 권력가 여성이 성장할 수 있는 대표적 조직 발판이 북한 4대 근로단체 중 하나인 조선사회주의여성동맹(이하 여맹)이다. 북한 여성들은 주로 미혼 시기에 혁명가이자 노동자로서 경제적 지위와 역할을 부여받지만, 기혼자가 되면 가두여성(부양)이 되어 여맹 조직에 의무적으로 소속된다. 그리고 다양한 조직 생활에 참여하여야 한다.

> "조직생활은 열심히 했어요. 아무리 힘들고 그래도 조직생활만을 못 빠져요. 조직생활은 다 참가하면서 그 외 짬 시간에 부업을 하는 거예요. 난 녀맹도 하고 반장생활도 하니까 한 개 인민반 40세대를 책임졌어요. 8개 인민반의 총책임자가 있는데 그것까지 제가 겸했거든요. 언제 집의 일도 돌볼 새 없이 했지요. 말이 노동자지 농장가서 일년 내내 일 많이 해요. 생산할 것이 없으니까. 그 외에도 건설현장에도 많이 가고, 도로닦기, 송이 캐러가기도 하고, 외화벌이도 하고 이일 저일 다 해요. 그래도 배급이랑 월급이 없어요." (이가영, 2017)

북한의 경제난은 기존 공장기업소에 다니던 여성 노동자들을 사실상의 실직 상태에 빠트렸다. 공장에 다닐 필요가 없어진 여성들은 의도치 않게 가두여성이 되어 여맹의 조직대상이 되었다. 이후 여맹은 장사 활동을 하는 가두여성을 대상으로 많은 자금을 확보할 수 있었다. 정기적으로 진행되는 여맹의 조직 생활을 빠지고 시장에 나가 장사 활동을 하기 위해서는 '돈'을 고여야만 했다. 건설 현장에 나가지 않기 위해, 도로를 닦지 않기 위해, 송이를 캐러 가지 않기 위해 여성들은 여맹 조직에 노력동원을 대신할 돈을 납부하였다. 그러다 보니 여맹의 경제적 지위는 높아가고, 여맹이 자본을 동원할 수 있는 능력 있는 조직이 되었다.

연구자가 만난 북한 국경 지역의 군(郡)단위 여맹위원장은 여맹 차원에서 공식무역을 위장한 밀수사업을 진행하였으며, 비공식 무역 거래를 통해 창출한 소득을 국경 경비대, 보안원, 당 기관, 여맹 산하의 700명 여맹원 모두의 생계를 위해 사용하였다.

"그러니까 우리가 그 아줌마들한테 내가 지령 준단 말이죠. '너는 여기서 얼마, 얼마 돈 떼라.' 그러면 그 돈을, 돈으로 주던가, 아니면 쌀을 너희 네 마을에서 쌀 모아가지고, 돈 모아가지고 쌀 급한 사람 지켜라, 하면 그 반장들이, 지구장들이 다 있어요. 그래서 만나가지고 이렇게 해라, 이렇게 해라, 지령 주면 그것들이 다 해가지고 와서 딱 넘어가서 나한테 오거든요. 그러면 나는 소대장한테 인계를 해서 자기네도 살고 우리도 살고 이렇게 살았거든요." (구술자A, 여성, 58세)

여맹위원장은 군대도 다녀오고 대학도 나왔으며 김일성 접견자이기도 하다. 한 지역을 책임지는 위치에서 수십 년 동안 거주해 왔다. 그러나 경제난을 맞아 지역민들의 생활이 곤궁해지고, 국경을 넘다가 사고가 나는 사건을 접하면서 공동의 대책을 세우기 시작하였다. 직접 경비대를 데리고 중국으로 넘어가 거래를 할 대방을 찾았으며, 상호 거래할 수 있는 품목들을 결정했다. 경비대는 길을 안내했고, 물건이 오가는 길목의 보초를 서주었다. 또한 여맹위원장은 각 하부 단위의 여맹원을 통해 파철, 약초, 동물털, 융, 동, 아연, 금속 등 집집마다 가능한 물건들을 거점에 보냈고, 거점에서 물건들을 계량하여 중국으로 넘겼다.

"요만한 폭밖에 안 돼요. 압록강이라는 게. 그러니까 애들이 물이 발목까지 오는 데 있거든요. 그 통로를 잡아주면 그거를 애들이 갔다 오거든요. 애들까지 다 10kg, 20kg 메고 넘어가는데 동 같은 거는 20kg라는 게 요만해요. 그러니까 우리, 나 같은 사람은 80kg를 메고 나아가거든요. 그러니까 아주 그냥 대중적인 운동으로 번졌어요." (구술자A, 여성, 58세)

여맹위원장이 직접 나서 진두지휘를 했기 때문에 이 지역의 비공식 무역 거래는 상당히 오랫동안 안정적으로 전개되었으며, 여맹위원장은 지역의 살림살이를 모두 책임지는 사실상의 책임자, 권력가가 되었다. 결국 당위원회에 신소가 제기되고 소명할 기회를 얻은 권력가 여성은 큰 소리를 쳤다.

"'책임비서 동지, 내가 이제부터 밀수 안 할 수 있어.' 그러니까 경비대 소대장, 대대장, 중대장이 막 난리치거든. 어찌 이러냐고, 제발 좀 도와달라고. (중략) 소대장이 우리는 농촌은 배급도 안 주니까 우선 살기 힘든데 타 사민들이 어떻게 살겠는가. 그러니까 참으로 똑똑한 유명 인사이니까 그렇게 한 건데 그 여자를 그렇게 하면 우리도 살기 힘들다고 책임비서 동지 좀 어떻게 도와달라고. 책임비서가 뭘 말하게? 하라고도 말도 못 하고 그만두라고도 말도 못 하고 했거든. 조직부에서 날 부르더라고요. 그래서 조직부에서 비서관저로 올라가니까 내가 정말 너를 이해하기 힘들다. 너를 반동이라 했으면 좋겠는지, 혁명가라고 했으면 좋겠는지, 내가 정말 어떻게 말했으면, 표현했으면 좋겠는지 모르겠다." (구술자A, 여성, 58세)

공식조직을 움직이며 비공식 무역 거래를 진두지휘했던 이 여성은 당의 책임비서가 혁명가인지 반동분자인지 혼돈스러운 권력가 여성으로 재탄생한 것이다.

(5) 혁신적 기업가 정신을 보유한 기업인으로서의 여성노동

지난 30여 년의 북한 시장화 과정을 통해 북한 여성 기업인의 등장과 성장은 중요한 변화 중 하나이다. 초기에는 이들을 '돈주'라고 칭했다. 돈의 주인이라는 뜻을 가진 돈주는 과거 고리대금업자를 의미했지만, 최근에는 붉은 자본가 역할을 담당하는 이들을 지칭하는 것으로 변화했다. 그리고 김정은 시기에는 돈주들이 단순히 돈을 빌려주는 것을 넘어 '투자'의 개념으로 공장기업소와 긴밀한 관계를 맺고 자본을 제공하는 역할을 담당하기도 한다. 북한의 돈주 중 여성이 어느 정도 비중을 차지하는지 추산하긴 어렵다. 최소한 매대 장사는 거의 다 여성이 하고 있기에 자영업자로서 여성의 수는 적지 않다고 볼 수 있다(박윤정 외, 2019).

주목할 만한 일은 북한 여성들을 대상으로 이미 자본주의 경제·금융 교육을 10년 이상 진행해온 해외 NGO가 있다는 점이다. 조선교류(Choson Exchange)는 싱가포르에 본부를 둔 비영리단체이다. 조선교류는 2007년부터 기업가 생태계 및 1세대 시장지향적 스타트업을 구축하기 위해 약 3,000명의 북한 주민들에게 교육을 제공하고, 2012~2015년 시기에는 북한 여성에게만 초점을 맞춘 특화된 프로그램을 진행한 바 있다.

연구자가 만난 조선교류의 한국지부 담당 닐 바이센스(Nils Weisensee)는 조선교류 프로그램에 참여한 북한 여성이 약 500명

Since 2007, **Choson Exchange** has been engaging with the DPRK to spur on the next generation of innovative entrepreneurs that succeed in the most challenging of environments. Choson Exchange supports local entrepreneurs in North Korea by providing them with hands-on training in entrepreneurship, business, marketing, and more.
-https://www.chosonexchange.org

정도이며, 평양과 인근 도시에서 참여한 여성들이라고 전했다. 또 조선교류는 평양시와 평성시에서 자본주의 경제·금융 교육프로그램을 진행한 바 있으며, 북한 여성들은 경제교육에 관심이 높고 아주 다양한 질문과 창의적 접근을 하였으며, 교육의 성과도 있었다고 했다(Nils Weisensee, 2019). 닐 바이센스는 소위 자본주의적 기업 활동을 뒷받침하는 물자공급, 정보교환, 광고, 마케팅 수단 등의 경제적 하부구조(infrastructure)가 북한에는 제대로 갖추어지지 못했기 때문에, 참여한 북한의 여성 기업가들은 기존의 인맥과 자신의 경험 등을 활용하여 '전형적인 시장자본주의에서는 존재하지 않는 해결책'들을 고안하는 등 뜻밖의 창의성을 보였다고 했다. 교육을 받은 후 일부의 여성은 평양의 금릉 커피숍을 창업하였고, 편의점을 운영하는 성과도 나타났다고 전했다.

조선교류 프로그램에 참여한 이들은 공식적 시장경제 영역에서 전문기업인으로 교육받고 국가 상업을 전개하는 기업가 여성들이다. 국가 재정으로 인입되는 기업 활동을 하고 있지만, 이들 기업가 여성들은 기획생산부터 소비지출에 이르기까지 이윤 창출을 목적으로 하는 자본주의 기업을 운영하고 있다. 이들의 존재는 북한 여성의 경제적 지위 부상의 한 단면을 보여주고 있다는 점에서 매우 긍정적인 현상이며 앞으로의 변화도 주목된다.

3) 부상(浮上)-부재(不在)-불변(不變)의 여성노동

북한의 시장화는 여성들의 경제적 역할을 확대하는 계기가 되었다. 북한 여성들은 '가장 먼저, 가장 쉽게, 가장 빨리' 시장 활동을 시작하였다. 여성은 가족의 생계 책임자가 되어야만 했고, 여성들은 다양한 생계 방안을 모색하면서 시장경제의 경험을 축적했다. 또한 시장화가 진행될수록 더 많은 여성들이 생계유지만이 아니라 물질적인 생활 향상을 기대하며 시장경제 참여자에서 시장경제 전문가로 거듭나게 되었다. 여전히 사회 전반으로 여성=아내=가사노동 그리고 남성=생계부양자라는 성역할 구조가 잔존하고 있지만, 시장화 이후 남성 생계부양자 지위의 약화와 여성의 가족 부양 능력과 역할의 확대, 그리고 가정에서 여성의 발언권도 커지고 있는 추세이다.

〈표 5-7〉 아내의 경제적 능력이 생기면서 나타난 변화에 대하여

구분		남편의 권위 실추	아내의 발언권 세짐	여성의 지위 향상	남편의 집안일	이혼 별거 증대	아내가 바람피는 경향 많아짐	부모봉양이 약해짐	별다른 변화 없음	기타	전체
성별	남	8	9	1	1	2	2	1	0	2	26
	여	8	10	4	3	0	1	0	2	0	28
전체		16	19	5	4	2	3	1	2	2	54

자료: 오유석, "북한의 시장화와 여성".

2014년 북한이탈주민을 대상으로 '아내의 경제적 능력이 생기면서 나타난 변화'를 조사한 결과, '여성의 발언권이 세짐'이 가장 높게 나타났다. 유사한 현상으로 보이는 '남편의 권위 실추'는 차 순으로 나타났다. 북한 여성이 과거 순종적이고 의존적인 여성상을 탈피하고, 경제적 역할이 증대함에 따라 가족 내 젠더 관

계에 영향을 미치고 있다. 물론 북한 여성들은 가사노동에 대해 여전히 아내가 해야 한다(42.6%)는 의견이 지배적이고, 남편이 더 번다면 아내가 해야 한다(16.7%)면서 가사와 사회의 이중 노동을 당연하게 받아들인다. 그러나 점차 남편도 분담해야 한다(20.4%)거나, 남편이 돈을 벌지 않고 집안에 있다면 남편이 해야 한다(13.0%)는 의견도 많아지고 있다(오유석, 2015).

북한 당국도 여성의 경제적 역할이 확대되고 역량 있는 직업군으로 부상함에 따라 여성을 적극적인 경제적 주체로 내세우려 하고 있다. 먼저, 북한은 서비스 산업을 발전시키기 위해 여성의 외모를 내세운 마케팅기법을 활발히 전개하고 있다. 북한에서 서비스업이란 식당, 상점, 미용, 이발을 비롯한 분야로 '편의봉사 부문'에 속한다. 기존에는 인민봉사원이라 불렀다. 지금은 대외무역 및 외화벌이 기관과 관광객 대상의 편의봉사 부문에 예쁘고 젊은 여성들을 전략적으로 배치하여 판매를 촉진하고 있다. 이곳에 배치받기 위한 여성들의 경쟁은 매우 치열하다.

> "서비스에서 중요한 것은 인상관리와 몸짓이다. 접대복은 따로 있다. 바깥 분위기와는 사뭇 다른 복장을 입고 '안녕하세요? 어서 오세요' 하면서 맥주를 따서 잔에 따라주며 상냥한 미소를 띠는 식당접대원들의 예쁜 얼굴은 미련한 남자의 본능을 자극하기엔 충분하다." (강은주, 2017)

또 다른 영역은 첨단과학 분야의 여성 과학자 양성이다. 설계기사, 기계기사, 대학연구사, 과학자, 국방과학연구소 등 과학기술 계통의 전문 직업에 종사하는 여성들의 모습을 강조하고 있다. 이것은 김정은 시기에 두드러지는 현상으로 기존 남성의 전유물이라 여겨졌던 첨단과학 분야에 여성 전문가가 더 많이 진출할 것을 강조하며 '김정은 시대의 여성'들을 새롭게 창조하고자 한다(로동신문, 2016.3.8.). 지난 2022년 3.8 부녀절에 등장한 북한 여성들은 기존의 혁신 노동자, 다수확 농민, 학교 교원, 배우 등의 여성만이 아니라, 화력발전소(전기 분야)의 여성, 여성 과학자(지배인), 상하수도 부문의 혁신자 여성 등이 등장하여 앞으로도 과학자 여성이 계속 강조될 것임을 보였다(조선중앙텔레비죤, 2022.3.8.)

이처럼 북한 여성은 가족과 사회, 국가의 핵심 노동력으로서 경제활동 영역에서 이들의 역할이 강조되고 있다. 그러나 여성의 역할이 커지는 만큼 여성의 지위가 상승하고 이를 보편적으로 대변해 줄 법적, 제도적 조치는 부재(不在)하다(강채연, 2020). 북한 당국이 남녀평등권을 통해 북한 여성들의 가사와 양육의 사회화는 이뤄졌을지 몰라도, 국가의 재정 부족으로 현실에서 제대로 구현되고 있지 못하다. 또한 여성과 남성이라는 전통적 성역할이 고정되어 있고, 여성의 변하지 않는 사명은 '모성의 실현'이라는 신화는 지속되고 있다. 북한 체제는 여성노동력을 필요로 하는 만큼 여성들의 사회적 참여를 강제하는 다양한 조직 활동을 의무화하여 국가가 여성 노동을 통제하고 있다. 동시에 이분법적 성별 직종의 수평·수직적 분리와 성차별적 위계 구조 역시 여전히 불변(不變)한 채 작동하고 있다. 따라서 북한 여성이 주체적 노동을 실현할 수 있는 제도적 조처와 사회적 의식의 부단한 제고는 여전히 필요하다.

04 주체적으로 노동하는 여성을 향하여

북한의 여성정책은 '노동자 여성'과 '어머니 여성'을 같은 선상에 놓고, '어머니 여성'을 사회가 책임지고 도와주며, '노동자 여성'은 국가와 사회를 위해 무한한 노동을 하라고 한다.

살펴본 것과 같이 북한에서 '노동자 여성'은 나라의 의무교육을 받고, 국가와 사회를 향해 단일한 진로를 선택하며, 배치된 직업의 세계 안에서 노동의 의무를 다하는 이들이다. 노동자 여성의 경제활동 경로는 공식경제, 국영경제 틀 안에서 흔들림이 없다. 그러나 '어머니 여성'은 국가와 사회로부터 무한 책임을 제공받지 못하고, 가정 안에서 평등한 권리를 보장받지 못한 채 이들의 경제활동 경로는 결혼과 함께 끊임없이 흔들린다. 애초부터 북한 여성의 경제활동은 사회적으로 평등하지 못하며, 특히 '노동자 여성'으로서의 정체성을 쉽게 포기할 수밖에 없는 구조이다. 독립된 주체로 나아갈 수 없는 장벽과 한계가 여전히 존재한다.

경제난 이후 '노동자 여성'은 사라지고, '어머니 여성'과 '가족 구성원으로서 여성'만이 존재하게 된 현실에서 이들은 모두 시장경제 활동에 뛰어들었다. 북한 여성의 경제활동은 광범위하고 활발해졌으며 다양한 역할 수행으로 자신들의 경제적 부상을 알렸다. 시장화 이후 북한 여성은 과거 사회주의 시기와 다른 정체성을 지니고 있다. 시장 활동을 하는 북한 여성은 기존 '노동자 여성'이 아니라, '주체적으로 노동하는 여성'이 되어 갔다. 그런데 북한 당국은 주체적으로 노동하는 여성을 도외시하고, 여전히 '어머니 여성'의 정체성만을 한층 강조하고 교양을 심화하고 있다.

이제 북한의 여성정책은 '주체적으로 노동하는 여성'에 대한 정책 마련이 필요한 단계이다. 진로 선택부터 직업의 세계가 달라져야 하며, 가족과 국가의 가부장제를 변화시켜 여성의 경제적 역할을 심화시키고, 경제적 역할에 알맞은 사회적, 정치적 지위를 보장하는 변화로 나아가야 할 것이다.

에필로그

주체적으로 노동하는 북한 여성의 항해

미국에서 만난 북한이탈주민 B의 이야기를 해볼까 한다. B는 한국인이 거주하지 않는 지역에서 흑인들을 대상으로 슈퍼마켓을 운영하고 있었다. 나에게 B를 소개해 주신 분은 미국에 잘 정착하여 살고 있는 북한여성이라고 했다. B를 만나러 장거리 운전을 했고, 도착해서도 장사가 끝나길 하염없이 기다렸다. B는 늦은 시각까지 가게 안으로 들어오는 손님들을 응대하느라 정신없이 바빴다. 슈퍼마켓의 외관은 작고 초라했다. 그리고 한켠에서 음식을 팔았다. B의 슈퍼마켓은 물건을 파는 곳이라기보다 흑인 노동자들의 배고픔을 정성 담긴 음식으로 채워주는 곳으로 유명했다. 면담을 하면서 그녀가 내게 말하길, '나는 배고픔을 안다. 먹는 음식은 무조건 맛있게 풍족하게 주고 싶은 것이 내 맘이다. 그걸 손님들이 음식으로 느끼는 것 같다. 영어 한마디 못하지만 나의 음식이 그들의 맘에 가 닿은 듯하다. 그래서 나는 돈을 벌 수 있었다'고 했다.

주체적으로 노동하는 B의 모습에서 강인한 삶의 의지가 느껴졌고, 이민자 생활에서 터득한 장사의 노하우를 발견할 수 있었다. B를 통해 향후 북한 체제가 변화한다면 얼마나 많은 여성들이 경제적 주체로 등장하고 성장할 수 있을지 상상케 했다. 하지만 주체적으로 노동하는 B의 항해는 가족을 향해 나아가고 있었다. B는 북한을 등지고 강을 건너 나올 때는 잠깐 돈을 벌자고 나왔다고 했다. 어쩌다 미국까지 와서 뒤돌아볼 틈도 없이 살기 바빴고, 그리고 8년이 흘렀다. 배고플 땐 몰랐지만 먹는 문제를 해결하고 나니 그리움에 견딜 수가 없었다고 했다. '엄마 한번 안아보고 오는 게 소원'이어서 두만강 앞까지 갔다고 했다. 그런데 엄마는 '살아있으면 됐다고, 위험하니까 만나지 말자'고 했다고 한다. B가 다시 미국으로 돌아오는 길은 눈물 바람이었고, 아직도 밤마다 꿈속에서 부모님과 고향집이 나타난다며 깊은 향수병을 토로했다.

B가 다시 북한으로 돌아간다면 어떨까? 과연 그 헌신적이고 주체적인 노동의 의지가 지속될 수 있을까? 아마 그렇지 못할 것이다. 그런 의미에서 그녀들의 주체적 삶의 항해가 북한 체제 안에서도 원활하게 이루어질 수 있도록 변화가 필요한 것이다. 그리고 결국 이들의 진정한 항해는 통일과 평화의 바다에서 완성되는 것이 아닐까 생각해 본다.

> **생각해 봅시다**

1. 자본주의 체제의 여성 노동과 사회주의 체제의 여성 노동은 어떠한 차이가 있는지 생각해 봅시다. 또 같은 노동에도 불구하고 차이가 발생하는 근본 이유는 무엇인지 생각해 봅시다.

2. 북한에서 시행하고 있는 성역할 차이에 따른 성별분업 정책은 성평등을 위반하는 정책일까요? 한국 사회에서도 양성평등 정책에 관한 다양한 논의가 진행되고 있는데 진정한 성평등 정책은 어떠한 것일지 생각해 봅시다.

3. 북한 여성들이 '주체적으로 노동하는 여성'이 되기 위해 필요한 법적·제도적 조치는 무엇일까요? 남한 여성들은 주체적으로 노동하고 있는지 남북한 여성의 노동 실태에 관해 비교하여 생각해 봅시다.

참고문헌

1. 국내문헌

강은주, 「북한의 서비스 산업과 여성의 성상품화」, 『월간 북한』, 2017년 1월호.

강채연, 「북한 여성노동력의 경제적 의미와 인권: 사회적 참여정책과 영향을 중심으로」, 『아시아여성연구』 제59권 2호, 2020.

고유환·박희진, 『북한도시 함흥·평성 자료해제집Ⅱ』, 선인, 2014.

김두섭 외, 『북한 인구와 인구센서스』, 통계청, 2011.

김소영, 「경제위기 이후 북한 농업부문의 계획과 시장」, 북한대학교대학원 박사학위논문, 2017.

김학재 외, 『북한사회변동 2020: 시장화, 정보화, 사회분화, 보건』, 서울대 통일평화연구원, 2021.

김화순·안지연·함연희, 「첫 직장과 결혼: 북한 여성의 직장진출과 진로분화」, 『통일인문학』 제84집, 2020.

대한변호사협의회, 『북한인권백서』, 대한변호사협의회, 2014.

박병애, 「북한 국경도시 여성들의 시장 경험과 삶의 변화에 대한 사례연구」, 『질적탐구』 제9권 1호, 2023.

박윤정 외, 『북한 여성의 경제적 역량 강화를 위한 남북한 교류협력사업 추진 방안(1)』, 한국여성정책연구원, 2019.

박정현, 「북한의 경제난과 여성의 역할변화 연구」, 경기대 석사학위논문, 2006.

박희진, 「7.1 조치 이후 북한 여성의 사경제 활동」, 『통일연구』 제14권 제1호, 2010.

박희진, 「북한의 농촌공간변화와 '국가-농장원'의 행위전략 연구」, 『도시인문학연구』 제15권 1호, 2023.

송강직, 「북한 사회주의노동법의 특징」, 『강원법학』 제44권, 2015.

송현욱, 「북한의 사경제활동과 비공식 노동시장화에 대한 제도적 고찰」, 『홍익법학』 제23권 2호, 2022.

양문수 외, 『북한의 노동』, 한울아카데미, 2007.

오유석, 「북한의 시장화와 여성」, 『한반도포커스』, 경남대 극동문제연구소, 2015.

이가영, 「북한 여성동맹조직 역할 변천에 대한 연구」, 『아세아연구』 제60권 3호, 2017.

장용석 외, 『북한사회변동 2015: 시장화, 정보화, 사회분화』, 서울대 통일평화연구원, 2016.

정상용, 「사회참여도 높은 북한여성」, 『연합뉴스』, 2001년 3월 9일.

정은찬, 「북한의 시장화가 북한여성의 경제적 역할에 미치는 영향」, 『통일·북한 연구 최종보고서』, 국립통일교육원, 2017.
조사국 국제경제부 미국유럽경제팀, 「주요국의 여성 경제활동 참여 증가 배경 및 시사점」, 『국제경제리뷰』, 한국은행, 2018.
조일라, 「북한 20-30대 여성의 가치관」, 동국대대학원 석사학위논문, 2022.
조정아, 『북한의 노동인력 개발체계: 형성과 변화』, 통일연구원, 2005.
조정아, 「김정은 시대 북한 여성의 노동과 직업」, 『KDI 북한경제리뷰』, 한국경제개발원, 2020.
통일부, 「2020년 북한 경제사회 심층정보 수집사업 주요 조사 결과」, 국회 외교통일위원회 김경협 의원이 제출한 자료, 2020년 10월 14일.
통일부, 『북한의 이해』, 국립통일교육원, 2023.
한국무역협회 회원사업부 남북교역팀, 『북한의 임금 구조와 시사점』, KOTRA, 2003.
한국여성개발원, 『통일대비 남북한 여성 가족 관련 법제 통합의 기본방향』, 한국여성개발원 이슈페이퍼, 2014.
홍민 외, 『북한 전국시장 정보: 공식시장 현황을 중심으로』, 통일연구원, 2016.
「북한 여성노동자들의 삶」, 『e노동사회』, 한국노동사회연구소, 2013년 5월 7일.
구술자A(여성, 58세), 국경지역 여맹위원장, 2024년 1월 19일 박희진 인터뷰.

2. 북한문헌

김창호, 『조선교육사3』, 교육도서출판사, 1990.
『로동신문』, 「과학전선에 애국의 자욱을 새겨간다: 국가과학원의 녀성과학자들을 만나보고」, 2016년 3월 8일.
『로동신문』, 「당의 과학기술중시로선 관철에 앞장선 미더운 녀성들」, 2018년 11월 16일.
백진규, 『주체의 로동관』, 조선로동당출판사, 1991.
사회과학출판사, 『경제사전1』, 사회과학출판사, 1985.
『조선중앙텔레비죤』, 「3.8 국제부녀절 특집방송」, 2022년 3월 8일.

3. 국외문헌

Nils Weisensee, "The Upside Of Uncertainty : How North Korea's Extreme Economy Creates Resilient Entrepreneurs," 동국대 북한학연구소 해외전문가 초청 특강, 2019년 6월 3일.
UN Women, "Facts & Figures on Women, Poverty & Economics," Povertyinfo.org

https://blog.naver.com/PostView.naver?blogId=gp3project&logNo=10142800099&categoryNo=0&parentCategoryNo=9&viewDate=&currentPage=32&postListTopCurrentPage=&from=menu&userTopListOpen=true&userTopListCount=20&userTopListManageOpen=false&userTopListCurrentPage=32, (검색일: 2024.7.30.)

World bank, 「15세 이상 성별 경제활동 참가율」, 『통계청 북한통계』, 2018. http://kosis.kr/statHtml/statHtml.do?orgId=101&tblId=DT_BWboo29&conn_path=12, (검색일: 2024.9.23.)

6장

북한 여성의 교육과 조직생활을 통한 성역할

평양외국어학원의 여성교사와 학생들의 수업풍경(사진: 연합뉴스)

01 성평등 무료교육의 성별 분화

1) 12년제의무교육과 여성 교육

"세상에 부럼없어라!" 이 표어와 노래는 북한의 사회주의 대가정론에 기초하여 '수령과 당의 품속에서 행복하게 사는 모습'을 그리고 있다. 북한의 아이들은 학령 전부터 이 노래를 목청껏 부르며, 세상에서 가장 평등하고 화목한 아이들로 행복하게 성장하고 있다는 것을 강하게 주입받고 있다.

북한의 교육 역시 평등교육에 기반하여, "사회주의 교육학의 원리를 구현하여 후대들을 사회와 집단, 조국과 인민을 위하여 투쟁하는 참다운 애국자로, 지덕체를 갖춘 사회주의 건설의 역군으로 키우는 것"에 목적을 두었다(사회주의헌법, 제43조). 따라서 국가는 모든 학생들을 무료로 공부시키며, 대학생들에게는 장학금까지 지급하는 것을 법으로 명시하고 있다(사회주의헌법, 제47조).

구체적으로 중등일반교육 학제는 학교 전 교육 1년, 소학교 5년, 초급중학교 3년, 고급중학교 3년으로 총 12년제의무교육으로 실시한다. 또 "남학생과 여학생은 차별없이 평등한 교육교양을 받는다."(보통교육법, 제37조)를 법률로 규정하고 여학생의 권리를 주장하고 있다.

그러나 북한의 교육기관에서 여학생의 권리에 대한 교육은 매우 제한적이며, 오히려 교과 교육을 통해 성차별적 인식을 내면화하도록 가르치고 있다. 북한 인구의 절반 이상을 차지하는 여

'세상에 부럼없어라'(1961) 노래 가사

1절.
하늘은 푸르고 내 마음 즐겁다
손풍금소리 울려라
사람들 화목하게 사는
내 조국 한없이 좋네
(후렴)
우리의 아버지 김일성원수님
우리의 집은 당의 품
우리는 모두 다 친형제
세상에 부럼없어라

2절.
우리 힘 꺾을 자 그 어데 있으랴
풍랑도 무섭지 않네
백두의 넋을 이어 빛나는
내 조국 두렴 몰라라 (후렴)

3절.
동무들 다 같이 노래를 부르자
손풍금 소리 맞추어
천리마 나래펴는 내 조국
백화가 만발하였네 (후렴)

사회주의 대가정론은 북한 사회 전체를 하나의 가정으로 보고 수령·당·인민의 관계를 아버지·어머니·자녀의 관계로 규정하는 개념이다. 북한은 사회주의 대가정론에 기초하여, 수령이 은덕을 베풀면 모든 사회구성원은 수령을 위해 충성과 효성을 다바쳐야 한다는 인식을 심어주고 있다(국립통일교육원, 2023).

성에 대한 교육은 그 사회가 추구하는 정치이념과 가치체계를 고스란히 담고 있다. 학교교육을 통해 북한의 여학생들은 국가가 만들어 내는 가부장제 이데올로기에 기반한 '여성성'을 습득하고 있다.

2) 법령을 통한 성평등 교육 방향

북한은 해방 후 이듬해인 1946년 7월 「남녀평등권」 법령을 제정하고, 사회의 모든 영역에서 남녀평등에 대한 법률을 최초로 마련하였다. 이후 「사회주의헌법」 제77조를 통해 여성들도 남성과 똑같은 사회적 지위와 권리를 가지며, 국가는 여성들이 사회에 진출할 온갖 조건을 보장하는 것을 원칙으로 규정하였다.

북한은 아동기부터 '평등권보장원칙'에 따라 "아동은 출신성분이나 성별, 부모 또는 보호자의 직위, 재산소유관계, 신체상결함 같은 것에 관계없이 누구나 꼭 같은 권리를 보장"받는 것을 규정하였다(아동권리보장법, 제3조). 또한 "여성은 교육, 문화, 보건 분야에서 남성과 평등한 권리를 가진다."라고 명시하고 있다(여성권리보장법, 제18조). 교육기관에서 여학생은 남학생과 각급 학교에 입학·진학·졸업까지 평등하게 교육받을 권리를 가진다는 것이다. 고등교육단계에서 학생을 모집할 경우에도 특수 전공 분야의 학과를 제외하고 성별을 이유로 여성을 모집하지 않거나 제한하는 행위를 금지하도록 규제하고 있다(여성권리보장법, 제19조). 여학생의 신체를 고려하여 육체적 특성에 맞게 교육을 제공하며, 여학생의 건강을 보호 증진하는 것도 명시하고 있다(여성권리보장법, 제20조).「보통교육법」제37조에서도 성별 평등교육을 제시하고 있다. 이처럼 북한은 각종 법령을 통해 교육과 보건, 사회진출까지 남성들과 평등하게 여성의 권리를 보장하는 것을 강조하고 있다.

3) 학교교육과 결합된 가정교육

북한은 학교교육과 사회교육+가정교육을 결합하는 것이야말로 사회주의 교육의 중요한 특성이며 우월성이라고 내세운다. 학생들이 학교교육뿐만 아니라 학교 밖에서의 과외생활에서도 사회주의 교육학의 요구에 맞게 조직지도가 필요하다는 것이다. 청소년기 학생들에게 학교교육과 사회교육, 가정교육을 밀접히 결합시키는 것은 어려서부터 바르고, 건전하게 키우기 위한 중요한 요구로 강조한다.

사회주의 교육학에 따르면, 학교교육과 결합된 사회교육은 첫째, 사회교양기관들을 통한 교육을 잘 하기 위한 것, 둘째, 가정교육을 잘 할 수 있도록 하는 것, 셋째, 출판보도물과 문학예술을 통한 교육을 강화하기 위한 것으로 분류된다. 여기서 가정교육은 가족 구성원들에 의해 진행되는 사회교육의 형태로써, 무엇보다 중요한 조직지도사업의 핵심 영역이다. 가정교육은 사람이 태어나서 처음으로 접하게 되는 사회적 교육이며, 학교교육 역시 부모들의 자녀교육을 통한 적극적인 협력에 의해서만이 성과적으로 진행될 수 있다고 보는 것이다. 따라서 북한은 학교교육과 가정교육을 결합하는 것을 학생 교양의 중요한 고리로 내세우고 있다(로동신문, 2022.8.9.). 가정은 사회의 세포이며, 학생들은 가정에서 생활하는 과정에 부모로부터의 교육적 영향을 많이 받기 때문이다.

특히 '혁명적' 세계관의 골격이 만들어지는 중학교 시기, 학교나 사회에서 발견될 수 없는 학생들의 습성과 결함을 가정에서 교양하는 것이 우선되어야 한다는 것이다(김운진 외, 2008). 북한은 이미 오래전부터 "교육기관과 가정에서 녀성들에게 가사 일반교양을 강화"하는 것에 사회적 관심을 기울여 왔다(민주조선, 1956.12.11.). 아이들을 지덕체를 갖춘 자주적 인간으로 키우기 위해서는 가정에서 부모들의 자녀교양을 중요한 의무로 간주한다(가족법, 제27조).

김일성의 "자녀교양에서 어머니들의 임무"라는 노작에 따르면, "아이를 낳아 키우는 것은 어머니인 것만큼 어린이의 첫째가는 교양자는 어머니이며, 어릴 때 어머니로부터 배운 것은 일생동안 잊혀지지 않는다고, 어머니의 모범적인 행동은 아이들의 성격과 습관을 기르는 데 중요한 영향을 미친다"는 것이다(로동신문, 2021.5.6.). 즉 국가가 자녀교육의 주 양육자를 어머니로 한정하고 있다. 가정은 자녀들에게 국가에 대한 애국심과 혁명성을 키워주는 '샘'이며 '시발점'이기 때문에 '가정교육=어머니' 역할이 더욱 강조된다(백영희 외, 2014). 이에 북한은 11월 16일을 '어머니날'로 정하고, 어머니들이 자녀들을 국가 건설의 기둥감으로 키우는 임무와 함께 '사회주의 생활문화를 꽃피어가는 화목한 가정'을 만들기 위해 도덕적 의무와 책임을 강조하고 있다(로동신문, 2012.7.30.).

한편, 북한은 자녀들이 학교에서 배운 내용에 대한 참고자료를 가지고 어머니가 가정에서 학습지도를 해줄 수 있도록 요구하고 있다. 어머니는 담임교사들과 긴밀하게 연계하여 자녀의 학교생활을 파악하는 동시에 학교에서 배운 교육내용에 대한 학습지도까지 해야 한다는 것이다(로동신문, 2024.6.10.).

요즘은 학교에서 요구하는 각종 세외부담 과제들까지도 부모들이 모두 감당하고 있다(조정아 외, 2023). 1990년대 중반 이전에는 어머니들의 역할이 학교교육의 보조자로 기능했다면, 1995년 이후 경제난에 따른 시장화가 발달하면서 어머니들의 경제력에 따른 적극적인 개입이 자녀의 학교교육에 영향을 미치고 있다.

4) 교육기관에서의 성별 분화 형성

어느 사회도 그렇듯이, 북한의 여학생들도 유치원이나 학교와 같은 제도화된 교육기관에서 사회적 역할을 준비하게 된다. 교육기관에서 학생들은 국가가 제시하는 교육이념, 교과서를 통해 전달되는 지식이나 가치체계와 같이 표면적으로 드러나는 교육과정에 의해 의도된 교육을 받는다. 또 교사의 교수방식이나 상벌, 학교 내 권위구조, 공간과 활동의 구분 등 은연중에 전달되는 잠재적 교육과정도 경험한다(곽삼근 외, 2015). 교육기관에서 교사를 통한 의도적·잠재적 교육과정을 통해 학생들은 사회 내에서 통용되는 규범이나 교과지식을 습득하는 한편, 성역할에 대한 많은 정보들도 미리 접하게 되는 것이다.

북한 교육기관에서의 성별 분화는 학급 운영에서 두드러지게 나타난다. 대부분의 학급은 여학생과 남학생 비율을 맞춰 혼합 학급으로 운영된다. 학급을 운영하기 위해서는 학급마다 학생 간부(분단위원장, 학급반장, 사상담당위원, 학습담당위원, 위생담당위원 등)들이 활동한다. 학생 간부의 구성을 보면, 학급을 통제하고 통솔할 수 있는 리더십을 갖춘 학급반장이나 분단위원장은 거의 대부분 (힘이 센)남학생이다. 분단위원장이나 학급반장의 활동을 돕는 학급위원들은 주로 여학생으로 구성된다.

북한의 학교에서 학급 간부를 선출하는 권한은 전적으로 담임교사에게 있다. 그런 의미에서 담임교사 자체가 학급 운영에 필요한 간부를 선출하기 위해 성별을 우선적으로 고려한다는 점이다. 교사의 성별 분업과 사회문화적 기대가 개별 학생들의 역할과 행동에 그대로 영향을 미치게 되면서, 학생들은 성별 분화에 대한 의견이나 불만을 제기하지 않는다. 오히려 담임교사에게 잘 보여 (부모의 경제력을 동원하여)학급 간부의 일원이 되는 것을 더 중요하게 생각할 뿐이다. 이는 중등교육 단계를 넘어 고등교육 과정에서 더 강화된 성별 분업으로 나타난다.

이렇게 학교교육 현장에서 이루어지는 교육은 여학생과 남학생의 젠더 불평등에 기여하고 있다. 오히려 학교교육에서 가정교육과 어머니 역할의 중요성이 강조되면서 여학생들에게는 '수동적 보조자', '현모양처'라는 이미지를 강화하는 방향으로 이어지고 있다. 이는 여학생들의 학업능력과 다양한 역할을 수행할 수 있는 역량을 길러주지 못하는 성차별적인 교육의 결과라고 볼 수 있다.

02 성역할 고정화를 위한 학교교육

1) '김정숙 어머니' 교과에서 강조되는 '혁명적인' 여성성

북한은 중등일반교육 단계에 있는 모든 학생들이 '김정숙어머니'의 전 생애를 따라 배우도록 가르치고 있다. 김정숙은 김일성의 첫 번째 부인이자 김정일의 어머니이다. 김일성과 함께 항일 빨찌산 투쟁을 했다는 김정숙은 북한에서 '항일의 녀성영웅'으로 칭송된다. 여학생들은 '항일의 녀성영웅 김정숙 어머니'의 전 생애를 소학교 교육과정에서는 '어린시절', 초급중학교에서는 '혁명활동', 고급중학교에서는 '혁명역사'로 나누어 배운다. 이 교과내용의 핵심은 어떤 어려운 상황에서 여성의 강인함, 억척같은 생활력과 혁명성, 반면 수령에게는 한없이 순종하며, 동무들과 조국을 사랑하는 따뜻한 여성성을 내포하고 있다.

학년 단계별로 보면, 소학교 교과내용에서는 어린 학생들이 이해하기 쉽도록 '김정숙 어머니'의 어린시절 이야기를 목차와 그림으로 구성하고 있다. 교과서 내용 설명은 교사의 교수지침서를 통해 전달한다. 목차는 "한알 두알 모으신 콩으로", "그네타기를 그만두시고", "동무를 먼저", "집안일을 도와", "애기를 돌봐주시며", "머슴살이", "강냉이 한 이삭도" 등 '김정숙 어머니'가 어린시절부터 가정의 일손을 돕고, 남의 집 아기와 동무를 먼저 생각했다는 이야기를 어린 학생들에게 흥미와 재미를 줄 수 있는 그림으로 시각화하고 있다. 예를 들면, "제3과. 집안일을 도와"에서는 깨끗하고 정갈한 아궁이 부엌을 그림으로 제시한 것이다.

**항일의 녀성영웅
김정숙어머님
어린시절(소학교)**
(통일부 북한자료센터 소장)

항일의 녀성영웅
김정숙어머님 혁명활동
(초급중학교)
(통일부 북한자료센터
소장)

초급중학교 교과내용은 소녀시절 '김정숙 어머니'의 가족이 지주에게 땅을 빼앗기고 고향을 떠나게 된 후 성장과정을 그리고 있다. '김정숙 어머니'가 남의 집 머슴살이를 하면서도 야학에서 공부하며 소년선봉대원이 되어 혁명조직의 임무(격문살포, 통신연락 등)를 수행했던 일, 혁명조직원이 되어 유격구에 들어가 아동단사업을 맡게 된 일 등 항일혁명 활동과정의 사례를 다루고 있다. 이 교과를 통해 비록 여성일지라도 아무리 어려운 고난 속에서 꿋꿋하게 맡은 역할에 충실하며, 또 자신보다는 대원들을 먼저 생각하는 따뜻한 친누나와 같은 모습을 따라 배울 수 있도록 강조하고 있는 것이다.

> <사례 1>
> 초급중학교 1학년 『항일의 녀성영웅 김정숙어머님 혁명활동』(2013) 교과서, 12쪽.
>
> 어느날 새벽 대원들은 여느날처럼 송기죽물로 끼니를 에우고 전투장으로 떠났습니다. 아픈 마음으로 대원들을 바래워주신 김정숙어머님께서는 죽대신 송기떡을 만들 것을 결심하시였습니다. 그러자면 더 많은 송기가 필요했습니다. 평평한 등판의 송기는 이미 다 벗긴 뒤라 발을 붙이기 어려운 가파로운 산등성이를 찾아다녀야 했습니다… 이렇게 벗겨온 송기를 손질한 다음 고이 간수해온 반사발 가량의 밀가루를 섞어서 쉐기떡을 만드시였습니다. 여기에다 배낭에 있던 콩을 떨어 만든 콩가루까지 묻혀놓으니 제법 <특식>이 되였습니다.

고급중학교 교과내용을 보면, 혁명가로 성장한 '김정숙 어머니'

가 '첫 녀성공청원'이 된 후, 인민의 딸로서 부녀회를 결성하면서 본격적인 혁명투쟁 과정을 담고 있다. '김정숙 어머니'가 김일성과 항일투쟁을 하는 과정에서 전투와 행군으로 말리기 어려운 김일성의 옷을 몸에 품어 말리고, 애지중지 기른 머리카락을 잘라 김일성의 '신발깔개'를 만드는 등 오직 수령을 위해 희생적이고 불같은 충성심을 발휘했던 이야기는 유명한 일화다. 교과내용에서 소개되는 '김정숙 어머니'의 항일혁명 이야기는 학교를 졸업한 후에도 지속적인 정치사상교양 자료로 활용되고 있다. 소학교·초급·고급중학교 전 단계에 걸쳐 이어지는 '김정숙 어머니' 교과를 통해 여성(김정숙)은 남성(김일성)을 위해 몸과 마음으로 헌신적·희생적 정신을 발휘해야 한다는 인식도 학생들에게 심어주고 있다. 아래 <사례 2>는 고급중학교 2학년 교과서에 실린 '김정숙 어머니'의 유명한 일화를 소개하였다.

항일의 녀성영웅
김정숙어머님 혁명력사
(고급중학교)
(통일부 북한자료센터 소장)

<사례 2>
고급중학교 2학년 『항일의 녀성영웅 김정숙어머님 혁명력사』(2014) 교과서, 54쪽.

　　김정숙어머님께서는 매일이다싶이 계속되는 전투와 행군으로 몸이 천근같이 무거우시였으나 살얼음이 진 개울가에서 위대한 수령님의 옷을 빠시였다. 우등불가에서 젖은 군복을 말리우시는데 갑자기 정황이 생겨 행군을 계속하지 않으면 안되였다. 어머님께서는 젖은 군복을 몸에 품고 행군길에 오르시였다. 살을 에이는 추위가 뼈속까지 스며들었으나 어머님께서는 위대한 수령님의 옷가지를 말리워드려야 한다는 오직 한가지 생각으로 눈보라를 헤쳐 나가시였다. 숙영지에 이르러 어

> 머님께서는 정히 손질한 옷을 위대한 수령님께 드리시였다.

이처럼 북한은 '김정숙 어머니' 교과를 통해 여성들이 수령을 위해 목숨도 서슴없이 바칠 줄 아는 혁명가의 품성을 갖추는 동시에 수령에 대한 순종과 헌신, 희생, 동무들에 대한 따뜻한 마음까지 갖출 것을 요구하고 있다.

2) 『녀학생실습』 교과를 통한 여성다움

북한의 초급중학교 교육과정에서는 여학생 대상 『녀학생실습』과 남학생 대상 『공작실습』 교과서가 추가된다. 이 실습 교과는 성역할을 가장 뚜렷하게 규정하는 과목이다. 김정일은 "실습 교육의 목적은 실지동작을 통하여 학생들에게 배운 지식을 실천에 활용하는 능력을 키워주는 데 있다"고 강조하였다. 이에 따라 각 학교에서는 '녀학생실습실'(식료실습실, 재봉실습실 등)을 잘 갖추어 여학생들이 가사노동에 필요한 실천 능력을 갖출 수 있는 실습 교육과정을 운영하고 있다(교육신문, 2010.4.8.).

담당교사들은 『녀학생실습』 과목을 다른 과목 못지 않게 중요하다는 것을 여학생들이 자각하고 자신감 있게 참가하도록 독려하는 한편, 실습을 효과적·과학적으로 보장하기 위해 컴퓨터와 TV, 녹화기를 설치하고, 조별로 이용할 수 있게 조리대와 찬장, 화식기, 각종 그릇 등 부엌세간 갖추는 것까지 담당하고 있다. 재봉실습실도 수예와 뜨개, 피복재단, 재봉에 필요한 기구를 자체적으로 갖추어 교육을 진행하고 있다. 담당교과목 교사의 가르침에 따라 여학생들은 바느질기초법, 옷 설계방법, 재봉기구조와 사용방법 등을 습득하여 자체적으로 옷 손질과 간단한 옷 만들기 기술을 익히고 있다. 식료실습에서는 조선민족 음식의 특성과 종류, 지방특산물을 활용한 음식과 요리 기술을 배우고 있다(교육신문, 2009.7.30.).

북한은 『녀학생실습』을 통해 여학생들이 섬세하면서도 알뜰한 솜씨를 발휘하고, 가사에 정통하여 실천적으로 써먹을 수 있는 지식과 기술을 소유할 수 있도록 장려하고 있다(교육신문, 2010.10.28.). 학교마다 『녀학생실습』의 질을 높이고, 여학생들의 실습 교육 열의를 높여주기 위해 음식품평회와 옷전시회를 열기도 한다.

이처럼 북한의 학교교육에서는 『녀학생실습』과 같은 실천 교과를 통해 여학생들을 항일혁명투쟁시기 김정숙 어머니와 여대원들처럼, 선군시대 군인의 아내들처럼, 가정일을 책임적으로 짊어지고 나갈 수 있는 여성혁명가들로 키워내는 것을 목표로 하고 있다. 여학생들은 『녀학생실습』을 통해 여성의 역할을 습득·체화하면서 '섬세하고, 알뜰한' 여성다움의 소유자로 가정의 범주에 종속되고 있는 것이다.

3) 일반 교과에서 발견되는 '전통적인' 여성성

북한의 교육기관에서 가르치는 일반 교과서에도 여성과 남성의 역할을 분명하게 구분하는 사례들이 자주 등장한다. 특히 『사회주의도덕』 교과서는 소학교 단계부터 성역할을 대조적으로 내포

사회주의도덕(소학교)
(통일부 북한자료센터
소장)

하는 그림 삽화가 모든 과에 제시하고 있다. 그림 삽화에서 남성은 '인민군대아저씨'로 씩씩하고 건장한 청년으로 묘사하고 있다. 가정에서 '어머니'는 앞치마를 두르고 부엌일을 하거나 밥상을 차리는 모습을, '아버지'는 소파에 앉아서 신문을 읽는 모습을 묘사하고 있다. 또 가정집에 손님이 찾아왔을 때, 남자 아이는 손님을 '반갑게' 맞이하고, 여자 아이는 '친절하게' 맞이해야 한다는 내용 등 성별 역할을 명확히 구분하고 있다.

"부모님의 말씀을 귀담아 들어야" 할 때 여자 아이는 매우 공손한 자세를 하고 있다. 직장에서 퇴근하는 부모님을 기쁘게 해드리기 위해 여자 아이는 집안 청소를 깨끗하게 하는 모습을 보여준다. 남자 아이는 튼튼한 몸을 위해 어머니가 차려주는 음식을 골고루 먹는 모습을 담고 있다. 여성을 주인공으로 하는 그림은 요리, 설거지, 청소, 다림질, 동생 돌보기 등 집안의 모든 일과 관련된 내용이다. 즉 집안일은 모두 여성의 역할로 표현된다. 또한 여성은 겸손하고 예의 바르며, 남을 먼저 배려하는 역할을 시각적으로 강조한다(안재희 외, 2003).

이렇게 저학년 단계에서부터 이미 성역할 고정화가 시작된다. 여학생이든 남학생이든 교과서에 제시된 그림을 보고 자신의 이미지를 무의식적으로 받아들이고 있기 때문이다. 성역할에 대한 의식을 체화하는 시간이 반복될수록 학생들은 성역할을 내면화하고, 이는 성장 과정을 통해 사회화의 한 부분으로 자리 잡는다.

〈그림-1〉 소학교 3학년 『사회주의도덕』 교과서의 성역할 예시

자료: 김은희 외, 『사회주의도덕(소학교 3학년용)』(평양: 교육도서출판사, 2014).

초급중학교 2학년 『사회주의도덕』 교과서에는 여성과 남성의 역할을 규정하면서도 참고지식으로 '남녀사이의 예절'을 상세하게 명시하고 있다. 서로 예절을 잘 지키고 존중하며, 남학생은 여학생을 무시하거나 무례한 행동을 금지하고, 여학생은 남학생을 '바르게, 인정미 있게' 대해야 한다는 것이다. 서로 예절을 잘 지켜야 하는 항목에서도 여성과 남성의 역할은 다르게 표현된다. 여성과 남성의 평등적인 시각이 아닌, 성별에 따른 역할이 다르게 규정된 것이다. 〈사례 3〉에서 '남녀사이의 예절'의 성역할을 규정하는 대목을 확인할 수 있다.

> <사례 3>
> 초급중학교 2학년 『사회주의도덕』(2014) 교과서, 17쪽.
>
> 남녀사이에 례절을 잘 지키자면 우선 남녀간에 서로 존중해야 합니다. 상대방을 찾을 때 이름과 함께 <동무>라는 말을 붙여써야 하며 남동무들이 녀동무들을 깔보거나 얕보지 말아야 합니다. 그리고 남동무들이 녀동무들의 옳은 말이나 주장을 무시하거나 꺾어버리는 일이 없어야 하며 녀동무들의 일에 끼여들어 훼방을 놓지 말아야 합니다. 녀동무들은 남동무들을 바르면서도 인정미가 있게 대하여야 합니다.

해당 교과서에는 "생각해 봅시다."와 같은 활동 예시도 제시되어 있다. 한 단원을 예시로 소개하면, "사랑과 보답"이라는 활동에서 과외학습 시간 여학생(명옥, 숙영, 정혜, 동실, 설미) 5명을 등장인물로 하여 "우리가 지켜야 할 도리에는 어떤 것이 있는가?"라는 문제의 토론을 이어가는 학생 중에는 남학생이 없다. 한 여학생이 "부모님과 선생님들을 존경하고 동무들을 사랑하는 것이 우리의 도리라고 생각해."라고 대답하자 다른 여학생도 자기 생각을 말했다. 이 예시에서 '존경'과 '사랑'이라는 핵심 키워드가 등장하는데, 그에 대한 도리는 여학생들의 덕목으로 인식되고 있다.

고급중학교 『사회주의도덕과 법』(2015) 교과서는 기존의 사회주의도덕에 법을 추가하였다. 이 단계의 교과내용 역시 여성은 남성의 보조적 역할을 하는 모습으로 그려지고 있으며, 여기에 사회 전반에서 지켜야 할 법 내용보다는 사회주의 건설을 방해하는 위법행위와 범죄의 형태를 제시하고 있다. 예를 들어,

"반국가 및 반민족범죄, 국방관리질서위반행위, 국토관리질서위반행위, 문화관리질서위반행위, 일반행정질서위반행위, 사회공동생활질서위반행위, 공민의 생명·건강·인격을 침해한범죄" 등을 다루고 있다.

한편, 『국어』 교과서에도 여학생과 남학생의 역할을 구분하는 내용들이 자주 등장한다. 소학교 3학년 『국어』 교과서에서 선생님은 모두 여성이며, 남성을 선생님으로 묘사한 단원은 찾아보기 어렵다. 이는 여성의 직업에 대한 고정관념을 자연스럽게 전달하고 있는 부분이다.

국어(소학교)
(통일부 북한자료센터 소장)

〈그림-2〉 소학교 3학년 『국어』 교과서의 '여교사' 등장

자료: 리수향 외, 『국어(소학교 3학년용)』(평양: 교육도서출판사, 2014).

교사의 대부분이 여성으로 구성된 것은 북한이 "노동당시대의 녀성교육자들"이라는 신문 내용을 통해서도 예측할 수 있다. 여성교육자들이 성스러운 교단에서 학생들을 혁명의 꽃으로 더 활짝 피어나도록 걸음걸음 보살펴주고 손잡아 이끌어주고 있다는 것이다(로동신문, 2019.11.14.). 북한은 교사들이 "어머니다운 심정으로 학생을 사랑하고 인격을 존중해주며 학생의 다방면적인 발전을 위한 사업을 적극 조직해주고 잘 이끌어야" 할 것을 강조하고 있다(교원법, 제31조). 학생들은 여교사의 모습을 통해 여성의 진로 선택에 영향을 받고 있다.

초급중학교 단계의 『국어』 교과서에서는 짧은 작품을 소개하고 그 작품의 어휘표현, 표현수법, 기본내용, 문법지식(명사, 대명사, 동사, 형용사, 품사, 관형사, 감동사, 부사, 체언, 토, 격토, 규정토, 상황토, 존경토, 시간토, 상토, 바꿈토, 의인법, 야유법, 과장법, 되풀이법, 물음법, 느낌법, 띄어쓰기 등)으로 구성되었다. 과별로 등장하는 작품에는 '강하고, 씩씩한, 영웅적' 등 남성성을 부각하는 내용들이 많은 부분을 차지하고 있다. 작품 등장인물은 대부분 남학생들이고 여학생의 등장은 현저히 줄어들었다. 한편, 교장선생님과 담임선생님은 모두 여성으로 등장한다. 사춘기에 접어든 초급중학교 단계의 남학생들에게는 남성성을 자극하여 용맹함과 충성심이 생겨나도록 유도하고 있다. 아래의 <사례 4>와 같이, 소년선봉대의 책임자는 리더십을 통해 조직을 훌륭하게 이끄는 남성으로서, 이는 남성성의 슬기롭고 용맹한 힘과 정신력을 강조하는 부분이다.

국어(초급중학교)
(통일부 북한자료센터 소장)

<사례 4>
초급중학교 2학년 『국어』(2014) 교과서, 37쪽.

　소년선봉대 책임자 박경호는 이른새벽에 민우식, 조성구를 데리고

> 소왕청내가로 나갔다… 경호는 권총을 날쌔게 그러쥐었다. 그리고 장교놈의 가슴팍을 향하여 방아쇠를 당겼다. 장교놈은 비명을 지르며 너부러졌다… 경호와 우식이는 기관총을 메고 다른 동무들은 장총들을 제각기 멨다. 그리고 경호는 옆구리에 권총까지 찼다. 그들은 재빨리 산판으로 들어갔다. 붓나무들과 이깔나무들이 하늘을 찌를 듯이 솟았고 머루 다래덩굴이 얼기설기 엉키여있었다. 장군님께서 계시는 요영구를 향해 가는 그들의 사기는 하늘을 찌를 듯 하였다.

고급중학교 단계에서는 『국어문학』으로 국어와 문학을 연계하여 교과내용이 구성되었다. 고학년에서는 혁명연극, 장편서사시, 단편소설, 장편소설, 가사, 서정시, 영화문학, 수기 등 다양한 문학작품의 형태와 내용을 소개하고 있다. 여러 형태의 작품을 통해 문법을 익히고, 문학작품 감상을 실천하는 것이 강조된다. 초급중학교 단계부터 남성성을 강조하는 작품들이 대부분 소개되고 있는데, 고급중학교 교과서에도 남성성이 부각되고 있다. 여성성을 다루는 작품은 가끔 등장한다.

국어문학(고급중학교)
(통일부 북한자료센터 소장)

그러나 이미 소학교 단계부터 여성의 역할을 주입했기 때문에, 학년이 올라가면서 여성에 대한 역할 인식은 강화된다. 아래에 제시한 <사례 5>는 "수기: 어머니날을 맞으며"의 한 대목이다. 수기 내용을 보면, 어머니는 '은이야 옥이야 온갖 정성으로 자녀를 키우고', '살뜰하고 다정한' 여성으로서, 어머니의 역할을 분명하게 규정하고 있다. 자녀를 양육하는 데서 아버지의 역할은 강조되지 않는다. 이는 여성들이 주양육자로서의 역할에 충실하게 만들고, 자녀교육에 헌신하는 사람이 되어야 한다는 인식을 심어주고 있다.

> <사례 5>
> 고급중학교 2학년 『국어문학』(2014) 교과서, 168쪽.
>
> 오늘은 11월 16일, 경애하는 김정은원수님께서 친히 제정해주신 어머니날이다. 우리 오누이는 내기라도 하듯 일찍이 일어나 어머니를 기쁘게 할 표창장들과 5점 시험지들, 꽃다발이며를 흐뭇하게 살펴보았다. 이날을 맞고보니 우리 오누이를 금이야 옥이야 온갖 정성을 다하여 키워주신 어머니에 대한 고마움이 가슴사무치게 안겨온다. 언제나 살뜰하고 다정하신 어머니, 이 세상 그 누구도 대신할 수 없는 어머니가 나에게 안 계셨더라면 어떻게 되었을까?…

03 고급중학교 여학생들의 진로 방향

1) 또래집단을 통한 여학생들의 사회화

북한 여학생들의 성역할은 앞서 교과내용을 통해 확인할 수 있으며, 이 과정에서 여학생들은 가정과 교육기관 외 또래집단을 통해서도 성역할의 사회화를 거치게 된다. 가정이나 교육기관만큼이나 또래집단은 학생들의 성역할 발달에 매우 중요한 환경을 제공하기 때문이다. 또래들과 학교생활이나 공동생활을 하는 과정에서 자신이 속한 문화의 사회규범이나 행동양식을 습득하는 것은 자연스러운 현상이다. 또한 또래집단은 사회성을 기르고,

우정과 소속감을 주며, 성취와 자아통합에 대한 관심을 증진시키고, 학습의 기회를 제공하는 기능이 있다(곽삼근 외, 2015).

북한의 여학생들도 초급중학교 단계부터 같은 성별의 또래들과 어울리며 자기들만의 문화를 공유한다. 방과 후 노동이나 공식적인 수업 외 과외 학습반은 주로 여학생들끼리 조를 묶어 공부한다. 여학생들끼리 공유하는 시간이 많아지니 성역할에 대한 사회화도 자연스럽게 일어난다. 예를 들어, 친구의 동생을 돌봐주거나, 어머니 일손을 돕는 일 등 가정에서 생기는 일들은 여성들이 앞장서서 해야 한다는 인식을 여학생들끼리도 당연하게 내재화하고 있는 것이다.

2) 고급중학교 여학생들의 진로 형태

북한의 중등교육은 의무교육이기 때문에, 학령기 모든 학생들은 의무적으로 학교에 입학한다. 따라서 중등교육 단계의 진학률에서 성별에 따른 차별은 수치로 발견되기 어렵다. 다만 교과 내용에 포함된 성역할 고정화 문제는 젠더 불평등에 기여한다고 볼 수 있다. 실제로 학교교육 단계에서 여학생들은 남학생들과의 차별을 체감하지 못한다. 그러나 졸업과 동시에 사회진출 이후 여학생과 남학생 성별 차이가 나타나기 시작한다.

고급중학교 졸업을 앞두고 북한 학생들의 진로는 크게 직장배치, 대학진학, 군입대 등의 유형으로 나뉜다. 여학생들도 예외는 아니다. 고급중학교 졸업과 동시에 사회진출에서 가장 뚜렷하게 성별 분화가 나타나는 것은 대학진학이다. 고등교육을 통해 국가

건설에 필요한 고급인력을 배출해낸다는 측면에서 여성의 대학진학률과 전공분야를 통해 성평등 문제를 파악할 수 있다. 이는 여성의 사회적 지위와도 직결되는 부분이다. 그렇다면 대학진학과 관련하여 성별 대학진학률과 전공 선택의 유형은 어떨까?

중등교육 단계에서 교육을 통해 습득된 성역할 분화는 고등교육 단계에서 젠더 불평등 구조를 뚜렷하게 보여주고 있다. 유네스코(UNESCO)의 교육통계에 따르면, 중등교육 단계의 진학률에서는 젠더 불평등 문제가 발견되지 않고 있지만, 2018년 기준 북한의 대학진학률은 남성 35.43%, 여성 18.17%로써, 남성의 대학진학률이 여성의 두 배 정도 차이가 발생한다(UNESCO, 2019). 북한의 대학진학률에서 산업부문별 성별에 따른 전공 선택의 차이도 있다. 북한의 대학별, 학과별 선발인원은 당해 산업부문별 인력을 고려하여 국가 계획지표로 결정하기 때문에, 고등교육의 전공 분야 비율은 산업부문별 대학졸업자 인력 배치 비율과 크게 다르지 않다고 볼 수 있다(조정아, 2020).

유네스코(UNESCO, 2017)에서 조사한 북한의 성별 고등교육 전공 분야 통계를 보면, 과학·기술·공학·수학 전공은 남성 53.03%, 여성 22.16%로써 남성이 2.5배 높은 수준이며, 그 외 전공은 여성이 77.34%, 남성 46.23%를 나타내고 있다. 아래 <표 6-1>에서는 북한의 대학진학률에서 전공분야 선택에 대한 성별 통계치를 보여주고 있으며, 이 통계를 통해 북한 여성의 전공 선택 분야와 여성의 고등교육 진학 비율을 동시에 확인할 수 있다.

〈표 6-1〉 북한의 성별 고등교육 전공* 분야 (단위: %)

전공	전체	여성	남성
교육	19.6	30.29	9.39
예술, 인문학	1.8	1.96	1.7
사회과학, 언론, 정보	9.06	13.3	6.63
경영, 행정, 법	0.41	0.23	0.51
자연과학	1.55	2.26	1.14
정보통신기술	2.72	2.72	2.73
공학, 제조, 건설	37.53	17.17	49.16
농업, 임업, 어업, 수의학	16.27	8.57	20.67
보건, 복지	10.13	16.03	6.77
서비스	2.89	6.95	0.56
과학, 기술, 공학, 수학 분야	41.8	22.16	53.03
과학, 기술, 공학, 수학 이외 분야	57.54	77.34	46.23
기타	0.66	0.51	0.74

자료: UNESCO, UIS database, 2017(http://data.uis.unesco.org, 접속일: 2019.05.26.) 재인용

주: *) UIS database, 2017의 데이터를 현 시점에서 조사했을 때, 일부 삭제되어 북한의 성별 고등교육 전공 분야에 대한 정보는 조정아(2020) 논문에서 재인용으로 처리함.

　실제로 여학생들이 선호하는 고등교육기관은 사범대학, 교원대학, 상업대학, 의학대학, 외국어대학, 상업전문학교, 의학전문학교 등 여성 선호 직업 부문과 거의 일치한다고 볼 수 있다(조정아, 2020). 여학생들은 대학진학에 있어서도 중등교육에서 습득된 성별 분업에 따른 가치관으로 인해 성역할을 크게 벗어나지 못한 채 학과를 선택하는 경향이 크다(김재인, 1995). 이미 학교교육 과정에서 습득하고 체화된 성역할에 의해 여학생들의 진로

방향이 정해진다고 볼 수 있다.

반면, 여성들의 고등교육 진학에 대한 다른 시각도 존재한다. 북한 사회에 만연한 가부장적인 인식으로 인해 부모들은 출신성분이 좋은 집안에 '시집을 보내기 위해' 딸 자녀의 대학진학을 선호하는 경우도 있다. 여성들이 대학에 진학하는 이유가 '좋은 배우자를 만나기 위해', '깨끗하고 편안한 직장을 구하기' 위한 것이라고 보는 것이다(안재희 외, 2003). 물론 전공 선택은 다른 여학생들이 선호하는 것과 유사하다.

04 조직생활을 통한 정치사회화

1) 조선노동당 및 근로단체 조직생활

북한의 모든 구성원들은 평생 동안 노동당과 근로단체에 각각 소속되어 조직생활을 해야 한다. 북한에서 "혁명적 조직생활은 사상단련의 용광로, 혁명교양의 학교이며, 조직생활을 통하여 정치사상적교양을 받으며 혁명적으로 단련"된다고 규정한다. 조직생활은 사상교양과 사상투쟁, 혁명실천의 유기적인 결합이므로, 학생들에게 높은 사상성과 조직성, 혁명적 의지를 키워주기 위해서는 조직생활을 강화해야 한다는 것이다(김운진 외, 2008). 조직생활은 학생들을 조직과 사상적으로 결합시키기 위한 위대한 수단으로 작동한다.

북한 학생들은 소학교 입학 후 만 7~13세까지 '조선소년단' 조직에 의무적으로 가입하는 것부터 정치조직생활을 시작한다. 만 14~30세까지는 '사회주의애국청년동맹'에 의무 가입하여 조직생활에 참여한다. 30세 이전에 '조선로동당'에 입당하는 경우에는 당조직에 소속되어 조직생활을 하며, 30세 이상 당원 자격을 갖추지 못할 경우 '조선직업총동맹'(노동자)에 가입하거나, '조선농업근로자동맹'(농민)에 의무 가입해야 한다. 결혼 후 30세 이상 부양가족 여성들이 가입하는 조직은 '조선사회주의녀성동맹'이다. 북한의 근로단체는 연령별, 직업별, 성별로 가입하는 조직이 구분되지만, 모든 근로단체 조직은 대중적 정치조직으로써, 조선노동당의 활동을 적극 지원하는 동시에 당의 혁명위업을 계승하는 외곽단체이다(이가영, 2017). 또한 각 근로단체는 당과 대중을 연결시키는 안전대이며, 각 조직을 통해 군중을 교양하여 당과 수령을 위해 일심단결하고, 당정책 관철에 조직적으로 동원하는 역할을 담당한다(김정일, 1998).

☢ 추천 북한 영상물
『김동무는 하늘을 난다』
(영화, 2012)

▶ 영국·벨기에·조선민주주의인민공화국 3국 합작 영화. 평양교예단의 공중곡예사를 꿈꾸는 탄광 전차공이었던 김영미가 노동계급과 자신의 환경적 조건에 굴하지 않고 노력하여 곡예배우의 꿈을 이루는 한 여성 청춘의 성공스토리.

〈그림 6-3〉 북한의 노동당 및 근로단체 조직체계

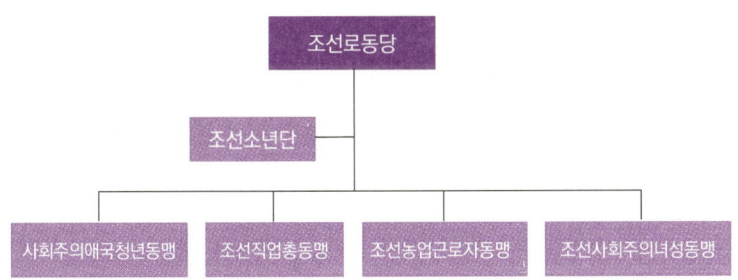

자료: 통일부, 북한정보포털을 참조하여 저자 작성.

위의 <그림 6-3>과 같이, 북한의 정치적 조직생활은 조선노동당을 중심으로, 만 7세 조선소년단에 가입한 후 성장하면서 연령과 성별, 성분 위치에 맞는 조직으로 자연스럽게 옮겨진다. 모든 구성원들은 자신이 속한 근로단체의 조직생활을 통해 매주 열리는 강연회, 생활총화, 과업수행 등 정치사회화에 적극 참여할 것을 요구받고 있다. 조직생활은 단순히 단체 소속을 의미하는 것이 아니며, 여성과 남성 모두 조직생활을 통해 북한이 주장하는 사회정치적생명을 유지하고 빛낼 수 있는 정치적 사회화에 동참해야 하는 것이다.

> ☢ **추천 북한 영상물**
> 『수업은 계속된다』(텔레비죤련속극 8부작, 2006)
> ▶ 자강도 비단봉 마을의 어느 중학교 학생들이 가정과 학교에서의 조직생활을 통해 수령관과 집단주의적 사고를 키워가는 이야기

특히 학교교육과 조직생활을 잘 결합하는 것은 무엇보다도 사회주의 사회의 본성에 맞게 학생들의 정치적 생명을 보호하고 빛내어주기 위한 담보이며, 사회주의 교육의 우월성으로 강조된다. 학교교육에서 조직생활을 강화하는 것은 우선 학생들이 수업에 집중하고 교과내용을 정확히 소화하는 데 필요하다. 다음으로 학생들이 학습과정에서 서로 돕고 이끄는 미풍을 키울 수 있으며, 이 과정을 통해 집단적인 혁신을 일으킬 수 있다는 것이다(교육신문, 2016.4.28.). 따라서 조직생활은 학업 단계의 학생들을 주체형의 혁명가들로 키우기 위한 필수적 요구이며, 사상의식과 세계관이 형성되는 시기부터 사상교양과 조직적단련을 체계적으로 하여 국가가 요구하는 참다운 혁명인재로 만드는 중요한 문제 중 하나이다(교육신문, 2017.12.7.).

이렇게 학교교육 단계에서부터 조직생활에 제대로 단련되어야 사회에 진출했을 때 각자의 성분 위치에서 조직생활에 성실히 참여할 수 있다는 것이다. 북한이 강조하는 조직생활은 '집단주

의정신을 키워주는 훌륭한 학교, 사상과 신념의 강자들을 키워내는 학교'로 규정된다(로동신문, 2007.8.9.; 2009.1.13.). 조직생활을 통하여 사회정치적 생명을 지니고 자주적 권리를 행사할 수 있다고 보기 때문이다.

> **사회정치적 생명체론**은 사회정치적 존재인 개개인이 당의 영도 밑에 수령을 중심으로 하여 조직사상적으로 결속하면 영생하는 생명력을 지닌 하나의 '사회정치적 생명체'을 얻을 수 있다는 주장이다. 북한의 사회정치적 생명체론은 1986년 7월 15일 김정일이 '주체사상교양에서 제기되는 몇 가지 문제에 대하여'라는 담화에서 처음 제시되었다(국립통일교육원, 2021).

2) 「당의 유일적령도체계확립의 10대원칙」을 통한 정치사회화

북한 노동당 및 근로단체 조직생활의 표준 규범은 「당의 유일적령도체계확립의 10대원칙」(이하 10대원칙)이다. 1974년 김정일에 의해 창시된 10대원칙은 수령의 혁명사상과 유일적 영도 밑에 전당, 전민이 하나와 같이 움직일 것을 요구하는 수령의 사상체계이자 영도체계이다. 즉 10대원칙은 김일성-김정일-김정은의 3대 세습을 정당화하고 노동당의 권력을 강조하는 내용을 담고 있다. 10대원칙은 북한의 「사회주의헌법」보다 우선하는 최상위 규범이자 초헌법적 원칙이며, 그 내용을 보면, 서문과 10개의 원칙, 60개 조항으로 구성되었다. 김정은은 체제공고화를 위해 기존의 10대원칙을 두 차례(2013, 2021)에 걸쳐 수정·보충하였는데, "온 사회를 김일성-김정일주의화하는 것은 우리 당의 최고강령이며 당의 유일적령도체계를 세우는 사업의 총적목표"로 제시했다(국립통일교육원, 2024).

따라서 북한 노동당과 근로단체의 모든 구성원들은 성별과 직업, 나이, 성분의 구분없이 10대원칙을 최고 규범으로 인식하고, 조직생활에 적용해야 한다. 정치사회화는 10대원칙을 삶에 구현하고 생활하는 것에서 발현된다. 노동당 및 근로단체 구성원들은 매주 열리는 생활총화에서 10대원칙에 어긋나는 행동을 솔직하게 자아비판하고, 조직 내 구성원들 사이에서 발견되는 결함을 상호비판을 통해 고쳐나갈 것을 강력하게 요구받고 있다. 재밌는 것은 직장에서 10대원칙에 기준을 두고 생활총화시간 상호비판을 할 때, 여성들은 남성보다는 같은 여성을 비판하는 경향이 있다. 남성들을 비판했다가 나중에 괴롭힘을 당할까봐 우려해서인 것 같다.

한편 가두 여성들도 생활총화에 느슨하게 참여할 수 없다. 1990년대 중반 고난의 행군 시기 엄혹한 경제난이 닥쳤을 때 여성들의 희생정신은 국가 위기를 극복하는 데 큰 기여를 했다. 북한은 여성들의 희생과 헌신을 조직생활을 통한 집단주의 정신에서 찾으며, 이는 곧 평소에 조직생활을 통한 정치사회화 정도에 달려있다고 자평한다. 북한은 여성을 비롯한 전체 구성원들의 조직생활을 통해 정치사회화의 정당성을 찾고 있다.

05 '조선사회주의녀성동맹'과 『조선녀성』

1) '조선사회주의녀성동맹' 조직생활

북한 여성의 힘은 어디에서 나올까? 바로 '조선사회주의녀성동맹'(이하 여맹) 조직을 통해 여성의 힘은 발휘된다. 여맹은 북한 노동당의 외곽단체 중 유일한 여성조직으로써, 여성들의 조직생활을 통한 정치사회화가 이루어지는 조직이다. 여맹조직은 중앙위원회를 거점으로 도, 시, 군, 리, 인민반까지 조직적인 체계를 갖추고 있다.

여맹의 기능은 크게 여성의 정치사회화를 위한 사상교양과 조직동원 사업으로 나누어진다. 이를 통해 여성들을 철저한 사회주의 어머니로 만들며, 국가 건설동원사업, 생산현장과 군대지원 등을 조직하고 동원하는 역할을 수행한다. 이는 중앙의 지시에 따라 말단 여맹초급단체와 인민반 단위에서 강연회, 예술소조활동, 영화관람, 선동모임 등을 통해 이루어진다(국립통일교육원, 2023). 북한은 여성들을 사회주의 건설에 적극적으로 참여시키기 위해 여맹대회를 조직하고 시기별로 제기되는 국가적인 문제를 여맹조직 내 여성의 역할에 부과시키고 있다.

특히 김정은 정권은 1983년 제5차 여맹대회 이후 33년이 흐른 2016년 11월 6차 여맹대회를 열고 당국의 통치이념에 입각한 여맹사업을 추진하였고, 재차 2021년 6월 7차 여맹대회를 열고 "녀성동맹은 우리식 사회주의의 전진발전을 추동하는 힘있는 부대"가 되어야 한다고 강조했다. 이는 북한의 경제난에 의한 여성들의 비공식 경제활동이 증가하면서 국가 차원의 통제가 필요했기 때문이다. 북한은 여맹원들의 조직생활을 통해 노력동원과 사상교육, 물자지원뿐만 아니라 건설 현장에도 돌격대로 내몰고 있다.

그러나 여맹 조직생활에 대한 국가적인 통제가 강화될수록 통제를 빠져나가는 방법도 생겼다. 비공식 경제활동을 통해 부를 축적한 여성들은 여맹 간부(여맹위원장, 초급단체위원장 등)에게 돈을 지불하고 여맹 생활총화나 노력동원에 빠질 수 있는 기회를 만들었다. 여맹 간부들에게 돈을 얼마나 지불하냐에 따라 1년

동안 생활총화와 각종 노력동원에 참석하지 않아도 통제를 피해 갈 수 있게 된 것이다. 반면, 돈을 지불할 형편이 안되는 여맹원들은 모든 동원과 생활총화 등 조직생활에 무조건 참여해야 하는 실정이다(조현정 외, 2022). 이제는 여맹 조직생활도 경제력만 있으면 참여하지 않고도 보호받을 수 있다는 인식이 만연하다.

2) 『조선녀성』 기관지 역할과 여성성 강화

조선녀성
(통일부 북한자료센터 소장)

'조선사회주의녀성동맹' 중앙위원회 기관지인 『조선녀성』은 해방된 이듬해인 1946년 9월 6일에 창간되었다. 여맹조직은 『조선녀성』 기관지를 통해 당정책과 여성정책 등을 하부단위의 조직에 배포하고 있다. 그렇다면 『조선녀성』의 기능과 역할은 무엇일까?

첫째, 『조선녀성』은 여성들을 노동당의 혁명사상으로 무장시키기 위한 정치사회화 기능을 수행한다. 기관지 구성을 보면, 김일성·김정일의 '고전적로작'들과 여성운동 발전 및 여성문제 해결에 대한 당의 방침을 선전하는 글, 당정책 소개, '백두산의 녀장군'인 김정숙을 따라배우기 위한 혁명전통교양, 계급교양(피맺힌 역사의 교훈을 잊지 말 것에 대한 내용), 사회주의 애국교양 등이 앞부분에 상세히 소개하고 있다.

둘째, 여맹조직과 여맹통신원들의 활동을 통한 대중선동 및 대중동원, 정치사상교양의 수단으로 활용한다. 여맹통신원들을 통해 전국의 여맹조직에서 여맹원들이 당과 조국을 위해 바쳐지는 애국의 마음들을(건설장 지원, 아름다운 가정이야기 등) 상당

부분 할애하고 있다.

셋째, 여성들의 계몽과 사회주의도덕 지침서로 활용된다. 기관지 창간 당시 김일성은 『조선녀성』 잡지가 여성들의 계몽과 발전을 위한 친절하고도 올바른 지침서가 되어야 한다는 축하문을 발표하였는데, 기관지는 김일성의 뜻을 계승하고 있다. 기관지에 소개되는 사회주의도덕 생활, 문화생활 양식, 일반 가정상식(화분기르기, 옷 관리, 피부관리, 식품정보, 각종 요리방법, 어린이 영양발달 정보 등)을 보면 알 수 있다(임순희, 2003; 조선녀성, 2022).

『조선녀성』은 여맹조직의 일차적 목표로써 여성들의 정치사상교양을 통한 정치사회화에 많은 부분을 할애하고 있다. 수령을 위해 희생·헌신·충성했던 항일의 여성영웅 강반석, 김정숙 어머니를 따라 배워야 한다는 내용은 『조선녀성』 기관지에서 여러 사례를 통해 지속되고 있다. 혁명의 전 세대들이 지녔던 고결한 사상정신세계와 투쟁기풍을 따라 배워 여맹원들이 충실성, 혁명성, 강인한 투쟁정신, 고결한 풍모를 계승해야 한다는 것이다. 이와 같이 북한은 여맹원들에게 높은 정치의식수준을 갖추고 장엄한 격변기를 떠밀고 나가는 시대의 참다운 주인공, 훌륭한 가풍과 국풍을 이어주는 나라의 믿음직한 고임돌이 될 것을 요구하고 있다(로동신문, 2021.6.22.).

다음으로 『조선녀성』은 여맹조직을 통한 조직생활을 강화하여 여성혁명화, 문명하고 고상한 도덕적 풍모를 지닐 것을 요구하고 있다. "녀성동맹은 우리 식 사회주의의 전진발전을 추동하는 힘있는 부대가 되자"라는 제7차 여맹대회의 핵심내용에서 보여주는 것처럼 전국의 모든 여맹원들을 여성노력가로, 전문직 여성으로 성장할 것을 강조하고 있는 것이다.

마지막으로 『조선녀성』은 모든 여맹원들이 사회의 세포인 가정을 소중히 여기고 행복하게 꾸려나가도록 추동하고 있다. 여맹원들은 가사노동과 자녀교양을 잘하고, 남편도 살뜰하게 내조하며, 착한 며느리 역할 등 전통적인 여성성을 중요하게 부각하고 있다. 여성들은 가정생활에서 부족한 것이 있어도 가정의 주부로서, 며느리로서, 아내와 어머니로서의 책임을 항상 자각하고, 시부모를 잘 모시고 남편과 자식들이 사회 앞에 지닌 본분을 훌륭히 수행하도록 정성을 다해야 한다는 것이다.

『조선녀성』 기관지 내용 체계에서 강조하는 여성성은 여성혁명가, 여성노력가, 전문직여성, 현모양처, 원군(援軍)·원호(援護) 여성 등 5가지 유형이다(이가영, 2017). 북한은 모든 여성들이 이 유형의 여성들로 성장할 때 살뜰한 며느리, 다정한 아내, 다심한 어머니, 인정 많은 이웃으로 불리울 수 있다고 강조한다. 이것이 바탕이 되었을 때 사회가 생기와 활력이 넘치고 국가발전에 큰 힘이 된다는 것이다(로동신문, 2021.6.22.). 이와 같이 북한은 『조선녀성』 기관지를 통해 여성들의 여성성을 국가발전의 요구에 맞게 만들어가고 있다. 반면 여성 개인의 정체성은 국가와 집단을 위해 헌신하고 희생되어야 할 도구로 활용되고 있다.

☢ 추천 북한 영상물
『우리 인민반장』
(영화, 1986)

▶ 인민반장 순영이가 반에서 일어나는 시비나 반원들의 애로사항을 풀어가면서 화목한 인민반으로 만들어가는 이야기

에필로그

그 시절, 한 여학생의 꿈

1975년 2월의 어느 겨울 날, 함경북도 무산의 작은 마을에서 태어난 나는 북한의 11년제 의무교육을 받고 성장했다. 1982년 인민학교(지금의 소학교)에 입학한 나는 이듬해 조선소년단에 가입하고, 학급 간부 중 제일 낮은 계급인 '소년단반장'으로 선출되었다. 중학교에 진학후 사로청원이 되었어도 여전히 학급에서 '분조장' 이상의 간부를 해본 적이 없다. 학급에서 분단위원장 같은 높은 간부를 해보고 싶어 공부와 조직생활, 꼬마활동계획, 각종 노동에 항상 모범적으로 참여했다. 나름 모범적인 학생이라는 자신감이 있었기에, 학년이 진급할 때마다 담임선생님이 주도하는 '학급 열성자' 선출 시간을 간절하게 고대했다. 하지만 나의 바람은 한 번도 이루어지지 않았다.

나의 학생시절 꿈은 왜 이루어지지 않았을까? 나는 조실부모하고, 외할머니 손에서 컸다. 나의 아버지 가정은 평양에서, 어머니는 월남자 가정으로, '추방 가족'이었다. 한마디로 출신 성분이 적대계층에 속하는 사람들이었다. 부모의 계급적 성분(토대)과 경제력이 1980년대에도 힘을 발휘했다는 것을 나는 아주 뒤늦게 깨달았다. 가정 배경도 넉넉하지 못한 데다 여성인 내가 학급을 통솔할 수 있는 리더십은 평가절하되었다. 담임선생님(여성)은 학급운영에서 남학생들을 더 내세우려는 경향이 컸다. 남학생들은 학교생활을 잘 마치고 군대 가서 입당하고 출세할 수 있는 여건에 초점을 두었다면, 여학생들은 적당히 사회생활하다가 "시집만 잘 가면 된다"는 인식을 담임선생님도 가지고 있었던 것 같다.

북한은 학교교육 단계부터 개인의 능력보다는 부모의 사회적 권력과 경제력이 우선시되었다. 특히 여성의 교육적 성장은 사회주의교육목표를 실현하는 것보다는 '편안한 직업'이나 '좋은 집안에 시집가기' 위한 목적으로 활용되는 측면이 더 많았다. 내가 학교를 졸업할 때도 그랬지만, 1990년대 중반 이후 극심한 경제난으로 인한 시장화 진전으로 부모의 사회적 권력과 경제력은 학교교육과 더불어 개인과외(사교육)와 진로에 영향을 미치며 학생의 운명을 결정짓는 중요한 요소가 되었다.

생각해 봅시다

1. 북한의 학교생활에서 여학생들이 젠더불평등을 인식하지 못하는 이유가 무엇인지 생각해 봅시다.

2. 북한은 교육을 통한 여성의 사회적 성장에는 관심이 없고, 학교교육에서부터 성역할을 규정하고, 여성의 아름다움과 어머니의 역할에만 집중하고 있습니다. 그렇다면 북한 여성 교육의 본질적인 문제는 무엇이고, 여성의 사회적 성장을 위해 무엇이 필요한지 생각해 봅시다.

3. 2010년에 개교한 '평양과학기술대학'(평양과기대)은 북한 교육성과 남한 (사)동북아교육문화협력재단이 공동투자로 시작되어, 남한의 기독교 기금과 해외 지원으로 설립된 북한의 유일한 국제사립대학입니다. 이공계 특수대학에 걸맞게 전자컴퓨터공학부(Electrical and Computer Engineering, ECE), 농업생명과학부(Agriculture and Life Science, ALS), 국제금융경영학부(International Finance and Management, IFM) 등 3개 학부와 외국어과(Foreign Language Department, FL)가 개설되었고, 16개 이상 외국 국적을 가진 교수들이 수업을 진행하고 있습니다. 2014년까지 남학생만 선발하다가, 여학생 기숙사를 마련한 뒤 2015년 3월부터 학부 신입생 150명 중 10명을 여학생으로 선발했습니다. 향후 남북교육교류가 추진된다면, 여성의 이공계 대학진학과 관련해 무엇을 고민해야 할지 생각해 봅시다.

참고문헌

1. 국내문헌

곽삼근·곽윤숙·김재인·나임윤경·민무숙·박성정·송현주·심미옥·오재림·유현옥·이해주·임선희·정해숙·조경원, 『여성교육개론』, 교육과학사, 2015.

국가정보원, 『북한법령집』, 국가정보원, 2024.

국립통일교육원, 『2023 북한 이해』, 국립통일교육원, 2023.

김병로·장인숙·황애리, 「북한의 여성교육과 여성상: '교과서'와 '조선녀성'에 나타난 여성상을 중심으로」, 『통일정책연구』, 2015.

김재인, 『여성교육과 여성의 지위변화』, 한국여성정책연구원, 1995.

안재희·민무숙, 「탈북여성을 통해 본 북한 여성의 교육경험 분석」, 한국여성정책연구원, 2003.

이가영, 「북한 여성동맹조직 역할 변천에 대한 연구」, 『아세아연구』 제60권 3호, 2017.

임순희, 『「조선녀성」 분석』, 통일연구원, 2003.

조정아·박민주·조현정·황진태, 『북한 주민의 학교 생활: '인민'의 재생산과 학교 일상의 수행성』, 통일연구원, 2023.

조현정·권은별, 「시장활동에 참여했던 북한 여성들의 비공식 사회관계망 고찰」, 『통일인문학』 제91집, 2022.

통일부, 「북한정보포털」, https://nkinfo.unikorea.go.kr/nkp/main/portalMain.do.

통일부 국립통일교육원, 「북한지식사전」, https://www.uniedu.go.kr/uniedu/home/brd/bbsatcl/nknow/view.do?id=46271&eqDiv=&mid=SM00001155&limit=10.

2. 북한문헌

궁영숙, 『항일의 녀성영웅 김정숙어머님 혁명활동(초급중학교 1학년용)』, 교육도서출판사, 2013.

『교육신문』, 「녀학생실습교육에 힘을 넣어」, 2009년 7월 30일.

『교육신문』, 「녀학생실습실을 잘 꾸려놓고」, 2010년 4월 8일.

『교육신문』, 「녀학생실습교육에서 새로운 전진을」, 2010년 10월 28일.

『교육신문』, 「녀학생실습의 질을 높여」, 2011년 1월 13일.

『교육신문』, 「학생들속에서 조직생활을 강화하는 것은 학습에서 집단적혁신을 일으키기 위한 중요 방도」, 2016년 4월 28일.

『교육신문』, 「학교교육과 조직생활을 잘 배합하는데서 나서는 중요한 문제」, 2017년 12월 7일.

김정일, 「근로단체사업에 대한 당적지도를 강화할데 대하여」, 『김정일선집8』, 조선로동당출판사, 1998.

김운진·김영철·유성철, 『사회주의교육학(2판)』, 김형직사범대학출판사, 2008.

김은희·남련숙·장성옥·리향월, 『사회주의도덕(소학교 3학년용)』, 교육도서출판사, 2014.

『로동신문』, 「조직생활은 집단주의정신을 키워주는 학교」, 2007년 8월 9일.

『로동신문』, 「조직생활은 사상과 신념의 강자들을 키워내는 학교」, 2009년 1월 13일.

『로동신문』, 「녀성들은 강성국가건설을 떠밀고나가는 힘있는 력량이다」, 2012년 7월 30일.

『로동신문』, 「자녀들의 첫째가는 교양자-어머니」, 2021년 5월 6일.

『로동신문』, 「녀성동맹은 우리 식 사회주의의 전진발전을 추동하는 힘있는 부대가 되자」, 2021년 6월 22일.

『로동신문』, 「학교교육과 가정교육의 결합은 청소년교양의 중요한 고리」, 2022년 8월 9일.

『로동신문』, 「새 교수방법창조의 나날에」, 2024년 6월 10일.

리금송·강철남·최문필, 『사회주의도덕과 법(고급중학교 3학년용)』, 교육도서출판사, 2015.

리수향·염정실·송일녀·김성옥·하정순·성순옥·박은하·리은희, 『국어(소학교 3학년용)』, 교육도서출판사, 2014.

『민주조선』, 「가정과 녀성들에 대한 사회적 관심을 더욱 높여라」, 1956년 12월 11일.

백영희·김명석, 『항일의 녀성영웅 김정숙어머님 혁명력사(고급중학교 2학년용)』, 교육도서출판사, 2014.

『조선녀성』, 「조선사회주의녀성동맹 중앙위원회 기관지」, 2022년 1~12월호.

안성·리정화, 『사회주의도덕(초급중학교 2학년용)』, 교육도서출판사, 2014.

우인철·백광명·구경희·문성·방복림·장광길, 『국어(초급중학교 2학년용)』, 교육도서출판사, 2014.

최명희·량인옥, 『항일의 녀성영웅 김정숙어머님 어린시절(소학교 1학년용)』, 교육도서출판사, 2013.

최학·황금순·정애련·배창국·라성학·안철, 『국어문학(고급중학교 2학년용)』, 교육도서출판사, 2014.

3. 국외문헌

UNESCO. http://data.uis.unesco.org.

7장

성의 시각으로 북한 여성의 가정생활 이해하기

북한의 결혼식 풍경(사진: 연합뉴스)

북한에도 성이란 개념이 있을까. 타고나는 성보다 제도적 환경과 문화로 만들어진 사회적 성이 권력의 배분 등에 영향을 미친다면 북한의 성은 어떤 의미를 내재하고 있을까. 북한의 사회상이 그대로 반영된 소설의 한 대목을 예시로 보자.

"미시리 같은 거 처녀한데 채우구두 기신기신 거기에 또 찾아가겠다는 건가? 제대군인이라는 게 자존심두 없이…" (김문창, 1997)

"그는 남편에게 구멍탄 한번 찍게 하지 않았으며 지어는 벽이 떨어지고 부뚜막이 내려앉아도 다 제 손으로 고쳐놓기에 애썼다. 남편이 집 걱정을 일체 모르고 생산에만 전념하게 하느라 모든 것을 다해왔다." (김문창, 1997)

전자는 결혼 전 남성성을, 후자는 결혼 후 여성성을 묘사하고 있어 북한의 성문화를 엿볼 수 있다. 사랑에 실패한 제대군인 총각이 자신을 외면한 처녀를 찾아가면 남자의 자존심을 구겨버린 '미시리'가 되고, 눈이 높던 처녀라도 결혼한다면 남편에게 종속되어 스스로 헌신하는 여자가 된다. 국가의 가장인 수령을 중심으로 사회주의 대가정이 유기체로 작동하는 북한 사회에서 남성이 여성을 지배하는 것이 당연시되고 있는 성 위계 구조로 이해할 수 있다.

이처럼 제도적 환경과 국가담론으로 개체화되었던 북한 여성들이 가정에서부터 성 불평등에 목소리를 내는 데, 흥미롭게도 이러한 현실이 공식 담론지에 게재되기도 하였다.

"나는 남편들에게 말하고 싶다. 아내의 이상을 존중히 여기며 지배와 복종의 관계가 아니라 평등한 관계에서 서로 위해주는 것, 이것은 첫 사랑을 약속할 때도 중요하지만 가정을 이루고 생활하는 전 기간 변함없이 지켜야 한다는 것을…" (강형준, 2003)

가정의 가장인 남편의 권위가 국가의 가장인 수령의 권위와 연결된 북한에서 이러한 근간이 무너지는 현상은 북한 사회 이해를 높이는 데 기여한다. 뒤집어 해석하면 북한 여성들은 제도적 환경과 문화로 만들어진 사회적 성이라도 언제든 해체될 가능성을 보여주고 있다. 하지만 북한 여성의 가정생활 변화를 미시적으로 접근한 연구는 많지 않다. '이는 여성사 연구가 북한 연구에서도 더 주변부를 차지하기 때문으로 보인다'(송현진, 2023). 따라서 이 장에서는 북한 사회 저변을 이해할 수 있도록 북한 여성의 가정생활 변화를 성의 시각으로 논의할 것이다.

01 성이란 무엇인가

성이란 남녀의 육체적 결합 행위나 남녀를 구분하는 육체의 특징(표준국어대사전)을 의미하는 생물학적 성(sex)과 제도적 환경과 규범으로 만들어진 사회적 성(gender)을 말한다. 생물학적 성이 선천적이라면 사회적 성은 후천적이다. 선천적이든 후천적이든 성적 행위와 욕망, 성가치관, 성적 취향 등 성적인 모든 것을 섹슈얼리티(sexuality)라고 한다. 이러한 성은 결혼제도와 가족제도 등 정치와 사회 문화 모든 부문에 영향을 미친다는 점에서 '성 정치학'(케이트 밀렛, 김유경 옮김, 2020)으로 범위가 확장된다.

성의 가치는 다양하게 평가된다. 우선 생물학적 성은 임신과 출산을 전제하고 있어 종의 번식과 보존적 의미에서 생식적 가치를 가진다. 또 남녀가 서로 애정을 나누고 육체적 즐거움을 느끼며 상호 친밀감과 유대를 강화하는 성관계는 쾌락적 가치를 지닌다. 다만 쾌락은 절제가 필요하다. 성의 가치로 가장 중요한 것이 인격적 가치이다. 성을 통하여 인격적 만남이 이루어지면 상호 성숙된 자아를 이루어 서로를 위해 자신을 희생하고 헌신하는 인격체가 형성되기 때문이다(문종길, 2014). 다시 말해 성은 받는 것보다 주는 것일 때 생산적이고 성숙한 사랑으로 이어진다. 따라서 성은 종족 번식과 쾌락의 수단보다 인간의 존엄성에 기반을 두고 스스로 결정해 행동해야 하는 '성적 자기결정권'을 전제하고 있다.

02 북한에서의 성 개념과 가족제도

1) 성 개념과 의미

북한에서는 남자와 여자의 생리적인 구분만을 성으로 정의하고 남녀 육체가 결합하는 성관계는 성으로 정의하지 않는다. 성관계는 이데올로기적 성격으로 분류되어 사회주의 이념과 대립되기 때문이다. 공식적인 성관계인지 비공식적인 성관계인지에 따라 사회적으로 다르게 받아들여지는데, 결혼한 남녀의 성관계를 '부부관계'라고 한다면 혼전 성관계나 혼외 성관계는 '부화'라고 한다. '부화'는 사회주의 사회에서 근절해야 할 퇴폐적이고 썩어빠진 자본주의 날라리 문화로 계급적 투쟁의 성격을 띤다(과학백과사전출판사 편, 2013).

북한에서 사회적 성은 공식적으로 정의되지 않지만 남성 중심의 성을 끊임없이 재생산하여 3대 세습 정당성에 복종하도록 한다는 특징이 있다. 북한은 남녀의 신체 차이를 근거로 중공업 부문에 남성을, 경노동과 서비스 부문에 여성을 배치하는 노동정책을 합리화한다. 남자는 뼈대가 실하고 튼튼하며 키와 몸 질량이 크거나 무거워 근력을 사용하는 노동에 적합하고, 여자는 골반 높이가 낮고 넓어 태아를 기르고 해산하는 데 유리하다는 것이다. 심장의 용적에도 남녀의 차이가 있는데, 어른 남자의 심장에서 1분 동안 내보내는 피(혈액)의 양이 약 2.4리터라면 어른 여자의 심장에서 1분 동안 내보내는 피의 양은 약 1.8리터밖에 안 되므로 남녀는 육체노동이나 운동에서 차이를 보인다는 근거를 제시한다(의학과학출판사 편, 2011).

신체 차이를 근거로 노동정책을 펼치는 데서부터 북한의 성 통치 방식이 드러난다. 전후 북한은 전쟁이 다시 발발할 경우를 대비하여 중공업 우선 발전 정책노선을 제시하고 국가재원을 중공업 부문에 집중해 왔다. 북한에서는 모든 주민들의 직업을 국가가 배치하는데, 남성이 집중 배치되는 중공업 부문과 여성이 집중 배치되는 경공업과 서비스 부문은 규모에서 큰 차이가 있다. 이러한 구조는 남성은 퇴직할 때까지 직업군으로, 여성은 결혼하면 자동으로 가정주부가 되어 무직업군이 되는 성차별적 직업구조로 이어진다. 교사나 의사 등 전문직 여성들은 결혼 이후에도 직업 활동이 이어지지만 북한 여성의 직업 비중은 생산직 여성이 압도적이다.

따라서 북한은 남성과 전혀 다른 여성의 도덕성을 특별히 강조한다. 여성은 꽃이며 유순하고 부드러워 매혹적인 감정을 일으키므로 사회생활에서 피로해진 사람들의 마음을 풀어줘야 한다는 것이다. '피로해진 사람들' 속에는 여성도 있겠지만 꽃과 유순함으로 여성의 성을 강조한 것으로 보아 피로해진 사람은 주로 남성으로 보인다. 여성의 유순한 성격을 강조하면서도 여성이 응석과 어리광으로 사업상 공간을 메꾸려 하는 것은 안 된다며 사람들의 존경과 사랑을 받으려면 맡겨진 혁명과업을 책임적으로 수행하면서 여성의 품성을 발휘해야 한다고 지적한다. 권력기관에 진출하여 직무가 높아진 여성들의 경우 지시하는 위치에 있다고 하여 도덕 없이 말하거나 행동하면 안 된다(의학과학출판사 편, 2011). 특히 여성은 가정에서 남편을 공경하고 내세우도록 강조한다.

결국 북한은 성적 욕망과 쾌락, 가치 등을 계급 성격으로 철저히 배제하며, 사회적 성마저 남성 중심으로 정의하고 있다. 케이트 밀렛(Kate Millet)은 여성의 종속을 재생산하는 권력관계가 가부장제라면서 제도로서의 가부장제는 정치와 사회, 경제제도를 관통할 만큼 깊이 뿌리내린 사회적 상수라고 지적한다. 규범의 기능을 남성에게 위임하는 이데올로기와 대응해야 한다는 것이다(케이트 밀렛, 김유경 옮김, 2020).

2) 가족제도 배경과 사회주의 대가정

북한 여성의 역할을 이해하기 위해서는 북한의 가족제도 배경부터 이해해야 한다. 북한 여성의 사회화를 가두는 제도적 근간이 사회주의 대가정론을 뒷받침하고 있는 가족제도이기 때문이다.

북한의 가족제도는 마르크스와 엥겔스에 의한 유물론적 인식론에 토대하고 있다(프리드리히 엥겔스, 김경미 옮김, 2007). 유물론적 인식론은 역사의 발전은 관념이나 정신이 아니라 생존에 필요한 재화이므로 이를 생산하는 생산수단(토지·공장·기계 등)의 소유권을 중시한다. 생산수단을 자본가가 소유하면 생산물의 잉여가 자본가에 귀속되어 사회 불평등을 발생시켜 사회 진보를 막는다는 것이다. 따라서 생산수단을 국가가 소유하고 자원을 배분해야 사회적 평등과 공공의 이익이 담보되는 사회주의 사회가 건설된다고 주장한다. 여기서 '생산'의 의미는 두 가지를 내포한다. 하나는 생존에 필요한 재화와 그 재화를 생산하는 도구의 생산이며, 다른 하나는 노동력의 생산과 재생산, 즉 종족 번식을 의미한다. 따라서 노동력을 제공하는 동시에 노동력을 재생산하는 경제단위로서의 가족과 가족 내 성별 분업이 중시된다. 가족 내 성별 분업은 아내와 자식을 남편의 노예로 만들었고, 이러한 가족관계에서 드러나는 불평등은 자본주의적 생산 관계에서 파생되었다. 따라서 마르크스는 생산수단의 사적 사유와 자본주의적 생산관계를 철폐하면 여성의 해방을 가져올 수 있다고 주장한다.

공적 사업에 여성을 참여시키면 가부장제 단절과 양성평등을 이룰 수 있으므로 공공서비스 체계를 구축하여 가사와 양육을 공적 영역으로 전환해야 한다는 게 소련의 가족제도 배경이다. 북한이 1948년 9월 9일 정권을 수립하기 이전인 1946년 7월 30일에 남녀평등권 법령을 제정하고, 8월 10일에는 일본법인의 소유나 사유였던 기업과 광산, 발전소, 철도, 체신과 은행 등을 무상 몰수하여 국가에 귀속시킨 산업국유화 법령을 발표한 것도 이러한 맥락으로 이해할 수 있다.

이처럼 북한이 소련식 사회주의와 가족제도를 이식한 것은 해방 후 소련이 북한 정권 수립과 인민경제 발전 등에 도움을 주었기 때문이다(김일성, 1946). 하지만 북한의 가족제도는 사회주의 원리와 보편성에서 일탈하였다는 비판을 받는다(곽연실, 2020). 과거의 전통적인 대가족 제도를 해체하고 남녀평등권 법령을 발표한 것은 여성의 사회적 해방보다는 사회주의 이념에 부합되도록 여성의 노동력을 사회로 복귀하여 '혈연에 기초한' 친족 관계보다 사회주의 대가정에 역할을 다하도록 강조한 것이기 때문이다.

북한의 가족법 제1조에서는 '조선민주주의인민공화국 가족법은 사회주의적 결혼, 가족제도를 공고 발전시켜 온 사회를 화목하고 단합된 사회주의 대가정으로 되게 하는데 이바지 한다'라고 명시하고 있다. 결혼은 사회세포인 가정을 매개로 이루어지므로 결혼한 부부는 개인의 욕망보다 사회주의 이념과 가치를 인식하고 사회주의 발전에 이바지해야 하는 공동체로서 수령에게 충성해야 한다는 게 '사회주의 대가정' 논리이다.

김일성은 "사회를 화목하고 단합된 하나의 대가정으로 전변시킬 것"(로동신문, 1962.1.1.)이라며 '하나는 전체를 위하여 전체를 하나를 위하여' 서로 돕고 이끄는 집단주의 정신을 강조하였다.

사실 북한이 소련의 원조로 사회주의 건설을 진행하던 시기의 **사회주의 대가정**은 소련을 선두로 하는 사회주의 진영의 단결을 의미했다.(로동신문, 1960.7.1.) 그러나 1950년대 말 소련에서 개인숭배 등을 비판하면서, 사회주의 진영에 균열이 생기자 북한에서 '사회주의 대가정' 개념은 유일지배 체제를 정당화하기 위한 국가담론으로 자리 잡았다.

이후 가정혁명화가 강조되면서 '공산주의적 대가정'과 '붉은 대가정', '혁명적 대가정'이 정치화되었다(로동신문, 1972.12.15.).

김일성의 후계자로 등장한 김정일은 사회주의 대가정론을 한층 더 강화시켰는데, 사회주의 대가정에 소속된 인민은 수령인 아버지와 어머니 당에 충성하고 헌신할 때 영생한다는 사회정치적 생명체론을 제시하였다(김정일, 1986). 이러한 논리는 봉건유교적 가부장제를 부활시켰다. 특히 강반석과 김정숙의 혁명적 여성상이 부여되면서 북한 여성의 사회화는 원천적으로 제한되었다. 살림살이를 알뜰하게 해야 하는 주부, 자녀를 출산하여 나라의 아들딸로 키워야 하는 어머니, 남편이 집안일을 걱정하지 않고 혁명과업을 수행하는 데 지장이 없도록 식생활과 옷차림에 주의를 돌려야 하는 아내, 시부모를 잘 모시는 맏며느리, 부드러운 말과 행동으로 남편에게 기쁨이 되고 만족을 느끼게 해야 하는 성적 역할이 조선여성의 풍모가 되었다. 그래야 여성들이 혁명의 한쪽 수레바퀴로 사회주의 건설을 추동할 수 있다는 것이다(의학과학출판사 편, 2011).

03 식량배급시대 가정생활: 수동적인 성

1) 배우자 선택: '여자가 고백하면 이상해요'

"여자가 (남자를)좋아한다고 어케 말해요? 절대 못하지. 마음에 들면 (남자)옷 빨아주고 다려주고 담배 한곽(갑) 주거나 해서 남자를 끌

어당기죠. 여자가 고백하면 이상해요." (2008년 탈북)

이 말은 식량배급시대 공장과 농장에서 근로하는 기혼 전 여성들의 보편적인 생각이라고 한다. 가부장적인 사회주의 대가정에서는 남성에게 선택당해야 여성스러운 것이라고 본다. 처녀가 총각이 마음에 든다고 먼저 고백하면 도덕적 기준에서 벗어난 여자라는 시선을 받는다. 연애결혼보다 중매결혼이 많은 이유이다.

그렇다고 여성들이 무작위로 배우자를 선택하는 것은 아니다. '군당대기실'(軍黨大技室) 기준이 있다. '군'복무 기간에 '당'원이 되어 제대한 남자만이 남자답다는 상징성을 가지므로 '군당' 조건은 남자의 기본 조건이다. 만약 병역을 기피하거나 의가사 제대되어 입당하지 못했다면 북한 여성의 배우자 선택에서 일단 소외된다. '군당' 조건에 '대'학을 졸업하고 '기'술직이 있으면 가점이 붙고 '실'(室)이 있으면 완벽한 배우자다. 총각의 인물도 중시되나 너무 곱게 생기면 '기생오래비' 같이 생겼다는 편견을 받는다. 남자는 키가 크고 신체가 든든하면 열 가지 결함이 커버된다고 한다. 크고 든든한 신체는 여자가 의지할 수 있는 남자의 상징에 부합되기 때문이다. 배우자를 선택할 때 신분이 문제되는 경우도 있다. 지주의 자손이나 교도소 출소자의 자손 등 복잡계층의 경우 총각(처녀)의 조건이 완벽해도 양가의 부모가 결혼을 파기하는 사례가 있다.

북한은 '자유결혼의 권리를 가진다(가족법 제8조)' '결혼 연령은 남자 18살, 여자 17살(가족법 제9조)'로 규정하고 있으나 동시에 '국가는 청년들이 조국과 인민을 위하여 사회와 집단을 위하여 보람 있게 일한 다음 결혼하는 사회적 기풍을 장려한다'(가족법 제9조)로 명시하여 법과 현실이 괴리된다.

실제 식량배급시대 여성의 결혼 연령은 23세, 남성의 결혼 연령은 27~28세 정도까지를 가장 좋을 때로 보았다. 남성의 경우 결혼 연령이 조금 늦어도 큰 문제가 없지만, 여성의 경우 23세일 때만 '금값', 24세일 때 '은값', 25세일 때 '동값', 25세 이상부터는 노처녀로 '고철값'에 이른다. 27세 이상은 혼기 놓친 처녀로 재혼남과 결혼하는 사례가 있다. 독신 여성은 아주 드물다. 후술하겠지만 남편이 없으면 생존할 식량을 받지 못하는 사회 구조 때문이다.

북한은 여성이 결혼하여 남편에게 충실한 내조자가 되도록 교양한다. 특히 등급이 높은 상이군인들이 안정된 생활을 할 수 있도록 여성들이 그들의 아내가 되도록 선전한다. 대표적으로 예술영화 '내 고향의 처녀들'에 이러한 내용이 담겨있고, '예술영화 '도시처녀 시집와요'에는 도시 처녀가 농촌 총각과 결혼하도록 선전하는 내용이 담겨 있다.

2) 남편에게 닭곰 드리는 아내

> "철환은 묵묵히 집안으로 들어갔다. 뒤따라 들어온 순화는...부엌간으로 나갔다. 그는 도라지꽃을 그린 하얀 사기 단지를 행주수건으로 싸들고 들어왔다. 그 속에는 곰을 한 암탉이 새 노란 기름 속에 두 다리를 바싹 쳐든 채 몸을 푹 잠그고 있었다." (김문창, 1997)

이 글을 읽어보면 북한 여성들이 남편을 공경하고 내세우는 마음이 얼마나 지극하고 정성스러운지 느낄 것이다. 이러한 태도는 남편을 가장으로 공경하는 여성들의 기본 품성이다. 남편이 아프면 도시 여성들은 부엌마루 밑에서 기르는 토끼나 시장에서 구매한 닭의 배를 갈라 찹쌀과 마늘 등을 넣고 찐 곰(보양식)을 남편에게 대접하며 아내의 기쁨을 느낀다. 농촌 여성들도 뜰에서 기르는 닭이나 오리로 만든 곰을 남편에게 드릴 때 흐뭇한 표정을 짓는다.

경제적 여력이 따라서지 못해 닭곰을 남편에게 대접하지 못하는 아내는 이밥이라도 대접하려 애쓴다. 아내는 국가에서 백미(30%)와 잡곡(70%)을 공급받으면 백미는 주로 세대주용 이밥을 짓는 데 사용한다. 세대주 이밥용 백미를 잡곡 옆에 안치면 가마가 끓으면서 이밥에 잡곡밥이 섞이기도 해, 거즈에 백미를 따로 싸 밥을 짓는 정성스러운 아내도 있다.

남녀평등권 법령이 있음에도 가정에서 여전히 남편이 절대적인 권위를 유지하는 핵심 요인은 식량배급제로 설명할 수 있다. 지역마다 자리한 양정사업소에는 '양정은 곧 정치입니다'는 김일성의 교시가 걸려있다. 정치로 상징되는 식량배급이 남편을 통하여 아내와 자녀에게 공급되다 보니 아내는 가정에서 자기 실존의 강력한 동기를 발견하지 못한다. 국영 기업에 매일 출근하는 남편의 실존이 가족을 먹여 살리는 기둥으로 인식되는 것이다. 결국 남편은 아내를 지배하는 위치에서, 아내는 남편에게 봉사하는 위치에서 성 역할 구조가 고착되었다. 이러한 문화는 부부 대화마저 위계를 나타내는데, 남편은 아내에게 명령에 가까운 반말을 하고, 아내는 남편에게 존경에 가까운 존대어를 한다.

3) 임신과 출산을 여자의 숙명으로

특히 여성이 생물학적으로 출산이 가능한 점은 북한에서 여성의 위치를 불리하게 만든다. 한국을 비롯한 선진국에서는 다양한 성교육이 이뤄지고 있어 여성 스스로 임신과 출산의 적절한 시기를 조율할 수 있으나 북한에서는 그렇지 못하다. 북한에서는 성과 몸에 대한 교육이 전무하여 여성의 몸과 출산에 대한 지식을 갖추기 어렵다 보니, 성관계로 임신하면 출산은 피할 수 없는 것으로 인식하였다.

정책적으로 다산을 장려한 효과도 있다. 북한의 출생률은 전쟁 전 41.2%였으나, 전후 21.5%로 급감하였다(리기성, 1996). 그러자 정부는 다산 정책을 추진했다. 이로써 여성들은 적으면 4~5명, 많으면 9~10명까지 출산하였다. 물론 북한은 전국 어머니 대회를 개최하고 다출산 여성에게 혜택을 주었는데, 쌍둥이를 출산하면 특별배급을 세쌍둥이 출산하면 세쌍둥이가 성인이 될 때까지 생활조건을 보장해주었다. 1960년대 베이비붐 세대가 폭발적으로 증가한 배경이다. 1970년 북한의 인구 증가율은 3.77%로 가장 높은 수치였다.(리기성, 1996)

인구가 급증하고 식량 긴장까지 부각되자 북한은 다산 억제 정책을 실시하였다. 1970년대 평양산원에는 '하나가 딱 좋습니다. 둘은 많습니다. 셋은 양심 없습니다'는 김일성의 발언이 내걸릴 정도였다고 한다. 이에 당국은 여성동맹 간부들을 마을마다 파견하여 여성들의 피임을 설득하는 강연회를 조직하면서 국가적 차원에서 낙태와 중절수술까지 해주었다는 것이다. 이러한

> 1961~1969년까지 출산을 한 탈북 여성들은 당시 정책적 우대로 여덟 명을 출산한 것은 아니라며 이렇게 말했다.
>
> "그땐 애 생기면 낳았지. 고리(피임)도 없었고 아이 막 낳으라고 할 때니까 여덟이 보통이고 열도 낳고... 생기면 낳던 시대였어..."
>
> "애 낳고 젖 멍어리 어케 풀어야 되는지도 모르고 낳아야 되니 낳았어요. 기껏 준비했다는 게 배내 저고리...애 서(세명)낳는 거 하나 낳고 생리하면 또 생기고, 하나 낳고 생리하면 또 생기고 도중에 중절한 번 하고, 그렇게 9년간 임신하고 출산하니 산후탈 생기더라구."

조치는 1980년대까지 이어졌는데, 당시 북한은 도마다 자리한 국영병원 산부인과 의사들을 동과 리 단위 진료소에 파견하여 두 명 이상의 자녀를 출산한 기혼 여성에게는 강제로 피임을 했다고 한다. 임신과 출산, 강제 피임, 낙태의 반복으로 질병에 노출되는 여성들도 있었다.

북한 여성들은 임신과 출산을 여자의 숙명으로 인식했는데, '아이를 낳아야 정상적인 여자'라는 사회적 인식이 작용했던 것으로 보인다. 뿌리 깊은 가부장제 문화로 인해 아들을 낳지 못하면 시집의 며느리, 남편의 아내로 인정을 받지 못하는 등 부계혈통 문화가 강하게 지배한 것이다. 임신과 출산을 반복하다가 아들을 출산한 탈북여성은 그때 감정을 이렇게 소회했다.

"결혼하면 아이를 낳아야 여자지. 아이도 못 낳는 여자는 뭐가 문제구나 뒷소리 많잖아요. 아이 낳아야 떳떳하고 딸보다 아들을 낳아줘야 (시집에서)좋아하니까 그게 여자의 숙명이구나…시집에서 아들 낳아라 낳아라 하는데, 난 군수공장에서 일하면서 살림이 넉넉하지 않아 사는 거도 그랬지. 그래도 아들 낳을 때까지 출산했는데, 마지막에 아들 낳으니까 눈물이 다 나더라고…." (1993년 출산 탈북여성)

특히 불임 여성은 제도적으로 이혼사유로 인정되었다. 사회주의 대가정이 이어져야 하는 무거운 책임이 자궁을 갖고 있는 여성에게 부여된 버거움이었다.

4) '모범가정' 울타리에 갇힌 여성들

북한은 해마다 3~4월과 9~10월을 '위생월간'으로 정하고, 거리와 마을 등 환경 꾸리기에 가정주부 여성들을 무보수로 동원한다. '생활문화 모범가정' 판정을 통하여 집 안팎을 알뜰하게 꾸리는 여성을 본보기로 내세우는 방식이다. 당에서 조직한 위생검열대가 살림집 안팎 위생검열을 하여 기준에 부합되지 못하면 '불합격' 딱지를 문 앞에 붙여 망신을 준다. 모범가정 평가에는 집짐승을 많이 길러 고기와 알, 가죽을 나라에 바치고 애국을 인정받는 '축산모범가정'도 있다. 해마다 400킬로 고기와 1,300개 이상의 달걀을 생산하면 60톤 이상의 질 좋은 거름이 나온다(로동신문, 1977.6.17.)는 데, 고기와 알은 인민군대에, 거름은 유기농 비료로 농장에 바치라는 것이다. 한 가정에서 수백 킬로의 고기와 달걀 등을 생산하는 노력과 들이는 시간은 가정주부의 몫이다. 남편은 국영공장 노력으로 일을 해야 하기 때문이다.

문제는 살림집 안팎을 환하고 알뜰하게 꾸려야 하는 '생활문화 모범가정'과 집짐승을 많이 길러 고기와 알을 나라에 바치는 '축산모범가정'이 대립한다는 것이다. 국가에서 배정한 살림집 면적은 크지 않다. 마당이나 부엌마루, 웃방 공간에서 돼지나 토끼, 개 등을 길러야 축산정책을 관철할 수 있어 결국 집안에는 사람보다 짐승의 수가 많아진다. 짐승의 분변을 제때에 치우고 환경을 깨끗이 거두려면 수자원이 필수이다. 그러나 북한의 살림집은 시간제 수돗물이 공급되거나 그마저 공급되지 않아 보통 지하펌프나 공동 우물을 사용한다. 사람이 씻을 물도 부족한 데,

집짐승 우리를 청결하게 관리할 물은 더더욱 부족하다. 짐승을 기르며 살림집을 청결하게 관리하는 것은 여건상 불가능하다는 말이다.

이에 북한은 살림집도 알뜰하게 꾸리고, 가축도 많이 기르려면 가정집마다 짐승우리를 규모 있게 지어 흘러나오는 오물을 제때에 처리하라고 한다(로동신문, 2008.3.4.). 그래야 가정이 환해지고 거리와 마을이 아름다워지면서 나라가 빛이 난다(로동신문, 2021.9.19.)는 것이다. '모범가정' 울타리에 가정주부 여성들이 갇혀 있는 모습의 부조리였다.

5) 남편의 고민, 왜 이혼하려 하는가

식량배급시대에 북한에서 결혼하여 가정생활 했던 열 명의 탈북남성에게 '이혼하고 싶은 아내의 특징'이 무엇이었는지 질문하자 '대답질 잘하는 여자'라는 답변이 가장 많았다. 애교 많은 순종성이 여자의 품성인데 남편이 말하면 '알겠어요' 하지 않고 대답질을 해대니 매 맞는다는 것이다. '명태와 여자는 두들길수록 만문해진다'는 가부장적 사고가 내재되어 있는 영향으로 보인다. 아무리 두들겨도 '센 여자'의 대답질이 계속되면 집에서 내쫓기도 한다. 살림집 명의는 남편이므로 집에서 아내를 쫓아내는 방식으로 길들이기 하라고 주변에서 부추기는 경우도 있다.

남편의 고민, '왜 이혼하려 하는가'를 지적하고 있는 공식 담론에서도 문제의 화살은 '대꾸하는 아내'에게 향하고 있다.

"어느 일요일 일훈의 친구들이 놀러왔었다. 정순은 일부러 찾아 온 남편의 친구들을 성의껏 대접할 대신에 시끄럽다는 듯이 슬그머니 아이를 업고 이웃을 가고 말았다. '여보, 점심이라도 짖지 않고 이렇게 나와 있기요?' 하고 남편이 말하니 '어디 손님 대접할 돈이 있나요? 맨 간장을 떠 놓으란 말이에요?'하고 새촘해서 대꾸했다. '잘 차린 술상을 바란 것도 아니고 당신의 따뜻한 성의면 되는 거요... 당신은 무슨 여자가 ...' 결혼 첫날부터 부드러운 마음씨와 살뜰하고 섬세한 인정을 가진 아내를 바랬으나 아내는... 왜 하필 정순이와 같은 여자와 일생을 같이 살아야만 한단 말인가..." (김경숙, 1956)

따라서 남편은 아내의 기를 제때에 꺾어놔야 가장다운 위상을 유지할 수 있다.

"하 참, 그 집이 난사는 난사야. 춘서를 두구 뒷말들이 많아...네편네 기승이라는 건 제때 제때 꺾어놔야지 가만 놔주면 하늘 높은 줄 모르구 자꾸 치솟는 법이지." (영화문학 '요람' 1988 중에서)

사회주의 가족관은 남성이 여성을 사유화하여 이익을 얻는 자본주의 불평등을 없애야 한다며 남성의 지배를 비판한다(프레드리히 엥겔스, 김경미 옮김, 2007). 하지만 겉으로는 양성평등을 내세우는 북한에서 국가 공급 제도를 통해 남편이 아내를 지배하고 있음에 주목해야 한다. "이밥에 고깃국을 먹고 비단옷을 입으며 고래 등 같은 기와집에서 살게 해주겠다"(김일성, 1962.01.01.)는 북한의 '식의주' 정책은 먹고(식) 입는(의) 것을 남편을 통해 가족에게 공급했다. 국가에서 배정하는 살림집 이용권도 세대주로 호명되는 남편의 명의로 발급된다. 이로써 아내는 자연스럽게 남편의 지붕 밑에 사는 것이라고 세뇌된다. 남편이 아내에게 폭력을 행사해도 아내는 남편의 소유라는 전제가 제도적 환경으로 작동함으로써 '맞는 아내'가 당연시되는 것이다. '법률로 남성이 경제적 이익을 얻는 것이 유리하도록 환경을 만들어 여성을 타자로 개체화함으로써 남성성이 주체적으로 확립되도록 한다고 할 수 있다(시몬 드 보부아르, 조홍식 옮김, 1993).

04 장마당시대 가정생활: 능동적인 성

1) 배우자 선택: '여자가 고백하면 멋져요'

"그전에야 뭐 선 볼 때 당원, 성분 이런 거 봤지만 달라졌어요. 난 당원도 아니고 철도 노동자하고 결혼했는데, 내가 좋다고 고백했어요. 그 남자 집에 가보니 면 군복 한 벌밖에 없더라고, 그래도 똑똑하니까 내 돈 투자해서 사람 만들었어요." (2015년 탈북여성)

김정은 집권 이후 탈북한 여성들은 식량배급시대에는 여자가 고백하는 것이 이상했지만, 장마당시대에는 '여자가 고백하면 멋지다'고 말한다. 보수적인 남성들은 고백하는 여자를 '나대는 여자'로 인식하는 경향도 있지만, 고백하는 여자를 매력 있게 바라보는 남성도 증가하고 있다. 이 측면에서 남성성의 분화를 엿볼 수 있다. 특히 남성이 비당원이거나 복잡계층이거나 무일푼 남자라도 자본을 투자하여 '내 남자'로 만드는 주체적 여성의 등장은 북한 여성성의 변화를 보여주는 대표적 사례이다. 이는 연상과 돌싱녀를 선호하는 북한 남성이 증가하는 현상과도 맥락이 이어진다(설송아, 2015).

이러한 변화는 식량배급시대에는 23세였던 여성의 결혼 연령이 30세 이후로 늘어난 데서 알 수 있다. 통일부가 발표한 자료에 따르면 2011년 이전 탈북한 1,005명을 조사한 결과 25세 이전 결혼했다고 응답한 여성이 66.8%, 26~30세에 결혼한 비율이 34.5%였는데, 2012년 이후에는 30세 이후에 결혼한 비율이 14.2%로 상승했다. 2016~2020년에는 30세 이후에 결혼한 비율이 17.5% 증가했다(통일부 외, 2024).

북한 여성의 경제적 활동이 높아지면서 여성의 수동성이 능동적으로 변화했는데, 이러한 배경은 다음과 같다. 1994년 김일성 사후 중앙집권적 자재공급체계가 무너지면서 국영기업 가동이 하락한 결과는 농업부문에도 타격을 주면서 식량배급제도의 마비를 불러왔다. 국가공급제도에 의존하여 살아왔던 주민들의 생존위기는 사회적 혼란을 야기하였다. 가정의 울타리에 갇혀 있었던 여성들이 먼저 가족의 식량을 해결하려고 장사에 나섰다.

왜 가정주부 여성들만 장사에 나섰을까. 남성들은 뭐하고? 여기에 주목할 필요가 있다. 남성이 아닌 가정주부 여성들만 장사에 나선 이유는 당시 북한 사법기관이 합동으로 비사회주의 구루빠를 조직해 사회적 일탈을 통제했던 데서 기인한다.

비사회주의란 도박과 미신, 무단결근 등 사회주의에 반하는 행위를 말한다. 무단결근은 공장 노동자들이 출근하지 않는 것을 의미하는 데, '고난의 행군'을 이겨내자는 김정일의 발언으로 대부분 남성인 공장 노동자들의 무단 결근 통제가 강화되었다. 식량과 월급을 받지 못하면서 공장 출근을 지속해야 했던 남성에게는 장사의 기회가 제한되었다.

만약 북한이 가부장적 질서를 지탱해왔던 식량공급제가 무너지는 동시에 남성에게도 장사의 기회를 제공했다면, 여성은 여전히 남편의 장사에 의존하여 살았을지 모른다. 하지만 북한은 남편의 권위를 뒷받침하였던 식량배급제가 마비된 상황에도 사회주의 체제를 지켜야 한다며 국영공장 노력으로 남성을 묶어놓았다. 이런 와중에 남편의 명의였던 국가 살림집마저 밀가루 한 지대와 교환되거나 암시장에서 헐값에 거래됐다. 남성성의 하락은 불가피해졌다.

반면 2000년대 들어서 장마당 여성들의 장사활동은 종합시장 공식화, 무역 분권화 확대와 맞물려 확장되었다. 가장 먼저 북한 체제 골격인 조직생활 시장화가 가속화되었다. 가정주부들은 노동당의 지도와 통제를 받는 사회주의 여성동맹 조직에 소속되어 강연회, 생활총화 등 사상학습과 조직생활에 의무적으로 참가해야 한다. 그러나 장마당활동으로 '시간이 돈'이라는 개념을 터득한 북한 여성들은 '8.3여맹원'으로 사상학습과 조직생활을 공식적으로 기피하였는데, 이러한 변화는 2010년대 시장화의 발달로 한층 더 확장됐다(최설, 2022). 여맹조직에서도 노동당이 부과하는 사회적 과제를 수행하려면 자금이 필요하다. 여맹조직 간부들은 장마당 여성들의 사상학습과 조직생활 불참을 허용해주고 그 대가를 돈으로 받아 자금을 마련했고, 이러한 이유로 8.3여맹원 숫자를 더 늘리고자 했다. 주목할 점은 중앙여맹조직 산하

8.3여맹원은 8.3제품에서 유래한 말이다. 8.3제품이란 1984년 8월 3일 평양에서 개최된 전국 경공업제품 전시회에서 김정일이 자투리 자재나 폐자재로 만든 인민생활소비품을 돌아보며 국가자재가 아니라 부산물을 이용하여 만든 인민생활소비품 생산 운동을 전군중적으로 확대하도록 지시한 8월 3일을 기념한 제품명이다. 8.3제품은 비생산 노력인 가정주부들이 주체가 되어 만들면 지역 단위 직매점에서 수매가격(시장가격)으로 판매할 수 있었다. 사적 생산단위가 생산한 제품을 국영 직매점에서 판매하도록 조치한 것은 북한이 처음으로 시장경제를 도입했다는 의미를 갖는다. 국가 계획 외 생산되는 8.3제품은 짝퉁 제품을 의미한다. 짝퉁 제품이 계획경제 밖에서 생산자와 소비자 간 직거래 형태로 유통되자 북한에는 이중가격이 존재하였다. 그러니 국가의 통제권에서 벗어나 시장경제 활동에 참여할 권한을 획득한 8.3여맹원은 '짝퉁 여맹원'의 의미를 내포한다.

> 📖 **더 읽을 책**
> 설송아, 『태양을 훔친 여자』, 자음과모음, 2023.

각 도, 시, 군마다 여맹조직이 있는데, 등급이 높은 여맹조직 간부에게 직속된 8.3여맹원은 산하 여맹조직 8.3여맹원보다 훨씬 자유롭다는 것이다. 이러한 영향은 여성의 주체성을 확장시키며 '태양을 훔친 여자'의 탄생을 가능하게 했다.

2) 남편의 내조 요구하는 아내

가정에서 여성들의 위상이 높아진 비율도 식량배급시대보다 높은 15.4%(통일부 외, 2024)로 나타났는데, 이는 남편의 내조를 요구하는 아내의 증가를 의미한다.

> "직장 일에 매달리지 않고 (아내)도와주는 남자가 시세나지. 돈도 벌지 못하고 남자 재세나 하면서 큰소리치는 거 누가 고와해요?" (2017년 탈북여성)

장사하는 아내를 내조하지 않는다면, 그 남편은 가정에서 '불편'이 되거나 '낮 전등'이 된다. 가정의 '불편'은 20킬로 쌀 배낭 세 개 무게와 맞먹는다고 한다. '집에만 박혀 있던 에미네'가 장마당에 나가서 경제활동을 해야 하니 '밖에 있던 서나'가 세간살이 하거나 집을 지키는 '만능열쇠'가 되지 않으면 아내에게 남편은 버거운 무게로 다가온다는 것이다.

> "남편이라는 게 배낭 세 개야...먹여 살려야지, 공장에서 뭘 내라 뭘 내라 과제 나오는데, 그거 다 에미네가 내줘야 하잖아, 당비까지 두... 쌀 배낭(15~20킬로) 하나 지고 걸어봐라 얼마나 힘드냐...(남편

에게)밥도 하고 집 청소도 해 달라 그래요." (2018년 탈북여성)

남편의 변화를 요구하고 있는 아내들의 목소리가 공식 담론에서 논의되고 있는 것도 주목된다. "가정은 땅 위에 이룩되는 것이 아니라 아내 위에 이룩되니 사이좋은 부부가 되려면 남편이 달라져야 한다"는 것이다(강형준, 2003). 기층생활 단위인 가정의 부부가 사회와 집단 앞에 역할을 다하려면 남편이 아내를 도와야 하며, 이것을 체면이 깎인다고 생각하지 말고 때와 상황에 따라 남편은 아내에게 수고한다는 감사와 존경을 표현해 주어야 한다(의학과학출판사 편, 2011). 이러한 담론은 남편에게 종속됐던 아내를 해방시키려는 의도라기보다는 성 불평등에 여성들의 목소리가 높아지면서 부부 갈등이 촉발되어 부각되는 이혼 증가에 대응하려는 젠더 정치의 전략으로 보인다.

3) 임신과 출산 제어하는 여성들

여자란 무엇일까. 생물학적 조건으로 여자를 정의하면 남자의 성기가 삽입되어야 하는 성관계의 대상, 혹은 임신과 출산의 기능을 담당해야 하는 존재의 한계로 성에 대한 본질을 흐린다. 여자란 역사의 흐름 속에 만들어진 의식으로 정의되기 때문이다. 따라서 임신과 출산을 숙명으로 간주했던 북한 여성들이 임신과 출산을 제어하는 모습은 장마당 시대가 새롭게 만들어낸 '제2의 성'이라고 말할 수 있다. 탈북 작가의 단편소설 '진옥이'의 내면을 들여다보자.

> 📖 더 읽을 책
> 시몬 드 보부아르, 조홍식 옮김, 『제2의 性』, 1998.

"장마당에 터를 좀 잡은 다음 아이를 낳고 싶어서요. 기름(연료)장사를 하고 있는데 한창 잘되고 있어요. 터를 잡기도 전에 아일 나면 그 장사 누가 해요. 아이 낳느라구 선수 다 놓치면 꽃제비가 따로 있나요. 돈을 벌어야 자식을 키울 수 있는 거지 그냥 낳기만 하면 되는 건가요? 제대루 키우지두 못하면서 잔뜩 아이만 낳는 여자들을 보면…" (설송아, 2015)

소설의 주인공은 임신과 출산을 제어해서라도 장마당 지각생이 되지 않으려는 북한 여성들의 목소리를 대변한다. 시장화 진전으로 여성의 계층도 분화되었는데, 계층의 분화는 빈부의 격차로 부각되었다. 시장경쟁에서 밀려난다면 같은 여성이라도 계층의 주변부로 밀리게 된다. 예를 들어 장사에 성공한 중학교 동창생의 집에 갔었다는 평성 출신 탈북여성은 살림집 공간에서 가격이 비싼 가전제품을 도매하고 있는 동창생을 본 후 위화감이 들어 며칠 잠이 오지 않았다고 한다. 이와 같은 경쟁 심리는 북한 여성들의 장사 욕구를 더욱 자극했고, 여성은 장사의 공백을 갖지 않기 위해 출산과 양육을 스스로 제어하게 된다.

그런데 북한은 1998년 37년 만에 제2차 어머니대회를 개최하고 다출산 정책을 제시하였다. 고난의 행군 시기 아사로 인한 인구급감에 대처한 것이다. 다출산 정책은 시장 경쟁에서 뒤지지 않으려는 여성들에게 모순적이었다.

물론 북한은 다출산 여성을 지원하는 정책을 한 단계 높였다. 1950~60년대 산전산후 휴가가 77일이었다면, 2011년 산전산후 휴가는 여성권리보장법이 제정되면서 5개월(산전 60일, 산후 90일)로 늘어나고, 2015년 8개월(산전 60일, 산후 180일)로 연장되었다(유성애, 2023). 하지만 해당 정책은 공공부문에 종사하는 여성으로 한정된다는 한계가 있다. 가정주부 여성이 높은 비중을 차지하는 북한 사회에서는 산전산후 휴가의 정책적 효과가 높지 않을 수 있다. 국가는 가정주부인 장마당 여성에게 가족의 돌봄을 떠맡겼음에도 산전산후 휴가의 대상에서 제외한 셈이다.

야노쉬 코르나이(János Kornai)에 따르면 사회주의 체제가 변화할 때 국가는 약자의 돌봄을 '가족'의 의무로 변화시킨다. 체제 초기에 무상치료와 아동보육 보장 등을 약속했던 국가가 개혁기에는 기본적 약속을 충족시킬 수 없다는 것을 인정하기 때문이다(야노쉬 코르나이, 차문석·박순성 옮김, 2019). 북한이 남성을 국영공장에 종속시켜 놓고 종합시장을 제도화한 것은 국가의 돌봄을 장마당 여성에게 떠민 것으로 이해할 수 있다. 여기에 다출산 역할까지 여성에게 부여하니 '여자가 아이 낳는 기계'냐는 목소리가 나오게 됐다. 물론 여전히 세 명 이상을 출산하는 여성도 있다. 당국은 이들을 모성영웅으로 내세우지만, 아이러니하게도 다출산 여성들은 피임할 돈이 없이 출산하는 경우가 많다고 한다. 결국 다출산 여성들은 양육 기간에도 장사활동이 제한되므로 저소득 계층으로 밀리게 된다.

이로써 북한에는 출산 기피 현상이 사회적 문제로 불거지고 있다. 비혼 여성도 등장했다고 한다. 식량배급시대 여성의 결혼이 필수였던 이유는 생존에 필요한 식량과 의류, 거주공간이 남편을 통해 공급됐기 때문이다. 이제는 여성 스스로 장마당에서 축적한 현금으로 식량과 의류는 물론 살림집 구입도 가능해졌으니 결혼과 출산은 필수가 아니라 선택이 된 것이다.

4) '낡은 부엌'을 허물고

북한에서 주택은 계급을 특정 짓는 축소판이라고 볼 수 있다. 사회주의 이념과 정책에 따라 주택 설계와 공간 배치, 면적 등이 달라지고 완공된 주택은 신분과 계급으로 배정되기 때문이다. 예를 들어 공장 노동자가 배정받은 주택은 1~2칸짜리 방과 부엌이다. 보통 공장 노동자들이 일하는 대기업을 도시 외곽에 건설하기 때문에 노동자구 주택은 대중교통 인프라 없이도 출퇴근이 용이하도록 대기업 주변에 건설한다. 경공업과 서비스업 등은 시내에 자리하므로 해당 부분 노동자들은 시내 아파트가 배정되는데, 구조는 단층과 크게 차이 없다. 반면 국가공급 대상인 간부의 주택은 2~3칸짜리 방과 거실, 주방, 위생실 등 구조와 면적에서 차이를 보이며 보통 시내 중심에 위치한다. 최근 농촌에서 문화주택 건설이 진척되면서 새로운 주택이 주민들에게 배정되고는 있지만, 아직 전후에 건설된 노후화된 주택에 거주하는 주민의 비중이 높다.

이러한 이유로 여성들은 경제활동으로 소득이 오르자 작은 집에서 큰 집으로, 외곽에서 시내로 이사하였다. 주거지를 통하여 국가가 규정한 하위계급에서 탈출하려는 시도이다. 새로 집을 사지 않고 살고 있던 낡은 집을 증축하기도 한다. 증축 공사비용도 적은 돈은 아니므로 낡은 집 내부를 리모델링할 때는 가장 먼저 부엌 구조와 환경을 바꾼다. 필자가 거주했던 평남 순천에서는 80% 이상의 살림집 부엌이 변모되었다. 부엌은 가정주부 여성을 상징하는 공간이다. '그 집 아내를 평가하려면 부엌을 보라'는 말도 있다. 따라서 여성들은 자신이 진가를 보여주기 위해 낡은 부엌부터 허물고 새로 꾸린다.

가장 먼저 부엌 안에 펌프수도를 설치한다. 경제난 이후 북한의 살림집 상하수도가 대부분 마비되어 물긷는 노동은 여성의 가사노동의 대부분을 차지했다. 농촌 여성들은 공동 설치된 우물과 강가에서, 도시 여성들은 공동 설치된 펌프수도에서 양동이로 물을 길어 취사와 빨래 등을 한다. 따라서 살림집 부엌에 펌프수도를 직접 설치하면 물을 긷는 힘듦에서 해방되어 가사노동 시간도 단축된다. '시간이 돈'이라고 생각하는 여성일수록 펌프수도 설치를 투자 가치가 있다고 여겼다.

부엌 안에 펌프수도를 설치한 뒤에는 '찬장 혁명'이 이어졌다. 식량배급시대 집집마다 사용하던 나무 찬장은 쌀 뒤주 모양의 작은 가구였다. 시장화의 발달에 따른 지역 차이는 있겠지만, 2000년대 들어 대부분의 도시에서 낡은 찬장을 들어버리고 붙박이식 찬장을 설치하는 것이 유행했다. 붙박이식 찬장은 부엌 공간의 개방감과 동시에 통유리로 여닫는 현대감과 시각적 효과가 두드러진다.

주머니가 넉넉한 여성의 경우 부엌 벽체 전면에 수입산 타일을 붙이고 주머니 사정이 여의치 않으면 부뚜막 주변에 타일을 붙여 깨끗한 부엌을 꾸린다. 특히 부엌 싱크대(가시대)가 개변되었다. 식량배급시대 평양을 제외한 지방도시에서는 싱크대 개념조차 몰랐다. 양동이에 물을 떠놓고 쭈그리고 앉아 설거지 하고, 부엌 구석 퇴수구에 물을 버렸다. 그런데 지금은 상하수도와 연결되어 있는 싱크대를 설치하는 가정이 늘고 있다. 평양을 비롯한 대도시에서는 샤워기와 화장실 비데 설치 바람도 불고 있는데, 내구성과 디자인이 좋으면서도 전기가 적게 드는 일본 TOTO사 제품이 인기이다(손혜민, 2019). 낡은 부엌을 리모델링한 현대적인 부엌은 북한 여성들이 '설 자리'라는 의미가 있다.

5) 아내의 고민, 왜 이혼하려 하나

> "이혼하면 이래나 저래나 여자는 실패한 거라 생각했잖아요. 내가 1중학교(영재학교) 졸업생인데 이혼당했다는 말 듣기 싫어서 참고 살았는데, 미공급 지나고 더 참지 못하고 재판소에 가니까 여자들이 그렇게 많이 온 거예요..." (2014년 탈북여성)

식량배급시대 북한 여성의 이혼 사례는 거의 없거나 드물었다. '한번 시집가면 시집 문턱을 베고 죽는 것'으로 생각했기 때문이다. 그런데 이제는 이혼 신청서를 직접 작성하고 재판소에 제출하는 여성들이 증가했다고 한다.

아내의 고민, 왜 이혼하려 할까.

이혼하려고 하는 아내의 고민을 듣기 위해 20명의 탈북여성에게 이혼하고 싶은 남편의 특징을 물었다. 장사 범위가 넓은 여성일수록 가사노동을 돕지 않는 경우를 꼽았다. 적지 않은 수의 남편들이 아내를 내조하게 되면서, 대접만 받으려는 남편이 비교의 대상으로 되어 부부싸움이 이어진다는 것이다. 부부 싸움이 발생하면 남편들은 아내의 목소리가 훨씬 크기 때문에 '아내의 성격'을 문제 삼는다. 반대로 아내는 남편이 아내의 성형을 지적할 때 '남편의 성격'을 문제 삼는다. 가정불화가 반복되다 보

📖 **더 읽을 책**
최설, 「북한 여성의 성형 발견과 젠더 갈등」, 『북한 젠더』, 한국정치여성연구소, 2023.

면 스트레스 해소로 외도하거나 헤어질 결심으로 이혼을 선택한다. 이혼에 대하여 말하는 주체는 남편보다 아내가 많다고 한다. 통일부가 조사한 자료에서도 이혼 사유는 외도와 성격 차이가 많았다. 김정은 시대에 탈북한 2,432명을 대상으로 한 설문조사에서 이혼 경험이 있는 여성은 28.7%, 남성은 15.2%로 여성의 비율이 더 높았다. 이혼 사유로는 배우자 외도가 25.0%, 성격 차이가 26.0%였다.(통일부 외, 2024)

눈여겨 볼 점은 식량배급시대 남성들은 아내가 '대답질 잘하는 여자'라는 단순한 이유로 이혼을 고민했다면, 장마당시대 여성들은 다양한 이유로 이혼을 고민하고 있다는 점이다. 예를 들어 식량배급시대 여성들은 남편이 외도해도 참아야 했다. '남자가 그럴 수 있다'라는 가부장제 인식 때문이다. 그러나 장마당시대에는 '남자라는 이유'로 참는 것이 아니라 무역회사에서 근무하거나 운전기사로 일하는 등 경제적인 능력이 있을 경우에만 이를 넘어가 주는 등 변화를 보였다. 남편의 상습적인 폭력으로 이혼하고 싶지만 소득이 낮을 경우 이혼하지 못하고 별거하는 여성들도 있다고 한다. 이혼 재판에 들어가는 뇌물이 크기 때문이다.

"변호사에게 얼마나 기다리면 되냐고 물어보니 날 보고 오래...가니까 이불장만한 책장에 서류가 이만큼 쌓여있어. 이거 보라 이 많은 서류를 한 장 한 장 다 봐야 한다. 이혼이 언제 된다는 보장도 없다...돈 달란 소리지..." (2016년 탈북여성)

밀주로 살아가던 한 탈북여성은 술이 한창 발효되는 술독 안에서 탁주를 퍼마시고, 퍼마신 탁주만큼 생수를 부어 아내의 술장사를 망치는 남편은 이혼이 아니라 없었으면 좋겠다고 생각했다며 당시 심정을 털어놓았다. 남편 공경을 전제하였던 가족제도에 반발하는 의식으로 이해할 수 있다. 결혼이 남편에게 직업적 안정과 가정 내 전통적인 가부장제 권위를 제공하였던 사회주의 대가정이 해체되는 것이다.

이제는 북한 여성들도 '문명한 생활'에 눈을 뜨게 되면서 기존의 여성성에 문제를 제기한다.

"옛날에는 강냉이 배급만 주니까 이밥 실컷 먹어보는 게 (여성의) 행복인 줄 알았잖아요. 못 먹으니까 불평도 없고 TV도 없고 뭐 (성적 욕망) 생각할 새 있었나, 결혼하면 사는 법이다 했는데. 이젠 많이 깼어요... 장사하며 내 몸 좀 가꾸고 한국드라마 보면서 생활이 이런 거구나..." (2015년 탈북여성)

이러한 변화는 여성성의 분화를 불러오고 있는데, 소득이 높은 여성일수록 '착한 남자'보다 '섹시한 남자'를 선호하는 경향이 주목된다. 급진적이지만 '성적 자기 결정권'에 눈을 뜬 여성의 등장이라 할 수 있다.

"성이 안 차는 거야. 돈은 잘 버는데 착한 남자는 남자답지 않지. 멋이 없어. 돈을 번 여자들은 남자다운 거 섹시한 남자 요구하고 돈이 없는 여자들은 돈을 잘 버는 남자 요구하고 다 달라요." (2018년 탈북여성)

섹스와 젠더, 섹슈얼리티에 주목한 주디스 버틀러(Judith Butler)는 섹스도 젠더와 마찬가지로 문화적 의미를 생산하므로 정상과 비정상을 반복하면서 섹슈얼리티, 즉 사회문화를 만들고 있는 역사적 맥락의 결과라고 하였다(조현준, 2007). 따라서 섹시한 남자를 선호하고 있는 북한 여성들의 성적 욕망은 비정상이 아니라 섹슈얼리티를 확장시키며 성 통치 변화를 불러오는 것으로 보아야 할 것이다.

05 김정은 시대 '가화만사성'의 의미

김정은 시대 성 통치 담론은 갈 지(之)자를 반복하고 있다. 여성을 주제로 한 문화적 콘텐츠가 변화한 것은 긍정적이다. 대표적으로 1991년에 발표된 가요 '여성은 꽃이라네'에서 성적 대상에 불과했던 여성이 2001년에 발표된 가요 '우리 집 사람'에서는 남편과 동등한 '우리 집 사람'으로 호명된 것이다. 이는 성 통치 변화의 신호라 할 수 있다. 2012년 11월 16일에는 역사상 처음으로 '어머니 날'도 제정되었다. 2016년 11월, 33년 만에 개최된 제6차 여성동맹대회에서는 '민주여성동맹'이 '사회주의여성동맹'으로 격상되었다. 장마당 주체인 여성의 성 역할을 국가담론으로 재구성한 것이다.

이 같은 변화는 '여성들이 없으면 가정도 사회도, 조국의 미래도 있을 수 없다며 가화만사성의 참뜻을 새겨야 한다'는 김정은의 발언을 통해 확인할 수 있다(로동신문, 2019.3.8.). 가정이 화목해야 모든 일이 잘된다는 가화만사성의 의미를 여성의 역할에 무게를 둔 것으로 보인다. 이러한 분위기로 북한에서는 '가화만사성' 족자를 구매해 살림집에 내거는 주민들이 늘고 있다(설송아, 2017).

김정은 정부가 내세우고 있는 '가화만사성'과 장마당 여성들이 살림집에 내걸고 지향하고 있는 '가화만사성'은 의미가 같을까. 장마당 주체인 여성들의 역량을 세원으로 활용하여 사회주의 대가정을 지키려는 의도가 김정은 정부의 '가화만사성'이라면, 장마당 여성에게 '가화만사성'은 가부장제 문화를 해체함으로써 양성평등을 실현하고 싶은 희망의 메시지를 내포할 것이다.

이러한 현실은 북한이 처음으로 2021년 6월 개최된 제7차 사회주의여성동맹 대회에서 반사회주의와 비사회주의적 현상을 쓸어버리는 사상공세 강화를 지적한 데서 드러난다. 북한 여성들의 탈가부장화를 억제하고 부계 중심의 사회주의 대가정을 복원하려는 의도인 것이다.

계급적, 정치적, 성적 억압으로 목소리를 박탈당한 하위 계층을 서발턴이라고 하는 데, 하위계층이 말할 수 없는 것은 자신의 목소리를 드러내기 어려운 사회적 구조 속에 갇혀 있기 때문이다. 서발턴 주체가 지워지는 궤적은 남성을 식민주의적 주체로 유지시키는 이데올로기적 젠더 구성에 기인한다(로절린드C. 모리스 엮음, 태혜숙 2013).

북한 시장화의 진전 속에서 성 위계 불평등이 가정에서부터 완화되고 있지만, 혁명적 여성성을 재강조하고 있는 부계 중심 성 통치는 여성의 능동성을 억제하고 있어 또 다른 차원의 젠더 갈등이 불가피해 보인다. 하지만 낡음과 새로움의 틈새 사이에서 북한 여성들의 주체성 쟁취는 아픔과 진통을 동반하면서 제2의 성을 탄생시킬 것으로 전망된다.

📖 **더 읽을 책**
설송아, 『돈으로 사들인 사회주의 권력: 북한 여성의 주체성 쟁취 리얼 스토리』(가제, 출간 예정)

에필로그

고철가격 처녀(필자)의 결혼 이야기

"결혼 안하니?", "넌 돈 버는 재미에 사니?"
나를 아는 사람은 누구나 말했다. 이젠 결혼하라고.
"그래야지, 좋은 남자 만나야겠는데 그게 말처럼 쉬운 일인가. 국가 밥 먹고 양심 없이 생겼는데 누가 쳐다보겠냐고."
농담으로 넘겨도 이웃들의 말은 계속 이어졌다. 그래도 웃으며 여유를 부렸다.
"돌은 많은 데 차돌이 없잖아?... 내 남자가 어디서 찾아오고 있을 거야, 기차가 연착돼서 그러지."
여유롭던 마음이 조급하기 시작한 건 여동생 선을 보려 총각이 집으로 찾아온 날이었다. 여동생은 언니처럼 '두살이'(남자에게 대드는 여자)가 아니었다. 훤칠한 인물에 호위국 제복 입은 총각이 왔는데, 눈치 있게 자리를 피해 주는 기분이 이상하게 싸했다. 몇 달 후 남동생도 연애하는 여자를 누이에게 소개하며 눈치를 준다. 노처녀가 장벽처럼 버티고 있으니 자기의 혼기까지 늦어질까 걱정하는 모양새였다.
당연했다. 내 나이 27살이었다. 여자는 23살이 금값, 24살이 동값, 25살이면 고철값이 된다. 그러니 내 몸값은 고철 중에서도 파고철값이었다.
중매로 들어온 몇 명의 남자와 선을 보았으나 번번이 퇴짜였다.
"눈이 삐어졌나." 중매꾼이 동정어린 말투로 말했다.
"삐어지긴요?" 나는 알고 있었다. 내가 만약 남자라도 나 같은 여자를 퇴짜 놓을 거라고. 흔히 처녀가 결혼할 총각과 마주 앉아 선을 보면 얌전하게 눈을 깔고 총각의 물음에 조신한 목소리로 대답해야 하는 것이 정석이었다.
그런데 나는 어떤 여자였는가. 그러지 않아도 눈빛이 강하고 주장까지 강하다는 말을 듣는데, 뱁새 같은 눈매로 남자를 정면으로 쳐다보며 말하니 정숙하지 못한 여자로 취급되어 실망하는 것이다. 솔직히 총각 앞에서 얌전한 여자처럼 흉내 내면서 없는 애교로 생색내는 건 내 재간이 아니었다. 남녀가 선을 보는 공간 자체가 남자의 권역인 게 싫었던 것이다. 여자라는 이유로 나를 왜곡한다면 결혼 후에 아내는 남편을 영원히 수령으로 모셔야 할 위치에 놓인다. 남녀가 서로 보여주고 볼 수 있는 평등한 자리가 선으로 결혼을 설계하는 자리가 아닌가.

혼기 놓친 여자라는 부정적 시선이 따라다닐지라도 여자가 남자를 선택하는 결혼을 해볼 것이다. 똥배짱 하나로 이러한 도전이 가능하겠는가. 제도적 거세가 일어나지 않는 한 무모한 도전이었다. '남자로 태어났더라면 얼마나 좋았을까?!' 허무한 생각도 해봤다.

그런데 뜻밖에 거세에 가까운 변화가 일어났다. 공권력에 의한 거세가 아니라 부뚜막 여성들의 생존활동으로. 식량공급제도가 무너지며 시작된 장마당 혁명이었다. 사회주의 깃발이 장마당에 흔들리며 여자의 꿈이 가능해졌다. 여자가 남자를 선택하는 사랑과 결혼 말이다. 이러한 현실은 여자를 선택하는 남자의 기준이 달라지며 힘을 받았다. 얌전하고 수동적인 여자가 아니라 장마당에 터를 잡은 능동적인 여자가 신붓감 일 순위로 총각 눈에 들었다. 신분 좋고, 학력 좋고, 인물까지 잘난 평양총각과 고철가격 처녀의 결혼은 이렇게 성사됐다. 1996년 1월이었다.

-자전적 에세이 중에서-

생각해 봅시다

1. 남북이 통일되어 서울 출신 여성이 개성 출신 남성을 사랑한다면 양가 부모는 자녀의 결혼을 찬성할 것인지 반대할 것인지 그 이유를 생각해 봅시다.

2. 북한 사회에서 성매매 여성과 남한 사회에서 성매매 여성은 같다고 볼지, 다르다고 볼지 그 이유를 토론해 봅시다.

3. 북한에서 성형이 유행하고 있습니다. 1990년대 시작된 쌍커풀 성형과 눈썹 문신은 2000년대 보편화되고 2010년대는 얼굴 미백 등으로 변화하고 있습니다. 성형한 아내를 바람난 여자라고 화내는 남편이 있다면, 이후 아내의 성은 누구의 자원이 될까요.

4. 미국의 장편소설「바람과 함께 사라지다」(마거릿미첼, 1936)를 열독하는 북한 여성들의 심리를 성의 시각으로 모색해 봅시다.

참고문헌

1. 국내문헌

곽연실, 「'고난의 행군' 이후 북한여성의 정체성 재구성」, 이화여자대학교 대학원 박사학위논문, 2020.

국가정보원 편, 『북한법령집 上』, 국가정보원, 2017.

로절린드 C. 모리스 엮음, 태혜숙 옮김, 『서발턴은 말할 수 있는가』, 그린비, 2013.

문종길, 『생활과 윤리』, 책나무, 2014.

설송아, 「진옥이」, 『국경을 넘는 그림자』, 예옥, 2015.

설송아, 『태양을 훔친 여자』, 자음과모음, 2022.

설송아, 「北에서 처녀보다 나이 많은 '돌싱녀'가 인기」, 『DAILY NK』, 2015년 6월 8일.

설송아, 「北, '가화만사성' 족자 유행의 부작용…부부싸움 화근」, 『DAILY NK』, 2017년 10월 6일.

손혜민, 「평양시민들 속에서 일본 TOTO사 제품 인기」, 『RFA 자유아시아방송』, 2019년 3월 25일.

손혜민, 「'전염병 근원지 없애라' 북, 개인 살림집까지 위생검열」, 『RFA 자유아시아방송』, 2024년 3월 4일.

송현진, 「북한 여성의 삶을 역사화하기」, 『현대북한연구』 26권 2호, 2023.

시몬 드 보부아르, 조홍식 옮김, 『제2의 性』, 을유문화사』, 1993.

야노쉬 코르나이, 차문석·박순성 옮김, 『사회주의 체제의 정치경제학 2』, 나남, 2019.

유성애, 「북한의 인구 재생산 담론 변화연구: 여성의 임신·출산을 중심으로」, 북한대학원대학교 석사학위논문, 2023.

조현준, 『주디스 버틀러의 젠더 정체성 이론』, 한국학술정보(주), 2007.

최 설, 「경제난 이후 북한 순천지역경제의 발전에 관한 연구」, 북한대학원대학교 박사학위논문, 2022.

케이트 밀렛, 김유경 옮김, 『성 정치학』, 쌤앤파커스, 2020.

통일부·북한대학원대학교·글로벌리서치, 『북한 경제·사회 실태 인식보고서』, 2024.

프리드리히 엥겔스, 김경미 옮김, 『가족, 사적 소유, 국가의 기원』, 책세상, 2007.

2. 북한문헌

강형준, 「세대주들에게 하고 싶은 말」, 『조선녀성』 2003년 12호, 2003.

과학백과사전출판사 편, 『조선대백과사전』, 과학백과사전출판사, 2013.

과학백과사전출판사 편, 『조선말사전』, 과학백과사전출판사, 2013.

김경숙, 「왜 이혼하려 했던가」, 『조선녀성』 1956년 10호, 1956.

김문창, 『백금산』, 문학예술종합출판사, 1997.

김정일, 「주체사상 교양에서 제기되는 몇가지 문제에 대하여: 당 중앙위 책임일군들과 한담화」, 『김정일선집 제8권』, 조선노동당출판사, 1998.

『로동신문』, 「사회주의 대가정의 통일과 단결을 확고부동하다」, 1960년 7월 1일.

『로동신문』, 「온 사회가 혁명적인 붉은 대가정」, 1972년 12월 15일.

『로동신문』, 「축산모범가정」, 1977년 6월 17일.

『로동신문』, 「모든 가정들을 위생모범가정으로」, 2008년 3월 4일.

『로동신문』, 「조선여성들은 사랑과 헌신으로 사회주의 조국을 받들어가는 참된 애국자들이다」, 2019년 3월 8일.

『로동신문』, 「모든 가정을 사회주의생활문화 모범가정으로 만들자」, 2021년 9월 19일.

리기성, 『인구학 개론』, 과학백과사전종합출판사, 1996.

의학과학출판사 편, 『녀성건강상식(3)』, 의학과학출판사, 2011.

8장

북한 여성의 생애 주기별 사회화와 재사회화

유년기, 청소년기, 장년기, 생애 주기에 따른 북한여성 이미지
(출처: Chat GPT 작업 이미지)

모든 사회에는 그 사회를 이루고 사는 구성원이 공유하는 가치와 특정한 상황에서 지키고 또한 지키기를 기대하는 규칙, 태도, 행동의 기준인 사회 규범이 존재한다(스캇 R. 해리스, 2017). 사회화란 사회적 가치와 규범을 내면화하므로 사회적 역할을 수행하게 되는 과정이라고 할 수 있다(이동원 외, 2000). 모든 사람은 사회화 과정을 거쳐 자아정체성을 형성하고 사회적 역할과 생활방식을 습득한다. 여성들 역시 이 과정을 통해 여성으로서 정체성을 확립하고 자신의 역할과 행동양식을 학습하면서 성장해 간다.

북한의 경우 국가가 사회화 과정의 강력한 주체로 기능한다. 이는 사회 구성원이 어떤 사회적 가치와 규범, 관행을 습득해 어떤 자아정체성을 형성해 나갈지 국가가 통제하고 행사하는 영향력이 크다는 의미이다. 그럼에도 1990년대 경제난 이후 장마당을 통한 경제활동의 확산과 함께 시장화라는 사회적 환경은 사회화 과정의 새로운 맥락으로 작용하면서 국가가 의도하는 사회화와 시장화 이후 여성의 재사회화에는 균열과 간극이 생기고 있다.

아래에 나오는 <#1 내 이름은 김미순> 이야기는 북한 여성들이 경험하는 사회화를 북한 여성 김미순의 생애를 통해 살펴본 것이다. 김미순은 북한 여성들이 실제로 북한에 살면서 경험한 이야기를 바탕으로 만든 가상의 인물이다. 특별히 김미순의 출생 시기를 1985년으로 잡아 1990년대에 유년 및 청소년 시기를 보내고 현재 김정은 집권 시기를 살아가는 인물로 설정하였다.

1990년대는 북한의 사회변동에 있어 중요한 시기 중 하나라 할 수 있다. 사회주의권이 해체되고 북한의 경제난이 시작된 1990년대를 기점으로 그 이전 북한 사회는 배급제가 작동하고 학교가 정상적으로 운영되며 생활총화를 비롯한 각종 정치조직 모임이 정기적으로 실행되면서 북한식 사회주의가 북한당국의 의도에 따라 진행되었다고 할 수 있다.

　그러나 1990년대 들어와 경제난과 기근으로 대표되는 고난의 행군과 그 후 진행된 시장의 확산과 함께 북한당국의 의도를 따라 흘러갔던 북한식 사회주의는 분화하는 모습으로 진행되었다. 따라서 1985년에 태어나 고난의 행군 시기 유년 시절과 청소년 시절을 보내고 현 김정은 집권 시기를 살아가는 김미순의 생애 속 사회화 경험을 통해 북한식 사회주의가 분화하는 모습을 조금이나마 포착하려고 했다. 이제 김미순의 생애를 따라가 보면서 국가가 사회화 과정의 강력한 주체로 기능하는 북한에서 여성으로 태어나 살아가는 과정 가운데 어떤 사회화를 경험하는지 탐색해 보자.

#1. 내 이름은 김미순.

　내 이름은 김미순(가명). 나이는 마흔 살이다. 1985년 강원도에서 태어난 나는 그곳에서 자라다가 열세 살 때 함경북도로 이사해 지금까지 살고 있다.

　우리 집은 출신 성분이 좋지 않았다. 중국에 친척이 있어서였다. 그 때문에 군인

이셨던 아버지는 피땀 흘려 충성했어도 진급하고 발전하는데 제약이 있었다. 아버지보다 충성하지 않은 사람이 출신 성분이 좋다는 이유만으로 진급하는 것도 봤다. 결국 진급하지 못한 아버지는 전역을 했고 우리는 전역한 아버지를 따라 아버지 고향인 함경북도로 이사했다. 고향으로 이사하는 아버지의 모습은 덤덤했다. 어쩌면 아버지는 자신의 출신 성분으로 인한 한계를 이미 알고 있었는지도 모르겠다.

자라면서 집에서 본 어머니는 늘 하는 일이 많았다. 어머니가 소속되어 있던 여맹에서 생활총화와 사상교육, 모내기, 도로 청소 등 동원이 많았다. 집에서도 아버지 뒷바라지며 우리를 먹이고 입히고 돌보는 모든 일은 어머니 몫이었다. 남동생 한 명이 있었는데 엄마는 내게 여자가 하는 일, 남자가 하는 일은 따로 있다면서 남동생은 부엌에 얼씬도 하지 못하게 했다. 아버지도 어머니 일은 거들지 않았다. 부엌에 들어가는 건 남자구실 못하고 남자 자격을 잃는 것처럼 여기는 관념이 있었기 때문이다. 나 역시 마찬가지로 생각하며 자랐다.

소학교에 들어갔을 때 선생님은 남학생, 여학생 일을 집에서처럼 따로 구분하지는 않았다. 그래도 학급에서 반장은 늘 남학생이 맡았다. 소학교에 들어가서도 수령과 당에 충성하라는 교육은 유치원과 집에서처럼 계속되었다. 소학교 들어가기 전, 유치원에서 김일성 수령님 생일날 선물을 받으면 선생님과 부모님은 수령님에게 감사하고 충성으로 보답해야 한다고 가르쳤다. 소학교에 들어가서도 수령님과 당에 충성하라는 교육은 계속되었다. 학교에서 공부 잘하고 조직 생활 열심히 하는 것, 그리고 학교에서 시키는 일을 잘하는 것 모두 수령님과 당에 대한 충성심으로 연결되었다. 학교에서는 충성심이 아닌 건 하나도 없는 것 같았다. 나도 충성심을 인정받기 위해 공부도 조직 생활도 열심히 하고 학교에서 해오라고 하는 과제도 빠짐없이 해갔다. 수령님과 당에 대한 충성심이 높다고 인정받는 건 내게 자부심이 되었다.

열세 살 함경북도로 이사하면서 나는 길에서 고난의 행군을 보고 겪었다. 그때 사람들 총살당하는 것도 보고 굶어 죽은 사람들도 많이 봤다. 못 먹어서 죽어가는 사람 모습은 끔찍했다. 가족을 잃고 돌아다니는 꽃제비들도 많이 봤다. 나도 가족을 잃고 꽃제비 신세가 될 것 같아 너무 두려웠다.

함경북도로 이사 온 후 학교에 잘 다닐 수 없었다. 여전히 굶주림이 계속되었고 먹고살기 위해 부모님이 하시는 농사일을 도와야 했다. 학교 가는 날이 줄었을 뿐 아니라 학교에서 해오라고 하는 과제도 잘 못해갔다.

한번은 학교에서 살구씨를 따 오라고 했다. 살구씨는 기름을 짜 수출하는 데 쓰였다. 산 구석구석을 돌아다니면서 살구씨를 따야 하는데 먹은 것이 없어 산에 올라갈 기력도 없었다. 예전에는 부모님이 준비해 줬는데 매번 끼니 걱정하며 사는 터라 과제물을 대신 해줄 수 있는 형편이 아니었다. 과제물을 못 해가서 생활총화 시간에 비판받을 때면 아이들 앞에서 비판받는 수치심보다 늘 죄책감이 들었다. 수령님과 당에 충성하지 않은 나쁜 사람이 된 것 같아서였다. 그런 내게 엄마는 배고픈데 무슨 충성을 할 수 있겠냐면서 괜찮다고 했다.

남들보다 한 해 늦게 고등중학교를 졸업한 나는 경제전문학교에 들어갔다. 졸업하고 여자 직업으로 괜찮은 회계일을 할 수 있었기 때문이다. 내 꿈은 예전에 읽었던 소설 속에 나오는 형사가 되는 것이었다. 형사가 된다는 말은 보위부나 보안서 안전원이 되는 것인데 우리 집안 성분으로는 가능하지 않았다. 그나마 군인 출신인 아버지가 성분은 좋지 않았지만, 수완이 좋고 기술이 있어서 고등중학교 졸업할 당시, 힘 있는 집안으로 통했고 그 덕에 대학도 갈 수 있었다. 출신 성분으로 선택에 제약과 한계가 있었지만 동시에 우리 집이 어느 정도 힘이 있어서 대학에 갈 수 있었던 내가 경험한 사회주의는 평등하지 않은 것 같았다.

전문학교를 졸업하고 사업소에 들어가 회계와 경리 일을 했다. 직장에서 일했어도 월급은 거의 없었다. 겨우 받은 월급으로는 옥수수 1kg 사기도 어려웠다. 장사를 시작했다. 직장에서 요구하는 생활총화나 여러 모임은 예전과 달리 충성심이 아니라 의무로 나갔다. 그렇게라도 참석해야 했던 이유는 모임에 너무 빠져 잘못 걸려들면 보안서에 불려 가야 하고 그러면 장사하는 데 지장이 있었기 때문이다.

동네에 농민 출신에다 중국에 친척이 있던 동창 친구가 있었다. 그 중국 친척은 부자였는지 친구 집에 지원 물자를 많이 보내줬다. 그 덕에 친구는 성분이 좋지 않았는데도 보안원과 결혼했다. 이제는 농민 출신이어도 중국에 친척이 있어도 돈이 있으면 예전만큼 문제가 되지 않는 것 같다. 세상이 많이 달라졌다.

결혼은 중매로 했다. 결혼과 함께 직장을 관두었다. 결혼해서도 장사는 계속 해야 했다. 사업소에 다니는 남편 월급으로는 생활이 어려웠기 때문이다. 결혼하고 딸을 낳았다. 여자아이보다 남자아이를 더 좋아하는 분위기는 예전보다 덜 해졌다고 하지만 나는 남편과 시부모에게 미안했다. 그래도 장사로 돈을 벌다 보니 덜 미안한 마음도 들었다.

또 달라진 거는 하루종일 장사를 하는 나를 대신해 남편이 집안일을 도와주고 있다는 거다. 내가 자랄 때 남자는 부엌일을 하는 건 고사하고 부엌 근처에 얼씬거려서도 안 됐는데 세상이 정말 많이 변하고 있는 것 같다.

01 일차적 사회화: 성분사회화와 성별사회화

사회화는 한 사회 구성원이 자신이 속한 사회 규범과 가치, 관행을 배워 사회적 존재로 자라가는 과정으로 평생 지속되는 것이다. 사회화는 태어나면서 가정에서 이루어지는 일차적 사회화, 학교와 직장을 통한 이차적 사회화, 그리고 새로운 문화를 겪으면서 이뤄지는 재사회화 등으로 나눌 수 있다(피터 L. 버거 외, 2013).

이를 북한 여성에게 적용한다면 가정에서 이뤄지는 일차적 사회화로 성분사회화와 성별사회화를 생각해 볼 수 있다. 먼저 성분사회화는 북한의 성분제도로 인한 규범과 가치, 행동양식을 내면화하는 과정이다. 북한에서 성분은 "사회 계급적 관계에 의하여 규정되는 사람들의 사회적 구분, 곧 사람들의 사상상 구성 성분으로서 어떤 계급의 사상상 영향을 많이 받았고 어떤 계급의 사상이 그의 머릿속을 지배하고 있는가 하는 것을 알기 위하여 출신과 직업, 사회생활의 경위에 의하여 사회 성원을 사회적 부류로 나눈 것"이라고 정의한다(사회과학출판사, 2017). 성분은 북한 주민의 사회적 지위를 결정하는 기준으로 거주지역, 입당, 대학 진학과 취업, 승진, 결혼에 이르기까지 북한 주민의 생활 대부분이 성분에 의해 결정된다(박형중 외, 2023). 성분은 크게 선천적 성분인 출신 성분과 후천적 성분인 사회 성분으로 나누어지는데 여기서 중요한 것은 출신 성분으로 이는 출생과 더불어 부모의 성분에 의해 결정되며 이후 사회 성분에도 영향을 미친다.

<#1 내 이름은 김미순> 이야기에 나오는 김미순은 중국에 친척이 있는 해외 연루자 가족이라는 집안 배경으로 출신 성분이 좋지 않았다. 그 때문에 군인 출신이었던 아버지는 진급에 한계가 있었다. 아무리 충성해도 진급에 어려움이 있었던 것은 출신 성분에 따라 충성에 대한 보상에 차별이 있었기 때문이다. 김미순의 아버지가 자신의 출신성분 때문에 진급에 어려움을 겪고서

원망이나 불평보다 그 상황을 덤덤하게 받아들일 수 있었던 이유도 성분제도로 인한 규범이나 질서를 내면화했기 때문이라 하겠다.

김미순네 가족은 아버지 전역 이후 군대가 있던 강원도에서 아버지 고향인 함경북도로 이사했다. 군부대에서 간부로 있던 사람이 진급하지 못하고 군부대에 남아있으면 군부대 노무자로 일해야 한다. 그래서 대부분 고향으로 주거지를 옮긴다. 간부 출신으로 진급에 어려움을 겪은 김미순의 아버지가 고향으로 이전하게 된 이유이기도 하다.

북한 주민에게 출신 지역은 출신 성분을 반영한 것으로 함경도, 양강도 등 산간 지역이나 탄광 지역은 유배지나 다름없는 곳으로 여겨진다. 김미순 아버지의 고향이 함경북도라는 점 역시 그의 출신 성분이 어떻다는 것을 말해줄 뿐 아니라 그의 아들딸이 어떤 한계를 지니고 살아가야 한다는 사실을 말해주는 지표라 하겠다. 김미순도 고등중학교 졸업 후 출신성분 때문에 자신의 꿈을 접는 제약을 경험했다.

이처럼 성분제도는 북한 주민을 출신 성분이라는 차이와 등급에 따라 분류하고 그 분류에 따라 보상과 처벌이 달라지는 국가 주도의 공적 체계라고 할 수 있다. 이처럼 사람을 등급화하고 그 분류에 따라 보상과 처벌을 달리하는 성분제도를 통한 성분사회화는 북한 주민에게 그 자체가 보상이며 처벌과 같은 것이라 하겠다.

성분사회화와 함께 가족을 통해 이뤄지는 일차적 사회화로 성별사회화를 꼽을 수 있다. 성별사회화 역시 어느 한 시기에 완성돼 평생 지속된다고 볼 수 없지만 가족과 가정은 엄격한 성별 분업과 남존여비를 내면화하도록 기능하는 가부장적 성별사회화의 핵심적인 장소라 할 수 있다(김정희, 2000).

<#1 내 이름은 김미순> 이야기에서 김미순은 가사와 자녀 양육, 남편 뒷바라지를 도맡아 하는 어머니를 보고 자라면서 여성인 자신 역시 어떤 모습으로 살아야 하는지 내면화했다. 게다가 어머니가 하는 일은 남자인 아버지나 남동생이 해서는 안 되는 일이었다. 남자와 여자가 하는 일에는 구분이 있고 여기에는 우열이 존재하기 때문이다. 김미순 역시 이를 받아들이며 자랐다. 이처럼 가정은 김미순이라는 여자아이가 성별에 따른 구분과 가치관, 그에 따른 우열을 내면화하는 성별사회화를 경험하면서 여성으로 양육되는 공간이었다.

또한 고등중학교를 졸업한 김미순은 경제전문학교에 들어갔다. 경제전문학교에 들어간 것은 졸업 이후 직장 배치와 일을 고려해서 여자에게 좋은 직업인 회계일을 보기 위해서였다. 여성에게 맞는 직업을 선택하는 김미순을 통해 성별 분업과 가치관을 내면화한 성별사회화의 영향이 성년이 되어서도 계속되고 있는 것을 볼 수 있다.

북한의 법과 제도는 가정과 사회에서 남녀가 평등하다고 규정하고 있다. 하지만 실제로는 노동 현장과 가정생활에서 전통적인 여성상과 성역할 규범이 이어져 오면서 전통적인 성별 역할이 오랜 시간 동안 유지되고 고착돼 온 것이 사실이다. 이를 통해 여성은 노동 현장에서 중요한 역할을 하는 남성 노동자의 보조 역할을 하도록 요구되었고 여성들이 주로 배치된 직종은 북한의

> 「젠더/무의식과 장소: 20~30대 여성청년 이주민들의 '집'의 의미」(장민지, 『미디어 젠더 & 문화』 30권 4호, 2015)는 가부장적 성별사회화가 이루어지는 핵심 장소인 한국 가정 내 관계를 다룬 연구로 읽어보기를 추천한다.

경제 정책 우선순위에서 밀려난 농업, 경공업, 단순 사무직, 서비스업과 같은 분야였다(박영자, 2006). 또한 가정에서 여성은 가부장적 질서 아래에서 주로 임신과 출산, 양육과 돌봄과 같은 사적인 책임을 맡았고, 남성은 가족을 부양하고 사회의 공적 영역에서 활동하는 것이 당연시되었다(박영자 외, 2024).

특별히 북한의 가부장적 질서는 국가 주도의 가부장제라는 특성이 있다. 이는 경제와 정치 사회 모든 권력을 독점한 국가가 주체가 되어 성별 분업 구조를 조직하고 성차별 규범을 재생산하므로 가부장적 질서를 유지하고 있다는 것이다(박경숙, 2012). 이처럼 성별사회화의 핵심인 북한의 가부장적 질서가 국가 주도 하에 통제되고 재생산되는 특성을 통해 북한 여성의 성별사회화에 대한 국가의 지속적인 영향력을 고려해야 할 필요가 있다.

> 좁은 의미에서 **가부장제**란 가족구성원에 대한 가장의 통제를 가능케 하는 체계를 말하며 넓은 의미에서는 남성에 대한 여성의 예속을 가능케 하는 제도, 규범의 총체라고 할 수 있다(남인숙, 1992; 박경숙, 2012; 조옥라, 1986).

02 이차적 사회화: 정치사회화와 감정사회화

북한 여성이 경험하는 이차적 사회화인 정치사회화와 감정사회화는 의무교육이 시작되는 유치원을 포함한 학교 교육과 조직 생활을 통해 살펴볼 수 있다. 출생과 함께 가정을 중심으로 이뤄지는 북한 여성의 성분사회화와 성별사회화가 평생에 걸쳐 강화·유지되기도 하고 약화되면서 분화되듯이 정치사회화와 감정사회화 역시 학교 교육과 조직 생활을 통해 이뤄진 후에도 강화되거나 약화되는 분화의 경험을 겪는 지속적인 과정이라 하겠다.

먼저 기존의 정치체계와 정치문화의 규범과 가치 및 질서를 내면화하는 정치사회화는 북한에서 유일지배체제 지속을 위한 규범과 가치를 내면화시키는 국가 기획의 과정이었다고 할 수 있다. 이는 궁극적으로 북한 주민 모두를 수령에게 절대적 충성을 바치는 인민으로 재생산하기 위한 과정이었다. 이를 위하여 북한당국은 의무교육 과정인 학교 교육과 평생에 걸쳐 이어지는 조직 생활을 활용해 왔다.

의무교육인 북한의 기본 학제는 김정은 집권 이전 유치원 1년, 소학교 4년, (고등)중학교 6년의 11년제로 실행되었다. 이후 김정은이 집권한 2012년 9월 25일 최고인민회의 제12기 6차 회의에서 결정된 '전반적 12년제 의무교육을 실시함에 대하여'라는 법령을 통하여 학제 개편을 단행, 유치원 1년, 소학교 5년, 초급중학교 3년, 고급중학교 3년의 12년제 의무교육 제도로 변경하였다(통일교육원, 2022).

<#1 내 이름은 김미순> 이야기에서 김미순은 김정은 집권 이전 의무교육 과정인 소학교에 들어갔을 때 분위기를 집에서의 분위기와 비교해 이야기한다. 먼저 집에서와 달랐던 분위기는 남학생과 여학생 일을 구분하지 않았다는 것이다.

통상 북한의 의무교육 입학과 교육과정, 졸업에서 성별이나 성분에 따른 불평등은 없다. 북한 의무교육의 목표가 남학생과 여학생 모두 수령과 당에 충성하는 인민으로 만드는 데 있기 때문이다. 그럼에도 학급에서 반장은 남학생이 맡았다고 김미순이 말하듯 학급 내에 여전히 성별에 따른 차등이 존재한다는 것을 알 수 있다.

다음으로 김미순은 소학교 입학 이후에도 수령과 당에 충성을 강조하는 분위기가 유치원과 집에서와 마찬가지로 계속되었다고 말한다. 이와 관련하여 김미순은 의무교육의 첫 과정인 유치원에서 김일성 생일날 받았던 선물을 이야기하고 있다. 북한당국은 김일성의 65회 생일을 맞은 1977년 전국의 어린이와 학생들에게 교복과 당과류를 선물하기 시작해서 이후에도 김일성과 김정일 생일과 같은 날 학생들에게 선물을 주었다(홍민, 2006).

선물을 받을 때 김미순의 유치원 선생님과 부모님은 수령님께 감사하는 마음과 함께 받은 선물에 대해 충성으로 보답해야 한다고 가르쳤다. 소학교 입학 후, 수령에 대한 충성을 강조하는 분위기는 계속되었다면서 공부 잘하고 학교에서 내주는 과제를 잘하는 것을 통해서 충성심이 높다는 평가를 받는다고 김미순은 말한다. 학창 시절, 충성심 높다는 평가를 받는 것은 김미순에게도 자부심이 되었다.

정치사회화와 관련하여 학교생활에서 중요한 비중을 차지하는 것은 조직 생활이라 하겠다. 북한 학생의 정규적인 조직 생활은 만 7세 소학교 2학년을 마치고 의무적으로 가입하는 조선소년단 활동과 함께 시작되며 만 14세가 되면 청년동맹에 가입하게 된다. 학교 공부 외에 학생들의 각종 활동과 평가가 조직 생활을 통해 이뤄지기 때문에 소년단과 청년동맹에서 학생들의 활동은 중요하다(조정아 외, 2023). <#1 내 이름은 김미순> 이야기에 나오는 김미순의 말처럼 학생들의 조직 생활에서 중요한 것 역시 충성심을 고양하고 충성심을 나타내는 것이라 하겠다.

정치사회화를 위한 북한당국의 핵심 기관이 학교와 각종 조직이라면 정치사회화를 위한 핵심 도구는 사상교양이다. 북한당국은 사회주의적 인간형을 만들기 위해서는 사상을 개조해야 하며(장운빈, 2010), 이를 위해서 사상교양을 일차적 사업으로 규정하고(전태성, 1991) 전 주민을 상대로 반복적이고 지속적인 평생학습 성격을 갖는 사상교양을 실행해 오고 있다.

또한 사상교양 사업에서 중요한 것은 사람들 안에 고상하고 숭고한 감정 정서를 잘 조직하는 것이라면서 사상교양을 통해 혁명적인 사상, 자주적인 사상의식을 소유하게 되면 수령에 대한 충성심과 흠모감, 조국에 대한 자부심, 계급적 원쑤에 대한 증오심 등 고상한 감정을 갖는다고 주장한다(전태성, 1991). 이에 비해 반동적인 사상을 가진 사람은 부에 대한 애착과 낙망, 우울과 같은 저열한 감정을 갖는다면서 북한당국은 북한 주민이 지향해야 하는 감정과 지양해야 하는 감정을 대비해 제시한다. 북한당국이 사상교양을 통해 강조하는 감정은 북한 주민이 지녀야 하는 모범적이고 규범적인 공적 감정이라 하겠다. 이처럼 북한 주민은 집단생활을 시작하는 탁아소 시절과 의무교육이 시작되는 유치원 시절부터 평생 사상교양이라는 이름으로 규범적 감정인 공적 감정에 노출되고 평생 주입교육을 받으면서 이를 가치화하고 내면화하는 감정사회화 과정을 겪게 된다(안종숙, 2023).

<#1 내 이름은 김미순> 이야기에서 함경북도로 이사한 김미순은 학교생활을 성실하게 이어갈 수 없었다. 배급이 끊겨 스스로 먹고 살 방도를 구해야 했던 부모님이 하시는 농사일을 김미순도 도와야 했기 때문이다. 학교 출석은 들쑥날쑥했고 학교에서 해오라고 하는 과제 역시 잘해 갈 수 없었다. 그런데 김미순이 학교에서 요구하는 과제를 해가지 못해서 생활총화 시간에 비판

받을 때 느꼈던 핵심 감정은 수치심보다 충성하지 못했다는 죄책감이었다.

왜 수치심이 아니라 죄책감이었을까? 김미순이 말한 것처럼 학교에서 이뤄지는 학생들의 모든 행위는 수령과 당에 대한 충성심으로 연결되었다. 공부를 잘하거나 못해도, 학교에서 해오라는 과제를 잘해 가든 잘못해 가든 모두 충성심이라는 잣대로 평가되었다. 사상교양을 통해 학습되고 주입된 수령에 대한 충성심과 흠모감은 김미순이 우선 느껴야 하는 규범적인 공적 감정이었다. 그 결과 김미순은 수령이라는 수직적 관계를 대상으로 느껴야 하는 공적 감정에 민감했던 반면, 학생들에 대하여 느끼는 수평적인 사적 감정은 제한적으로 경험하고 있다. 북한당국이 사상교양을 통해 주도적으로 시행한 감정교육이 내면화되면서 사적 감정에 비해 공적 감정을 우선 경험하는 감정 경험의 서열화가 김미순에게 나타나고 있다.

03 재사회화: 지속되고 약화되며 분화하는 사회화

한 개인의 평생에 걸쳐 이루어지는 지속적 과정인 사회화는 새로운 문화와 환경을 접하면서 재사회화를 경험한다. 재사회화에 영향을 미치는 새로운 문화와 환경 요인은 사람마다, 사회마다 다양하지만 여기서는 북한 여성의 재사회화와 관련하여 가장 중요한 사회적 맥락이라고 할 수 있는 시장화라는 요인을 중심으로 살펴보기로 한다.

앞서 말한 바와 같이 북한에서는 국가가 사회화 과정의 강력한 주체로 기능한다. 특히 유일지배체제가 확립된 1960년대 이후 체제 지속을 위한 사회적 가치와 규범을 만들어 주민들에게 끊임없이 유통하므로 국가가 기획하고 의도하는 사회화를 진행해 왔다.

그러나 1990년대 극심한 식량난과 기근으로 배급제가 더 이상 작동하지 못하면서 주민들 스스로 시장 활동을 통해 먹고 살아가는 새로운 사회환경이 만들어졌다. 배급제의 미작동과 시장화라는 환경은 북한 사회를 배급제 작동과 미작동 그리고 시장화 이전과 이후로 나눠도 될 만큼 북한 사회에 변동과 변화를 가져왔다.

특별히 국가적 가부장제의 근간이며 가정에서 세대주 남성의 지위를 공고히 해주는 기제였던 배급제의 미작동으로 먹고살기 위해 장마당 같은 비공식적 경제활동에 나선 여성의 역할이 두드러지면서 여성의 이중 부담과 함께 가정 내 여성 지위의 변화가 가시적으로 나타나기 시작했다. 이와 함께 시장이 확산되면서 국가가 기획하고 의도하는 사회화와 실제 실현되는 여성들의 재사회화 사이에도 간격이 만들어지고 있다.

> 배급제가 정상적으로 작동하던 시기 노부모나 직장에 배치되기 전 자녀들, 전업주부의 식량배급표는 세대주인 남성의 직장에서 나눠주었고 그 외 옷가지를 비롯한 소비품과 살림집 이용권 등이 세대주인 남성을 통해 공급되었다.

1) 성분재사회화

<#1 내 이름은 김미순> 이야기에서 김미순은 고등중학교 졸업 이후 출신 성분으로 인한 제약과 한계를 경험했다. 김미순의 어릴 적 꿈은 보위부나 보안서 안전원이 되는 것이었다. 그러나 그

자신 출신 성분의 제약을 알고 또한 아버지를 통해 아무리 노력하고 충성해도 그 제약을 극복하는데 한계가 있는 현실을 알고 있었던 김미순은 자신의 꿈을 포기했다.

김미순이 자신의 출신 성분으로 제약만 경험했던 건 아니다. 함경북도로 이사한 후 수완 좋고 기술이 있던 아버지 덕에 대학 진학을 할 수 있었고 대학 진학 후에는 전공과 관련된 직장에 배치될 수 있었다. 그렇다고 일련의 이런 상황이 김미순의 타고난 성분의 한계를 벗어나게 한 건 아니었다.

그런가 하면 농민 출신인 김미순의 친구 중 한 명은 중국에 있는 친척이 보내준 물자로 부를 일궈 보안원과 결혼했다. 북한 주민들에게 농민은 직업적으로, 사회적으로 '하바닥' 사람으로 인식되었고 농민들 스스로도 '농민 거지'라는 의미의 '농포'로 자신들을 비하할 정도였다(차은지, 2014). 그런 농민 출신 친구가 보안원과 결혼하는 것을 본 김미순은 세상이 많이 달라졌다고 말한다.

김미순이 말하는 달라진 세상은 북한 주민들 스스로 장사 활동을 통해 먹고 살아가면서 돈이 중요해진 것과 관련 있다. 이처럼 시장화는 성분사회화의 새로운 변수로 작용하면서 김미순처럼 성분사회화가 유지되면서 부분적으로 약화 되는 경험을 하게도 하고 김미순 친구처럼 기존 성분사회화가 약화 되는 경험을 하게 만들었다.

최근 시장화의 영향으로 부를 축적한 주민의 경우 성분제도의 제약을 어느 정도 극복할 수 있다고 한다. 돈으로 대학 진학을 하고 직업 선택에도 영향을 미칠 수 있다. 그러나 이들 역시 태생적인 신분의 한계를 벗어나기는 쉽지 않다. 게다가 출신 성분도 좋지 않고 부도 축적하지 못한 대다수 북한 주민은 출신 성분으로 인한 차별과 제약뿐 아니라 경제적 불평등까지 겪고 있다(이무철 외, 2024). 그럼에도 시장화라는 새로운 사회환경은 국가가 의도하는 성분사회화에 균열을 가져오는 가운데 성분을 우선시하는 성분사회화로 인한 경험이 북한 주민에게 여전히 진행 중이라 하겠다.

2) 정치재사회화와 감정재사회화

<#1 내 이름은 김미순> 이야기에서 김미순은 의무교육 과정인 고등중학교를 졸업하고 경제전문학교에 들어갔다. 북한 학제 중 의무교육 과정은 성별과 성분에 따른 차별이 거의 없다. 그러나 의무교육 과정 이후 대학 교육부터는 사정이 다르다. 성별과 성분, 지역에 따라 대학 진학에 차등이 생기기 때문이다.

김미순은 출신 성분이 좋지 않았다. 그래서 되고 싶었던 보안서 안전원의 꿈을 포기해야 했다. 하지만 기술과 수완이 있던 아버지 덕에 대학 진학을 할 수 있었다. 출신 성분으로 자신의 미래 선택에 한계를 경험한 김미순이 대학 진학에서는 혜택을 받았다. 대학 진학의 혜택과 함께 직장도 전공과 관련된 회계와 경리 일을 볼 수 있는 사업소로 배치될 수 있었다. 학창 시절, 김미순은 사회주의에서는 모든 사람이 평등하다고 배웠고 사회주의에 대한 자부심이 있었다. 그러나 출신 성분으로 인한 한계와 혜택이라는 상반된 경험을 통해 모든 사람에게 평등하지 않은 현실을 겪으

면서 김미순은 현실에서 사회주의는 평등하지 않았다고 말한다.

또한 2000년대 초, 전문대학 졸업과 함께 사업소에 들어가 일하기 시작한 김미순은 장사를 해야만 했다. 1990년대의 경제위기는 다소 회복되었다고 해도 배급제가 여전히 제대로 작동하지 않아 주민들 대부분 생계유지를 위해 장사를 해야 했듯 김미순도 예외는 아니었다. 북한당국이 금하는 장사를 한다는 건 충성에 위배 되는 일이었다. 그러나 김미순에게 그런 건 더 이상 문제가 되지 않았다. 돈이 중요해진 세상에서 돈을 벌기 위해 장사를 하는 것이 김미순에게는 우선이었기 때문이다. 조직 생활에서 요구하는 생활총화나 각종 충성 모임에 더 이상 충성심이 아니라 의무로 나갔던 것도 장사를 계속하기 위해서였다.

학창 시절, 충성심을 인정받는 건 김미순에게 중요한 일이었다. 학교에서 해오라는 과제를 하지 못했을 때도 김미순은 수령에 대한 충성을 다하지 못했다는 죄책감을 느꼈었다. 그러나 가장 민감한 청소년기인 10대 시절, 고난의 행군을 겪으면서 굶주림과 죽음을 목격하고 주민들 스스로 먹고 살아가야 하는 세상을 경험하면서 학창 시절 이차사회화 과정을 통해 습득한 김미순의 정치사회화와 감정사회화에 균열이 생긴 것을 볼 수 있다. 예전과 달리 당국이 금하는 장사를 하면서도 김미순은 죄책감을 갖지 않았고 학교에서 배운 것처럼 모든 사람에게 사회주의 조국이 평등하지 않다는 것도 알게 되었다. 고난의 행군 이후 시장화라는 변화된 사회환경에 적응하면서 기존의 정치사회화와 감정사회화가 약화 되는 재사회화를 경험한 것이다.

북한은 의무교육의 기본 학제인 11년(김정은 집권 이후 12년)

의 학교생활과 학교생활에 연계된 조직 생활을 통해 유일지배체제 지속을 위한 가치와 규범을 내면화하도록 정치사회화를 기획하고 실행해 왔다. 그래서 학교에서 이루어지는 모든 행위는 충성심과 연결되었고 이는 궁극적으로 수령에게 충성을 바치는 인민을 재생산하기 위한 과정이었다. 또한 정치사회화를 실행하는 주요 도구였던 사상교양을 통해 규범적이고 모범적 감정을 지속적으로 반복적으로 강조하고 주입하므로 가장 사적인 영역일 수 있는 감정도 통제해 왔다.

그러나 국가 주도의 정치사회화와 감정사회화는 1990년대 경제위기로 인한 고난의 행군과 시장의 확산 이후 변곡점을 맞았다. 특별히 김미순과 같이 유년 시절과 청소년 시절 고난의 행군을 경험한 이들의 경우 경제난과 기근을 통해 가족을 잃거나 각 가족이 생존 주체로 살아가게 되면서 사상과 이념에 앞서 돈과 물질을 중요시하고, 국가와 사회, 집단을 먼저 위하기보다 자신과 가족을 위한 삶에 더 큰 의의를 부여하는 가치 정향이 나타났다(임순희, 2006).

이런 변화와 함께 김정은은 집권 이후 11년제였던 북한의 의무교육 학제를 12년제로 늘렸다. 각종 정치조직을 통한 사상교양도 강화하고 있다. 당과 수령에 충성스런 인민을 만들기 위하여 공적 교육제도와 사상통제를 강화하는 북한당국의 의지로 해석된다. 그럼에도 경제난과 시장화에 따른 새로운 사회환경은 북한당국이 의도하고 주도하는 정치 및 감정사회화와 북한 여성들 사이에서 실현되는 정치 및 감정사회화 사이에 간격을 가져왔으며 이 둘 사이의 간격은 현재도 진행 중이다.

3) 성별재사회화

<#1 내 이름은 김미순> 이야기에서 김미순은 결혼과 함께 직장을 그만두었다. 북한에서 남자들은 결혼해서도 직장생활을 계속하지만 여자들은 결혼과 함께 대부분 직장을 그만둔다. 이는 고난의 행군 이전부터 이어져 온 경향으로 여자에게는 결혼이 무엇보다 중요하다는 오랫동안 이어져 온 인식 때문이다. 경제난 이후에 달라진 것이 있다면 결혼 이후 여자들은 생계유지를 위해 비공식 경제활동에 참여한다는 것이다(김화순 외, 2020).

<#1 내 이름은 김미순> 이야기에 나오는 김미순 역시 결혼과 함께 직장을 그만뒀어도 미혼 시절부터 해오던 장사는 계속했다. 직장에 나가는 남편 월급만으로 생계가 어려워서였다. 조직 생활에 묶여있고 시장 활동이 금지된 남자들과 달리 조직 생활에서 남자보다 자유롭고 시장 활동도 예외적으로 허용되어 있던 여자들이 경제난 이후 생계를 책임졌던 것처럼 김미순도 예외는 아니었다. 그리고 생계를 위한 경제활동은 김미순에게 부담이었지만 동시에 아들이 아닌 딸을 낳은 것에 대한 미안함을 상쇄할 수 있는 것이었다.

북한 가정은 전통적으로 남존여비가 강하고 남아를 선호했다. 결혼하고 아들이 아니라 딸을 낳고서 시부모와 남편에게 미안했다는 김미순의 고백을 통해 남아를 선호하는 가부장제 질서에 근거한 성별사회화가 김미순에게 계속되고 있는 것을 알 수 있다. 그럼에도 가족부양의 책임을 지는 새로운 역할로 인해 미안한 마음을 어느 정도 떨쳐버리고 있는 김미순이다. 게다가 장사를

하는 김미순을 대신해 가사일을 돕는 남편으로 인해 김미순은 이전에는 상상조차 하기 힘들었던 새로운 세상을 경험하고 있다.

김미순의 이야기와 경험을 통해 알 수 있듯이 고난의 행군 이후 경제난을 겪으면서 여자들이 장마당에 나가 비공식 경제활동을 통해 가족부양의 책임을 지게 되면서 가족 내 전통적인 성별 분업과 위계에 균열이 만들어졌다. 하루 종일 시장에 나가 장사를 하는 아내를 대신해 여자의 일이라고 여겨졌던 가사일을 남편이 하고 김미순의 경우는 아니더라도 남아만 선호하던 사회 분위기에도 변화가 생겼다는 것을 알 수 있다.

앞서 살펴본 바와 같이 북한 가부장적 질서의 특징인 국가적 가부장제는 가족 내에서 남성을 세대주로, 여성을 부양가족으로 규정하며 여성은 세대주인 남성을 보조하면서 가사와 육아를 전담하는 성별에 따른 분업구조를 형성하는 틀로 작용했다. 그러나 경제난 이후 배급제 미작동과 함께 세대주인 남편이 제 역할을 못 하면서 아내들이 비공식적 경제활동에 나서 가족부양의 책임을 지게 되었고 이는 엄격한 성별 분업과 가부장적 사고를 내면화하도록 기능한 가부장적 성별사회화의 균열과 간격으로 나타났다.

경제난과 시장화 이후 여성이 생계책임자가 되면서 엄격한 의미의 성별 분업구조가 가정 내에서 약화 되고 가족 내에서 여성의 발언권과 의사 결정권이 향상되는 양상이 나타나면서 시장화는 성별사회화의 새로운 요인이 되었다. 그러나 이러한 현실은 가정마다 차이가 있고 가정 내에서 여성의 보조적인 역할에 변화가 생겼다고 하더라도 가사와 양육이 여자의 역할이라는 인식에 전반적인 변화가 있기까지는 갈 길이 멀다고 할 수 있다.

또한 성별사회화의 핵심을 이루는 북한 가부장제는 수령을 가부장으로 하여 전 사회를 가부장적 질서로 구성해 온 국가 가부장제라는 특성이 있다. 따라서 김정은 시기에 들어와서도 전통적 성역할과 생계 부양뿐 아니라 국가 운영의 빈틈을 메우기 위한 전략으로 사회적 노동자로서 여성의 역할을 독려함에 따라 여성의 부담이 이중 삼중으로 가중되고 있다. 이처럼 국가 가부장제 질서를 지속시키려는 힘이 여전히 존속하며 작용하는 가운데 시장화와 그에 따른 사회변화는 김미순의 경험에서도 볼 수 있듯이 북한 여성이 습득한 성별사회화의 변화를 추동하면서 기존 질서를 변형시키고 균열시키는 반작용으로 평가할 수 있다.

에필로그

사회화, 탈사회화, 재사회화

1961년생인 나는 한국 사회 전반적으로 집단적이고 공적인 가치를 우선하는 시기에 청소년기를 보냈다. 학교에서 은행, 병원, 우체국 등은 지금과 달리 공공의 이익을 우선하는 기관으로 배웠고 개인보다 내가 속한 집단과 나라와 민족을 먼저 생각해야 한다고 배웠다. 그런 사회 분위기에서 자랐지만 내 개인적인 성향은 꽤나 개인주의적이고 독립적이라고 생각했다.

50살이 되던 해 가을 나는 미국에 가서 얼마간 살았다. 서구식 개인주의가 고도로 발달한 미국에서 그야말로 찐 개인주의 문화를 경험하면서 나는 내가 생각했던 것처럼 그렇게 개인주의적이지도 독립적이지도 않다는 걸 깨달았다. 그리고 그곳에서 Intercultural Communication Studies를 공부하면서 한 사회가 지향하는 가치관과 생활양식이 어떤 식으로 내면화되어 한 개인의 정체성을 구성하는지 그래서 한국이라는 사회에서 내가 어떤 가치관과 행동 방식으로 사회화되었는지 알 수 있었다. 한국 사회와는 다른 가치관과 생활양식을 가진 미국 사회를 만나고 경험하면서 나는 한국 사회와 나를 새롭게 이해할 수 있었다.

내가 만났던 북한에 고향을 두고 온 여성들도 어느 면에서는 나와 비슷한 경험을 한다. 그들도 자기가 나고 자란 북한이라는 땅을 떠나 자신들이 살았던 사회와는 판이하게 다른 한국이라는 사회와 만나면서 자신들이 나고 자란 사회를 제대로 알게 되고 그 속에서 자신들이 어떤 가치관과 생활방식을 내면화했고 어떻게 사회화되었는지 알게 된다는 면에서 그렇다.

그런데 이들에게 이 과정이 고통스러운 건 북한에서 배워서 알고 있던 것들이 사실이 아니었다는 것과 자신들이 속아 살아왔다는 걸 인정해야 하는 자기 부정의 과정이기 때문인 것 같다. 이들은 한국이라는 새로운 사회의 가치와 질서를 익히면서 재사회화되는 과정과 함께 북한에서 배워서 알고 있다고 여겼던 것을 부정하고 탈각하는 탈사회화의 과정을 겪는다. 이 과정에서 자신이 속아 살아왔다는 사실에 분노하면서 자신을 속인 북한에 대해 원망도 하고 바보처럼 속아 살아온 자기를 탓하다가 무력해지기도 하고 그러면서도 떠나왔지만 다시는 돌아갈 수 없을 것 같은 북한 땅의 사람들을 그리워하기도 한다.

이처럼 한국이라는 사회는 그리고 북한이라는 사회는 단순히 외부에만 존재하는 객관적 실재만이 아니라 나와 북한 여성의 인식을 구성하고 행동에 영향을 미치면서 주관적으로도 존재하는 실재다. 그래서 한 사회의 구성원이라는 의미는 그 사회가 지닌 가치관과 생활양식을 내면화하며 살아가는 동시에 사회와 끊임없이 상호작용하면서 새로운 주관적 실재를 구성하며 살아가는 존재라는 의미이기도 하다. 그러므로 한 사회 구성원의 생애 가운데 이루어지는 사회화와 탈사회화, 재사회화를 이해하는 것은 그가 속한 객관적 실재인 사회를 이해하는 방법이 된다.

> 생각해 봅시다

1. 가상의 북한 여성 김미순이 생애 가운데 경험한 사회화를 보면서 나는 어떤 시기에 어떤 사회화를 경험했는지 생각해 보자.

2. 가상의 북한 여성 김미순의 사회화 경험과 나의 사회화 경험은 어떤 점에서 다르고 같은지 생각해 보자.

3. 분단을 넘어 미래의 통일 시대를 상상하면서 새롭게 다가올 한반도에 태어나 살아갈 여성의 바람직한 사회화는 어떤 내용이 되어야 하는지 생각해 보자.

참고문헌

1. 국내문헌

김정희, 「유아기·아동기의 성별사회화」, 『북한에서 '여성'으로 성장하기』, 이화여자대학교 한국여성연구원, 2000.
김화순 외, 「첫 직장과 결혼: 북한 여성의 직장진출과 진로분화」, 『통일인문학』 84집, 2020.
남인숙, 『남북한 여성 그들은 누구인가』, 서울신문사, 1992.
박경숙, 「북한 사회의 국가, 가부장제, 여성의 관계에 대한 시론」, 『사회와 이론』 21권 1호, 2012.
박영자 외, 『북한 주민의 가정생활: 국가의 기획과 국가로부터 독립』, 통일연구원, 2023.
박영자, 「북한의 양성평등정책의 형성과 굴절: 북한 여성의 정치사회적 지위 변화를 중심으로」, 『북한의 여성과 가족』, 경인문화사, 2006.
박형중 외, 『북한 주민의 직장생활』, 통일연구원, 2023.
스캇 R. 해리스, 박형신 옮김, 『감정사회학으로의 초대』, 한울 아카데미, 2017.
안종숙, 「북한이탈주민의 생애사를 통해 본 사상감정 경험 연구」, 이화여자대학교 북한학과 박사학위논문, 2023.
이동원·박옥희, 『사회심리학』, 학지사, 2000.
이무철 외, 『COI(북한인권조사위원회) 보고서 발표 10년: 북한 인권 실태와 주요 이슈』, 통일연구원, 2024.
임순희, 『북한 새 세대의 가치관 변화와 전망』, 통일연구원, 2006.
장민지, 「젠더/무의식과 장소: 20~30대 여성청년 이주민들의 '집'의 의미」, 『미디어, 젠더 & 문화』 30권 4호, 2015.
조옥라, 「가부장제에 관한 이론적 고찰」, 『가부장제와 한국사회』, 한국여성학회, 1986.
조정아 외, 『북한 주민의 학교 생활: '인민'의 재생산과 학교 일상의 수행성』, 통일연구원, 2023.
차은지, 「북한 사회구조 변화와 농민층의 사회 불평등」, 서울대학교 사회학과 석사학위논문, 2014.
피터 L. 버거 외, 하홍규 옮김, 『실재의 사회적 구성 : 지식사회학 논고』, 문학과 지성사, 2013.
통일교육원 연구개발과 편, 『북한이해』, 통일연구원 연구개발과, 2022.
홍민, 「북한의 도덕경제와 마을체제」, 동국대학교대학원 북한학과 박사학위논문, 2006.

2. 북한문헌

사회과학출판사 편, 『조선말대사전 2』, 사회과학출판사, 2017.

장운빈, 『조선 사회과학 학술집 223 철학편: 위대한 주체사상총서 6』, 사회과학출판사, 2010.
전태성, 『사상교양에 대한 주체적 리론』, 사회과학출판사, 1991.

3부
북한 여성의 문화·건강과 평화

9장

북한 여성의 기념일과 유행

북한의 결혼식 풍경(사진: 연합뉴스)

01 북한에는 여성을 대상으로 하는 기념일이 있다?

1) 국제부녀절

북한에서 여성을 대상으로 하는 대표적 기념일은 '국제부녀절'이다. 북한 사람들은 국제부녀절을 '3.8국제부녀절' 혹은 '3.8절'로 부르기도 한다. 3.8은 3월 8일을 의미하는데, 이날은 UN의 공식 기념일로 지정된 '세계 여성의 날(International Women's Day)'이다. 북한은 세계 여성의 날을 국가 명절로 지정함으로써 여성들의 지위와 사회주의 양성평등을 선전하고 있다(경향신문, 2023.3.8.). 가부장적 문화가 만연한 북한에서도 이날만큼은 남성들이 여성에게 꽃이나 화장품 등을 선물하기도 하고, 남편은 아내의 가사일을 돕기도 한다고 전해진다.

세계적으로 여성의 날은 여성의 사회적 권익 및 다양한 영역에 존재하는 성차별, 성폭력 등 여성 인권을 옹호하고 연대하는 날이다. 북한 역시 이날에 대해 "녀성운동력사"를 기억하는 날이라고 표현하지만, 세계적 추세와는 다소 다른 방향으로 기념하고 있다.

첫째, 북한은 국제부녀절을 주인공인 '여성'보다 수령(현재는 김정은)의 품속에서 복된 삶을 누리는 여성의 긍지와 자부심을 느끼는 날로 만들어가고 있다. 북한 기관지 『민주조선』은 1946년부터 국제부녀절을 기념한 것으로 기록했다. 이 기사는 당시 김정숙이 국제부녀절 기념보고회를 준비하는 담당 일꾼을 도와 김일성의 항일활동과 이북 지역 여성운동의 발전 역사를 보고문에 담음으로써 여성동맹원들이 조선여성으로 태어난 긍지와 자부심을 느끼게 하였다는 내용을 골자로 하고 있다(민주조선, 2010.3.8.). 이후에도 북한 매체에서 보이는 국제부녀절 관련 글은 대부분 "주체적녀성운동의 시원을 열어놓으시고 조선녀성들의 존엄높고 행복한 삶을 안겨주신"(로동신문, 2023.3.9.; 로동신문, 2024.3.9b.) 김일성과 김정일의 은덕을 되새기고 감사하는 날로 묘사되고 있다. 이에 주민들은 국제부녀절에 김일성과 김정일 동상을 찾아 꽃바구니와 꽃다발, 꽃송이 등을 헌화한다. 국제부녀절을 축하하며 중앙예술단에서 각종 공연을 열지만, 사실상 전체 관람자들은 공연 관람 중에도 수령을 "온 나라 대가정의 어버이로 높이 모시고 사는 한없는 긍지를 안고 우리식 사회주의의 전면적발전을 위한 애국성업에 참답게 이바지해나갈 결의를 가다듬"(로동신문, 2024.3.9a.)는 시간을 보내게 된다.

둘째, 국제부녀절은 "혁명의 한쪽수레바퀴를 억세게 떠밀어나가는" 여성 혁명가로서의 본분을 다해갈 열의를 다지는 날로 꾸며진다. 북한에서 여성 혁명가는 가정과 사회, 국가를 위해 전방위적으로 고군분투하는 혁신자를 의미한다. 가정에서는 어머니·아내·며느리의 의무를 수행하기 위해 손 마를 날이 없고, 조국보위와 사회주의강국건설을 위한 투쟁의 전구마다 헌신하면서 사회를 화목한 사회주의대가정으로 꾸려가는 여성 혁명가는 남성과 각기 수레바퀴 한 쪽씩을 맡아 떠밀고 가는 "남성과 동등한 존재"로 표현된다(로동신문, 2023.3.8b.). 그리고 이렇게 과중한 임무를 수행하는 여성이 "온갖 불평등과 구속에서 벗어나 자기의 존엄과 권리를 지키며 나라의 꽃, 사회의 꽃, 가정의 꽃으로 떠받들리우며 보람찬 삶을 누리고 있"(로동신문, 2023.3.8.a.)다는 감사를 국제부녀절의 각종 행사를 통해 의무적으로 표출해야 한다. 이날은 조선사회주의여성동맹에서 군중 모임과 야유회, 무도회 등을 개최하는데 이러한 행사에 동원되는 일이 여성에게 하나의 짐을 더 지우는 일이 아닐까.

불현듯 H1-KEY(하이키)라는 걸그룹의 노래가 떠오른다. 꽃을 향해 꺾이지 말고 악착같이 버티라는 메시지를 시종일관 전달하는 "건물 사이에 피어난 장미"라는 노래다. "혁명의 한쪽수레바퀴"로 당이 요구하는 각종 과업을 수행해내면서도 가부장적 문화 속에서 여성이 갖추어야 할 덕목들을 갖추어 나가며 "꽃"으로 피어나야 하는 이들의 모습이 단연 "건물 사이에 피어난 장미"와 같다. 국제부녀절만큼은 "꽃"이 꽃다움 그대로 마음껏 제 향기를 발산하고 활짝 필 수 있는 날이 되면 좋겠다.

2) 어머니날

남한의 5월 8일은 '어버이날'이다. 매년 5월 8일이 되면 자녀는 부모의 은혜에 감사하는 의미로 카네이션을 선물하는 관행이 있다. 1956년부터 1972년까지 어버이날은 '어머니날'이었다. 1973년부터 '어버이날'로 개칭하면서 어머니에서 아버지와 어른, 노인층까지 감사의 대상을 확장했다. 세계 여러 나라에서 어머니날과 아버지날을 따로 챙기고 있는데, 남한은 부모(를 포함한 어른)에게 함께 감사하는 날로 정한 것이다. 남한의 어버이날은 법정 기념일로 정식 지정되어 있지만 소위 '빨간 날'이라고 하는 법정

공휴일에는 포함되지 않는다. 5월 8일이 기념일로 처음 제정된 해가 1956년이므로 어버이날을 지키는 관습은 남북 분단 이전의 공통 유산에 해당하지 않는다. 그렇다면 북한도 부모의 은혜에 감사하는 기념일을 지정해두고 있을까?

북한은 매년 11월 16일을 '어머니날'로 기념하고 있다. 김정은이 북한 최고지도자가 된 첫해인 2012년 5월 최고인민회의 상임위원회는 11월 16일을 '어머니날'로 제정한다는 내용을 발표하였다. 왜 어머니날은 11월 16일로 정해졌을까? 그 이유는 제1차 전국어머니대회가 개최되었던 1961년 11월 15~17일 중 16일에 김일성이 「자녀교양에서 어머니들의 임무」라는 제목으로 연설했기 때문이다(정치지식, 2015). 북한 매체들은 김정은이 직접 관심을 두어 어머니날을 국가 휴식일로 제정하고, 3.8국제부녀절과의 차이점을 분명히 하도록 지시하였다 보도해왔다. 3.8국제부녀절이 '여성' 전체가 대상이 되는 기념일이라면 어머니날은 철저히 자식이 있는 '어머니'가 대상이라는 차별성을 분명히 하려는 의도다.

> "김정은원수님께서는 여러 차례 어머니날을 어느날로 하겠는가에 대하여 의논해주시다가 김일성주석님께서 1961년 11월 15일부터 17일까지 3일간이나 계속된 제1차 전국어머니대회에 련일 참석하시여 토론도 다 들어주시고 자녀교양에서 어머니들의 역할에 대한 력사적인 연설을 하시였는데 이날을 어머니날로 정하는것이 의의있을것이라고 가르쳐주시였으며 어머니날이 제정된 후에는 그 경축준비와 관련하여서도 마음쓰시였다고 한다. (중략)

> "김정은원수님께서는 어머니날을 맞으며 어머니들에게 드릴 축하엽서와 축하장도 국가적으로 제작하여 전국에 보급하도록 가르쳐주시였으며 **11월 16일을 전국적인 휴식일로 제정**하도록 하시였다."
> - 「어머니날제정, 전국어머니대회개최에 깃든 이야기」, 『조선신보』 2012.11.22.
>
> "어머니날에 남편들이 국제부녀절때와 같이 안해들에게 축하장이나 꽃다발을 안겨주며 축하해주는것은 상식이 없는 표현이다. **어머니날은 말그대로 어머니들을 위한 명절이므로 이날에는 자식들이 자기를 낳아 키워준 어머니들을 축하**해드려야 한다."
> - 「어머니날」, 『정치지식』 2013년 11호.

어머니날 제정 다음 해에 북한 잡지 『정치지식』은 '상식' 코너에서 어머니날을 쇠는 법에 관해 아래와 같이 설명한다.

"우리는 어머니날을 제정해주신 경애하는 원수님의 사랑과 은정을 가슴깊이 새기고 어머니들이 기쁜 마음으로 이날을 즐겁게 보내도록 온갖 성의를 다하여야 한다. 이날에 자식들은 성의껏 마련한 꽃다발이나 축하장, 기념품 등을 어머니에게 안겨드리면서 축하의 인사를 올려야 한다. 또한 어머니의 구미에 맞게 음식을 잘 차려드릴뿐 아니라 어머니사랑을 주제로 한 노래를 불러드리거나 시를 읊어드리면서 어머니들이 즐거운 마음으로 명절을 쇠도록 하여야 한다. 뿐만아니라 더 좋은 날을 보지 못하고 세상을 떠난 어머니의 묘소에 찾아가 인사를 드릴 수도 있다." (정치지식, 2013)

다음에 제시하는 악보 『나의 어머니』는 실제 북한에서 어머니날 자녀들이 어머니에게 불러드리는 대표곡 중 하나라 전해진다. 한번 감상해보자.

문학예술출판사 편, 『조선노래대전집』, 2002.

3) 남녀평등권법령 발포일

1946년 7월 30일은 한반도 이북 지역에서 「북조선남녀평등권에 대한 법령」(남녀평등권법령)이 발포된 날이다. 쉬는 날은 아니지만, 북한 여성들에게는 기념일로 각인되어 있다. 북한은 매년 7월 30일이면 김일성이 '여성해방', '여성존중' 사상으로 이 법령을 마련했음을 주민들에게 상기시킨다.

북한은 남녀평등권법령에 의해 여성들이 "오랜 세기에 걸친 봉건적억압과 굴욕에서 해방되고 남자들과 동등한 권리를 가지고 나라의 정치·경제·문화생활에 참여할수 있게되(조선중앙통신, 2024.7.30.)"었다고 선전한다. 법령의 내용을 살펴보면 정치·경제·사회·문화의 모든 영역에서 남녀평등권을 선언하고, 선거·피선거권, 노동권, 교육권, 결혼과 이혼의 자유, 상속권 등에서 남녀평등권을 보장하는 조항이 있다. 남녀평등권법령보다 약 한 달쯤 일찍 발포한 「북조선 로동자 및 사무원에 대한 로동법령(1946.6.24.)」에도 동일노동 동일임금 원칙과 근로사무여성의 8시간 노동, 사회보험 혜택, 유급휴가, 산전산후휴가 및 수유시간 보장 조항이 있다. 따라서 당시 한반도 이북 지역을 중심으로 채택한 초기 법령을 보면 남한보다 먼저 남녀평등에 관한 사회적 분위기를 조성하려는 노력을 엿볼 수 있다.

그러나 법 조항의 내용과 북한 여성 삶의 현장은 괴리가 있는 것으로 보인다. 북한 여성들은 여전히 가부장적 문화 아래 전통적인 여성의 역할 수행하기를 강요받고 있는데 이와 동시에 "남자들과 똑같은 권리"를 부여받았다는 명목으로 나라와 사회의 혁명 건설에도 이바지할 의무를 갖기 때문이다. 만약 1946년 7월 30일 이후부터 정말 여성이 남성과 똑같은 권리를 가지고 복 받은 삶을 마음껏 누리고 있다면, 2010년 「조선민주주의인민공화국 녀성권리보장법」이라는 새로운 법을 또 지정한 이유가 무엇인지 고민해보지 않을 수 없다.

02 첫날옷과 밥가마

1) 결혼식날 뭐입지?: 첫날옷 고르기

북한은 아직도 조선 시대의 결혼식 풍습을 일부 유지하고 있다. 최근 몇 년 사이 일반 식당이나 직장의 구내식당 등에서 피로연을 포함한 결혼식을 진행하는 유행이 생겼다고 하지만, 여전히 신부집과 신랑집에서 두 번에 걸쳐 "큰상차림"을 받는 문화가 남아있다. 북한은 이러한 조선식결혼식풍습을 국가비물질문화유산으로 지정하고 있는데, 혼례복 차림도 그중 하나다. 다만 과거의 사모관대 차림이 시대적미감에 맞지 않는다고 하여 신랑은 바지저고리차림을 하고 신부만 치마저고리차림을 화려하게 하는 것을 현대의 혼례복으로 규정하고 있다(내나라, 2021.2.9.).

그런데 사실상 북한 매체에 조명되는 결혼식 장면을 보면 남성은 대개 양장(군관의 경우 군복)을 갖춰 입고 있다. 북한 결혼식에서 한복을 입는 대상은 주로 여성에 국한된다는 의미다.

북한에서는 혼례복을 "결혼식옷차림" 혹은 "첫날옷"이라고 말한다. 결혼식 전에 신랑 집에서 신부의 집에 예장(禮裝)으로 "첫날옷감"을 보내면 그 옷감으로 신부는 치마저고리를 지어서 결혼식 날 입는다. 첫날옷으로 입는 치마저고리도 시대에 따라 유행을 탄다. 1999년 북한 단행본 『아름다운 조선옷』은 흰색치마저고리를 "가장 현대적", "현대적인 미감에 맞는 혼례복"으로 표현했다. 이 글과 함께 수록된 사진을 보면 당시는 순백웨딩드레스와 유사한 천의 흰색 한복이 신부 첫날옷으로 주로 선택되었던 것 같다.

📖 **더 읽을 책**
리유미, 『아름다운 조선옷』, 공업종합출판사, 1999. (통일부 북한자료센터 소장)

> 가장 현대적인 흰색치마저고리는 결혼식날 새색시의 향긋한 모습과 희고 명랑한 색채가 해결된 옷이다. 옷과 머리에 장식한 꽃과 손에 들고있는 흰꽃은 백옥같이 희고 깨끗한 치마저고리와 하나의 통일속에 새색시는 수집은 모습을 보이고 있다. 현대적인 미감에 맞는 혼례복은 우리 녀성들의 고결한 성품과 정아한 모습이 그대로 표현되고 있다.
> — 리유미, 『아름다운 조선옷』, 평양: 공업종합출판사, 1999.

2003년 『문학신문』에 실린 '첫날옷'이라는 수필 중 일부를 보자.

> "첫날옷감으로 어떤것이 좋을지 선뜻 손에 짚이지 않는군요."
> "아들을 장가 보내는게지요?"
> "그렇다오. 례장으로 넣을 신부의 첫날 치마저고리감을 마련하느라 그러지 않수."
>
> 그쪽을 바라보니 나이 지숙한 녀인과 판매원이 주고 받는 말이였

다. 진렬대의 천들을 살펴 보는 녀인의 얼굴에는 자못 난감한 기색이 어려 있었다.

> "요즘은 너도나도 치마저고리를 입고 다니니 어떤 천으로 례장을 마련해야 되겠는지 모르겠군요."
> "하긴 새색시의 첫날옷은 치마저고리로서 특색이 있어야겠는데 지금은 다 멋 있는 치마저고리를 입고 다녀서 신부의 첫날옷이라고 특색을 살리기가 헐치 않을거예요."
> "글쎄 말이예요. 이전에야 여기 있는 천이면 다 첫날옷감이 될 수 있었지요. 헌데 이제는…"
> "별수 없으니 아무 천이나 고르세요. 지금엔 첫날 치마저고리가 따로 있어요? 늘쌍 입는 옷이 치마저고리인데."
> "그렇긴 해요. 이젠 첫날옷이 첫날, 만날 옷으로 됐다니까요. 호호."
> - 「수필-첫날옷」, 『문학신문』, 2003.5.7.

이 수필의 대화에서 알 수 있는 점이 두 가지 있다. 1) 흰색이 아니라 '멋있는' 치마저고리를 첫날옷감으로 선택하기를 원하고, 2) 치마저고리가 일상복이 되어 첫날옷의 특색을 살리기 어렵다는 점이다. 화려한 장식을 수 놓은 흰색 한복을 선택하지 않고 화려하고 멋진 천을 고르려는 추세, 그렇지만 이미 여성들이 평상시에도 화려하고 멋진 천으로 만든 한복을 입고 다니므로 첫날옷과의 구분이 쉽지 않다는 의미다. 불과 몇 년 사이에 첫날옷과 일상복의 유행이 모두 변했음을 알 수 있다.

유행은 돌고 돈다 했던가. 북한도 예외는 아닌 듯하다. 김정은 시기 들어 북한의 결혼식 사진을 보면 다시 웨딩드레스 스타일의 흰색치마저고리를 입은 신부가 종종 등장한다. 자수 장식이 매우 화려하거나 색이 진한 원색의 치마저고리나 이브닝드레스 형식의 치마저고리를 입은 신부도 있었다.

한동안 이런 종류의 첫날옷이 유행한 것은 일부 한류의 영향도 있어 보인다. 최근 북한당국은 흰색 드레스 스타일이나 화려한 치마저고리, 피로연 복장 준비 등을 단속하면서 다시 "유순하고 고상한 우리 식" 첫날 옷을 요구하기 시작했다.

"강연을 위해 만든 영상 자료에서 결혼식 장면을 보았습니다. 영상 속 해설하는 사람은 결혼식에서 신랑이 신부를 업고 가는 것도 '괴뢰식'(남한식)이고, 여성이 귀걸이나 팔찌 등 장신구를 여러 개 하는 것, **신부가 흰색 드레스를 입은 것**이나, 선글라스 착용한 모습, 와인 잔으로 술을 마시는 모습 등도 모두 '반동'이라고 했습니다. 신랑과 신부는 처벌을 받은 것 같은 생각이 들었습니다. 마지막에 결혼식에 나온 사람들이 머리를 삭발하고 죄인처럼 서있었기 때문입니다." (통일부 북한인권기록센터, 2024)

"어떤 처녀들은 남들보다 특색있게 입어야 자기의 아름다움을 떨칠수 있는것처럼 생각하면서 색갈도 진하고 장식도 요란한 치마저고리를 만들어입고 그것도 모자라 결혼식장에서 옷을 여러번이나 갈아입고있는데 이것은 철저히 배격해야 할 이색적인 생활양식입니다." (김철진, 2019)

2007년 북한당국은 신부가 면사포를 쓰거나 흰 장갑을 끼는 "그리스도교식" 차림을 지적한 바 있다. 하지만 당시는 민족옷차림의 고상함과 아름다움을 떨어뜨리고 조화를 파괴시키며 민족성을 훼손한다는 정도의 표현에서 그치고 있다(리재선, 2007).

이에 비하면 김정은 시기의 단속은 예전보다 오히려 과격한 편이다. 2021년 이후는 이색적인 결혼 문화를 금지하기 위해 법까지 제정했다.

조선민주주의인민공화국 청년교양보장법(2021.9.29. 채택)

제5장 사회주의생활양식확립
제41조(청년들이 하지 말아야 할 사항)
  청년은 다음과 같은 행위를 하지 말아야 한다.
  14. 우리 식이 아닌 이색적인 옷차림과 몸단장, 결혼식을 하면서 사회의 건전한 분위기를 흐려놓는 행위

제42조(기관, 기업소, 단체와 공민이 하지 말아야 할 사항)
  기관, 기업소, 단체와 공민은 청년들의 건전한 성장과 발전에 부정적영향을 줄수 있는 다음과 같은 행위를 하지 말아야 한다.
  1. 퇴폐적이고 색정적이며 추잡한 내용을 반영한 록화물, 편집물, 인쇄물을 만들어주거나 봉사해주는 행위
  2. 이색적인 촬영장소를 제공해주거나 이색적인 장면을 연출, 촬영, 편집하는 행위
  3. 이색적인 물품을 끌어들이거나 밀수, 밀매하는 행위
  4. 이색적인 결혼식봉사를 하는 행위
  5. 우리 식이 아닌 옷을 만들어 팔거나 머리단장을 해주는 행위

2023년 3월 함경남도 단천시의 한 공장에서는 주민 사상 교육 시간에 신랑·신부의 옷차림과 단장을 사회주의생활양식에 맞게 하도록 강조했는데, 특히 여성의 복장을 지적하는 내용이 많았

다고 한다. 예컨대 조선옷을 입은 신부가 면사포 같은 얇은 천을 머리에 쓰거나 신부의 앞가슴과 머리를 꽃으로 가득 장식하는 행위가 우리 식이 아닌 행동이라고 지적했다는 것이다(뉴스핌, 2023.3.31.).

    신부 장식도 우리 식으로 하려면 (좀 오래된 기준이지만) 당국이 제시한 바에 따라 "왼쪽 가슴에 직경이 9㎝ 정도 되는 꽃송이를 달며, 한쪽 머리옆에 길이 15㎝ 정도 되고 폭이 7㎝ 정도 되는 꽃가지로 장식"(리재선, 2007)하는 것이 가장 좋은 방법일까?

2) 말하는 밥가마가 최고

[인민반장]	"지금부터 숙박검열을 시작하갔시요. 누가 장마당에서 동무가 아랫동네에서 온 말하는 밥가마를 사는 걸 봤다고 하던데?"
[주민]	"아이 누가 기딴 벼락 맞을 소리를 한단 말입니까? 말하는 밥가마라니요. 그것도 남조선 물건이라니요."
[밥솥 기계음]	땡동. "취사가 완료되었습니다."
[인민반장]	"비키라우. 이야, 이거 이거 뭐이네 이거?"
[주민]	반장 동지, 저 좀 보시라요. 이케 무릎을 꿇었습니다.
[인민반장]	누가 인민의 피땀이 서린 전기를 도둑질하나 했더니 그 도둑이 여기 있었구나 야.
[주민]	제가 그만 그 잘진 밥맛에 혼이 나가서 잠시 쳐돌았었나 봅니다. 아 이번 딱 한 번만 눈감아 주시라요.
[인민반장]	그러면 이 밥가마는 어칼건데?
[주민]	저 빌어먹을 전기 도둑은 반장 동지께서 알아서 처분해

[인민반장]	주셔야디요. 밥이 뭐 많이 찰지나?
[주민]	아 일단 한번 잡숴 보시라요.
[인민반장]	이 집은 아무 일 없다 야. 다음 집 이동하자요.

    2019년 tvN에서 방송한 드라마『사랑의 불시착』2회에 나오는 대사다. 인민반원이 "말하는 밥가마"를 사용한다는 제보를 받고 인민반장이 불시에 해당 주민의 집에 검열 나간 상황을 재연한 장면이다. 북한 여성들에게 "말하는 밥가마"로 통용되는 전기밥솥은 다름 아닌 한국산 "쿠쿠".

    2011년 언저리부터 북한의 평양, 평성, 함흥 일대에서 쿠쿠압력밥솥이 남한 드라마나 영화보다 인기라는 소식이 들려오기 시작했다. 당시 쿠쿠는 개당 150~160달러에 판매되었는데, 북한에서 생활수준이 괜찮다 하는 집 중에서도 상류층이 구매할 수 있는 수준의 가격으로 알려졌다(통일신문, 2011.8.29.; 뉴스파인더, 2011.8.24.; 조선일보, 2011.8.24.). 2017년경 즈음 쿠쿠는 간부나 돈주집뿐 아니라 일반 가정에도 보편화되었다. 현실적으로 전기 사용 문제 때문에 불을 때서 밥을 짓는 북한산 밥솥을 더 선호한다는 의견도 있지만, "아랫동네 말하는 밥가마"는 최고의 결혼예물이라는 인식이 자리 잡힐 정도로 이미 북한 여성의 잇템(it item)이 되었다고 한다(DAILY NK, 2017.4.13.; 통일한국, 2017.6.1.).

03 북한 여성들의 외모 가꾸기

> "옷차림과 머리단장, 화장 등 외모를 고상하고 단정하게 하는것은 도덕적으로 매우 중요한 문제이다"
> -「몸단장을 시대의 요구에 맞게」, 『로동신문』 2021.3.7.

1) 깨끗하게, 매끈하게, 아름답게! 문명한 생활을 위한 여성의 화장

(1) 북한 여성에게 화장이란

1990년대 후반, "깨끗하게, 맑게, 자신있게!"라는 광고가 있었다. 당시 어느 정도 외모에 관심을 두었던 여성(혹은 여학생)이라면 해당 캐치프레이즈를 내세워 선풍적인 인기를 끌었던 존슨앤드존슨의 클린앤클리어를 기억할 것이다. 2010년 학생인권조례 발의 이후 학생들은 화장도 인권의 하나로 인정받았지만, 그 전까지 학생이 화장하는 것은 언감생심이었다. 제품 하나만 바르면 마치 화장하는 기분도 낼 수 있었고, 색조화장품이 아니라고 우길 수 있는 제품이 클린앤클리어였기에 웬만한 여학생들 가방에는 이 브랜드의 로션이나 파우더가 하나씩 들어있었다.

북한 여성들은 화장하는 법을 어머니나 가까운 어른에게 배운다. 고등학생 정도 되는 나이 때는 학교 선생님에게 배우기도 한다. 남한의 여학생들은 학교에서 담임 선생님과 삼삼오오 둘러앉아 함께 화장해보는 상황을 상상하기 어렵지만, 북한은 사정이 다르다. 북한 여성에게 화장은 뽐내기나 선택사항이 아닌

'도덕'과 관련한 문제이기 때문에 가능한 일이다.

⟨북한 텔레비전연속극「수업은 계속된다」(2006) 중 화장하는 장면⟩

[교원]   자, 동무들. 오늘부터 모두 화장을 하자요.
[여학생 일동]   야, 좋구나!
[교원]   처음하는 동무들은 내가 해주겠어요.
[학생]   선생님, 우리도 할 줄 압니다.
[교원]   그래요? 자, 그럼 모두들 해요.
(여학생들이 화장하는 장면)
[학생]   분까지 바르누나?
[교원]   백화! 백화는 왜 구경만 해?
[백화]   난 별로 흥미 없습니다. 일이나 잘해야지.
[교원]   왜, 맵시쟁이라고 놀려줄까봐? **여자가 밖에 나갈 때 화장을 하고 옷차림을 잘하는건 자기를 위해서가 아니라 다른 사람을 위해서 꼭 지켜야 할 예절이고 도덕이야.**
(화장한 여학생들을 보고 남자 동창생들이 반응하는 장면)
[남학생 무리]   화장들을 했구만. 오. 이제 보니까 클레오파트라도 울고 가겠는데? 야! 중국의 양귀비보다 더 곱다.
   하필 다른 나라 여자들과 대비하면서 그래? 우리나라에도 유명한 춘향이가 있는데.
(삐죽거리며 수줍게 웃는 여학생들)

북한 여성들의 화장 스타일에 관해 생각해 본 적 있는가? 즉시 떠오르지 않는다면 리설주나 김여정, 현송월과 같이 매체에 자주 등장하는 여성들의 얼굴을 검색해 보자. 일명 '꾸안꾸(꾸민 듯 안 꾸민 듯)' 스타일이다. 그렇다면 북한 예술단원들의 화장은? '꾸꾸(꾸미고 또 꾸민)' 스타일이다. 무대화장이라 분장수준으로 짙지만, 눈썹과 입술의 모양, 속눈썹 길이까지 각자 얼굴의 개성이 살아나도록 화장한 모습이다.

북한은 화장도 사회주의생활양식과 민족적 특성, 시대적 미감에 맞추어 건전하고 고상하게 하도록 요구하지만, 실제 북한 매체에 등장하는 여성들의 화장은 북한 외부 사회의 여느 여성들과 다르지 않아 보인다. 북한도 배우들이 화장 유행을 이끈다고 한다. 북한 여성들도 소위 연예인 화장을 따라 하는 것이다. 1990년대 후반부터 2000년대 초반까지 『민족과 운명』의 홍영자 스타일(오미란 분)이 유행한 적이 있다는데, 사실 이는 "변태적인 화장"에 속한다. 북한당국은 "우리 식"이 아닌 화장을 "변태적인 화장"으로 칭하면서 금지하고 있지만 사실상 평양시민들은 대부분 변태적인 화장을 시도해 보았다고 한다. 2017년 화장 관련 문헌에서 "현대미를 돋군다고 하면서 우리 식이 아닌 이색적인 방식(길수미, 2017)"에 관해 지적하는 것으로 미루어 보아 여전히 북한 여성들의 "변태적인 화장"이 지속한다고 짐작된다.

📖 **더 읽을 책**
길수미, 『화장과 우리 생활-누구나 아름다와질수 있다』, 조선출판물수출입사, 2017.(통일부 북한자료센터 소장)

(2) 북한의 화장품, 있을 건 다 있다.

북한의 화장품 브랜드는 '봄향기', '은하수', '금강산', '미래', '선녀', '진주' 등이 있다. 이 중 가장 오래된 브랜드는 '봄향기'이다. 봄향기 제품들은 북한에서 가장 유명한 신의주화장품공장에서 생산하고, 조선화장품무역회사를 통해 해외에도 수출한다. 봄향기 제품의 주원료는 개성고려인삼으로 알려져 있다. 은하수와 금강산에서 생산하는 고려인삼 화장품도 봄향기를 벤치마킹했다. 북한은 봄향기를 프랑스 명품 화장품 랑콤(Lancome)보다 더 효능이 좋은 상품으로 대내외에 선전하고 있다.

《봄향기》화장품은 프랑스, 도이췰란드, 로씨야, 중국, 몽골, 일본 등 여러 분석소들에서 제품검증을 받았다.
프랑스 BIO-EC연구소가 주체104(2015)년 12월 24일에 발표한 사람피부시편상에서 란콤화장품(Lancome advanced genifique)과 봄향기화장품(로화방지영양물)의 항로화능력대비평가자료에 의하면 란콤제품은 약한 항로화활성을 나타내는데 이에 비하여 봄향기영양물은 뚜렷한 항로화활성을 나타낸다는것이다.
Lancome advanced genifique(란콤화장품)은 세계 65개국 3 000여명의 전문가들이 14년동안 연구개발한 9개의 특허소유제품이며 전형적인 로화방지화장품이다(봄향기 홈페이지).

알려진 바에 따르면 김정은이 화장품공장을 수차례 시찰하면서 봄향기나 은하수 제품의 세계화를 지시했다고 한다. 은하수 화장품을 생산하는 평양화장품공장에 방문했을 때는 해당 공장 일꾼들에게 세계적으로 유명한 화장품들보다 은하수를 먼저 찾게 해야 한다고 강조했다는 일화도 있다(렴일향, 2016). 이때 김정은은 '랑콤', '샤넬', '크리스챤 디올', '시세이도' 같은 브랜드를 실례로 들었다고 전해졌다.

기초부터 색조까지 여러분이 떠올리는 화장품 중 대부분이 북한에서도 생산된다. 부르는 이름이 조금씩 다를 뿐이다.

〈남북한 화장품 종류 비교〉

북한	남한
살결물	스킨로션 혹은 토너
물크림	에센스 혹은 (밀크)로션
세럼	세럼
(기름)크림, 영양크림, 밤크림	영양크림
마싸지크림	마사지크림
눈주름방지크림	아이크림
자외선방지크림	선크림
분크림, 물크림분	메이크업베이스
피아스	파운데이션
고체분	파우더
젖은 분	쿠션팩트
삐야(구두어), BB크림(문어)	BB크림
미안막	마스크팩
눈선연필(Eyeline으로도 표기), 눈시울먹	아이라이너
눈썹연필, 연필	아이브로우
눈등분	아이섀도우
진주광택	펄
속눈섭먹(Mascara로도 표기)	마스카라
구홍, 입술연지	립스틱
입술연필	립라이너 펜슬
입술크림	립밤
입술광택제	립글로스
볼분, 볼연지	볼터치, 볼연지
수정도랑	컨실러
명암도랑	음영섀도우
인공속눈섭	인조속눈썹

기초화장품의 경우 깨끗하고 매끈한 피부를 위해 각종 기능성 제품을 개발하고 있다. 예컨대 크림은 △개성고려인삼크림 △비타민C/비타민E크림 △미백크림 △로(노)화방지크림 △24K나노금크림 △달팽이크림 같은 식이다. 살결물은 보습성, 수렴성, 생물나노셀렌 등으로, 미안막도 알로에, 레몬, 장미 등 피부 타입에 맞추어 생산하고 있다.

색조화장품도 액체, 고체, 크림 형태로 생산되며 섀도우 종류 역시 광택과 무광택, 가루, 압착분말 등으로 세분화되어 취향에 따라 선택하여 사용할 수 있다.

> 📖 **더 읽을 책**
> - 전영선·한승호, 『공화국의 립스틱-김정은 시대의 뷰티와 화장품-』, 종이와 나무, 2021.
> - 남성욱·채수란·이가영, 『북한 여성과 코스메틱』, 한울아카데미, 2017.

2) "우리 식 옷차림"을 한 패셔니스타

북한 문헌에서 의복 관련 내용을 찾아보면 변하지 않고 나오는 말이 있다. 바로 "우리 식"이다. 우리 식 옷차림은 "사회주의 생활양식에 맞는 옷차림"으로 "인기본위적이고 허식과 겉치레를 일삼는 자본주의사회에서와는 달리 아름답고 고상하며 건전하고 활동적인(로동신문, 2023.2.7.)" 옷으로 설명된다. "우리 식"을 고수하는 것은 언제나 북한 주민들이 복식을 갖춤에 있어서 불변의 법칙과 같이 제시되고 있다.

구체적으로 들여다보면 우리 식의 의미도 당국이 지향하는 바에 따라 조금씩 바뀐다. 그렇다면 당국은 왜 지향성을 바꾸는가? '현대적 미감'을 반영하면서 세계적 추세에 뒤떨어지지 않게 해야 한다는 방침에서이다. 시대가 흐르면서 북한의 의복 형태가 다양한 형태로 진화할 수 있었던 이유가 여기에 있고, 그렇게 북한 여성 옷차림의 유행이 변화해왔다.

하지만 유행이 바뀐다고 해서 완전히 자유로운 복장을 선택하기는 어렵다. 여전히 당국에서 "옷차림과 머리단장은 사람의 문화수준과 (사상)정신상태의 반영"이라 강조하며 주민들의 차림새를 단속하기 때문이다. 이런 '몸단장'은 특히 여성에게 더 엄격한데, 이는 여성이 "가정과 사회, 나라의 꽃"이므로 "자기 특유의 짙은 향기로써 가정과 사회생활의 모든 곳에서 아름다운 서정을 안겨주는" 존재여야 한다는 이유로 설명된다(천리마, 2000).

2023년 『로동신문』은 장철구평양상업대학 교원 장정희의 입을 빌려 "훌륭한 사상정신적 풍모를 지닌 인격자들의 우리 식 옷차림"을 아래와 같이 제시하였다.

> "옷형태에서는 옷길이와 옷품을 바로 설정하는 것이 기본이다. 녀성들속에서 치마의 길이는 짧은 치마인 경우에 무릎선까지, 긴치마인 경우에는 장딴지선까지 오는 것이 좋다. 옷의 륜곽선은 옷품을 적당히 하면서 허리곡선형으로 설명하며 색깔은 희색을 기본으로 하면서 밝은 색으로 입는 것이 좋다." (로동신문, 2023.2.7.)

(1) 정장 입은 평양 여성들

최근 3년간 북한은 경공업 관련 전시회에 품을 들이고 있다. 2022년 "녀성옷전시회-2022"를 시작으로 "봄철전국신발전시회-2023", "봄철녀성옷전시회-2023", "봄철전국상품전시회-2023", "경공업발전-2023", "가을철전국신발전시회-2023", "가을철피복전시회-2023", "봄철피복전시회-2024"가 연이어 개최되면서 특히 새로운 패션을 선보이는 데 치중하는 모양새다. 물론 전시회의 목적은 "우리식의 고상한 옷차림문화 발전 목적"이다.

이런 전시회들의 공통점은 모두 평양에서 열린다는 것이다. 그리고 전시회에 출품되는 여성 의류의 경우 대부분 제품이 원피스나 투피스 치마 정장이다. 여기에 어울리는 가방, 모자, 브로치, 머리빈침(머리핀) 등이 함께 출품된다. 바로 이것이 『로동신문』에서 선전하는 "수도의 거리 어디서나 볼수 있는 민족적특성과 시대적미감에 맞는 고상하고 문화적인 옷차림"이다(로동신문, 2024.4.29.). 이는 "우리 식 옷차림"으로 "사회주의생활양식" 혹은 "사회주의도덕기풍"을 체현한 옷이라 선전된다.

북한 여성들의 정장 입는 문화가 처음 유행하기 시작한 것은 아니지만, 확실히 김정은 시기 들어 평양 여성 중심으로 이전보다 좀 더 화려하고 다양한 색상과 모양의 정장이 유행하고 있다. 일명 '리설주 스타일'의 확산이다. 이런 추세를 반영하여 당국에서도 여러 전시회를 통해 끊임없이 새로운 스타일의 옷들을 선보이고 있는 것으로 보이는데, 평양 이외 지역 여성들에게도 이런 "우리 식 옷차림"이 동시에 유행하고 있는지는 의문이다.

📖 **더 읽을 책**
박계리, 『패션&메이크업으로 본 북한사회』, 통일교육원, 2020.

> "그 무슨 추세를 운운하면서 자본주의나라 청년들처럼 몸륜곽이 그대로 드러나거나 속옷이 들여다보이는 옷을 입고다니는것은 민족적자존심도 초보적인 도덕도 없고 집단에 대한 관점과 립장도 바로서있지 못한 몰상식한 행동으로 된다." (리진명, 2018)

청년들을 대상으로 하는 잡지에 이런 글이 실린 걸 보니 이따금 "우리 식"이 아닌 차림새로 다니는 젊은 여성들이 있는 듯하다.

몸 윤곽이 드러나는 옷은 H라인 스커트나 스키니진을, 속옷이 들여다보이는 옷은 시스루 소재의 블라우스로 추정된다. 이런 옷 좀 입었다고 초보적인 도덕도 없고 몰상식한 사람이 되다니. 이렇게까지 인격을 모질게 평가하는 이유가 무엇일까?

"우리 식"이 그만큼 중요하기 때문이다. "우리 식"과 반대되는 "남의 식"은 북한에서 철저히 배척된다.

"남의 옷을 입고 남의 식으로 머리단장을 하고 다니는 사람에게서는 아름다움을 찾아볼 수 없고 남의 풍을 본따 저속하고 비문화적으로 말하고 행동하는 사람에게는 제정신이 있을수 없다. (중략) 우리 식, 우리 멋의 귀중함과 우월성을 모르고 사치하고 번쩍거리는것이라고 하여 무턱대고 남의것을 따라하고 남의 풍에 노는 사람이 어찌 진정한 아름다움을 알수 있으랴." (로동신문, 2022.10.30.)

여기서 한가지 궁금증이 또 생긴다. "우리 식" 꼴을 갖춘 정장 입고 출근하는 평양 패셔니스타들은 쉬는 날이나 퇴근 후에는 어떤 옷을 입을까? "우리 식" 일상복이 따로 있을까? 집에서만큼은 내 맘대로 옷을 입을 수 있을까?

(2) 변하지 않는 잇 아이템: 조선치마져고리

북한 여성들은 한복을 자주 입는다. 여기서 중요한 것은 한복을 입는 주요 대상이 '여성'이라는 것이다. 간혹 명절에 대가족이 둘러앉아 민속놀이 등을 즐기고 있는 자리에서 노인 남성이 한복을 입고 있는 모습이 포착되기도 하지만, '생활 속에서' 한복을 갖추어 입는 대상은 주로 여성이다.

　북한에서는 한복을 "조선옷"이나 "민족옷"이라고 부른다. 북한의 매체에서는 종종 "조선옷"에 관한 기사를 내보내는데, 그 내용의 중심은 대체로 "조선치마저고리"이다. 북한당국은 "강의하고 고상하며 근면한 조선녀성들의 성품이 그대로 담겨진 것으로 하여 보면볼수록 우리의것이 제일이라는 긍지가 커(로동신문, 2023.5.24.)"지는 옷이 조선치마저고리라고 하면서 "자기의것에 대한 애착을 깊이 간직할 때 인생을 참답게 살수 있다(로동신문, 2023.7.24.)"고 유독 여성들에게만 조선옷 입기를 강조한다.

"녀성들은 뜻 깊은 명절이나 기념일때에는 물론 생활에서 늘 조선옷을 곱게 차려 입고 다녀야 한다. 계절에 어울리는 단정한 조선옷은 거리와 마을, 일터의 분위기를 한층 더 아름답게 단장시켜 주며 향기를 안겨 준다."
- 「녀성들의 옷차림」, 『천리마』 2000년 7호.

"녀성들은 보기에도 좋고 민족정정서가 살아나는 조선치마저고리를 입는 것을 생활화, 습성화함으로써 우리 민족의 우수성을 적극 살려나가야 한다."
- 「우리 식의 옷차림과 몸단장」, 『민주조선』 2006.10.27.

"녀성들은 우리 식이 아니고 남의 식 옷차림을 본따지 말며 민족적 정서와 향취가 풍기는 치마저고리를 입고 다니는것이 보기에도 좋다."
- 「옷차림과 머리단장을 우리의 미감에 맞게」, 『천리마』 2009년 12호.

"남자들이 계절에 맞게 형식이 고상하고 시원하면서도 밝은 양상의

> 옷들로 옷차림을 깨끗하게 하고 녀성들이 우리 민족의 오랜 생활풍습과 조선녀성의 아름답고 우아한 성품을 그대로 엿보게 하는 조선치마저고리와 함께 다양한 형태와 색갈의 달린옷을 즐겨입고…"
> - 「외모에 사상정신상태가 비낀다」, 『로동신문』 2022.7.31.
>
> "녀성들은 우리 민족의 오랜 민족적전통과 아름답고 고상한 성품을 그대로 엿보게 하는 조선치마저고리를 즐겨입어야 한다. 남성들도 계절에 맞게 시원하고 은근한 색갈에 형식이 고상한 옷들로 옷차림을 깨끗하게 하고 다녀야 한다"
> - 「시대적미감에 맞는 옷차림과 머리단장」, 『민주조선』 2023.3.17.

어째서 여성에게만 조선옷 입기가 강요되는 것일까? 북한은 이에 대해 남자들의 조선옷은 "편하지 않아서"라는 이유를 들고 있다. 여성용 조선옷은 실용적이고 편리하므로 자주 입어야 한다는 것이다.

> "남자들의 조선옷은 생활에서 편리하면서도 아름다운것을 지향하는 오늘의 미적요구에 리용되지 않고있다. 따라서 현대조선옷발전에서 기본은 녀성들의 조선옷이다. (중략) 녀성들의 조선옷이 민족옷의 초점으로 되는것은 민족옷으로서의 다양성에서나 갖춤새의 미적측면에서 가장 완성되고 실용적측면에서 편리하기때문이다." (리유미, 1999)

2015년 이전까지도 북한 여학생들의 교복은 대부분 흰색 저고리에 검은색 긴 치마였다. 일명 남한에서 '유관순 한복'으로 통용되는 이 복장은 비단 학생 교복뿐 아니라 성인 여성들도 일상에서 자주 입는 스타일 중 하나이다.

흰 저고리와 검은 치마를 입은 여성의 모습은 "조선녀성"의 전형이다. 북한은 이 스타일이 형태와 색채 조건에 있어서 조선옷의 전형이며, 현대 조선 여성의 아름다움을 전면적으로 보여주는 차림새라 설명한다(리유미, 1999). 여기서 잠깐, 조선치마저고리 아래 신는 신발은 양장 하이힐 유형의 구두가 일반적이다. 의외로 스타일이 힙(hip)하다.

(3) "머리단장" 트렌드 따라잡기

> "볼이 얼굴의 모든 부분을 돋구어줄수 있는 바탕이라면 얼굴 전체를 돋구어줄수 있는 화장은 머리단장이다. (중략) 머리단장은 얼굴화장의 마감단계이면서 사람의 인상을 규정지어주는 아주 중요한 역할을 한다."
> - 길수미,『화장과 우리 생활-누구나 아름다와질수 있다』,
> 조선출판물수출입사, 2017.

"머리단장". 말그대로 머리카락을 다양한 모양으로 가꾸고, 장식 등을 가미하는 행위이다. 북한은 머리단장을 화장의 마감단계로 보면서 머리단장을 잘 하는 것 역시 사람의 사상정신상태와 인품을 보여주는 것이라고 한다.

북한 미용실은 목욕탕이나 지역편의봉사사업소 등에 있다. 미용실마다 "머리형태도안"이라는 이름으로 기다림칸(대기실) 벽면에 유행하는 머리스타일을 걸어둔다. 평양 최고의 종합편의시설로 알려진 창광원 내 미용실은 2000년대 초반 컴퓨터모의프로그램을 통해서 여성들이 시도할 수 있는 100여 가지의 머리형태를 선보이고 있다고 선전했다(민주조선, 2004.9.10.). 김정은 시기 들어서는 산업 전 분야에서 과학기술의 발전을 끊임없이 주문하므로 더욱 발전된 컴퓨터 모의 프로그램이나 가상현실, 어플리케이션 등으로 머리 형태를 제공하고 있으리라 추측된다.

이렇게 다양한 머리 모양들은 북한 여성들에게 어떤 이름으로 소개되고 있을까? 1992년 3월 8일 북한에서 발행한 신문 『로동청년』에 따르면 △파도머리 △들국화머리 △물결머리 △운동머리 △띠장식머리 △반달머리 △함박꽃머리 △청춘머리 △대학생머리 △처녀머리 △수국화머리 △구름머리 △틀머리를 미용머리로 제시하였다. 해당 기사는 이 중 젊은 여성들에게 잘 어울리는 스타일을 아래와 같이 설명하고 있다.

파도머리	중간정도의 길이의 머리에 우리 시대 청년들의 정열적이고 씩씩한 모습을 그대로 담아 물결이 파도치는것처럼 장식을 했다고 하여 파도머리라고 한다.
들국화머리	앞머리부분이 피여나는 들국화처럼 아름다운 장식으로 되였다 하여 들국화머리라고 한다.
처녀머리	앞머리와 옆머리를 짧게 하고 뒤머리는 약간 길게 할수도 있는데 건발셋트로 완성한다. 이 머리는 생기발랄하고 아름다움을 주는 머리로서 처녀들에게 잘 어울린다.
수국화머리	이 머리는 강한 과장으로 얼굴가장자리를 장식하고 뒤머리는 부드러운 물결형으로 내려오면서 끝에서 마치 수국화처럼 피여나는 듯한 모양을 나타낸다고 하여 수국화머리라고 한다. 이 머리는 산듯하고 화려한 장식을 줌으로써 처녀들과 젊은 녀성들에게 어울린다.

*출처:「옷차림과 머리단장을」, 『로동청년』 1992.3.8.

비슷한 시기에 남한은 '보브컷', '로맨틱보브', '언밸런스 컷', '롤

스트레이트' 등의 스타일이 유행했으니 이미 이때도 얼마나 남북한의 문화가 달라졌는지 느낄 수 있다.

2005년 기록에는 △모란머리 △진주머리라는 스타일도 등장한다. 2022년『조선녀성』잡지는 △포도형 △파도형 △물결형 △날개형 △타래형 △반달형 머리 모양을 수록하고 있다. 북한의 미용사들은 "손님들의 기호와 미감, 시대적추세에 맞게 봉사"하기 위한 높은 기술기능수준을 요구 받는다. 이에 기술학습이나 경험발표회 등이 꾸준히 조직되고, 김정은 시기 들어서는 처음으로 "전국미용부문 과학기술발표회"를 개최하여 미용과학 기술을 촉진할 논문을 발표하고 미용경연을 실시하기도 했다(로동신문, 2015.10.23.).

얼마나 다양한 이름의 머리 모양이 존재하던지 머리단장도 "우리 식"에서 벗어나기란 어렵다. 머리 모양에서도 "우리 식"은 단정하고, 소박하고, 고상한 이미지를 의미한다. 따라서 북한에서 "우리 식"으로 규정한 단발머리, 땋은머리, 묶음머리, 쪽진머리, (잔잔한 모양의) 파마머리는 시대를 불문하고 사회주의생활양식의 전형으로 평가된다.

(머리단장을 아름다우면서도 고상하게 하자면) "나이어린 처녀들이나 대학생처녀들은 단발머리, 땋은머리로 단장하며 중년녀성들은 중간머리형태를 기본으로 하면서도 잔물결형식으로 세련되게 하는것이 좋다. 특히 녀성들이 조선옷차림을 할 때에는 민족성이 짙게 안겨오는 땋은머리, 쌍태머리, 쪽진머리로 단장하는것이 그들의 아름다움을 돋구어준다." (로동신문 2023.2.7.)

북한에서 몇십 년 동안 "우리 식"에서 벗어난다고 지적하는 여성의 머리 모양은 풀어헤친 긴 생머리일 것이다. 여성이 머리를 길게 기르면 "쓸데없이 멋을 부리는 현상"이며 "우리의 미감과 정서에 맞지 않으며 아름다운 용모를 흐리게" 하는 행위로 지적을 받는다(리진명, 2018; 로동신문, 2020.6.14.).

> 더 읽을 책
> 김석향·박민주, 『"북조선 여성", 장마당 뷰티로 잠자던 욕망을 분출하다!』, 선인, 2019.

"지금 제국주의자들의 썩어빠진 사상문화적 침투책동으로 하여 일부 다른 나라의 청년들은 자기의것은 다 줴버리고 보기에도 흉한 머리형태를 하고 거리를 활보하는가 하면 자극적인 색으로 머리에 물감까지 들이고다니며 사회풍조를 흐리고있다. 이런 말세기적인 생활풍조에 물젖게 되면 정신육체적으로 타락한 인간추물로 전락되여 나중에는 시대의 기슭으로 거품처럼 밀려나게 된다. (중략) 특히 녀성들은 머리를 길게 기르고 다니면서 쓸데없이 멋을 부리는 현상을 없애야하며…" (리진명, 2018)

에필로그

북한 여성이 명품 옷 입으면 이상한가?

 북한 여성의 삶은 남한 여성의 삶과 많이 닮아있다. 하지만 북한 여성의 일상에 관한 정보를 제공하는 곳이 별로 없기에 그들은 '완전히 다른 세상'에서 획일적인 모양새로 살아가는 사람들로 취급받기 일쑤다. 전통을 지속하는 방식이 다르고, 꾸미기 스타일에 차이가 있는 것은 단지 삶의 터전이 다르기 때문이다. 육아와 가사, 사회생활을 모두 거뜬히 해내야 하는 슈퍼우먼의 역할을 수행하는 것, 멋진 옷을 좋아하고 화장과 머리단장에 신경쓰는 것 모두 우리와 다르지 않은 일반적인 '여성'의 삶 그 자체이다. '북한 여성의 삶'이라고 하면 대개는 '인권유린'을 떠올릴 것이다. 그다음은 '너무 마음 아파서' 혹은 '불편해서' 외면해버리거나 좀 더 자극적인 정보를 찾다가 '잘 모르면서 함부로 말하는' 거짓 뉴스를 양산하기에 이른다. 어째서 '북한 여성의 삶'에서 그들의 유행이나 꾸밈, 선호하는 화장품이나 생활 도구 등은 떠올리지 않는 것일까?
 북한에 관한 오해를 불러일으키는 가장 큰 요소는 북한을 제대로 보지 않고, 알려고 하지도 않는다는 데 있다. 통일을 논함에 있어서 선행되어야 할 점은 통일의 상대인 북한을 먼저 이해하는 것이고, 그중에서도 북한 주민이 살아가는 삶의 양태를 살펴보는 일이 중요하다. 통일의 상대인 북한에 관한 무지가 통일 무관심을 일으키는 요인이 되기에 필자는 남한 국민을 대상으로 반드시 북한에 관해 교육해야 한다고 생각한다. 그리고 그런 교육 내용은 정치·경제·군사적인 측면에 국한하지 않고 북한주민들이 실제 삶을 영위하는 방식까지 확장되어야 한다.
 평양에 있는 백화점에 샤넬이나 크리스챤 디오르가 입점했다는데, 어째서 사람들은 "대북제재 국면에 그런 명품을 북한에 들여갈 수 있을지"에 관해서만 논의하는 것일까? 평양 여성들이 실제로 어떤 브랜드를 알고 있으며 어떤 제품을 선호하는지는 왜 관심이 없을까? 미용실마다 그때그때 유행하는 머리 스타일 도안을 벽에 걸어둔다는데, 북한의 미용사들은 어떤 도구를 사용하고, 어떤 테크닉으로 손님들의 머리를 만지는지 궁금하지 않은가? 평양 이외 지역에 사는 여성들은 '가난해서' 멋부리기 따위는 신경 쓸 겨를도 없다고 말하는 데 그치지 않고 그들의 삶을 사람 대 사람으로 들여다볼 수는 없을까? 독자 여러분에게 꼭 이야기하고 싶다. 한 번쯤은 북한 여성을 그냥 당신과 같은 사람으로 상정하고 그들의 일상 생활에 관해 생각해봐달라고.

생각해 봅시다

1. 남한에서 '여성'을 대상으로 하는 기념일이나 행사가 어떤 것이 있는지 생각해 봅시다.

2. 북한 여성의 삶을 논할 때, 주로 가정과 사회, 나라의 모든 역할을 감당해야 하는 '과중함'을 이야기합니다. 과연 북한의 여성들에게만 국한되는 이야기일까요? 토의해 봅시다.

3. 북한 여성의 화장이나 복장에 관하여 평소에 갖고 있던 생각들을 나누어 봅시다.

4. 북한 여성들이 입는 조선옷(한복)에 관해서 의견을 나누어 봅시다.

5. 현재 여러분이 관심을 두고 있는 복장이나 화장 등의 트렌드를 생각해 보고, 북한 여성의 트렌드와 비교해 봅시다.

참고문헌

1. 국내문헌

『경향신문』, 「북한 매체, 세계여성의 날 맞아 "김정은 따르는 충성의 꽃 되야"」, 2023년 3월 8일.
『뉴스파인더』, 「북한에 '말하는 밥솥' 상륙... 인기 절정」, 2011년 8월 24일.
『뉴스핌』, "면사포 쓰지 말고 와인잔도 금물"…北, 결혼식까지 '서양풍' 통제 나서」, 2023년 3월 31일.
『DAILY NK』, 「北간부 아내의 의문... "南밥솥 이렇게 좋은데 왜 단속하나"」, 2017년 4월 13일.
『조선일보』, 「北주민, 남한 '말하는 밥솥'에 마음 뺏겨...」, 2011년 8월 24일.
통일부 북한인권기록센터, 『2024 북한인권보고서』, 통일부, 2024.
『통일신문』, 「북한에서 말하는 '쿠쿠압력밥솥' 狂風」, 2011년 8월 29일.
『통일한국』, 「북한 장마당 인사이드 | "밥 다됐어요"…부의 상징, 말하는 쿠쿠 밥솥」, 2017년 6월 1일.

2. 북한문헌

길수미, 『화장과 우리 생활-누구나 아름다와질수 있다』, 조선출판물수출입사, 2017.
김철진, 「그들이 고른 첫날옷」, 『청년생활』, 2019년 10호.
『내나라』, 「조선결혼식풍습」, 2021년 2월 9일.
렴일향, 《은하수》 화장품을 먼저 찾게 하여야 한다」, 『일용품공업』 2016년 3호.
『로동신문』, 「전국미용부문 과학기술발표회 진행」, 2015년 10월 23일.
『로동신문』, 「우리 식, 우리 멋이 제일」, 2020년 6월 14일.
『로동신문』, 「우리 식, 우리 멋」, 2022년 10월 30일.
『로동신문』, 「외모를 사회주의생활양식에 맞게」, 2023년 2월 7일.
『로동신문』, 「사회주의사회에서만 녀성들이 값높은 삶을 누릴수 있다」, 2023년 3월 8일.
『로동신문』, 「시대가 준 부름 녀성혁명가」, 2023년 3월 8일.
『로동신문』, 「3.8국제부녀절 113돐기념 녀맹일군들과 녀맹원들의 무도회 진행」, 2023년 3월 9일.
『로동신문』, 「자기의것을 사랑하는 마음」, 2023년 5월 24일.
『로동신문』, 「민족옷에 대한 애착」, 2023년 7월 24일.
『로동신문』, 「강국의 시대에 넘쳐나는 녀성들의 끝없는 긍지-각지에서 3.8국제부녀절을 뜻깊게 맞이」, 2024년 3월 9일.

『로동신문』, 「3.8국제부녀절 114돐에 즈음하여-국립교예단, 국립민족예술단 합동공연 진행」, 2024년 3월 9일.

『로동신문』, 「우리 거리를 더 밝게 해주는 모습」, 2024년 4월 29일.

리유미, 『아름다운 조선옷』, 공업종합출판사, 1999.

리재선, 「<우리 인민의 미풍량속을 적극 살려나가자> 민족적전통을 계승한 결혼식옷차림과 몸단장」, 『민족문화유산』 2007년 2호.

리진명, 「옷차림과 머리단장을 우리 식대로 하자」, 『청년생활』, 2018년 8호.

『민주조선』, 「머리형태도안을 만들어놓고-창광원에서」, 2004년 9월 10일.

『민주조선』, 「해방후 첫 3.8국제부녀절에」, 2010년 3월 8일.

봄향기 홈페이지 http://www.kftrade.com.kp

『정치지식』, 「어머니날」, 2013년 11호.

『정치지식』, 「어머니날에 대한 이야기」, 2015년 11호.

『조선녀성』, 「녀성들의 머리형태」, 2022년 9호.

『조선신보』, 「어머니날제정, 전국어머니대회개최에 깃든 이야기」, 2012년 11월 22일.

『조선중앙통신』, 「녀성들에게 진정한 권리를 안겨준 민주주의적법령」, 2024년 7월 30일.

『천리마』, 「녀성들의 옷차림」, 2000년 7호.

10장

북한 여성의 건강

북한, 평양산원서 546번째 세쌍둥이 출산(사진: 연합뉴스)

01 북한 보건정책의 특성과 변화

북한당국은 1946년 2월 북조선림시인민위원회에 보건국을 세우고 보건의료에 관한 최초의 이념적·제도적 지표가 되는 「20개조 정강」을 발표하였다. 동 정강 <제15항>에 "로동자와 사무원들의 생명보험을 실시하며 로동자와 기업소의 보험제를 실시할 것"과 <제20항>에 "국가병원 수를 확대하며 전염병을 근절하며 빈민들을 무료로 치료할 것" 조항이 포함되어 있다. 이처럼 북한당국이 정권 초기부터 보건정책을 집중적으로 마련하게 된 배경에는 일제강점기에 제대로 치료받지 못한 조선 인민들을 위해 사회주의보건제도를 수립하여 해방과 더불어 인민들에게 과거보다 좋은 보건사업을 추진한다는 점이 강조되는 상황이었다(황상익 외, 2007).

북한의 보건의료제도는 모든 보건의료시설을 국가가 소유하고 관리·운영하며, 국민에 대한 보건의료서비스를 무료로 제공하고, 중앙집권적인 보건의료조직을 운영하는 형식으로써 보건의료 분야는 노동력 재생산의 원천으로 간주하는 것에 목적을 두고 있으므로 예방의학의 중요성을 강조한다는 점은 중요한 의미를 지닌다.

북한 의료정책의 기본 방침은 최고지도자의 '교시와 영도를 기반으로' 김일성 주체사상으로 무장된 보건사업을 추진하며, 그들의 사회주의 헌법에 무상치료의 범위를 전 인민을 대상으로 한다는 점을 명시하였다. 뿐만 아니라 무상치료제의 구체적인 실현을 위해서 의사담당구역제, 예방의학의 강조, 주체의학으로서 동의

학과 신의학의 배합을 중시하는 정책과 의료일군들의 사상적 무장을 독려하여 인민들에게 정성치료를 강조하는 정책 기조를 유지하고 있다. 하지만 1990년대 들어 극심한 경제난의 여파로 식량난이 지속되면서 영양결핍이 널리 퍼지면서 각종 질병이 사회 전반에 만연하고 전반적으로 보건 및 건강수준의 악화, 의료자원의 부족과 폐쇄적인 사회체제로 인하여 그동안 이루어 놓았던 보건의료체계의 기반이 무너진 것이다(김충렬, 2005). 게다가 1990년대 중반 이후 대홍수로 인한 전염병이 북한 전역에 발병하였으나 공공의료체계 및 배급제 등 공적 국민부양시스템이 동시에 마비된 상태로 주민 전체의 생존을 위협하는 각종 보건의료문제가 발생하였다. 이에 북한당국은 1995년 8월 23일 유엔인도지원조정국(UN Office For the Coordination of Humanitarian Affairs, UNOCHA)에 식량, 긴급의약품, 도로와 철도, 기관시설 복구 등 긴급구호를 최초로 요청하게 되었으며, 이를 계기로 국제사회의 보건의료분야 대북지원 사업을 시작하였다(김석향 외, 2008).

북한당국은 경제적 어려움의 여파로 발생하는 가장 취약한 여성과 영유아의 건강, 보건, 의료, 영양 등의 문제해결을 위해 국제기구와 공조하여 물적, 인적자원의 지원뿐 아니라 정기적인 표본조사에 참여하면서 당면문제를 타개해 나갔다(이윤진 외, 2021). 또한, 2001년에 국제연합(UN)의 여성차별철폐협약(Committee on the Elimination of Discrimination against Women, CEDAW, 이하 여성차별철폐협약)에 가입하여 여성 권리 증진과 모성 및 양육의 건강증진을 위한 국제적 흐름에 동참하려는 태도를 견지하고 있다. 이후 여성차별철폐협약을 바탕으로 2010년도에 「녀성권리보장법」과 「아동권리보장법」을 채택하였고 여성과 아동의 건강 보호 원칙을 구체적으로 실천하고자 「로동보호법」을 제정하는 등 국제사회의 일원으로 발맞추려는 노력을 하고 있다.

02 북한의 기본 의료서비스와 여성 건강

1) 일하는 여성과 부양가족을 위한 3단계 무상치료제 발전

북한당국이 정권 초기에 실시한 제1단계 무상치료제는 「사회보험법」을 적용하여 피보험자의 상병에 대한 진료비의 일부만을 지급하였기에 실질적인 무상치료는 이루어지지 않았다. 동 법은 북한의 각종 복지급여의 내용을 구체적으로 명시하고 있는 법으로서 6개월 이상의 노동과 보험료를 납부하는 등 일정한 기여를 해야만 의료혜택을 받을 수 있었기에 직장을 다니지 않는 여성들은 실질적인 의료혜택을 받을 수 없었다. 이러한 문제에 대해서 북한당국은 1948년 〈치료비 규정〉을 만들어서 치료비를 전반적으로 낮추도록 함과 동시에 일체의 입원 해산료와 3세 미만의 어린이, 혁명가 및 그 유가족, 고아원과 양로원 수용자, 정신병자, 구급환자, 국가로부터 장학금을 받는 전문학교 및 대학생 등도 무상치료 대상에 포함시킴으로써 여성들에게 의료혜택 범위를 확대하였다. 당시, 무상치료에 대한 재원 충당은 국영 및 사회협동 단체의 종업원들로부터 받은 노임 총액 중 5~8%를 납부토록 하고, 개인이 경영하는 기업소와 공장은 종업원에게 지불하는 노임 총액의 10~12%에 버금가는 기업소의 소득을 국가에 납부토록 했다(서창남편, 1990). 결과적으로 「사회보험법」에 의한 무상치료제는 국고에 납부한 사회보험금으로 실시한 것이다.

이후 1952년 11월 13일 내각 결정 제203호에서 1953년 1월 1일부터 개인 상공업자, 개인 농민을 제외하고 제2단계의 '전반적인 무상치료제'실시를 선포하고 성별, 직장, 거주지 등에 관계없이 '전반적인 무상치료제'적용을 발표하였다. 2단계 전반적인 무상치료제는 성별, 직장, 거주지 관계없이 입원환자에 대한 치료비와 약값 무상, 외래환자에 대한 치료비 무상, 사회보험 환자와 구호대상자 및 특수환자에 대한 약값 무상 원칙을 적용했다. 반면에 외래환자의 약값은 유상방식을 적용하였고 사회보험대상자와 일반 환자를 구분하는 이원화 방침 적용으로 부분적 무상치료의 한계를 보였다. 게다가 개인 상공업자와 개인 농민은 경제활동을 하고 있다는 이유를 들어서 '전반적인 무상치료제' 적용에서 제외시킨 편향된 보건정책으로 평가된다.

다음 제3단계 무상치료제는 1960년 2월에 개최된 최고인민회의 제2기 7차 회의에서 '인민보건사업을 강화할데 대하여' 결정을 통하여 북한 전 지역에서 '완전하고 전반적인 무상치료제' 실시를 선포하였다. 이는 의료서비스의 질적인 수준을 높이기 위해서 의사, 간호원, 약제사 같은 보건일군 양성에 주력하였고, 무의촌을 해소하고 전체 임산부에 대한 무상분만 대책을 수립하여 도, 시, 군에 소아과 병원을 설립하도록 하고 의사담당구역제를 철저히 실시하도록 하였으며 의학 연구기관들을 확장하고 의료기구, 의약품 생산을 위한 시설들을 현대화하도록 하였다. 무상치료 내용은 수술비, 외래 약값을 포함한 일체의 진단·진료비와 입원환자의 식사비, 병증세에 따른 영양식사비, 요양치료비, 건강검진비, 예방접종비, 분만비, 불구자를 위한 교정기구비, 보철비 등 모든 의료봉사를 국가가 부담하는 것으로 규정하였다.

 북한당국은 사회주의 헌법을 위시하여 인민보건법, 의료법에 기초하여 무상치료제를 실시해오던 중 1990년대 들어 국가적 위기 상황인 경제난으로 전체적인 보건 및 건강수준의 악화, 또한 의료자원의 극심한 부족과 폐쇄적인 사회체제로 인하여 보건의료체제 운영상 위기를 맞이하였다. 특히, 경제적 어려움으로 의약품 부족현상이 심각해졌으며 무상치료제의 의의가 퇴색될 수밖에 없었다. 병원에서 진료를 받고도 의약품을 지급받지 못한 환자들은 개인돈으로 약품을 구입해야만 했고, 병원의 의사는 진단만 해주고 약품은 장마당에서 구입하는 형태로 의료환경이 달라져서 더 이상 무상치료와 같은 사회보장은 이루어지지 않는 상황으로 변화되었다(이성봉, 2010; 문옥륜, 1993).

 한편, 북한의 무상치료제도 도입은 사회주의 건설을 성공적으로 수행하기 위해 민심을 얻기 위한 정치적 의도가 저변에 깔려 있다는 평가를 받는다. 무상치료제 발전 과정에서 의료비 지출을 개인 기업소에 전가하여 의료비를 일부 감당토록 했기 때문에 '완전한 무상치료제'라고 보기 어렵다(현두륜, 2016). 북한당국은 무상치료제를 법으로 규정하지만 사실상 경제사정 악화로 국가의 지불능력이 불가한 상황에서 이런 법률 규정을 만들어 놓은 배경에는 이 내용을 정치적 선전 도구로 활용하려는 의도가 있다고 해야 할 것이다.

2) 북한 주민의 건강지킴이로서 역할 – 의사담당구역제

북한은 1948년 3월 19일 김일성은 북조선인민위원회의 제62차 회의에서 <보건위생 사업을 개선 강화하기 위한 몇 가지 과업>에서 '의사담당구역제'라는 표현을 처음으로 사용하였다(김일성, 1979). 의사담당구역제는 '완전하고 전반적인 무상치료제' 실시 대책으로 태아에서 출생까지 산부인과 담당의사가 관리하고, 출생 후 14세까지는 소아과 담당의사, 성인이 되면 내과 담당의사가 개인별 건강관리를 하도록 규정해 놓았다. 북한의 의사담당 구역제는 직장과 거주지 구역제로 구성하는 이중 구조로써 탄광·공장 등에서는 갱별로 직장 의사담당구역제를 시행하였다. 의사담당구역제하의 의사는 약 100~400가구에 대하여 가가호호(家家戶戶) 방문하여 담당세대의 전염병관리와 위생방역, 예방접종 등 국가의 예방의학적 방침을 실천하는 업무를 수행하면서 임산모 산전진찰, 만성질환자 순회 진료 등 1차 진료를 담당하며 중증 질환자로 판단되면 파송증을 발급하여 상급병원으로 연결시키는 역할을 수행하기 때문에 주민세대별 관리는 의료서비스 질이 어떠하든지 주민들의 집으로 방문을 해주는 그 자체가 국가의 보건정책에 대한 인식을 제고시켜 주기 때문이다.

한편, 북한당국은 1980년대 후반 의사담당구역제를 '호담당제'로 개칭하였고 각 리 인민병원 및 종합 진료소에 호담당과를 설치하였다. 북한의 호담당제는 주민의 일상생활과 밀접하기 때문에 그들의 건강과 질병동태를 계속적으로 파악하며, 주거행정단위와 생산단위를 일치시킴으로써 지역 내 의료기관이나 생산 단위 의료기관이 주민의 건강을 통일적으로 책임지게 되는 구조이다.

3) 노동력 보존을 위한 예방의학적 방침

북한에서 예방의학이라는 단어의 공식적 등장은 1966년 10월 20일 김일성이 보건성 지도일군들과 한 담화에서 "사회주의 의학은 예방의학이다" 연설을 한 이후의 일이다(김일성, 1982). 김일성은 예방의학 원칙이 노동력 보존과 직접적으로 관련이 있음을 지적하였고, 인민들은 병이 발병하기 전에 병을 미리 예방해야 한다고 주장하였다. 북한의 예방의학적 방침의 구체적 사업으로는 위생 강화 교육 및 검열, 방역, 위생개조 및 환경공해 방지 등 예방보건사업이 위생방역소의 주관으로 각급병원 및 진료소 등의 보건의료 조직망과 연계되고 있다. '병 없는 리(里)'를 만드는 운동을 '의사담당구역제' 사업을 맡은 진료소 혹은 인민병원이 책임지고 조직 진행하도록 하였다. 북한의 예방의학의 실천적 관점에서 '대중 참여 원칙'이 강조되었고 보건사업의 대중화를 위해 각급 행정조직과 각종 단위의 위생선전사업이 강화되었다.

북한당국은 「사회주의 헌법」(2019년 8.29 최종 수정보충) 〈제56조〉에 "국가는 전반적 무상치료제를 공고발전시키며 의사담당구역제와 예방의학제도를 강화하고 보건부문에 대한 물질적 보장사업을 개선하여 사람들의 생명을 보호하며 근로자들의 건강을 증진시킨다"로 규정함과 동시에 「인민보건법」〈제3조〉에 예방의학제도의 공고발전원칙과 〈제4조〉 치료예방의 현대화, 과학화 원칙을 제시하여 일차보건의료서비스를 치료 중심보다는 예방의학이 우선적인 보건정책임을 강조하고 있다. 그러나 1990년대 중반 이후 북한의 심각한 경제난으로 인한 의약품 부족으로 무상치료제가 퇴색되면서 호담당의사에 의한 예방의학적 보건시스템은 제대로 작동하지 못하고 있는 실정이다.

4) 주체의학 – 동(東)의학과 신(新)의학의 배합정책

북한의 동의학과 신의학의 배합 방침에 대한 초기 취지는 질병을 효과적으로 치료하기 위하여 신의학 진단 방법을 도입함으로써 고려의학의 객관성이 결여되었다는 결점을 극복하고 정확한 판단을 내리도록 과학화시킨다는 것이다. 해방 직후 북한에서 한의학은 비과학적이고 비사회주의적이라 하여 무시되거나 홀대하는 경향이 강해서 한의사의 의사 자격을 인정하지 않으려는 사회적 분위기가 있었다(이성봉, 2010). 한의학이라는 명칭은 북한에서 1950년대까지 사용하다 1960년 전후로 동의학으로 개칭하였다. 서양의학과 대칭되는 개념으로 동의학이라 불렸고 서양의학은 신의학으로 구별되었고 김일성이 동(東)약의 중요성을 강조하면서부터 국가 보건사업의 중요한 일부분을 차지하게 되었다.

북한당국은 1960년대부터는 고려의학과 신의학의 배합을 국가정책을 채택하였고, 고려의학이 강조되는 분위기 속에서 1980년대 채택된 「인민보건법」 <제16조>와 <제30조>에 고려치료방법을 널리 받아들이며, 민간요법과 함께 이론적으로 체계화하고 더욱 발전시켜야 한다고 하였다. 이처럼 북한당국이 고려의학 육성정책을 실시하게 된 배경에는 완전한 무상치료제가 국가정책으로

채택되어 의료수요가 폭발적으로 증가하였기 때문이다. 북한에서 고려의학은 장려하고 육성하는 정책적 이유를 들면, 한방의료에 필요한 시설이나 장비확보가 경제적인 부담이 적어서 부족한 의료시설 및 인력을 보충하려는 실용적인 이유가 있으며, 재래식 민간요법을 통해 주민들의 건강관리에 효과를 거두기 위함이다. 그리고 한약에 대한 세계적 관심이 크게 높아지는 추세로 약초 생산으로 외화벌이를 용이하게 할 수 있으며, 현대의료기술의 낙후로 의약품 생산이 어려운 현실적 문제를 일부 보완할 수 있었고, 당시 '주체의학의 확립'이라는 이데올로기적인 지향점과 일치하기 때문이다(김충렬, 2005).

5) 행정구역과 진료권이 일치하는 의료기관 및 의료전달 체계 – 단계별 진료

북한의 진료권은 리(소진료권), 시, 군(중진료권), 도(대진료권), 중앙으로 이어지는 체계를 갖추고 있어서 행정구역과 일치한다. 리에는 리 진료소 또는 인민병원이 1차 진료를, 시, 군에는 인민병원이 2차 진료를, 도에서는 도 인민병원이 3차 진료를 각각 담당하고 있다. 희귀병 환자나 고위 관료 등은 중앙의 4차 진료기관으로 후송하여 진료를 받도록 하는데, 상급병원은 단순히 의뢰된 환자에 대한 진료 기능뿐만 아니라 하급병원에 대한 기술 지원 및 지도의 책임을 지고 있다. 이는 리 진료소 또는 리 인민병원의 의사는 문지기(gatekeeper)의 역할을 담당하며, 전문 진료가 필요한 경우에 한해서 상급병원으로 후송하는 원칙을 철저히

지키도록 하는 것이다. 북한에서 1차 진료 의사의 의뢰 없이는 다음 단계의 상급병원 이용이 불가능하며, 교환 병역서라고 불리는 진료의뢰서가 있어야만 상급병원 이용이 가능하다.

북한당국이 WHO와 협력하여 제시한 2017년 기준 진료 기관은, 1차 진료 기관인 종합진료소(진료소)는 6,263개, 2차 진료 기관인 시·군 인민병원은 1,694개, 3.4차 진료 기관인 중앙/도급병원은 135개, 요양소 682개, 예방원 55개, 위생방역기관 235개, 혈액원 12개이다.

다음은 북한의 의료전달체계로서 환자의 질병 수준에 따라서 적절한 의료기관에서 진료하도록 구축되어 있어 효율적으로 의료서비스가 제공될 수 있는 장점이 있지만, 경제적 어려움이 가중된 1990년 중반 이후 북한의 의료전달체계는 붕괴되어 일반주민이 이용하는 진료소와 인민병원 의료시스템은 의약품 부족과 장비의 노후화 및 상·하수도 시설이 정상적으로 작동하지 않고 있어서 의료서비스가 정상적으로 제공되지 않고 있다. 하지만 북한의 중상층과 간부급의 접근 기회가 높은 3, 4차 의료체계는 1, 2차 의료전달체계에 비해 상대적으로 양호한 상황이며, 평양과 대도시 및 지방 사이의 의료에 대한 물리적·경제적 접근권의 양극화가 심화되고 있는 가운데 평양 아동병원, 평양 구정병원 건립 등 특권층 중심의 의료시설은 확대되고 있다. 당·정 간부 전용병원과 일반주민이 이용할 수 있는 병원이 구분되어 있어 사회적 신분과 계급에 따른 차별이 존재한다(문옥륜, 2001).

북한의 의료전달체계는 4단계로 이루어지며, 1단계는 종합진료소, 구역병원, 2단계는 시, 군 인민병원, 3단계는 도 인민병원,

대학병원, 4단계는 평양에 있는 김일성종합대학 평양의과대학병원, 적십자병원, 류경종합안과병원, 김만유병원, 옥류아동병원 등이 중앙병원으로 구분된다.

6) 개방적 경력발전 단계가 있는 보건의료인력 양성 체계

북한당국은 「인민보건법」 <제5조>에 "국가는 보건일군을 계획적으로 양성하며 그들의 기술수준을 끊임없이 높여 인민의 참된 복무자로 만든다"고 명시하여 보건일군을 상등·중등·보조 일군으로 구분하고 있으며, 상등보건일군은 의사, 고려의사(남한의 한의사), 구강의사(남한의 치과의사), 약제사(남한의 약사)이며, 중등보건일군은 준의와 보철사, 조산원이며, 보조의료일군으로는 간호원이 있다.

북한당국은 의사 인력 수급을 위해 정규 의학대학(6년제)과 의학전문학교(3년제) 교육과정을 통해 의사를 배출하고 있는데 의학전문학교(3년제) 의학교육을 받은 인력의 경우 중등보건일군으로 준의 자격을 취득하게 된다. 준의는 1차 진료기관인 진료소에서 근무하는 호담당의사로 배치받기도 하며 때에 따라서는 시·군병원과 상급병원에서 근무할 수도 있는데, 준의의 역할은 원칙적으로 각급 의료기관에 따라 간호원 업무를 하지만 경우에 따라서 의사 역할을 대행하기도 한다. 준의가 중앙급 병원에서 배치되어 업무를 수행하는 경우는 수술실 준비, 주사, 환자 간호 및 처치, 투약 등의 업무를 담당하며, 준의가 군 및 리 인민병원 등에 배치되는 경우는 외래환자 진료, 입원환자 치료와 처방을

내리는 일과 필요시 시술도 하며, 농촌으로 파견된 준의는 주민들의 주치의 역할인 호담당의사 역할을 수행한다(신희영 외, 2017).

북한의 보건의료인력 양성체계는 의료기관 현직에 근무하는 중등보건일군과 보조의료일군의 자격상승 교육체계를 운영하고 있다. 이러한 교육체계를 통해 준의와 간호원은 의학대학 내 통신학부 과정에서 정해진 수업을 받고 시험에 합격하면 6급 의사로 진료 자격을 갖추게 된다. 통신학부의 수업은 1년에 2회 상반기, 하반기로 실시되며, 한 번의 수업 기간은 21일간 진행되고 해당 의과대학 통신학부에서 등교하여 수업 과정을 이수한다(신희영 외, 2017).

03 북한의 헌법과 사회보장제의 여성 건강

1) 북한「헌법」에 제시된 여성 건강

북한의 헌법제정 시기에 따라서 보건의료 조항을 점차 구체적으로 확대시키는 변화를 확인할 수 있다. 1948년 9월 8일 제정된 「조선인민공화국 헌법」〈제17조〉에 "사회보험제의 적용을 받을 수 있는 공민이 노쇠, 질병 또는 노동력을 상실한 경우에는 국가가 실시하는 사회보험제에 의한 의료상 또는 물질적 보호로 보장한다"고 명시하여 「사회보험법」에 의한 부분적 무상치료제를 적용하였다. 이는 당시에 실제적 정부 역할을 했던 북조선림시인민위원회의 기존 사업인 인민보건사업의 유지를 의미하는 것으로 추정된다(이철수 외, 2006).

북한당국이 실제로 무상치료제를 헌법에 명시하게 된 것은 1972년 12월 28일 최고인민회의 제5기 제1차 전원회의에서 제정된 「사회주의 헌법」이다. 동 법 <제48조>에 "국가는 전반적 무상치료제를 더욱 공고 발전시키며 예방의학적 방침을 관철하여 사람들의 생명을 보호하며 근로자들의 건강을 증진시킨다"라고 명시하였고 <제58조>에 공민은 무상으로 치료받을 권리와 고령자 및 질병으로 노동능력을 잃은 사람들에게 무상으로 치료받을 권리와 물질적 방조를 받을 권리를 제시함과 동시에 <제62조>에 여자는 남자와 동등한 사회적 권리를 가지며 산전산후휴가보장, 다자녀 양육 어머니들을 위한 노동시간 단축, 산원, 탁아소, 유치원 확장 등 여성들이 가사노동의 부담을 들어주고 사회활동조건을 보장한다고 명시하였다. 이는 공민의 기본 권리와 의무로서 무상치료제를 받을 수 있다는 점을 제시하면서 무상치료제는 예방의학적 방침을 준수하며 국가사회보험과 사회보장제에 의해서 실현되고 있다는 점을 명시하여 여성들의 사회적 지위와 산전산후 휴가의 보장과 양육하는 여성들에 대한 국가적 시혜를 법제화하는 변화가 나타났다.

한편, 1992년 4월 9일 공포된 「사회주의 헌법」에서의 무상치료제는 <제56조>로 변경되었고 "국가는 전반적 무상치료제를 공고발전시키며 의사담당구역제를 강화하고 예방의학적 방침을 관철하여 사람들의 생명을 보호하며 근로자들의 건강을 증진시킨다" 내용을 명시하여 의사담당구역제를 추가하는 내용의 변화가 나타났다. 그 외 공민으로 무상치료를 받는 내용과 여성에 대한 국가적 시혜부분은 동일하며 문서 조항만 변경되었다. 또 다른 변화로는 1972년 「사회주의 헌법」의 무상으로 치료 받을 권리를 가진 사람에 대해서 사용했던 '불구'라는 단어는 2019년 채택된 「사회주의 헌법」에서는 '불구' 대신 '신체장애'를 가진 사람으로 문구가 변경되었다.

2) 북한 「인민보건법」과 「의료법」의 여성 건강

북한당국은 「인민보건법」(2012년 4월 3일 최종 수정 보충)을 채택하여 법령을 제정하였다. 「인민보건법」에서는 인민보건의 기본원칙이 '완전하고 전반적인 무상치료제'를 천명함과 동시에 〈제10조〉 무상치료 범위에 해산방조와 건강검진, 상담, 예방접종을 포함하였고, 〈제11조〉 여성들과 어린이들의 건강보호에 대한 관심과 다자녀를 출산하여 키우는 여성들에 대한 특별한 혜택을 준다는 점을 명시하였다. 〈제14조〉 환자 및 산전산후휴가를 받은 여성들과 그 부양가족들에게 식량, 보조금, 분배 몫을 준다고 명시하여 출산 여성의 건강관리와 보조금 지급을 제시하였다.

한편, 북한당국은 「인민보건법」에 기초하여 무상치료제를 실시해오던 중 1990년대 들어 극심한 경제난을 겪으면서 보건의료 체제의 기반이 무너진 것이다. 북한당국은 이러한 현실적 보건문제를 타개하기 위한 조치로 「의료법」(2012년 11월 20일 최종 수정 보충)을 채택하였다.

북한의 「의료법」은 북한 스스로가 이해하고 있는 의료행위 및 의료인에 대한 법령임에 따라 건강검진부터 다양한 의료행위에 대한 구체적인 언급이 명시되었다. 특히 「의료법」 〈제28조〉에 인공유산은 선천성대기형, 유전자병 같은 것을 막기 위한 조치이며, 낙태 시 의료적 감정을 통해서만 할 수 있도록 명시하여 의료인들의 권리와 의무를 강조하고 있다.

북한의 「인민보건법」과 「의료법」은 보건의료의 기본 법령으로서 김일성·김정일의 교시와 영도, 북한 헌법 등 최고법령에서 보장된 보건의료의 권리와 의무를 구체화하고 실현하는데 반드시 필요한 법적기제이다(이철수 외, 2006). 이러한 기조는 김정은 시기에도 변함없이 유지되고 있다.

3) 북한 사회보장제 법령에 제시된 여성 건강

북한이 고난의 행군기라는 국가적 경제 위기를 겪은 이후 1990년대 후반 이후 시장화가 진전된 상황에 대다수 보장제도가 파행에 이르렀음에도 사회보장제 법령을 꾸준하게 제시하고 있다. 이는 법률제정으로 인해서 보장제도가 정상적으로 작동하는 것과는 별개로 구조적 변화가 나타나지 않더라도 법제를 통해 일정한 사회구조를 만들고 관리하면서 지배적 권력을 행사해왔다(김석향 외, 2016).

한편, 북한당국이 여성 건강 분야인 출산 및 양육환경 보장에 대한 내용을 최초로 제시한 법제는 「로동법령」(1946년 6월 24일 법령 공포)으로서 여성의 8시간 노동제와 임신 해산 휴가 보조금 내용이 제시되었다. 이후 사회보장을 구체적으로 실시할 목적으로 제정된 「사회보험법」(1946년 12월 19일 법령 제정)에서는 임신 및 해산 휴직 시 해산보조금 지급, 유해노동을 한 여성은 해산지원금 차등 지원, 특히 임신 및 해산으로 인한 휴직 시 보조금은 최근 6개월간의 평균임금액의 90% 지급, 산후휴직 보조금 42일분 지급, 산전휴직의 보조금 35일간분 지급 등 보조금을 구체적으로 제시함과 동시에 출산을 위한 입원 치료는 무상치료를 받도록 명시하였다. 이후 북한 「어린이 보육교양법」(최종 2019년 8월 29일 수정·보충)에서 임신한 여성을 위한 휴가보장, 식량지원, 의료지원, 수유시간 보장 등 지원을 제시하여 출산장려 국가정책에 부응하는 여성 보호를 강조하였다. 이러한 기조는 「로동보호법」(2021년10월 26일 수정보충)에서도 동일하며, 임신 여성은 위험한 노동에서 배제될 수 있도록 하였고 야간노동, 시간 외 노동, 휴식일 노동 금지와 휴가 보장을 명시하여 여성 근로자들의 근로환경 보호와 출산환경을 보장하려는 의지를 나타낸다.

「사회주의 로동법」(2015년 6월 30일 최종 수정보충)의 여성 보호는 3명 이상의 자녀를 키우는 여성의 1일 노동시간을 6시간으로 하며 건강위해 노동 금지, 산전 60일, 산후 90일 휴가를 법적으로 보장한다는 점을 명시하여 여성 건강을 지원하는 범위를 구체적으로 명시하였다는 점에서 「어린이 보육교양법」과 「로동보호법」의 추상적인 법 규정과는 차별점이 나타난다.

북한 「사회보장법」(2012년 4월 3일 최종 수정·보충)에서는 사회보장 대상자들의 건강관리에 대한 국가적 배려를 제시하면서도 인민을 위하여 공로를 세운 혁명투사, 혁명렬사가족, 애국렬사가족, 사회주의 애국희생자가족, 영웅, 전쟁로병, 영예군인들을 사회적 우대를 강조하고 있어서 사회적 약자 배려에 대해서 의문이 드는 법 개정으로 보여진다.

한편, 북한당국은 2021년도 「사회보험 및 사회보장법」을 채택하여 사회보험과 사회보장이 통합된 형태의 법령을 제정하였다. 동 법의 제정은 기존의 「사회보험법」(1946)과 「사회보장법」(2008)의 개념이 통합된 법령으로서 산전산후보조금은 사회보험금의 지불을 명시하였고, 일하는 과정에 일시적으로 노동능력을 잃은 근로자와 환자의 병간호, 위생방역조치에 따르는 격리 등을 이유로 일하지 못하는 근로자에게 주는 일시적 보조금까지도 사회보험금에 의한 사회보장을 명시하고 있는 특징이 나타나고 있다. 동 법은 김정은 정권기 사회보장법제의 제·개정을 통해 지속적으로 사회보장 법제를 정비하는 모습을 보이고 있는 상황이다.

그리고 「녀성권리보장법」(2015년 6월 30일 최종 수정 보충)에는 최초로 여학생의 신체와 건강의 보호증진 내용을 명시하여 여성의 치료받을 권리 명시하였고 결혼, 임신, 해산 같은 것을 이유로 여성의 근로를 제한하지 않는 차별금지에 대한 내용을 명시하였다. 또한 여성에 대한 부당노동 금지, 여성의 노동시간 보장과 노동안전시설 보장 등 여성의 노동보호를 다루고 있으며 임신 여성의 산전산후 휴가, 수유기간 휴가보장 및 특별한 보호, 위해노동 금지, 야간노동 금지, 남녀의 노동보수 평등 지급, 3명 이상의 자녀를 양육하는 여성의 6시간 경노동 인정 등 내용은 기존 사회보장 범위와 동일한 수준으로 제시하였다. 또한 근로여성에 대한 사회보험제를 적용하여 부상 혹은 질병 시 치료 받을 수 있도록 하였다. 임신한 여성의 산전 3개월부터 산후 7개월까지 형벌집행을 정지하였고 임신중인 여성과 해산 후 1년 내 이혼을 제기할 수 없도록 하였다. 그리고 여성은 자녀를 낳거나 낳지 않을 권리에 대한 출산의 권리를 명시하면서도 다자녀 출산과 양육을 강조하면서 국가적 특별한 배려를 명시하였다.

북한당국의 「녀성권리보장법」제정에 대한 평가는 북한에서 '여성'만을 대상으로 여성의 권리와 지위를 보장하는 내용을 종합한 최초의 개별 법률로서 그 의의를 가진다(임순희, 2022). 동 법률은 북한당국이 2001년 2월 27일 UN 여성차별철폐협약에 가입한 이후 인신매매 금지를 위한 입법 등 UN 여성차별철폐협약 규정 및 여성차별철폐위원회 권고 일부를 긍정적으로 수용하여 2010년도 12월 「녀성권리보장법」을 제정하여 사회, 정치, 교육, 문화, 보건, 노동, 임신, 재산 등 각 분야별 여성의 권리를 규정하고 있다.

간호원 명칭: 남한의 간호사 명칭사용은 순차적으로 변화가 있었다. 1951년 간호부(看護婦)에서 간호원(看護員)으로 1987년 의료법이 개정되면서 간호사(看護師)로 변경되었다. 남한의 간호사는 의료법(제2조)에 의해 보건복지부 장관의 면허를 받은 의료인으로 구분한다. 반면, 북한의 간호원은 전문의료 인력으로 구분하지 않고 보조의료일군으로 구분한다.
(출처: www.koreanurse.or.kr 검색일: 2024.8.20.)

북한당국이 사회보장법제에 명시한 여성 건강 내용은 '공적 현장에서 노동하는 여성'을 법적 주체로 상정하고 노동 현장의 모성보호에 집중해 왔다. 산전산후 휴가는 직장여성에게만 해당되는 혜택으로서 직장에 "적을 두지 않은" 여성을 배제하고 사회적 노동과 가사노동 사이에 위계를 부여하여 차별하고 있음을 보여준다. 결국 산전 산후 휴가의 보장과 보조금 지급을 통해 임신·출산 여성의 노동력 이탈을 방지하려는 전략으로 볼 수 있다(김석향 외, 2016).

04 북한 여성의 건강 실태

1) 여성 건강 불평등 및 차별적 요소

북한당국은 정권 초기부터 남녀평등을 위한 제반 법령을 정비하고, 여성의 사회적 참여를 적극적으로 유도하기 위해 가사노동의 사회화와 관련된 각종 정책을 실시하였다(김석향 외, 2016). 그러나 여성 건강 관련 법제 내용에 임신과 출산 관련 보호만을 명시하였고 보장 대상은 '근로여성'으로 전제하는 것은 '근로여성'에 해당하지 않은 여성을 배제시키는 모순점이 나타난다. 결국 여성들이 사회에 진출할 온갖 조건을 보장한다는 헌법 <제77조> 규정은 국가체제 유지를 위한 노동을 할 수 있는 조건을 전제로 하는 것이다. 게다가 일하는 여성에 대한 산전산후 휴가보장 및 보조금 지급은 다자녀를 돌보는 여성을 우대하는 내용을 각종 법제에 반복적으로 명시하고 있으나 여성의 월경휴가는 규정되어 있지 않다. 여성의 월경은 10대 이후부터 폐경기까지 생애 전 과정에 겪어야 하는 일로서 임신, 출산 못지않게 일상생활에서 영향을 많이 받게 되므로 근로에 있어서도 휴식과 안정이 보장되어야 하는 영역이지만 북한당국에 제시하는 여성건강관련 법제 내용에 여성 월경 관련 규정은 찾아볼 수 없다.

한편, 북한은 1990년대 중반 이후 대기근을 경험하면서 수많은 아사자가 발생하는 '고난의 행군기'라는 국가적 재앙을 경험하였고 심각한 경제적 어려움으로 그동안 쌓아놓았던 보건의료 시스템은 붕괴되어 정상적 작동이 어렵게 되었다. 북한의 경제적 어려움이 지속되는 상황에서 임신과 출산이라는 여성만의 건강관리 영역에 부정적 영향을 줄 수 있는 요인이 된다는 점에서 여성에게 미치는 영향은 매우 부담이 되는 것이다. 이러한 상황은 북한에서 거주 지역, 시기, 경제적 환경, 직장 재직 여부 등 다양한 특성에 따라 임신과 출산의 경험이 달라질 수밖에 없으며, 출신성분과 경제력에 따라서 임신과 출산과정에 겪는 어려움이 다르게 나타나고 있는 것으로 알려져 있다(김석향 외, 2016). 따라서 여성의 성인기 전반에 영향을 미치는 여성의 임신과 출산에 대한 건강권을 차별 없이 평등하게 의료시스템에 접근할 수 있도록 해야 하는 것이다. 뿐만 아니라 여성의 건강관리를 다루는 정책분야에서는 청소년기의 미혼여성을 정책지원 대상에 포함하도록 하여 피임 교육 등 필요한 서비스 보급이 필요한 대상에게 정책적 지원이 이루어지도록 할 필요가 있다.

북한당국이 '여성'만을 대상으로 진일보한 법제로 제시하는 「녀성권리보장법」<제50조>의 출산에 대한 선택의 권리를 명시하여 여성의 권리가 보장되고 있다는 점을 강조하고 있으나 선택으로 인해 파생될 수 있는 태아 생명권이나 산모의 건강권 보호에 대한 규정내용은 찾아보기 힘들다. 게다가 낙태를 합법적으로 인정하는 정책을 고수하고 있는 상황에서 낙태의 범위를 정확하게 제시하지 않음으로써 낙태로 인한 여성 건강 문제가 발생할 수 있다. 이처럼 여성 건강권에 대한 북한당국의 방관자적인 태도는 국제사회로부터 여성 인권을 차별한다는 부정적인 평가를 받고 있다(이애란, 2008). 또한 북한당국이 가입한 여성차별철폐협약의 이행과정에 장애와 여성이라는 이유로 이중고를 겪는 여성

장애인에 대한 전반적 실태와 법령에 대한 구체적 조사가 이루어지지 않았으며 여성 장애인에 대한 별도의 지원에 대한 언급이 없었다. 이와 같은 문제점에 대해서 북한당국은 여성 장애인과 관련된 보호 및 지원과 관련한 법적 규정을 마련하도록 해야 하며, 신체적 장애뿐만 아니라 정신장애까지 아우를 수 있는 규정과 함께 미숙아나 선천성 이상아 등에 대한 치료나 보조에 대한 규정을 마련하여야 할 것이다(원재천 외, 2020). 더욱이 북한의 식량 불안정성이 가중되면서 여성은 장마당을 중심으로 여성의 경제활동이 증가하였으나 여성에 대한 구조적 차별은 지속되고 있는 것이 북한의 현실이다. 오히려 여성들은 노동 부담이 증대되고 생존전략이 요구되는 상황에서 성폭력의 심화와 성의 도구화로 여성 건강 악화 문제와 성역할 분담성 및 고정성 강화로 여성들의 삶이 어려워졌다고 하였다(임순희, 2005). 또한, 북한은 주민의 의료서비스 전달 단계에서 계급성이 존재하는 사회로서 의료서비스에 대한 접근이 모든 시민에게 동등하지 않게 되었고, 질 높은 의료서비스가 희소해지고 무상의료 원칙이 손상받게 되면서 자연히 정치·사회·경제적 지위가 의료이용에 크게 영향을 주게 되는 것이다(Balabanova et al. 2004). 더구나 국가에서 주는 배급이 중단된 상태에서 더 이상 무상치료를 할 수 없게 되면서 의사와 환자의 관계는 시장논리가 지배하는 구조로 변화를 보이고 있다(박상민 외, 2013). 이러한 현상은 북한사회에서 공적의료시스템이 정상적으로 가동이 어렵게 되면서 의료의 시장화와 이로 인한 비공식 의료비용 지불이 만연한 것으로 나타나며 북한 주민들의 소득불평등이 의료이용의 불평등으로 이어지고 있는 것이다(최규빈 외, 2021). 실제적으로 북한에서 질병 치료 경험이 있는 여성 북한이탈주민들은 경제적 어려움으로 전문적 치료를 중단한 사례도 나타났으며, 임신과 출산 과정에 면역력이 약해져서 결핵과 같은 감염성 질환에 노출되었다(전정희, 2020). 이처럼 북한과 같은 가부장적 사회에서는 여성은 남성보다 사망으로 이어지는 질환이나 사고는 덜 당하지만 살아가면서 겪게 되는 건강문제는 더 많고 충분한 관심과 돌봄은 받지 못하는 상황이라 할 수 있다(최규빈 외, 2021).

2) 북한 여성의 건강지표

북한당국은 지속되는 경제악화로 보건의료 인프라 붕괴, 건강지표 악화, 북한주민의 질병부담 증가 등 악순환 고리가 형성되는 문제와 함께 인구 고령화 현상. 출산율 저하로 노동인구층이 감소하는 동시에 사회보장 및 복지부담이 증가하는 이중적 문제가 나타나고 있는 상황이다. 이러한 현실적 문제에 대해서 북한당국 차원의 보건관련 문제점을 해결하기 위한 방안으로써 국제사회와 파트너쉽을 구축하여 협력하려는 태도를 견지하고 있다. 특히, 국가개발목표와 지속가능한 발전목표(Sustainable Development Goals: 이하 SDGs)를 연계하여 우리식 SDGs를 강조하면서 17개의 목표, 95개의 세부목표, 132개 지표를 재구성하였고 개별국가 차원에서 '지속가능한 발전을 위한 2030 의제' 이행 상황에 대해서 2021년 7월 1일 자발적 보고서(Voluntary National Review: 이하 VNR)를 공개하였다. 그러나 북한의 VNR은 국제사회와 파트너십 증진을 위한 행동으로 평가되면서도 북한당국이 제시하는 건강지표는 모든 정보를 폐쇄적으로 다루는 북한의 특수성 때문에 구체적 접근은 한계성으로 지적된다.

본 장에서는 북한당국이 국제기구와 공조하여 북한 여성과 아동의 높은 사망률에 대한 당면한 문제를 타개하기 위해서 국제사회에 물적, 인적자원 지원을 요구하면서 참여했던 2009년과 2017년 다중지표군집조사(Multiple Indicator Cluster Survey: 이하 MICS)와 세계식량기구, 세계은행, 세계보건기구 등 국제기구가 제시한 자료를 중심으로 북한여성 건강지표를 살펴보고자 한다.

(1) 북한의 모성사망률 사망원인

북한은 2017년 기준 출산 10만 명당 89명의 모성사망률을 기록하였는데, 이는 2010년도 97명에서 비해 개선된 수치이지만 1990년도 75명보다 더 나빠진 상황이다. 2020년 UNICEF(The United Nations Children's Fund, 이하 UNICEF) 작성보고서를 보면, 여전히 북한은 한 시간에 한 명 꼴로 아동이 사망하고, 하루에 한 명의 산모가 사망하는 실정으로 알려져 있다. 북한은 지역별 의료접근성의 차이로 모성 사망비 차이가 나타났는데 평양이 39명 수준이었고 황해북도 61명, 함경북도 84명 양강도가 86명으로 지방에서 모성사망비가 높게 나타났는데, 모자보건은 한 국가의 보건의료체계 수준을 알 수 있는 가장 기초적인 지표로서 북한의 높은 모성사망률은 보건의료수준의 격차를 파악할 수 있는 지표이다.

(2) 북한의 모성사망 원인

북한의 모성사망 원인은 1990년대와 2017년 동일하게 출혈이 1순위로 나타나고 있다. 모성사망 원인의 제1순위에 해당하는 출혈이 사망원인으로 지목되는 요인은 의료기관이 아닌 곳에서 분만을 하는 경우 즉각적인 응급 수송의 어려움으로 분만과정에 사산, 유산의 위험성이 뒤따르고 산모의 영양상태와 건강상태 악화는 출산 후 산모의 출혈 상황을 더욱 악화시킬 수 있다. 1990년대의 모성사망 원인의 2~7순위가 2017년에 순위 변동이 나타났는데, 1990년대 5순위였던 기타 질환이 2순위, 3순위는 패혈증으로 동일하며, 2순위였던 유산은 4순위로 4순위였던 고혈압은 5순위로 7순위였던 간접사망은 6순위로, 폐쇄분만은 6순위에서 7순위로 사망원인이 바뀌었다.

(3) 북한의 모성보건 주요 지표 현황

가. 북한 여성의 출산율

2017년 UNICEF MICS 결과, 15세~49세 여성의 연령별 출산율은 1.9명이었고, 지난 3년간 15~49세 여성 출산수의 일반출산율은 55.5%로 나타났다. 거주지별 비교 시 농촌지역 일반출산율 57.3%보다 도시의 일반출산율이 54.3%로 전 연령대에서 낮은 경향을 보였다. 또한 지난 3년간 출생수를 같은 기간 전체인구로 나눈 값의 조출산율은 14.5명으로 나타났다.

〈표 10-1〉 북한의 연령별 출산율(인구 1,000명당)

연령	도시	농촌	전체
15-19	1	1	1
20-24	89	105	95
25-29	169	205	182
30-34	80	91	84
35-39	21	13	18
40-44	2	2	2
45-49	0	0	0
전체출산율(15~49세)	1.8	2.1	1.9
일반출산율	54.3	57.3	55.5
조출산율	14.2	15	14.5

* 자료: UNICEF MICS(2017), 2019년 개정판 북한보건의료백서.
* 용어정리
   전체출산율 : 여자 1명이 가임기간(15~49세) 동안 낳을 것으로 예상되는 평균 출생아 수.
   일반출산율 : 1년 동안의 총 출생아 수를 15~49세 여성값에 1000을 곱한 값.
   조출산율 : 특정 연도의 총 출생아 수를 당해 연도의 인구로 나눈 숫자를 1,000 분율로 나타낸 것.
   (자료원: 2024 국가통계 포털)

북한 산모들의 분만에 대한 UNICEF MICS 결과, 산모들의 분만 장소는 공공 의료시설에서 분만하는 경우가 92%이지만 여전히 7.8%의 여성이 가정에서 분만하는 것으로 나타났다. 북한에서 산모가 분만을 하는 응급상황에서 신속 정확하게 의료장비 및 의약품을 사용하고 필요시 상급기관으로 이송을 하기 위해서는 의료시설에서의 분만이 중요하다. 북한은 분만장소 비율에서 지역별로 차이가 나타났는데 평양은 가성분만 비율이 0%로 가장 낮은 반면, 양강도는 6.5%, 강원도 9.1%, 자강도는 8.0%에 달했다.

〈표 10-2〉 북한 산모의 분만 장소(단위 : %, 명)

구분	분만장소		전체	의료시설 분만	조사직전 2년간 정상 출산한 여성의 수
	공공의료시설	가정			
전체	92.2	7.8	100	92.2	931
지역					
도시	95.4	4.6	100	95.4	559
농촌	87.3	12.7	100	87.3	372
학력					
고등학교	92.1	7.9	100	92.1	752
대학이상	92.6	7.4	100	92.6	179

자료: UNICEF MICS(2017), 2019년 개정판 북한보건의료백서.

나. 빈혈

북한의 비임신 및 수유 중 헤모글로빈 농도가 120g/L 미만의 15~49세 여성의 비율은 2019년 33.9%였으며 중증 수준 0.4%, 중도 11.1%, 경증 22.5%로 나타나서 2018년 기준보다 빈혈 지표가 악화되는 추세이다.

〈표 10-3〉 북한의 비임신 및 수유중인 여성 빈혈 상태(단위 : %)

년도	전체	중증	중도	경도
2017	33.2	0.3	10.6	22.3
2018	33.5	0.3	10.8	22.4
2019	33.9	0.4	11.1	22.5

자료: WHO(2023), 「World Health Statistics」, https://www.Kosis.go.kr (검색일: 2024.6.11.)

다. 북한 여성 자궁경부암 검진 비율

WHO(2023)의 「World Health Statistics」 자료에 의하면, 북한의 30~49세 여성 자궁경부암 검진 비율 2023년 12월 기준 42%로 한국의 69% 대비 매우 저조한 상황이다.

라. 출생 시 기대수명

북한의 출생 시 기대수명은 신생아의 출생 당시 특정 연도, 출생 국가, 영토 또는 지역의 성별 및 연령별 사망률을 고려하여 향후 생존할 것으로 기대되는 평균 수명, 2019년 기준, 북한 여성은 남성보다 기대수명이 6.4세 높게 나타났다.

〈표 10-4〉 북한의 출생 시 기대수명

연도	전체	남성	여성
2000	64.0	60.8	66.8
2010	70.2	66.9	73.1
2015	71.8	68.4	74.8
2019	72.6	69.3	75.7

자료: WHO(2023), https://www.Kosis.go.kr (검색일: 2024.8.10.)

(4) 북한 식량사정 악화가 주요 원인인 질병 : 결핵

2022년 세계보건기구(World Health Organization, WHO) 보고에 의하면, 북한의 결핵발생률은 인구 10만 명당 513명 선을 유지 중으로 약 133,000(114,000~153,000)명이 결핵환자인 수준이다. 이 중 남성이 9만 6천 명, 여성이 3만 4천 명으로 남성 결핵환자

비율이 높다. 북한은 결핵 취약국으로 분류되는데 3가지 요건에 해당되는 국가로서, 첫째, 결핵발생 건수 및 발생률이 높고 둘째, 인체면역결핍바이러스(Human Immunodeficiency Virus, HIV) 발생건수 및 발생률, 셋째 다제내성 및 발생률이 높은 결핵 취약국이다(WHO, 2018). 이처럼 해당국가의 식량사정이 결핵의 치료와 회복에 많은 영향을 미치는데, 북한의 경우 오랜 기간 식량사정이 개선되지 않고 있어서 상당기간 결핵환자 치료에 많은 어려움이 지속될 것으로 예측된다(김건희 외, 2022).

북한의 결핵발생률은 전 세계적으로 4위에 해당하는 매우 위험한 상황이며 결핵발생이 가장 높은 아프리카를 제외하면 결핵환자 발생이 최고 수준이다. 북한의 결핵사망률은 2001년 이후 인구 10만 명당 170명으로 최고지를 기록한 이후 지속적으로 감소하여 2015년도 42명으로 최저치를 보였으나 2017년 63명으로 소폭 증가한 것으로 나타났다(신희영 외, 2019).

(5) 비감염성 질환(Non-Communicable Disease, NCD)으로 인한 사망

비감염성으로 인한 사망원인은 모든 연령에 대한 모든 사망을 근본적인 원인에 따른 비율로 나타낸 수치로써 비전염성 질환은 암, 당뇨, 심혈관질환, 소화기질환, 피부질환, 근골격계질환, 선천성 이상 등을 포함한다. 전 세계 인구의 사망원인 1위가 비감염성 질환으로 나타나고 있는데 북한도 동일한 형태를 보이고 있다. 2016년 북한의 비감염성 질환에 의한 사망자 수는 총 18만

명이었다. 이는 2000년 10만 명 수준에서 2010년 16만 명으로 급격하게 증가하였고 2015년도 이후 여성이 비감염성 질환으로 인한 사망자 수가 남성보다 감소하였으나 현재까지 꾸준하게 증가추세이다.

〈그림 10-1〉 북한의 비감염성 질환으로 인한 총 사망자 수(단위: 인구 천 명당)

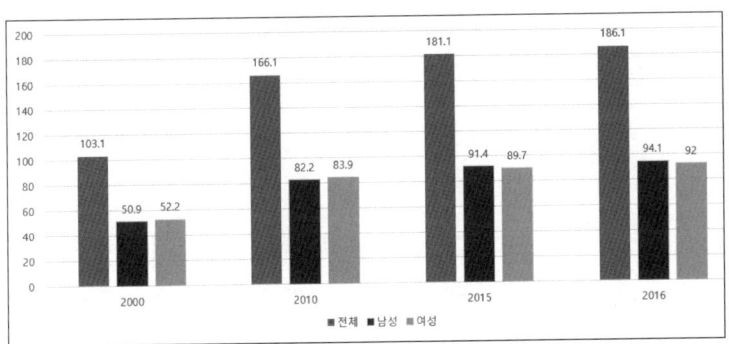

자료: WHO(2018).

05 북한당국의 여성 건강권 의무이행의 방향성

북한당국은 보건의료관련 법령인 「인민보건법」 〈제8조〉와 「의료법」 〈제10조〉(보건분야의 교류와 협조)에 "국가는 의료분야에서 다른 나라, 국제기구들과의 교류와 협조를 발전시킨다"고 명시하고 있다. 이는 국제사회와의 소통을 통해 국가적 재난 발생에 따른 긴급구호가 필요한 경우에 외부의 인도주의적 지원을 획득하고 국제사회의 제재를 완화하기 위한 것으로 여겨진다(배종윤 외,

2022). 게다가 국제기구와의 협력 범위는 북한 주민 건강실태 조사 참여와 국제사회가 관심을 갖고 있는 아동권리협약, 여성차별철폐협약, 장애인권리 등의 인권 주제에 대해서도 내부적으로 법률을 제정하는 등 국제규범 질서에 순응하여 이행하고자 하는 태도를 보여주고 있지만, 북한당국의 국제규범에 대한 순응과 이행과정에서 드러난 여성 건강 및 인권 등 문제점에 대해서는 국제사회가 지속적으로 개선을 요구하는 상황이다.

국제사회의 여성 건강에 대한 개념적 접근은 여성의 건강권 보호 범위를 신체적·정신적 건강을 광범위하게 강조하는 동시에 국가적 책무로서 건강권을 보호하면서 건강에 대한 개인의 권리 측면을 강조하고 있다. 반면에, 북한당국은 여성 건강 분야에 대해서는 여성을 어머니로만 규정하여 모성과 양육을 여성이 전담해야 한다고 규정하는 전통적 성 고정 관념에서 탈피하지 못하고 있다. 이는 여성 건강 분야를 모성과 양육을 담당하는 기혼여성에게 한정하여 다루고자 하는 잘못된 접근 방식으로써 국제사회에서 부정적인 평가를 받고 있다. 따라서 북한당국의 여성 건강을 다루는 정책분야에서는 미혼여성 범위를 청소년 시기부터 정책 지원 대상에 포함하도록 하여 여성 건강을 생애 전반에 걸쳐서 월경, 피임, 임신, 출산, 양육 등 필요한 교육과 서비스 보급이 필요한 대상에게 정책적 지원이 적절하게 이루어지도록 개선이 필요하다. 뿐만 아니라 북한사회의 성 고정 관념 속에서 나타나는 문제점은 건강행위 실천에서 유독 여성에게만 도덕적 기준을 강요하는 현실적 문제가 나타나고 있다.

북한의 남성 흡연율을 제시하면서도 여성의 흡연율은 0%로 표기하고 있으면서, 그 이유를 "북한에서 여성이 담배를 피운다는 것은 사회주의 교양에 어긋난다"고 설명하는 수준이다. 이는 북한당국이 정권 초기부터 남녀평등을 이루었다고 주장하는 것과는 매우 다른 형태이다. 또한 북한당국이 제시하는 자살률 통계를 0%로 표기하면서 "인민대중이 조선민주주의인민공화국의 주인이며, 모든 것이 그들의 이익에 복무하기 때문에 자살은 사회적 문제로 대두되지 않는다"라고 설명하고 있어서 일부 통계지표는 북한당국의 자의적인 해석을 제시하는 수준으로써 국제사회의 불신을 야기하고 있다. 따라서 북한당국은 국제사회와의 파트너십을 강조하면서도 일부 건강지표는 표본을 따르지 않고 있는 분야가 존재하는 상황이므로 북한여성의 건강문제를 직시하기 위해서는 북한당국이 제시하는 통계지표에 대한 의구심을 가지는 동시에 국제사회의 공식적인 통계지표와 비교·판단하는 지혜가 필요한 시점이다.

에필로그

북한 보건의료현황 바로보기

북한은 보건지표의 악화기전이 지속되는 상황이다. 자연재해로 식량이 부족한 상황이 되면서 영유아 발육부진과 주민들의 영양실조는 당연하게 뒤따르는 문제이며 이로써 면역력 악화로 각종 질병에 노출될 수밖에 없는 구조이다. 지속되는 경제적 어려움으로 공공시설 인프라 구축에 투입할 여력이 없으므로 사회시설 기반이 붕괴되어 위생이 불량해지고 공중보건체계 악화로 연결되고 있다. 이러한 상황은 영유아들의 예방접종률이 저하되고 의료 이용 또한 어렵게 되면서 질병예방 치료체계 미비로 전염성 질환의 발생이 높아지는 것이다. 결과적으로 영아사망률, 5세 미만 아동 사망률, 모성사망률이 증가하는 악순환의 문제가 나타나고 있다. 이처럼 보건의료의 구조적 문제가 심화되는 문제를 안고 있는 북한당국은 국제사회와 파트너십을 구축하여 지속 가능한 발전 목표 2030 의제에 대한 자발적 보고서를 통해 건강 분야에 대해서 세부 통계를 제시하고 있으나, 일부의 통계지표는 제시하지 못할 뿐만 아니라 국제기구와 비교 시 많은 차이를 나타내고 있다. 더욱이 북한당국은 인구센서스를 유엔인구기금(UNFPA)의 지원 속에 1993년과 2008년 두 차례 실시한 바 있다. 이후 2018년 UN의 도움을 받아 인구 센서스를 실시할 예정이었으나, 이를 2019년으로 연기하고 북한당국이 독자적으로 인구센서스를 실시하였다. 이로써 북한의 세부 통계 자료의 불투명성이 국제사회와의 협력에 어려움으로 작용할 수 있다는 우려의 목소리가 있는 상황이다.

북한여성의 건강지표를 살펴보기 위해서는 북한당국이 제시하는 데이터를 활용할 수밖에 없기에 세계에서 순위를 매길 정도로 모든 정보를 폐쇄적으로 운용하는 북한 보건의료 정보 접근의 한계성을 어느 정도 알고 북한을 파악해야 한다는 점을 간과할 수 없다. 북한의 강한 폐쇄성은 북한이 가지고 있는 독자적인 고유의 정보를 활용하고 노출하는 것을 포함한 모든 것을 독점하고 있으며 철저히 관리한다는 것을 의미한다. 따라서 북한은 대내외적으로 이해득실을 따져서 철저히 계산된 상황에서 극도로 필요한 수준에서만 정보를 공표, 노출하는 것이다. 북한 보건의료의 변화과정을 면밀하게 살펴보려는 노력은 북한 여성들이 건강권을 보장받고 인간적인 삶을 누릴 수 있도록 하기 위한 일련의 과정이기에 바람직한 협력방안 모색을 위한 모두의 지혜가 요구된다.

생각해 봅시다

1. 북한당국의 보건정책은 정권 시기별 필요에 따라 출산 억제와 장려 정책으로 변화되었으나 최근 출산율 저하 추세가 이어지는 상황에서 북한 인구재생산 담론의 변화가 감지되고 있다. 이와 관련, 남북한 공통의 문제로 거론되는 출산율 저하문제와 인구의 고령화에 따른 노동인력의 감소문제에 대한 남북한의 대처방안을 비교 검토해 보는 관심이 요구되는 시점이다.

2. 시장화는 여성의 능력을 증진 시킨다는 전제하에 북한 여성의 변화를 추동하는 요인을 살펴볼 필요가 있다. 또한 문헌으로만 접하는 북한에 대한 정보의 한계성을 극복하기 위해서 실제로 북한에서 삶을 살다 온 분들의 생생한 증언을 접해보는 것이 대안으로 제시된다.

3. 북한사회의 시장화 진행에 따른 북한 여성들의 건강수준에 의료이용보다 더 영향력이 큰 사회경제적 조건들이 이들의 생활습관에 어떤 변화가 나타나는지 살펴보는 노력이 요구된다.

4. 북한여성의 건강문제 접근에서 인권을 배제할 수 없는 요소이다. 성평등을 이루었다고 주장하는 북한당국의 주장과는 달리 북한사회는 여전히 남성중심적인 가부장적 권위주의가 유지되고 있으며 여성에 대해서는 전통적인 여성상을 요구하는 성고정 관념이 지배적인 사회이다. 북한당국이 제시하는 여성 건강 관리 측면에서 인권침해적인 요소가 무엇인지에 대한 논의가 필요하다.

참고문헌

1. 국내문헌

김건희·전정희, 「김정은 시기 북한이탈주민의 재북 시 결핵관리 경험」, 『질적연구』 제23권 1호, 2022.

김석향·김철웅·박영자·박용신·유원섭·이미경·전영선·조동호·조성렬·주영수, 『지속적인 협력과 발전을 통한 북한보건의료체계 발전 방안 연구』, 이화여자대학교 통일학연구원, 2008.

김석향·박민주, 「북한 내 재생산 영역의 사회구조와 여성의 실천: 임신·출산 관련 법제와 개인 경험을 중심으로」, 『여성학논집』 제33권 1호, 2016.

김충렬, 「북한의료제도에 관한 연구」, 『조선대 통일문제 연구소』, 2005.

박상민·이왕재·이혜원·김석주·김보현·정회인, 『북한 보건의료 백서』, 서울대학교 의과대학 통일의학센터, 2013.

박상민·이혜원, 「북한의 보건의료현황과 효율적 지원방안」, 『J Korean Med Assoc』 제56권 5호.

박영자·이금순·최지영·김화순·조영주·현인애, 『북한의 성·재생산 건강과 권리1: 여성과 섹슈얼리티』 KINU연구총서21-19, 2021.

배종윤·김현·류경아·송경호..임희·장휘, 『북한의 국제규범 순응과 이행 평가』, 연세대학교 통일연구원-2022 외교부 대북정책 협력과 연구용역, 2022.

신희영·이혜원·안경수·안형순·임아영·전지은·최소영, 『통일의료-남북한 보건의료 협력과 통합』, 서울대학교출판문화원, 2017.

신희영·이혜원·안경수·최소영·박샘나·전유선·정회인·강효림, 『2019년 개정판-북한 보건의료 백서』, 보건복지부·KOFIH, 서울대학교 의과대학 통일의학센터, 2019.

원재천·박소영, 「유엔 여성차별철폐협약 이행보고서에 나타난 북한여성인권」, 『강원대학교 비교법학연구소 강원법학』 제61권, 2020.

이성봉, 「북한의 보건의료체계와 성과지표: 국제적 수준과의 비교」, 『대한정치학회보』 제17권 3호.

임순희, 「식량난이 북한여성에게 미친 영향」, 『통일문제연구』 제17권 1호, 2005.

임순희, 「북한의 여성권리 보장법제 연구 : 유엔 여성차별철폐협약(CEDAW) 보고서를 중심으로」, 국민대학교 박사학위논문, 2022.

이윤진·김문정·김지연·황나미, 『북한의 성·재생산 건강과 권리2: 모성과 양육』, KINU연구총서21-20, 2021.

이애란, 「북한여성들이 사회생활에서 당하는 인권침해 실태 - 가혹한 노동자 성폭행에 시달리고 사회적 참여를 할 수 없는 북한여성들」, 『북한』 통권 435호, 2008.
이철수·이일학, 『북한보건의료법제-원문과 해설』, 계축문화사, 2006.
이철수, 「북한의 사회보험 및 사회보장에 대한 분석」, 『통일과 법률』 제56호, 2023.
최규빈·박환보·이요한, 『북한의 사회불평등 연구: 건강 및 교육 불평등과 인권』, KINU연구총서 1-02, 2021.
황상익·김수연, 「해방전후부터 정부수립까지(1945-1948)까지 북한보건의료」, 『의학사』 16권 1호, 2007.
현두륜, 「북한 의료법규 체계와 그 내용」, 『의료법학』 제17권 1호, 2016.
Jeon, J. H., "Study on Tuberculosis Treatment in North Korea Based on the Cough to Cure Pathway Model", *Journal of Peace and Unification*, 10(2), 2020.

2. 북한문헌
김일성, 『김일성저작집4』, 조선로동당출판사, 1979.
김일성, 『김일성저작집20』, 조선로동당출판사, 1982.
리봉훈·리영화편, 『담당구역의사참고서』, WHO·인민보건사 주체100, 2011.
서창남편, 『위대한 수령 김일성 동지의 보건령도사』, 과학백과사전종합출판, 1990.

3. 국외문헌
Balabanova, Dina, Martin McKee, Joceline Pomerleau, Richard Rose, and Christian Haerpfer. 2004. 「Health Service Utilization in the Former Soviet Union: Evidence from Eight Countries」 Health Serv Res 39(6 Pt 2).

4. 기타
국가법령정보센터. https://www.law.go.kr/
법제처 통일법제데이터베이스. https://www.unilaw.go.kr/
통계청 북한통계. https://kosis.kr/bukhan/
통일부. https://www.unikorea.go.kr/
통일연구원. https://www.kinu.or.kr/
UN Doc. CEDAW/C/PRK/2-4 (2016).

UN Doc. CEDAW/C/PRK/CO/2-4 (2016).

WHO, http://apps.who.int/gho/data/node.main.1320?lang=en

11장

한반도 평화와 여성

남북여성교류의 현장(사진: 연합뉴스)

01 평화와 젠더

1) '평화' 개념을 둘러싼 다양한 논의들

일반적으로 '평화'란 무엇인가를 생각해 볼 때, 전쟁이 없는 상태를 떠올린다. 인류의 역사 속에서 전쟁은 늘 있어 왔고, 전쟁과 대비되는 개념, 즉 전쟁이 없는 상태를 표현하는 단어로 평화를 떠올리게 되는 것이다. 한편으로 끊임없는 전쟁의 역사 속에서 평화를 유지하거나 전쟁이 발생하지 않도록 하는 노력을 포함하는 개념으로 '안보'도 있다. 전쟁이 안보나 평화와 대비되는 개념이라는 점은 명확해 보이지만, 안보와 평화 개념의 관계는 명확하지 않다. 평화를 유지하거나 지키기 위한 수단으로 안보 개념이 인식되기도 하고, 전쟁의 위협으로부터 안전을 지킨다는 의미로서 안보라는 개념이 쓰이기도 한다. 그렇다고 해서 안보와 평화가 등치될 수 있는가라고 했을 때, 이 부분에 대해서는 다양한 입장이 있다. 안보는 현재의 안전한 상태를 유지한다거나 전쟁의 위협으로부터 현재를 지킨다는 수동적인 개념으로 여겨질 수 있는 반면, 평화는 이를 넘어 조금 더 적극적인 개념으로서 전쟁의 위협이 해소된 상태로 인식되는 측면이 있다. 이러한 맥락에서 안보는 군사적인 수단과 연결되는 측면이 있는 한편, 평화는 군사적인 것뿐만 아니라 비군사적인 방법을 포괄하거나 혹은 군사적인 것 자체를 지양하는 개념이기도 하다. 이러한 각 개념의 의미는 끊임없는 전생을 목도해 온 인류가 왜 전쟁이 일어나는지, 어떻게 하면 전쟁을 막을 수 있는지, 어떻게 평화가 가능한지에 대한 물음과 관심에서 출발하여 (재)구성되고 있다.

전쟁은 특히 국가 및 국가 간 문제로 다루어지면서 전쟁, 평화, 안보에 대한 학문적 논의는 주로 국제정치이론이나 국제관계이론에서 이루어져 왔다. 전쟁 혹은 안보 위협에 대한 논의는 주로 국가 간 군사적 갈등으로 여겨지는 전쟁을 분석하는 것에서 시작했다. 전쟁의 형태, 전쟁이 일어나는 이유, 전쟁을 막는 방법 등을 이론화하며 전쟁, 안보, 평화에 대한 논의가 활성화되었다. 제1차 세계대전 이후 이상주의자들은 국제정치에서 나타나는 갈등과 분쟁을 해결하고자 제도의 구축을 강조했으나, 제도가 전쟁을 막지 못하는 결과를 낳자 이상주의자들의 주장은 설득력을 잃었다. 그리고 현실정치에 작동하는 '권력'에 관심을 두고 현실에 집중하는 것이 필요하다는 주장이 힘을 얻었고, 이는 제2차 세계대전 이후 국제정치의 주류 입장인 현실주의의 출발이 되었다. 1970년대 들어 국제관계를 분석하는 데 있어서 권력이나 힘으로만 설명할 수 없는 다양한 현상과 규범에 주목하고 인간 행위를 이해하기 위해서 해석학적 접근법을 활용할 필요가 있다는 주장도 나타났다. 그러나 현실에서 국가는 절대적 이익이 아닌 상대적 이익을 추구하기 때문에 국가 간 협력은 제한적이고 평화와 안보는 힘의 균형을 통해 달성될 수 있다는 주장이 등장했고, 이는 신현실주의로 개념화되었다. 신현실주의에서 제기하는 힘의 균형이 안보를 담보하고 평화를 유지한다는 것은 현실세계에서 매우 유효한 주류 인식이다.

그러나 미국과 소련을 중심으로 한 양극화가 붕괴되면서 힘의 균형을 강조하는 전통적인 안보 개념은 다시 도전을 받게 되었

> 국제사회의 전쟁을 예방하고 분쟁을 해결하기 위해 만들어진 대표적인 제도가 1920년 설립된 국제연맹이다. 국제연맹은 평화와 안전을 위해 국제사회의 협력을 증진하는 것을 목적으로 설립된 세계 최초 국제평화기구이다.

> **현실주의**의 대표적인 학자로 에드워크 카(Edward Hallet Carr)가 있다.

> **신현실주의**는 케네스 월츠(Kenneth N. Waltz)에 의해 이론화되었다.

다. 미국과 소련이라는 명확한 적이 설정되었던 시기와 달리, 구체적인 대상으로서 적이 모호해졌고, 안보와 평화에 있어 국가 간 관계뿐만 아니라 국내적 요소도 중요하다는 점을 확인하면서 기존의 안보 개념을 재구성하거나 확장할 필요성이 제기된 것이다. 한편으로 군사적인 위험뿐만 아니라 빈곤, 건강, 환경, 교육 등도 위협이 되는 현실에 직면하면서 새로운 안보 개념의 필요성도 대두되었다. 이러한 흐름은 1960년대 말 시작된 평화연구의 영향을 받은 것이기도 하다. 대표적으로 요한 갈퉁(Johan Galtung)은 평화를 전쟁이 없는 상태로서 소극적 평화와 구조적 폭력이 없는 상태로서 적극적 평화로 정의하면서 평화 개념을 확장하였다.

한편 탈실증주의도 기존 안보 개념을 재구성하는 데 기여하였는데, '위협'이 무엇인가를 문제제기하며 위협은 구성된 것으로 누가, 무엇이 위협을 구성하는지, 안보의 주체이자 대상인 '국가'는 무엇인지에 대해 주목할 것을 강조했다. 이러한 탈실증주의적 접근은 새로운 안보 개념, 안보와 평화에 대한 인식론적 전환의 필요성을 제기하고 평화 개념에 대한 논의를 확장하였다.

전쟁, 안보, 평화를 둘러싼 논의는 우리의 인식과 실천에 영향을 미친다. 개인적 차원에서 평화를 어떻게 인식하는가 뿐만 아니라 평화와 안보에 대한 인식에 따라 한반도 평화에 대한 인식이나 실천의 방식이 달라지는 것이다.

'안보'는 영어단어로는 security로, security는 '안보'에 국한되는 것이 아니라 안전과 관련하여 더 다양하게 사용된다. 한자로는 안전을 보장한다는 뜻인 '安保'를 사용한다. 영어 security와 한자어 安保는 현재 국가안보, 군사적 안보에만 국한되는 것이 아니라 더 포괄적 의미를 갖는다. 그런 점에서 우리가 사용하는 '안보'는 매우 제한적으로 사용하고 있다는 점을 생각할 수 있다. 이는 '안보'를 군사적 안보, 국가안보를 넘어 더 확장할 수 있다는 점을 시사하기도 한다. 국제사회에서 '인간안보'라는 개념을 통해 다양한 위협으로부터 안전을 강조하는 것도 이러한 맥락에서 이해할 수 있다.

2) 평화와 젠더에 대한 이론적 접근

　기존의 전통적인 안보 개념에 여성의 경험과 입장이 반영되어 있지 않다는 문제의식하에 '안보' 개념을 재구성하려는 시도들도 이루어졌다. 1980년대 말 국제관계에 대한 여성주의적 논의는 국제시스템 안에서 국가 간 군사적 갈등이 어떻게 성 불평등한 구조를 통해 구성되는지, 이것이 여성의 삶에 어떤 영향을 미치는지를 드러내고자 했다. 그러면서 안보는 구조적 폭력을 다루어야 하고, 그동안의 안보와 관련한 논의에서 여성은 삭제되고 논의 자체가 성별화되어 있다는 점을 문제제기했다. 이러한 논의는 이후 '여성주의 안보연구'라는 형태로 분류되며 지속되었다.

　안보에 대한 여성주의적 접근과 관련한 논의들을 살펴보면 안보와 평화의 주요 주체인 국가를 문제제기하고, 국가 간 관계, 국가와 여성의 관계에 내재된 성불평등을 드러내면서 구조적 폭력을 강조하고 안보 개념 혹은 평화 개념을 재구성하고자 하는 것이 주요 골자를 이룬다. 현실주의 패러다임에서 안보가 정치적, 군사적인 것으로 정의됨에 따라 국가만이 안보의 주요 주체로 간주됨으로 인해 안보나 평화를 위협하는 다양한 것들, 국가 간 관계 외의 다양한 상호관계를 놓친다는 점을 지적한다. 특히 안보와 평화의 주체로 여겨지는 국가, 국가의 군사력이 개인을 보호하지 못하거나 오히려 폭력적인 점을 드러내기도 했다. 전쟁 기간의 사망률에서 나타나는 성별 차이, 전쟁 시 이루어지는 강간 등을 문제화하며 국가와 전쟁이 성별에 따라 다른 영향을 미치고 그 영향은 매우 차별적이고 폭력적이라는 점을 밝혔다.

📖 **더 읽을 책**
- 마테이 비스니에티, 이진홍 역, 『전쟁터로서의 여성』, 르몽드코리아, 2018.
- 스베틀라나 알렉시예비치, 박은정 역, 『전쟁은 여자의 얼굴을 하지 않았다』, 문학동네, 2015.

여성주의 안보연구는 안보 개념을 여성의 입장에서 재구성하면서 개념 자체를 확장하고자 했고, 구조적, 물리적, 환경적 폭력 등 모든 형태의 폭력을 다루어야 하며 안보의 대상이자 주체를 국가 혹은 국제체계뿐만 아니라 개인 또는 공동체로까지 확장되어야 함을 주장했다(황영주, 2013).

> **더 읽을 책**
> 안 티크너, 황영주 옮김, 『여성과 국제정치』, 부산외국어대학교출판부, 2001.

이와 관련해 구체적인 논의를 살펴보면, 실베스터(Christine Sylvester)는 국제관계에서 중요한 행위자로 간주되는 국가가 남성으로 대표되고, 기존의 국가와 여성의 불평등한 관계로 인해 여성이 국제관계의 중요한 주체가 될 수 없다는 인식이 국제관계와 국제정치의 현실에서 일반화되어 있다는 점을 지적했다(Sylvester, 1994). 로라 스조버그(Laura Sjoverg)는 국제관계나 안보 개념이 성별화되어 있다는 점을 이해하기 위해서는 젠더 위계에 대한 이해가 도모되어야 하다는 점을 강조했다. 단순하게는 여성성, 남성성으로 여겨지는 것들 사이의 위계, 그것이 어떻게 국제정치에서 동원되는지에 대한 것에 주목해야 하며, 젠더를 고려하지 않은 것이 중립적이고 객관적인 것이 아니기 때문에 젠더 개념을 고려해야 안보 영역의 변화를 도모할 수 있다는 점을 지적했다(Laura Sjoverg, 2010)

한편, 여성주의적 평화를 주장하는 이들은 전쟁을 반대하는 것을 넘어 전쟁의 수단인 군대를 문제제기하기도 했다. 군대에 의한 여성 폭력, 군대를 통해 양산되는 군사주의적 문화와 함께 군대 자체가 갖는 폭력성을 문제제기한 것이다. 군사주의가 일상에 침투한 방식에 주목하여 군대와 여성, 전쟁과 여성의 관계를 규명하고자 했고(신시아 인로, 2015), 징병제가 여성-피보호

> **더 읽을 책**
> • 신시아 인로 저, 권인숙 옮김, 『바나나, 해변, 그리고 군사기지: 여성주의로 국제정치 들여다보기』, 청년사, 2011.
> • 신시아 인로, 김엘리 오미영 옮김, 『군사주의는 어떻게 패션이 되었을까』, 바다출판사, 2015.
> • 베티 리어든, 황미요조 옮김, 『성차별주의는 전쟁을 불러온다』, 나무연필, 2020.
> • 신시아 코번, 김엘리 옮김, 『여성, 총앞에 서다』, 삼인, 2009.

자, 남성-보호자라는 위계를 설정하는 데 기여하였다는 점을 지적하기도 했다(권인숙, 2002). 이처럼 안보와 평화에 대한 여성들의 문제제기는 전쟁뿐만 아니라 안보정책이 사람의 일상에 어떤 영향을 주는지에 관심을 기울여야 하는 필요성을 제기했고, 이러한 접근을 통해 기존의 안보 개념을 확장하고 국제관계와 국제정치에서 드러나지 않았던 존재를 가시화하는 데 기여하였다(Annick Wibben, 2011).

안보와 평화에 대한 여성주의적 논의들은 한반도 평화를 이루기 위한 여성들의 실천과도 닿아있다. 한반도의 평화와 관련한 논의와 실천과정에서 여성은 소외되어 있었다는 문제제기와 함께, 한반도의 평화를 위협하는 것으로서 국제정치, 남북관계뿐만 아니라 분단이 야기하는 폭력의 문제, 특히 사회적 소수자에게 가해지는 폭력의 문제를 드러내는 실천들이 이루어졌다. 구체적으로 군축, 반전활동, 전쟁으로 인한 폭력에 반대하는 활동, 국방과 안보정책에 대한 여성들의 참여와 개입, 남북여성교류 등 국제정치적 차원, 남북관계의 차원에서 여성의 입장과 경험을 반영하고자 하고자 하면서 직접적으로 평화를 위한 다양한 활동을 벌여왔다. 이러한 활동은 평화는 개인적 수준에서부터 지역, 국가, 국제적 차원의 문제를 함께 다루어야 한다는 점과 그동안 안보와 평화 영역이 성별화되었다는 점을 드러내는 실천적 문제제기라 할 수 있다.

> 📖 **더 읽을 책**
> 심영희·김엘리 엮음, 『한국여성평화운동사』, 한울아카데미, 2005.

02 한반도 평화와 남북여성교류

1) 남북여성교류의 시작

한반도의 평화를 위한 여성의 대표적 실천 중 하나가 남북여성교류로, 남북여성교류는 여성들이 그동안 평화나 안보 개념에 대해 문제제기해왔던 인식론적 맥락의 연장선상에 놓여 있다. 그동안 분단 문제나 남북관계에서 여성은 배제되어 왔고, 여성에 대한 폭력과 차별은 분단을 통해 더욱 강화, 재생산되기에 한반도 평화는 여성에 대한 폭력과 차별이 해소될 때 이루어질 수 있다는 문제의식에서 출발한 것이 남북여성교류이기 때문이다.

1988년 7·7선언 이후 남북교류와 협력이 제한적으로나마 추진되기 시작하면서 각계 각층에서 남북교류를 위한 여러 시도들이 이루어졌다. 이러한 흐름에서 여성들도 남북여성교류를 추진하기 위한 여러 시도를 꾀하였는데, 1988년부터 1991년까지 한국교회여성연합회, 한국여성단체협의회, 한국부인회 등이 남북여성교류를 신청하였으나 승인이 되지 못하기도 하고, 승인이 되더라도 성사되지 못하였다. 남북여성교류가 실질적으로 성사된 때는 1991년 5월로, 일본의 일본부인회가 주축이 되어 남한 여성과 북한 여성을 연결하면서 일본에서 개최된 '제1차 아세아의 평화와 여성의 역할' 세미나를 통해 남북한 여성의 첫 만남이 이루어졌다. 이때 남한 측에서는 이우정, 이효재, 윤정옥 등 여성운동의 주요 주체들이 참여했고, 북한 측에서는 북한의 최고인민회의 상임위원회 여연구 부의장 등 3인이 참여하였는데 북한 측 참여자의 당시 북한에서 위상을 생각했을 때 당시 첫 만남의 의미가 얼마나 컸는지를 가늠할 수 있다.

이후 '제2차 아세아의 평화와 여성의 역할 토론회'가 1991년 11월 서울에서 개최되었고, 1992년 9월 평양에서 제3차 토론회가 추진되면서 남북한 여성의 만남이 지속되었고, 토론회 이외에도 일본군위안부 관련 교류, 학술교류 등 여러 형태의 교류가 추진되었다. 그러나 2000년 6·15 정상회담이 이루어지기 전까지 남북여성교류가 성사된 것은 15건으로 남북여성교류를 신청한 45건의 1/3 수준에서 이루어졌다(김숙임, 2005).

〈표 11-1〉 '아세아의 평화와 여성의 역할 토론회' 주요 내용

	일시	장소	주제
1차	1991.5	동경	• 남북한 '비참한 역사를 되풀이하지 않기 위해서 해야 할 일' • 일본 '우리들 일본은 조선여성들에게 무엇을 했는가'
2차	1991.11	서울	• 가부장제 문화와 여성 • 통일과 여성 • 평화와 여성
3차	1992.9	평양	• 민족대단결과 여성의 역할 • 일제의 조선 침략과 지배와 전후 책임 • 평화창조와 여성의 역할
4차	1993.4	동경	• 일본의 식민지 지배·전쟁책임과 전후보상: 종군위안부 문제를 중심으로 • 아세아의 평화, 한반도 통일의 실현을 위해 우리는 무엇을 할 것인가?

출처: 문장순, 2009.

2) 남북여성교류의 지속과 단절

남북여성교류도 다른 분야 남북교류와 마찬가지로 2000년 정

상회담 이후 활성화되기 시작했다. 2000년대 들어 일본군'위안부' 문제 해결을 위한 국제적 활동이 확대되는 과정에서 북한도 일본군'위안부' 문제에 관심을 가졌고, 2002년 5월 평양에서 남한, 북한, 일본 측 여성들이 모여 일본군'위안부' 문제를 주제로 한 토론회를 개최하였다. 이를 계기로 남북한 여성은 일본군'위안부' 문제 해결을 위한 여러 활동을 함께 하면서 교류할 수 있는 기회가 만들어졌다.

한편 2000년대 이후 남한의 민간 단체, 기업, 기관들은 다양한 주제로 남북교류를 추진하였고, 여성 역시 공동행사 등을 통해 교류의 장을 마련하였다. 민간단체의 경우 2000년 10월 첫 방북을 시작으로 2001년부터 공동행사 개최를 위한 교류를 추진하였다(김숙임, 2005). 남북여성교류도 2001년 민족공동행사추진본부 내에 여성위원회를 구성하는 것을 시작으로 이루어지기 시작하였다. 민족공동행사 내 부문별 모임을 개최하면서 남북한 여성이 만나기도 하고 남북한 여성만의 독자적 행사 개최를 통해 교류를 추진하기도 했다. 남북한 여성의 독자적인 행사는 2002년 금강산에서 처음 개최되었는데, '남북여성통일대회'라는 이름하에 각계각층의 남북한 여성이 함께 토론회, 전시회, 공동연회, 소모임 등 다양한 행사를 치루었다. 이후 2003, 2004년에도 여성의 공동행사 추진을 위한 시도가 이루어졌으나 남북관계를 둘러싼 정세의 영향으로 개최되지 못했다. 그러다 2005년 평양에서 4박5일 동안 남북여성통일행사가 이루어졌는데, 이 행사는 남한 측 여성 100명, 북한 측 여성 300명 이상이 참가하는 등 기존 행사에 비해 매우 긴 기간 동안 많은 남북한 여성이 참여하였다는 매우 큰 의미를 갖는다. 이 행사가 평양과 묘향산에서 치러진 만큼, 북한의 여성정책과 제도를 살피고 조선민주여성동맹(현 조선사회주의여성동맹)과 여성관련시설을 탐방하는 등으로 진행되었다(김숙임, 2005). 이 행사 이후 2006년부터 2008년까지 6·15 공동선언을 위한 남북여성대표자회의가 지속적으로 개최되기도 했다. 그러나 남북관계가 경색국면에 들어서면서 남북여성교류는 추진되지 못했고, 2015년에야 개성에서 남북여성한마당 개최를 위한 실무접촉이 이루어졌고 그해 12월 개성에서 남북여성공동문화행사를 개최하면서 남북여성교류가 재개되는 듯했지만 남북관계 단절로 더 이상 교류는 추진되지 못했다.

2018년 4·27 판문점 선언 이후 남북여성교류가 재개되었는데, 독자적인 행사로 추진되기보다 오랜 기간 단절되었던 교류가 시작된 만큼, 남북이 함께하는 공동행사에 여성들이 참여하는 형태로 남북여성의 만남이 이루어졌다. 2018년 '10·4선언 11주년 기념 민족통일대회'(평양), '판문점선언과 9월 평양공동선언을 위한 남북 민화협 연대 및 상봉대회'(금강산), 2019년 '새해맞이 남북연대모임'(금강산)에 여성계 대표가 참여하였고, 각 행사 부문별 모임에서 남북여성이 만남의 자리를 가졌다. 그러나 이 행사를 마지막으로 남북여성이 공동으로 개최하는 행사는 이루어지지 못했다.

2000년 이후 남북여성이 함께 개최한 공동행사는 민간 여성단체를 중심으로 이루어졌는데, 이러한 만남이 성사되기 이전 남북여성교류를 추진하기 위한 기반을 다지는 다양한 활동이 있었다. 1990년대 중반 북한의 식량난을 지원하기 위해 1997년 남한의 여성단체들은 북한 측에 분유 26톤을 보내는 등 인도적 지원활동을 통해 북한 측 여성조직과 접촉을 하고 신뢰를 쌓아나갔다. 그리고 남한 사회 내에서 한반도 평화를 위해서는 여성들의 참여와 개입이 필요하고 적극적인 인식이 필요하다는 점의 공감대를 확산해가면서 남북여성교류와 한반도 평화를 위한 여성들의 활동을 추진해갈 수 있는 인적, 조직적 기반을 다져나갔고, 이 기반을 바탕으로 2000년대 이후 남북여성교류가 활발하게 이루어질 수 있었다.

〈표 11-2〉 6·15 및 8·15 민족공동행사 시 여성부문 행사 주제

시기	행사	주제
2001.6	6·15 1돌 기념 민족통일대토론회	향후 남북여성교류를 어떠한 내용으로 할 것인가
2001.8	8·15 민족통일대축전	6·15 공동선언 실천을 위한 여성의 역할
2003.8	8·15 민족공동행사	한반도 평화를 위한 남과 북의 각 여성단체의 역할
2005.6	6·15 발표 5주년 기념 민족통일대축전	여성부문 상봉 모임
2005.8	광복 60주년 자주평화통일을 위한 8·15민족대축전	여성부문 상봉 모임
2006.6	6·15공동선언 발표 6돌 기념 통일대축전	남북여성연대모임

출처: 김숙임, 2005; 한인영·조영주, 2008.

한편 민간단체를 중심으로 공동행사를 개최하는 것 외에 남북여성 간의 학술교류도 이루어졌다. 일반적인 남북학술교류에서 여성들이 참여하는 형태 외에도 '여성'과 관련한 주제를 중심으로

학술교류가 이루어지기도 했다. 2000년대 들어 이화여대 한국여성연구원과 연변대 여성연구중심이 주축이 되어 북한 김일성종합대학 여성교수가 참여하는 학술회의를 중국의 연변대학교에서 개최하였다. 2000~2007년에 이루어진 행사는 여성들만의 독자적인 학술교류로 진행되었지만, 2014년 이후 이루어진 행사는 '두만강포럼'이라는 국제학술회의의 여성분과로 추진되었고, 2015년까지는 이화여대가 주체였다면 2019년은 한국여성정책연구원이 주체가 되어 학술교류를 추진하였다.

〈표 11-3〉 남북한 여성 학술교류 주제

시기	주제
2000년	남·북·중국의 청소년 교육과 양성에 관한 학술회의
2002년	현대 사회경제발전과 여성
2007년	녀성연구의 발전로정과 시대적 과제
2014년	여성의 재생산, 건강과 권리
2015년	여성교육과 사회적 지위
2019년	한중조 여성협력의 역사와 교훈, 한중조 여성의 경제적 지위와 발전'

출처: 김숙임, 2005; 한인영·조영주, 2008.

남북여성공동행사, 학술교류 등은 민간을 중심으로 이루어졌는데 정부 차원의 남북여성교류는 충분히 이루어지지 못했다. 정부 차원에서 남북한 만남의 장에 여성이 참여하여 여성과 관련해 논의한 것은 2000년 정상회담이 처음이라 할 수 있다. 2000년 정상회담에서는 남한의 당시 영부인 이희호 여사와 당시 이화여대 장상 총장이 참석하여 북한 측 여성 대표라 할 수 있는 여연구 최고인민회의 부의장 등과 남북여성교류와 관련해 이야기를 나누는 시간이 있었다. 그리고 2007년 정상회담에는 여성계 대표 3인이 북한의 당시 조선민주여성동맹 위원장 등과 만나 남북여성교류의 정례화, 모자보건 및 영유아 지원 사업, 여성 관련 법·제도 공동조사 및 연구 등 여성계 협력 사업에 대해 이야기를 나누었다.

2000년과 2007년 정상회담에서는 여성교류와 관련해 논의를 할 수 있는 기회가 마련되었지만, 2018년 9월 정상회담에서는 그러지 않았다. 2018년 9월 정상회담 당시 특별수행원 52명 중 11명의 여성이 참여하기는 했지만 여성계를 대표하는 이들은 없었고 각계의 참여자 중 여성이 포함되어 있을 뿐이었다. 정상회담 이외에 남북 당국자 회담에서는 여성과 관련된 회담은 이루어지지 못했고 다만 각 분야 당국자 회담 대표가 여성인 경우만 있었다. 이 또한 여성의 수는 많지 않았는데 이는 남북관계와 관련해 여성의 대표성이 매우 낮은 것에서 기인한다.

> 2006년 6·15 공동행사 당국 간 실무접촉이나 2005년 제5차 남북해운협력실무접촉, 체육 관련 남북 회담 등에 부처의 과장급 여성 공무원이 몇 차례 참여한 바 있다.

3) 남북여성교류의 의미와 한계

1992년 남북여성교류를 위해 추진된 남한 여성의 방북은 민간 차원에서 합법적으로 휴전선을 넘은 첫 사례였다는 점에서 매우 의미가 크다. 그리고 남북여성교류는 한반도 평화를 위해서는 여성의 역할이 중요하다는 점에 대해 남북한 여성의 인식을 공유하는 한편으로, 만남을 통해 남북한 여성의 경험과 인식의 차이를 확인함으로써 이후의 남북여성 간의 간극을 좁히기 위해 어떤 노력을 해야 할지를 고민할 수 있는 기회이기도 했다는 점에서 의미가 있다. 그럼에도 불구하고 남북여성교류가 갖는 한계가 존재한다.

우선, 다른 분야와 같이 남북여성교류는 남북관계의 영향을 받을 수밖에 없기 때문에 안정적으로 추진될 수 없다는 어려움이다. 정치적, 군사적 상황에 따라 남북교류의 부침이 있는 상황에서 특히 여성교류는 민간을 중심으로 이루어졌기 때문에 다른 분야 교류에 비해 더욱 어려움을 겪을 수밖에 없다. 게다가 남한은 민간 여성단체를 중심으로 여성교류를 추진하는 반면, 북한은 정부기구로서 성격이 강한 조선사회주의여성동맹을 중심으로 교류를 추진하다 보니 교류에서 자율성의 제약이 더욱 크다. 그 결과 교류의 장에서 남북한 여성이 논의하고 실천할 수 있는 부분이 제한적이고 교류의 성과 역시 구체적인 산물로 나타나지 않기 때문에 남북여성교류를 확대해가는 데 제약이 된다.

다음으로 남북한 사회 모두에서 남북여성교류의 의미가 충분히 공감되지 못한다는 한계가 있다. 여성교류는 다른 교류의 부문으로 인식되거나 독자적 여성교류의 필요성에 대해 민간이나 정부 모두 충분히 공감하지 못한다. 그렇기 때문에 다른 교류 분야에 비해 우선 순위 밖이 되는 결과를 낳는다. 이것은 남북관계가 정치와 군사, 경제 중심으로 고려되고 있다는 점, 그동안 남북관계나 한반도 평화와 관련한 분야의 남성중심성에서 기인한다. 동시에 정치, 경제, 사회 전반의 낮은 여성 대표성, 권한과 자원의 부족 등이 남북여성교류의 확대를 제약하는 데 영향을 미치고 있다. 북한 역시 북한 사회 내에서 여성교류의 주요 주체인 조선사회주의여성동맹의 위상이 높지 않고 권한이 적은 상황이기 때문에 교류의 주체도 다양하지 않고 교류 추진에서 힘을 발휘할 수가 없다. 이는 북한의 남성중심적 사회질서에서 기인한다. 결국 남북한 사회의 성 불평등이 남북여성교류를 확대해가는 데 제약이 되는 것이다.

마지막으로 여성과 관련한 주제를 다루는 여성교류 외에 다른 영역의 교류에서 여성과 관련된 주제가 충분히 다루어지지 못한다는 한계가 있다. 여성들 간의 교류가 확대되는 것도 중요하지만, 각 분야의 교류에서 여성과 관련된 주제를 심화시키거나 교류를 추진하는 데서 여성의 경험과 입장을 반영하는 것도 필요하다. 그러나 그동안 추진된 교류에서는 여성에 대한 관심은 크지 않았다. 다만 모성보호의 관점에서만 영유아와 임산부 지원 등에 관심을 갖는 경향을 보여왔고, 그 외에서는 여성 참여의 확대나 여성과 관련된 의제를 다루는 교류는 거의 이루어지지 못했다. 이는 정치, 경제, 사회, 문화 각 영역에서 여성의 입장을 고려한다는 것, 각 영역의 여성 관련 의제가 무엇인지에 대한 충분한 고민이 이루어지지 못했고 그 중요성에 대한 인식이 충분하지 못했기 때문이다.

> 남북여성교류 외에 다루어진 여성 관련 의제로는 북한의 영유아·산모·장애인을 지원하는 사업이나 여성 위생용품 지원 사업(남북나눔운동), 임산부 영양개선 물자 지원(초록우산어린이지원재단), 북한의 산부인과에 의료기기 및 의료물품 지원(기아대책) 등 임신과 출산 관련 사업이 대부분이다.

이처럼 남북여성교류가 갖는 의미에도 불구하고 남북여성교류의 어려움을 야기하는 요소들을 해소하지 않는다면 남북여성교류를 비롯해 한반도 평화를 만들어가는 과정에서 여성의 참여와 개입은 쉽지 않다. 따라서 앞으로 남북여성교류의 적극적인 추진과 한반도 평화만들기 과정에서 여성의 참여를 확대하기 위해서는 남북한 사회 내에서 여성의 역량 강화와 성 불평등을 해소하는 것이 매우 중요하다.

03 한반도 평화를 위한 여성의 국제적 실천

1) 일본군'위안부' 문제 해결활동

　남북여성교류 초기 일본군'위안부' 문제는 중요한 교류의 의제였고, 국제적 차원에서 남북한 여성이 연대하는 중요한 활동의 내용이기도 했다. 2000년대 들어 일본군'위안부' 문제 해결을 위한 다양한 활동이 남한 사회 내에서 이루어지고, 이러한 활동이 국제적 차원으로까지 확장되면서 북한도 관심을 가지기 시작했다. 2000년 12월 국제전범여성법정이 동경에서 개최된 이후, 2002년 5월 평양에서 남한과 북한, 일본 여성이 참여하는 토론회가 열렸다. 당시 토론회에서 북한 측은 '올바른 일본의 과거청산을 요구하는 국제연대회의'를 만들 것에 대해 제안했고, 그 결과 2003년 상해에서 '국제연대협의회'를 정식으로 발족하였다(문소정, 2015). 그리고 2007년 5월 서울에서 개최한 '제8차 일본군위안부문제아시아연대회의'에 북한 대표단이 참여하면서 남북한 여성은 '대일공동성명서'를 채택하기도 했다(통일부, 2008).

　그러나 2010년 남북관계의 경색으로 인해 '아시아연대회의'에 북한이 불참하는 것을 시작으로 2013년까지 남북한이 일본군'위안부' 문제 해결을 위한 활동을 함께 하지 못했다. 2014년에 이르러서야 중국 선양에서 개최된 '일본군위안부문제 해결을 위한 남북해외여성토론회'에서 남한, 북한 여성의 만남이 재개되었다.

일본군'위안부' 문제 해결 활동에 남북한 여성이 참여한 데는 서로 다른 맥락이 있다. 남한에서는 일본군'위안부' 문제 해결을 위한 꾸준한 활동이 있었고, 일본군'위안부' 문제의 성격을 규정하기 위한 다양한 논의도 있었다. 초기 일본군'위안부' 문제는 일본의 우리 민족에 대한 폭력과 가해라는 민족의 문제로 간주되는 측면이 있었으나, 여성들은 이 문제를 민족의 문제가 아닌 전시 성폭력의 문제라는 점을 명확히 했고, 이를 남한 사회 내에서 확산하기 위한 다양한 활동을 이루어냈다. 그리고 전시 성폭력으로서 일본군'위안부' 문제 해결을 위해 다른 국가의 여성 피해자뿐만 아니라 전시 성폭력 문제를 해결하고자 하는 여성들과 다양한 연대활동을 펼쳐왔다. 북한의 경우 여전히 일본군'위안부' 문제를 민족의 문제로 보고 있었는데, 민족의 문제이기에 북한 당국 차원의 관심이 있었고 문제 해결을 위한 국제활동에 참여하면서 남북한 여성이 연대할 수 있었다. 이처럼 인식의 차이는 있었지만 전쟁으로 인한 여성폭력 문제를 해결하기 위해 남북한 여성이 국제적 차원에서 연대했다라는 점에서 의미가 있다.

2) 한반도 평화를 위한 초국가적 연대

한반도 평화는 남북한의 노력만으로 이루어지지 않는다. 남북관계는 한반도를 둘러싼 국제정치적 맥락 속에 놓여 있기 때문이다. 그런 섬에서 여성들의 한반도 평화를 위한 활동은 초국가적 성격을 가질 수밖에 없다. 남북여성교류에서 다루어진 일본군'위안부' 문제 등도 여성들의 초국적 연대를 통해 해결할 수 있었다.

한반도의 평화를 위해 여성들은 1980년대부터 해외 여성에게 한반도 분단 문제를 알리고 한반도 평화에 대한 관심을 촉구하는 노력을 해왔다. 2000년대 들면서 이러한 활동이 더욱 적극적으로 이루어졌는데, 2007년부터 여성들은 한반도의 전쟁 위기와 핵 위협 해소를 위해 6자회담 당사자국 여성의 국제적 연대의 필요성을 제기하고, 2008년부터 2012년까지 '동북아여성평화회의'를 조직 및 개최하였다(정현백, 2013). '동북아여성평화회의'를 조직하고 성사시키기 위해 여성들은 미국과 중국, 러시아의 여성을 만나고 미국의 의회를 방문하여 한반도 평화의 중요성을 알리며 북핵 문제의 평화적 해결을 위한 노력에 국제사회의 관심을 촉구했다. 이러한 노력은 그동안 한반도 평화와 관련한 국제적 활동에 당사자로서 여성이 적극적으로 참여하고 한반도 평화에 대한 여성의 입장을 밝히며 비핵화와 한반도 평화를 주제로 다른 여러 국가의 여성을 만나고 연대하는 장을 열었다는 점에서 중요하다. 특히 북핵 문제는 군사적이고 국제정치적인 문제로 여겨져왔기 때문에 여성들이 북핵과 관련해 국제사회에서 적극적으로 활동하지 못했던 한계를 넘어섰다는 점에서도 매우 의미가 크다. 그동안 남북관계, 한반도 평화를 위한 활동에서 나타났던 성별분업의 구조에 균열을 내기 위한 시도였기 때문이다.

한반도 평화를 위한 여성의 초국가적 연대의 또다른 사례로 Women Cross DMZ(이하 WCD)가 있다. 2015년 5월 24일 '평화와 군축을 위한 세계의 여성의 날'에 국제사회의 여러 여성들과 남한 여성은 비무장지대를 횡단하는 활동을 벌였고, 그것이 WCD이다. WCD는 한반도 평화협정 체결, 한반도 군사적 긴장 완화, 일본군'위안부' 문제 해결 등을 내세우며 한반도의 평화를 위한 여성의 연대와 국제사회의 관심을 촉구했다. 이 활동은 한반도의 평화를 주제로 국제사회의 수많은 여성이 한반도에 모이는 기회를 만들었다. 그리고 비무장지대를 횡단하는 행위를 통해 한반도의 분단문제를 국제사회에 알리고 여성들이 한반도 평화를 위한 활동에 적극 동참하고 연대해야 한다는 점을 강조하는 상징적 활동이다. 나아가 한반도의 분단과 평화의 문제는 더 이상 민족만의 문제가 아니라 특정 국가와 민족의 문제를 넘어 초국가적 차원에서 연대해야 할 사안이며 전쟁과 폭력으로 인해 여성이 겪는 경험의 공통성과 차이를 함께 공유하는 장이었다는 점에서 의미가 크다.

한반도 평화를 위한 여성의 초국가적 연대가 가능했던 것은 그동안 여성들이 국제사회에서 벌어지는 전쟁과 폭력에 관심을 가지고 연대해 온 경험이 있었기 때문이다. 그런 점에서 한반도의 평화를 만들기 위한 노력은 한반도의 평화만이 아니라 국제적 차원의 평화와 관련한 다양한 활동과 연결되어야 하고, 다양한 여성들과 연대를 통해 경험을 공유하고 실천해가는 과정이 더욱 필요하다.

3) UN 안보리 결의 1325호 국가행동계획

한반도 평화 과정에 여성의 개입은 정책 영역에서도 적극적으로 이루어졌다. 대표적인 것이 UN 안보리 결의 1325호와 1325호 국가행동계획의 수립이다. 유엔안전보장이사회가 2000년 무력분쟁 지역 여성에 대한 조직적 폭력이 궁극적으로 국제 사회의 평화와 안보를 위협하며, 분쟁예방과 평화구축에서 여성의 역할이 중요하다는 점에 주목하여 '여성과 평화, 안보에 관한 안보리 결의 1325호'를 채택하였다. 그리고 UN 회원국이 1325호 결의안을 각 국가에서 이행하기 위해 마련한 계획이 UN 안보리 결의 1325호 국가행동계획이다.

> 1990년대 이후 민족분쟁, 종족분쟁, 종교분쟁 등 내전에서 발생한 난민의 80% 이상이 여성과 어린이다. 그리고 1990년대 초반의 유고 내전 과정에서 약 5만 명의 여성이 강간을 당했고, 1994년 르완다 내전 당시 인종청소 과정에서 약 50만 명의 여성이 강간을 당했다(김정수·조영주, 2017).

1990년 이후 분쟁지역에서 발생한 대규모 조직적 강간을 계기로 국제사회는 무력분쟁 지역에서 발생하는 여성에 대한 폭력에 관심을 갖기 시작했다. 여성들도 무력분쟁하 여성에 대한 폭력의 문제를 제기하였고, 무력분쟁하에서 여성 인권을 보호하고 평화구축 과정에서 여성의 참여가 필요하다는 점을 강조했다. 이러한 맥락에서 UN안전보장이사회는 결의안을 채택하여 유엔 회원국들이 분쟁 예방 및 평화구축 활동에 성인지적 관점을 반영하고, 분쟁해결과정에 여성의 참여를 확대하며, 분쟁지역 성폭력으로부터 여성 보호 등의 내용을 담은 국가행동계획을 수립할 것을 촉구했고 이에 회원국들은 국가행동계획을 수립하기 시작했다. 그 결과 2024년 5월 기준, 회원국 193개국 중 109개국(56%)이 국가행동계획을 수립했다(PEACEWOMEN, 2024).

한국도 2011년 국회에서 '유엔 안전보장이사회 결의 1235호 국가행동계획 수립 촉구 결의안'이 발의된 이후 2014년 제1기 국가행동계획을 수립했고, 2018년 2기 국가행동계획, 2021년 3기 국가행동계획이 수립, 이행되었으며, 현재 4기 국가행동계획을

〈그림 11-1〉 유엔 안보리결의 1325호 국가행동계획 수립국 현황(2024년 5월 기준)

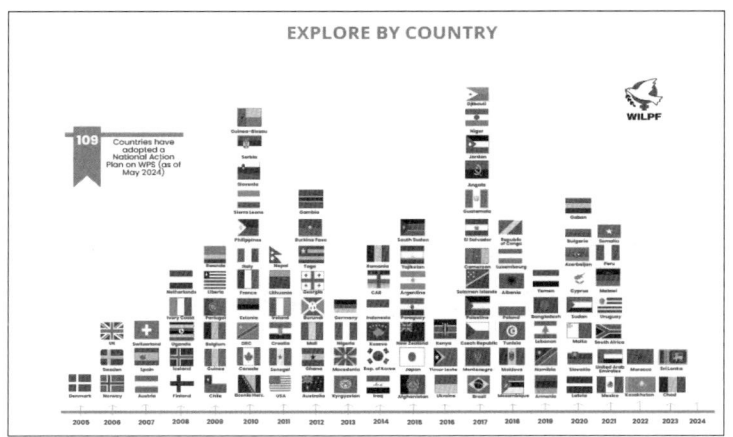

출처: Peacewomen, 2024. http://1325naps.peacewomen.org/ (최종 검색일: 2024.9.6.).

수립하여 이행 중이다. 한국의 국가행동계획은 예방, 참여, 보호, 구호 및 회복, 이행관리라는 영역을 중심으로 평화, 안보, 통일, 안전과 관련된 11개 기관이 구체적인 실천과제를 마련하여 이행하고 있다.

한국의 국가행동계획이 수립되기까지 여성단체의 역할이 매우 컸고, 국제적 차원의 연대도 중요한 역할을 담당했다. 1325호 채택 이후 여성들은 전쟁을 경험한 당사자국이자 세계 유일의 분단국으로서 국가행동계획의 수립이 한반도 평화에 중요한 의미를 가진다는 점을 인식했고, 국가행동계획 수립을 위해 다양한 활동을 벌였다. 국내에서 1325호를 알리기 위한 대중적 활동을 벌이는 것과 함께 동북아여성평화회의 등에서 1325호의 중요성을 알리면서 6자회담 당사자국도 국가행동계획을 수립해야 한다는 점을 강조했다. 그리고 국내에서 국회와 외교부 등 부처를 대상

여성가족부를 주무부처로 하여 제1기 국가행동계획에는 8개 기관(통일부, 외교부, 국방부, 법무부, 행정안전부, 교육부, KOICA), 제2기 국가행동계획에는 경찰청이 참여하여 9개 기관, 제3기 국가행동계획에는 민주평화통일자문위원회이 참여하여 10개 기관, 제4기 국가행동계획에는 환경부가 참여하여 11개 기관이 국가행동계획을 수립, 이행하고 있다.

으로 1325호 이행을 촉구하는 활동을 벌인 결과 국회에서 발의되고 통과되어 국가행동계획이 수립되기에 이르렀다.

국가행동계획은 정부부처를 중심으로 수립이 되지만 수립과 이행 점검의 과정에 여성의 참여가 매우 중요하다. 국가행동계획의 내용에 여성의 경험과 입장을 반영하고, 국가행동계획의 이행을 모니터링함으로써 실효성 있는 국가행동계획의 수립과 이행을 이룰 수 있기 때문이다. 현재 민간차원에서는 이행점검의 과정에 민간위원으로 참여하거나 개별 부처의 이행 실적을 점검하는 역할을 담당하고 있는데, 향후 국가행동계획의 의제를 확산하고 국민의 관심을 제고하는 활동도 적극적으로 이루어질 필요가 있다. 내용적으로도 국가행동계획은 분쟁과 전쟁으로 인한 폭력을 예방하고 피해자의 회복을 지원하는 내용을 포함하고 있으면서 여성 참여의 중요성을 강조한다. 그런 점에서 평화와 안보 관련된 의제에 여성의 적극적 참여를 통해 예방과 회복을 위한 지원과 정책에 여성의 경험을 반영하고, 평화와 안보 관련 정책에서 나타나는 몰성성(gender-blindness)를 해소하기 위한 노력이 이루어져야 할 것이다.

04 한반도 평화 과정에서 여성의 역할과 과제

여성의 평화과정 참여가 평화를 증진시키고 지속시키는 데 기여한다는 점은 경험적으로 확인되었다. 국제적으로 1989~2011년 사이 서명된 평화협정 중 여성이 평화협정에 참여하는 경우 협정의 지속될 가능성이 35% 이상 증가되었다(김정수·조영주, 2018). 이처럼 평화과정에 여성이 참여하는 것은 여성의 피해를 예방하고 보호하는 것에 그치는 것이 아니라 평화를 지속하는 데 기여한다. 그런 점에서 한반도 평화 과정에서 여성이 적극적으로 참여하고 목소리를 내는 것은 한반도의 평화를 만들고 이어가는 데서 중요한 의미를 갖는다고 할 수 있다. 이를 위해 구체적인 실천 과제를 정리하면 다음과 같다.

우선 남북교류와 한반도 평화 과정에서 여성 관련 의제에 대한 사회적 공감대를 확산하기 위한 노력이 필요하다. 남북교류는 정치, 경제 분야의 중요성이 강조되는 경향이 있었고, 한반도 평화는 정치와 군사적 차원의 논의가 주를 이룬다. 그러다보니 여성의 참여의 의미와 정당성에 대한 공감대를 얻기 쉽지 않고 다른 의제에 비해 중요하지 않은 사안으로 여겨지기도 한다. 이는 남북여성교류와 한반도 평화 과정의 여성 참여를 제약할 뿐만 아니라 한반도의 평화가 여전히 소극적 의미의 평화로 여겨지거나 기존의 불평등을 해소하는 방식으로 구상되는 데 제약이 된다. 따라서 남북교류와 한반도 평화 과정의 여성 참여와 여성 관련 의제의 중요성에 대한 사회적 공감대를 확산하기 위해 다양한 실천들이 이루어져야 한다.

둘째, 여성의 입장에서 평화 개념을 재구성하고 한반도 평화의 상을 그리는 작업을 확대하기 위한 실천들이 이루어져야 한다. 안보와 평화 개념에 대한 학문적, 실천적 차원의 다양한 접근이 이루어져 왔고 그에 따른 실천도 다양해져 왔다. 하지만 그러한 논의에 여성의 입장이 어느 정도 대변되었는지, 전쟁과 분단으로 인해 야기되는 사회적 소수자에 대한 차별들을 얼마나 고려하고 있는지 등을 돌아볼 필요가 있다. 역사적으로 여성들은 분단으로 인해 여러 인권의 문제를 경험했고, 사회적 소수자들은 배제되어 왔다. 이에 대한 고려없이 한반도 평화에 대한 논의를 지속한다면 누구에게나 평화로운 한반도를 만들어가기는 어렵다. 따라서 기존의 평화와 관련한 논의와 실천에서 누가 왜 배제되었는지를 드러내고 차별과 폭력, 소외와 배제를 해소하기 위해 실천함으로써 누구도 소외되지 않는 한반도의 평화를 만들어가야 한다.

셋째, 한반도 평화 과정에서 실행되는 정책, 활동, 논의 등에 대해 여성의 적극적인 참여가 필요하다. 한반도 평화와 관련한 주요 정책 영역에서는 여러 논의와 활동이 펼쳐지고 있고 정책이 수립, 실행되고 있다. 그런데 이에 대해 여성들의 목소리를 낼 기회는 많지 않다. 따라서 한반도 평화와 관련한 여러 정책과 활동, 논의에 참여하기 위해 평화와 관련한 여성의 전문성을 제고하고 각 영역에 참여할 수 있는 기회가 확대되어야 한다. 이를 위해 여성이 한반도 평화에 관심을 가질 수 있는 교육과 참여 기회가 마련 및 보장되어야 하는 한편으로, 상대적으로 여성의 관심이 적다고 여겨지는 군사, 외교, 정치 영역에 여성 참여와 관심을 도모하기 위한 노력도 필요하다.

마지막으로, 남북한 사회에 존재하는 성별분업, 성차별을 해소하기 위한 노력이 한반도 평화를 위한 실천과 연계되어야 한다. 남북한 여성이 각 사회 내에서 처한 정치·경제·사회·문화적 상황은 남북여성교류 추진 및 한반도 평화 과정에 참여를 제약한다. 낮은 여성 대표성, 참여에서 성별 불균형, 교류와 평화 과정에서 여성 관련 의제의 누락 등의 문제는 남북한 사회에 존재하고 있는 성 불평등한 구조와 질서에서 기인하기 때문이다. 한반도 평화 과정에 여성 참여와 개입은 성 불평등한 구조와 질서를 균열내기도 하지만, 평화를 위한 논의와 실천 과정에 성 불평등을 해소하는 노력이 함께 이루어질 때 여성 참여와 개입이 확대될 수 있고, 구조적 폭력이 없는 상태로서 한반도 평화를 이루어낼 수 있다.

에필로그

'왜 여성이 평화 과정에 참여해야 하는가'라는 답을 만들어가는 여정

그동안 한반도 평화와 여성의 관계를 설명하고 설득하는 강의나 작업들을 지속적으로 해왔지만 늘 한 가지 질문에 직면하는 순간이 온다. 왜 여성이 '특별히' 한반도 평화에 관심을 가져야 하는지, 성별과 관계없이 모두가 다 평화에 관심을 가지면 되지 왜 '여성'을 강조하는지에 대한 질문을 직간접적으로 받아 왔다. 그리고 스스로에게도 끊임없이 이 질문을 던진다. 질문을 무심히 넘기지 못하는 것은 확신이 없어서라기보다 질문이 갖는 복합성으로 인해 한마디로 명쾌하게 정리할 수 없기 때문이다. 그리고 단순히 한반도의 구성원이니 당연한 것이다 라던가, 여성은 원래 평화적인 존재이기 때문이라는 일각의 통념에 기대고 싶지도 않기 때문이다. 그럼에도 불구하고 질문에 대한 답을 내놓는다면 경험적으로 여성이 전쟁의 최대 피해자이기도 하면서 여성이 평화과정에 참여했을 때 평화의 지속력이 높다는 사실이 밝혀졌기 때문에 여성의 참여는 매우 중요하다는 점이다. 하지만 이런 답도 충분히 만족스럽지 못하다. 피해자 혹은 적극적 기여자라는 식으로 왜 여성의 존재와 활동의 의미를 끊임없이 설명해야만 하는 것일까라는 회의감이 들기 때문이다.

사실 핵심은 누구나 한반도 구성원으로서 한반도 평화 과정에 관심을 가져야 하는데 왜 '특별히' '여성'이 관심을 가져야 한다는 주장이 나오는지에 대한 맥락에 관심을 기울여야 한다는 점이다. '특별히' '남성'이 관심을 가져야 한다는 주장이 없어도 이미 충분히 남성은 참여와 관심은 당연한 것이고 참여와 관심을 가질 사회적 토대가 마련되어 있다. 그에 비해 여성을 '특별히' 강조하지 않으면 아예 배제될 수밖에 없는 현실이다. 결국 한국 사회에 존재하는 성불평등한 구조가 여성 참여를 제약해왔기에 여성이 평화에 관심을 가지고 참여해야 하는 이유와 목적은 한국 사회, 나아가 한반도에 존재하는 성불평등을 해소해야 하기 때문이다.

이 글 역시 왜 여성이 한반도 평화 과정에 참여하고 관심을 가져야 하는가에 대한 질문에서 출발했다. 하지만 이 글이 그 질문에 대한 답을 충분히 제시하고 있다고는 생각하지 않는다. 다만 이 질문을 상기하고 답을 스스로가 찾아가는 데 도움이 되길 바랄 뿐이다. 이 글을 통해 함께 고민하고 질문에 대한 답들을 만들어가기를 기대한다.

생각해 봅시다

1. 일각에는 '여성=평화'라는 인식이 존재합니다. '여성=평화'라는 인식에 대해 어떻게 생각하는지 이야기를 나누어 봅시다.

2. BIG Kinds에서 제공하는 자료에 따르면 1990년부터 현재까지 남북관계와 관련한 뉴스에서 취재원으로 가장 많이 등장한 전문가 80명 중 여성은 2명입니다. 또한 국방, 통일, 외교, 안보 분야의 여성 대표성도 매우 낮은 실정입니다. 그 이유는 무엇이고 여성 대표성을 제고하기 위한 방법은 무엇일지 생각해 봅시다.

3. 향후 남북여성교류가 추진된다면 어떤 내용을 다루어야 할지 생각해 봅시다. 또 남북여성교류 외에 다른 교류협력 분야에서 여성과 관련한 내용을 다룬다면 어떤 것이 필요할지, 다른 교류협력 분야에서 여성에 대한 관심을 가지려면 어떤 노력이 필요한지 생각해 봅시다.

4. 한반도 평화통일 과정에서 대학생으로서 어떤 역할을 할 수 있을지 생각해 봅시다.

참고문헌

1. 국내문헌

권인숙, 「징병제의 여성참여」, 한국여성평화연구원, 『여성과 평화』 제5호, 2002.
김숙임, 「남북여성교류」, 심영희·김엘리 엮음, 『한국여성평화운동사』, 한울아카데미, 2005.
문장순, 「남북여성교류협력의 과제와 향후 방향」, 『평화학연구』 10권 3호, 2009.
신시아 인로, 김엘리·오미영 옮김, 『군사주의는 어떻게 패션이 되었을까』, 바다출판사, 2015.
정현백, 「한반도 평화체제 구상과 여성의 역할」, 평화를만드는여성회 주최 여성과 정전협정 60년 학술토론회 『여성! 정전협정 60년을 말하다』(2013.7.1.) 자료집, 2013.
통일부, 『2008 통일백서』, 통일부, 2008.
한인영·조영주, 「남북여성교류 활성화 연구」, 여성부, 2008.
황영주, 「페미니즘 안보연구의 기원, 주장, 그리고 분석」, 서울대학교 국제문제연구소 엮음, 『젠더와 세계정치』, 사회평론, 2013.

2. 국외문헌

Annick Wibben, "Feminist Security Studies." in *The Routledge Handbook of Security Studies*, Abingdon: Routledge, 2009.
Christine Sylvester, *Feminist Theory and Internationl Relations in a Postmodern Era*, Cambridge: Cambridge University Press, 1994.
Laura Sjoverg, "Introduction", Laura Sjoverg ed. *Gender and International Security: Feminist Perspectives*. Routledge: London and New York, 2010.